Coaz

Energetische Körperarbeit

Energetische Körperarbeit

Wege aus der Therapieblockade

Von Walter Coaz

Mit 86 Abbildungen und 5 Tabellen

HAUG

Karl F. Haug Verlag · Heidelberg

Die Deutsche Bibliothek - CIP-Einheitsaufnahme

Coaz, Walter:
Energetische Körperarbeit : Wege aus der Therapieblockade ; mit 5 Tabellen / Walter Coaz. - Heidelberg : Haug, 1998
(Manuelle Medizin)
ISBN 3-7760-1656-6

ISBN 3-7760-1656-6

Signetgestaltung des Titelbildes: Barbara Weber, CH-8317 Tagelswangen
Satz und Konvertierung: Wolfgang Seidel, Kommunikationsservices, 76855 Annweiler
Druck: Progressdruck GmbH, 67346 Speyer

Widmung

Dieses Buch ist mit Liebe und Dank all denen gewidmet, die an seiner Entstehung beteiligt waren. Insbesondere gilt mein herzlichster Dank Christoph Gassmann, der sich über Jahre intensiv mit meinem zum Teil chaotischen Text auseinandergesetzt und ihn in eine verständliche Form gebracht hat. Er hat auch in diesem Buch den historischen Rahmen der TCM herausgearbeitet und den Bezug der Energetischen Körperarbeit zu den westlichen und östlichen Therapiekonzepten dargestellt.

Dank an meinen Sohn Andrin Coaz, der sich intensiv mit der Struktur des Fachbuches befaßt und im Zuge dieser Arbeit auch alle Tabellen und Zeichnungen erstellt hat.

Dank an Marietta Schneider, die Sekretärin der Schule für Energetische Körperarbeit, welche die mühsame Arbeit der Akupunkturindexierung und des Literaturverzeichnisses auf sich genommen hat.

Dank auch an Barbara Weber für die gelungene Signetgestaltung.

Herzlichen Dank auch allen meinen Lehrerinnen und Lehrern, die mich auf dem Weg zur Energetischen Körperarbeit geführt, gehalten und ermutigt haben.

Dank auch all meinen Patientinnen und Patienten, die ich in den letzten 30 Jahren behandeln durfte. Dank ihnen konnte ich das Wissen über Energieblockierungen und Energiefluß entwickeln.

Zu guter Letzt auch einen Dank an den Verlag, der das Risiko einer Herausgabe dieses Buches auf sich genommen hat, mit dem Ziel, den Therapeutinnen und Therapeuten ein Mittel in die Hand zu geben, um aus einer möglichen Therapieblockade herauszukommen.

Walter Coaz

Inhalt

Vorwort

„Es senkt sich der Himmel, er kommt und wird zur Erden; wann steigt die Erd' empor und wird zum Himmel werden?"

Angelus Silesius

Es war eine Vision der chinesischen Taoisten, daß der Mensch es vermöchte, mit beiden Füßen fest auf der Erde zu stehen, handelnd seinen Alltag zu leben, und zugleich mit den Armen in den Himmel zu greifen, an dessen Kraft sich anzukoppeln. Damit er aber diese immer schon in ihm angelegte Fähigkeit erlangte, mußte er sich darum bemühen, seine Energien ins Gleichgewicht zu bringen.

Das vorliegende Buch handelt von einer Möglichkeit, diese uralten Vorstellungen zu erneuern. Es beschreibt einen Weg, über die Regulierung der Lebensenergie sich der eigenen „Mitte" anzunähern und so zum „Mittler zwischen Himmel und Erde" zu werden.

Die Energetische Körperarbeit – als Weg zur „Energiebalance" – verschmilzt Vorstellungen und Praktiken der Traditionellen Chinesischen Medizin (TCM) mit Elementen des traditionellen physiotherapeutischen Handwerks und anderer westlicher Therapiesysteme zu einem neuen Ganzen. Mein Konzept ist Resultat von dreißig Jahren physiotherapeutischer Praxis und Erfahrung, Ergebnis einer Auseinandersetzung mit den unterschiedlichsten therapeutischen Systemen und Techniken, ständigen Suchens und, last but not least, von Selbstversuchen.

Im Vordergrund steht dabei nicht eine „neue Technik". Energetische Therapie ist auch nicht in erster Linie für eine bestimmte Gruppe von Erkrankungen oder Störungen gedacht, sie stellt nicht einen für eine bestimmte Patientengruppe besonders geeigneten Zugriff dar. Vielleicht sollte ich gar nicht von „therapeutischem Konzept" sprechen, eher von einem Weg zur Erhaltung der Gesundheit. Im Grunde geht es jedoch um mehr: um einen „Weg zum Selbst" über den eigenen Körper, die eigene Atmung, die eigenen Energien.

Die Vorstellung von Gesundheit, auf der Energetische Therapie aufbaut, ist nicht statisch, sondern lebendig, dynamisch. Das sich Wandelnde in uns, das, was in uns lebendig ist, steht im Mittelpunkt Energetischer Praxis: Wir arbeiten mit dem Atem, Inbegriff und Sinnbild von Leben. Wir arbeiten mit dem Schmerz und den Emotionen – denn nicht nur körperliche Defekte, sondern auch alle Emotionen, Aggressionen, Angst, Sorge und so weiter sind nach meiner Auffassung durch und durch real, auch physisch real. Wir arbeiten mit verschiedenen Methoden des Ausgleichs energetischer Strömungen – Behandlung von Akupunkturpunkten, Weichteiltechniken, Manuelle Therapie, Übungen usw. Schließlich arbeiten wir mit den „Wandlungsphasen", die im chinesischen Denken für alles Zyklische, sich Wandelnde stehen.

Voraussetzung für solche Körperarbeit ist, daß wir in einem ersten Schritt prüfen, wo in uns bzw. in unseren Patienten* „Energie" fließt und wo sie blockiert sein könnte. Das Befundbild der Energetischen Therapie – gewonnen aus Tastbefund, Bewegungsbefunden, Pulsbeurteilung, Muskeltests, Augenschein, Endpunktmessung der Meridiane usw. – gestattet uns eine Annäherung an das Ener-

* Der sprachlichen Einfachheit halber habe ich im ganzen Text davon abgesehen, die männliche und die weibliche Form der genannten Personen anzuführen. Mit „Patienten" sind deshalb immer auch „Patientinnen", mit „Therapeuten" immer auch „Therapeutinnen" gemeint.

gieprofil eines Menschen, auf das die Therapie aufbauen kann.
Bei der eigentlichen Energiearbeit lassen sich dann verschiedene Stufen unterscheiden:

• Wir erleben unsere Energieblockierungen durch Spannung und Entspannung; über den Atem erschließen wir den eigenen Bauchraum, unser „Zentrum", unseren „Energiegenerator".

• Wir tragen Blockierungen ab und verfeinern den Energiefluß.

• Blockierte Gefühle im Körper wandeln wir um in fließende Energie und lernen zugleich, die wiedergewonnene Energie vom Zentrum in die Peripherie zu verteilen.

• Allmählich wird sich nun das Bewußtsein immer weniger mit den körperlichen und seelischen Phänomenen, Schmerz, schmerzlichen Gefühlen usw., identifizieren. Wir bekommen etwas Distanz zu uns selbst; dadurch nimmt auch der Druck ab, der auf uns lastet. Selbstbewußtsein und Selbstvertrauen können wachsen, unser Umgang mit uns selbst wird liebevoller.

• Schließlich wird auch wieder mehr Verbindung zu den Kreisläufen der Natur, Tageszeiten, Jahreszeiten, Wachsen und Vergehen, entstehen. Es kann sich sogar, wenn auch vielleicht nur für Augenblicke, ein tiefes Gefühl der Verbundenheit mit dem Ganzen der Natur, mit dem „Kosmos", ein Gefühl des „Einsseins" mit sich und der Welt einstellen.

Energetische Körperarbeit erscheint als ein komplexer Prozeß, in dem Therapeut und Patient und auch ihr Umfeld ein dynamisches, lebendiges „System" bilden; ein solcher „therapeutischer Prozeß" sperrt sich gegen die Beschreibung als Subjekt-Objekt-Beziehung, in der lediglich der Therapeut „Subjekt" und Handelnder wäre, aufgrund „objektiver Befunde" am Patienten seine wohldosierten Handgriffe applizierend.

Die Prozeß-Vorstellung ist in meinem Konzept zentral: Nicht nur, daß ich dem Handeln des *Patienten* für den „therapeutischen Erfolg" größte Bedeutung zumesse – ein solche Auffassung vertreten heute viele Therapeuten. Nach meinem Dafürhalten wird in dem Prozeß auch am Therapeuten gehandelt, auch er wird sich in seinem Verlauf wandeln, genauso wie der Patient. Und daran ist nichts Unrechtes. Ist es denn nicht vor allem andern die Suche nach der eigenen „Heilung", was manchen Therapeuten im Innersten in seinem Beruf hält und bewegt? Zu Beginn seiner Laufbahn wird er womöglich sein „Heil" in der Selbstbestätigung des therapeutischen Erfolgs suchen, und jeder sich gegen die Gesundung sträubende Patient wird ihn in Verzweiflung stürzen. Später wird er – vielleicht – lernen, sich in dem fließenden Prozeß allmählich selbst näher zu kommen. Dann ist er, nach meinen Begriffen, auf dem richtigen Weg, dem authentischen Weg zu mehr persönlicher Wahrheit – auf dem Weg zur „eigenen Mitte". Energetische Körperarbeit kann auch ihn auf diesem Weg unterstützend begleiten. Sie wird ihn befähigen, seine empathischen Kräfte zu stärken, über die Selbsterfahrung den Blick für die Lebensenergie zu schärfen und in das Verhältnis zu den leidenden Menschen, mit denen er arbeitet, eine andere Dimension einzubringen – eine Dimension, die tief in der Geschichte des östlichen und westlichen therapeutischen Wissens verankert ist. Eine Dimension, die auch nötig ist, um aus einer Therapieblockade herauszufinden.

Erlenbach/Schweiz, Februar 1998 *Walter Coaz*

I. Teil

Die wichtigsten Quellen der Energetischen Körperarbeit

1 Hinführung

Kritiker fordern heute anstelle des noch immer vorherrschenden „Reparaturdienstverhaltens" in der Medizin wieder eine „ganzheitliche" Heilkunst, die vor allem die Selbstregulation bei den Patienten stützt. Eine Krankheit, heißt es etwa bei Frederic Vester, erwachse niemals aus einer einzigen Ursache, allenfalls aus einer *Konstellation* von Ursachen. Bei der Diagnose wie bei der Behandlung müßten wir berücksichtigen, daß eine pathologische Konstellation durch sehr viele Komponenten bestimmt werde. Es genüge niemals, vereinzelte sichtbare Defekte zu beseitigen, es komme vielmehr darauf an, die Gesamtkonstellation zu verändern und dafür zu sorgen, daß das System nicht starr werde, sondern auf Störungen reagieren, sie auffangen und mit ihnen fertig werden könne. Damit rücke aber die Prävention ins Zentrum der Medizin.

Kritisches Nachdenken über die „Reparaturmedizin" stand nicht am Anfang meines Konzepts einer systemischen und auf Prävention gerichteten *energetischen Körpertherapie,* es hat sich im Laufe der Zeit wie von selbst und parallel zu jenem Konzept ergeben. Die Distanznahme zur konventionellen (Physio-)Therapie entwickelte sich zunächst auf einer sehr praktischen Ebene, aus der persönlichen Therapieerfahrung heraus.

Das Arbeitsgebiet eines durchschnittlichen Physiotherapeuten im ambulanten Bereich ist ja oft recht eingeschränkt. Wir haben es scheinbar bloß mit Knochen, Muskeln, Bindegewebe zu tun. Manchmal geraten vielleicht Stoffwechsel-, Blut- und Kreislaufprobleme in unser *Gesichts*feld, schon sehr viel seltener Störungen innerer Organe – und kaum je das Vegetativum und das „Emotionale". Üblicherweise verfügt die Physiotherapie, verfügen die Therapeuten auch nicht über das Instrumentarium, um Probleme in diesem Bereich zu *begreifen* oder gar gezielt zu *behandeln.*

Und dennoch haben wir, zum Beispiel, auf das Emotionale Einfluß und *Zugriff,* selbst wenn dies nicht in unser Bewußtsein gelangt. Wir rufen mit unserer angeblich „rein mechanischen" Arbeit oft Effekte hervor, die wir nicht kontrollieren, geschweige denn, daß wir gezielt mit ihnen arbeiten könnten. Aus der Erfahrung solcher Defizite mechanischer Therapie und aus der Suche nach Alternativen und Ergänzungen habe ich mit den Jahren mein Konzept entwickelt.

Nach der Ausbildung zum Physiotherapeuten arbeitete ich zunächst ganz konventionell, in der Klinik, später in der eigenen Praxis. Bei vielen Krankheiten und Störungen, bei blockierten Gelenken etwa, bei Muskelerkrankungen oder Stoffwechselstörungen, war ich nun mit den in der Ausbildung erworbenen Mitteln der klassischen Physiotherapie recht erfolgreich. Als dann verschiedene manuelle Techniken Einzug in die Physiotherapie hielten, wurden meine Ergebnisse gar noch etwas besser.

Bei einigen Patienten geriet ich hingegen in einen Zustand tiefer Verzweiflung, weil ich spürte, daß nichts auszurichten war, daß all meine Bemühungen nichts fruchteten. Bei einem Patienten trat ein Schmerz zuerst am Knie auf, dann verschob er sich wie durch Zauberhand in die Wirbelsäule, dann wieder in die Hände. Ich schien mit meiner Behandlung lediglich von einem Symptom zum andern zu springen und begriff überhaupt nicht, was sich abspielte. Eine weitere häufige Situation: Der Schmerz verharrte immer am selben Ort, in derselben Intensität, ob ich nun mit Wärme oder mit Kälte arbeitete, ob ich die Therapie stark oder gering dosierte; der Schmerz blieb hartnäckig und widerspenstig. Solche Patienten anerkannten zwar meist, daß Arzt und Therapeut sich die größte Mühe gäben, aber anscheinend sei alles, leider, vergeblich.

Andere meiner Patienten hatte, wie aus heiterem Himmel, akuter Hexenschuß oder eine Tortikollis getroffen, sie waren mit einem Schlag nicht mehr in der Lage, sich zu bewegen. Wieder andere litten an der berüchtigten „Weekend-Migräne": Freitagabend, Samstagmorgen – sie tritt ganz plötzlich auf, die akute Migräne, mit rasenden Schmerzen, Schwindelgefühl, Erbrechen. Das hält an bis Sonntagabend, dann ist der Spuk vorbei. – Was spielte sich nun bei diesen Patienten ab?

Unter Fachkollegen hieß es zuweilen, solche Leiden seien „psychisch bedingt". Aber was bedeutete das? Wie begegnete man solchen Phänomenen in der Therapie? Die spärliche Literatur zur psychosomatischen Medizin lieferte zwar einige Vorstellungen, aber ich hatte Mühe, sie in Therapie umzusetzen.

Ende der sechziger Jahre begann ich mich, einer Zeitströmung folgend, mit den Schriften Wilhelm Reichs auseinanderzusetzen, und es fiel mir auf, daß Reich mit Krebspatienten manchmal wie ein Physiotherapeut gearbeitet hatte. Er beschrieb das „Fließen" oder „Strömen" von Energie und er nahm Blokkierungen in der Muskulatur an, die dieses Fließen behinderten und Muskelspannungen oder Muskelverkürzungen und Schmerzen verursachten. – Es schien sich bei Reichs Krebspatienten ganz ähnlich wie etwa bei meinen Rheumatikern zu verhalten. Wieder mußte ich mich fragen, was sich bei solchen Patienten eigentlich abspielte.

In jener Zeit entwickelte ich in meinem Institut auch ein erstes Basisbehandlungskonzept, das in seinen Grundzügen bis heute Bestand hat. Immer noch setzte ich vor allem die Mittel der klassischen Physiotherapie ein, aber ich achtete nun vermehrt auf die Entwicklung der Heilung, auf den Verlauf, den dieser Prozeß in den meisten Fällen nimmt.

Drei Phasen lassen sich nach meiner Beobachtung deutlich unterscheiden: Ich nenne sie „Regressionsphase", „Integrationsphase" und „Aktivitätsphase". Es war mir aufgefallen, daß viele Patienten, zum Beispiel solche mit Rheuma, aber auch Rehabilitationspatienten nach Unfällen allgemein erschöpft schienen, wenn sie endlich zur Therapie kamen. Es ist hier nachzutragen, daß in den sechziger Jahren Physiotherapie noch nicht die Wertschätzung genoß, die sie heute genießt. Viele Ärzte schickten ihre Patienten damals erst nach langem Hin und Her zu uns.

Bei derart erschöpften Menschen schien es wenig ratsam oder sogar kontraproduktiv, gleich mit gezielten Übungen zu beginnen, die Patienten physiotherapeutischen „Angriffen" auszusetzen. Statt dessen versuchte ich ihnen mit meinen Fango- und Wickelpackungen einen Raum anzubieten, wo sie sich erst einmal gründlich erholen konnten. Mit Massagetechniken versuche ich noch heute, der endokrinen Insuffizienz, wie wir diesen Erschöpfungszustand nennen, in dieser Phase behutsam entgegenzuwirken. Die Patienten können sich über ihre Frustrationen aussprechen, ohne daß ich ihnen schon besondere Ratschläge erteile oder therapeutische Aufgaben stelle.

Zugleich wird die zweite Etappe vorbereitet, die Integrationsphase. Patienten pflegen, wie ich bemerkte, eine schmerzhafte Schulter (zum Beispiel) vom Körper abzuspalten, sie verhalten sich zu ihr, als gehöre sie nicht mehr zu ihrer Person. Eine solche Abspaltung verbindet sich mit typischen emotionalen Grundhaltungen – mit Wut: Was erlaubt sich eigentlich die Schulter mit mir, dieser Störenfried, dieser Feind? – oder mit Resignation: Mit dieser Schulter ist nicht mehr auszukommen, sie plagt mich nur, aber ich bin ihr ausgeliefert, kann nichts gegen sie ausrichten.

Als ich mit den drei Behandlungsphasen zu arbeiten begann, mußten die Patienten mir stets sagen, ob ihre Schulter nun „lieb" oder „böse" war. Diese noch naiven Anfangsschritte der Integration konnte ich später durch die direkte Arbeit mit Schmerz und Atmung und mit besonderen Integrationstechniken ausbauen. Aber schon damals erkannte ich, daß es galt, die Schulter wieder aufzunehmen wie „die verlorene Tochter". Es war für die Patienten und auch für mich immer wieder beeindruckend, wie sich dann eine Selbstheilung, jedenfalls eine Art Selbstregulation anbahnte, wie eine „Versöhnung" stattfand, oft spontan, fast im Verborgenen. Das bedeutete keineswegs immer, daß nun die Schulter geheilt war. Aber es ergab sich beim Patienten eine grundlegende Haltungsänderung, eine „Wandlung". – Es geht in der Integrationsphase zunächst darum, daß sich der Patient der Gefühle bewußt wird, welche zum Beispiel ein schmerzhaftes Gelenk verursacht, und daß er diese Gefühle stehen lassen kann. Im Lauf der Therapie kommen wir auf die Gefühle zurück und schauen, ob sich eine „Wandlung" abgezeichnet hat. Daß es soweit ist, läßt sich oft daran erkennen, daß mich der Patient nach Übungen fragt, mit denen die Funktion der Schulter noch verbessert und konsolidiert werden kann.

Jetzt beginnt die dritte Phase: die Aktivitätsphase. In dieser Phase setze ich die funktionellen Mittel der Physiotherapie gezielt ein. Die meisten Patienten können anschließend entlassen werden.

Zentrales Thema dieses Buchs ist im Grunde ein viertes, die „Präventionsphase". Die Erfahrung zeigt, daß Patienten, die zum Beispiel mit einem Gelenkproblem zur Therapie kommen, nach nur zwei oder drei Jahren mit denselben Problemen wieder meine Praxis aufsuchen. Kaum klingt der Schmerz ab, kaum ist die Bewegung wieder „in Ordnung", führen die Patienten die Übungen nicht mehr aus, verrichten sich zum Teil wieder schädlichen Arbeiten und es kommt erneut zu Blokkierungen. Diesen Problemen gilt es besondere Beachtung zu schenken.

Aber zurück zu meinem Ausbildungsgang. Anfang der siebziger Jahre besuchte ich einen Kurs der Krankengymnastin Christel Heidemann, Lehrerin an der renommierten Krankengymnastikschule von Hede Teirich-Leube in Tübingen, bekannt für ihre am Rükken ausgeführte Bindegewebsmassage. Diese Art Massage hat eine tiefe Wirkung auf das vegetative Nervensystem, sie beruhigt die inneren Organe oder regt sie an, öffnet Arterien und so weiter. Heidemann führte uns die Test- und Kontrollgriffe des Bindegewebes am Rücken vor, den sogenannten Tastbefund, der ein integraler Bestandteil der Bindegewebsmassage ist. Statt aber mit der Massage zu beginnen, kratzte Heidemann mit ihrem Fingernagel am Endpunkt eines „Meridians" – als Meridiane werden in der chinesischen Medizin die Energiebahnen bezeichnet –, oder sie beschmierte solche Punkte mit einer ganz bestimmten Farbe. Sie stimulierte also die Meridianendpunkte, und zu meinem großen Erstaunen veränderte sich nun auch der Tastbefund am Rücken. Die oberflächliche Stimulation schien irgendwie eine Veränderung des Zustands im Körper zu bewirken.

Ich begann also, in meiner Praxis nach der Heidemannschen Lehre zu behandeln und manchmal genügte jetzt eine einzige Sitzung, um Symptome zum Verschwinden zu bringen, bei denen zuvor zehn bis zwölf Behandlungen notwendig gewesen waren. Bei vielen Patienten traten dafür neue Phänomene auf, die mir von der traditionellen Physiotherapie her fremd waren. Ich erinnere mich beispielsweise an eine Patientin mit akuten Schulterschmerzen: Nach der Stimulierung der Meridianendpunkte verschwanden zwar die Schmerzen und die Beweglichkeit der Schultern wurde deutlich besser, – aber nun konnte die Patientin nicht mehr einschlafen oder sie bekam Weinkrämpfe. Ein anderes Beispiel: Ich „zauberte" einen Hexenschuß weg, dafür konnte der Patient seinen Kopf nicht mehr richtig drehen. – Wie ließ sich erklären, daß sich bei einer solchen Behandlung von Meridianendpunkten die Ebenen derart verschoben?

Meine anfängliche Begeisterung wich tiefer Ratlosigkeit. Anscheinend existierte im Körper ein „System von Energiebahnen", auf das ich einwirken konnte. Aber wie war dieses System therapeutisch strukturiert zu nutzen?

Etwas später lernte ich eine andere Methode kennen, die auf den „Meridianen" beruhte, die sogenannte Entspannungs-Ausgleichs-Massage von Willy Penzel. Penzels System war hierarchisch gegliederter als dasjenige Heidemanns, aber auch diese Methode schloß heftige, unkontrollierbare Reaktionen nicht aus. So beschloß ich denn, den Dingen weiter auf den Grund zu gehen und die Quellen des Energiekonzepts kennenzulernen. Mit der Traditionellen Chinesischen Medizin selbst wollte ich mich nun eingehend befassen.

Mein Weg führte mich unter anderem nach Hongkong und Taiwan. In Taipeh ging ich bei Akupunktur-Meistern in die Schule, die noch auf dem chinesischen Festland nach alten taoistischen und konfuzianischen Regeln die Traditionelle Chinesische Medizin erlernt hatten.

Das Großartige dieser Medizin war und ist für mich ihre Energielehre und daß sie den Menschen als Ganzes, als ein System sieht, wobei sie auch die Einflüsse der Umwelt berücksichtigt. Sie ist nicht auf Organe und ihre Schädigungen zentriert, sie denkt nicht kausal-linear, sondern zirkulär, in Funktionskreisen. Diese Medizin betrachtet alle Komponenten des Lebens als untrennbar aufeinander bezogen. Körperliche, seelische und geistige Phänomene sind in ihr verbunden und integriert; auch das soziale Umfeld, Arbeit oder Wohnqualität, sogar das Wetter, das Klima, der Gang der Jahreszeiten haben in ihrer Sichtweise Einfluß auf das menschliche Befinden. Dieses Umfassende, Systemische der chinesischen Medizin hat mich von Anfang an beeindruckt und überzeugt.

Allerdings mußte ich erfahren, daß sich die Erfahrungen und Therapien dieses, in einem fremden Kulturkreis im Laufe von Jahrtausenden entwickelten medizinischen Systems nicht ohne weiteres auf unsere Kultur, unsere Patienten übertragen ließen. Ich stellte nämlich fest, daß bei meinen Patienten zu Hause der Energiefluß viel träger war als bei den Patienten, die ich in Taipeh unter Aufsicht des Akupunktur-Meisters behandelt hatte. Zeitweise schienen die Patienten in meiner Praxis auf eine Behandlung mit Nadeln, Fingerdruck oder Moxibustion überhaupt nicht zu reagieren.

Überhaupt schritt mir die Arbeit am Körper oft viel zu langsam voran, und auch die Ergebnisse waren nicht so eindeutig, wie ich es mir erhoffte. Es lag bestimmt an meiner Ungeduld, aber doch auch an dem Mühselig-Zähen, das Körperlichem eigen ist. Ich war damals vom Körper zuweilen richtig „enttäuscht" und dachte, es müßte doch möglich sein, bei den Patienten direkt auf das Mentale einzuwirken – wie bei einem Computer „ins Programm einzugreifen" –, dann würden auch die Resultate gleich besser. So wandte ich mich nun auch Techniken zu, die eine mentale Beeinflussung versprachen, dem Autogenen Training und der Sophrologie zum Beispiel, und versuchte, sie in die therapeutische Praxis umzusetzen – mit gemischten Ergebnissen.

In den Folgejahren beschäftigte ich mich noch mit weiteren Medizinsystemen und Therapierichtungen, mit tibetischer Medizin und Schamanismus, mit meditativen Techniken und Holotropem Atem nach Stanislav Grof, mit Tao Yoga und Julie Hendersons sanfter Energiearbeit. Ganz allmählich gelangte ich zur Einsicht, daß ich eine weitere berufliche Entwicklung nicht mehr in erster Linie im Äußeren, in der Technik zu suchen hatte; im Vordergrund stand nicht mehr das Ziel, eine neue Methode zu lernen, sondern die Methoden und Techniken selbst zu *erfahren*. Im Laufe dieses Prozesses erkannte und erfuhr ich auch, daß die drei Ebenen des Lebens und Erlebens – die mentale, die emotionale und die körperliche – niemals voneinander getrennt werden können, daß jede in die andere hineingreift – und immer, wenn man sich auf der einen Ebene befand, die anderen in irgendeiner Weise ebenfalls beteiligt waren. Und ich sah, wie wichtig es ist, daß der Therapeut stets weiß, auf welcher Ebene er arbeitet – die Wahrnehmung der Ebene, auf der man sich befindet und bewegt, ist entscheidend. Es spielt zwar eine Rolle, auf welcher Ebene die Energie blockiert ist, denn dort werde ich meine Techniken zuerst einsetzen, oder ich werde entsprechende Akupunkturpunkte behandeln. Dennoch werde ich die anderen Ebenen nicht vernachlässigen, besonders dann nicht, wenn sie sich selbst ins Spiel bringen.

Ganz wesentliche Schritte erlaubten mir das Tao Yoga von Mantak Chia und Julie Hendersons Energiearbeit: Von ihnen lernte ich, wie jeder Mensch seine Energie selbst entfalten und entwickeln kann. Während der klassische Weg der Energiearbeit, die Akupunktur aus der Traditionellen Chinesischen Medizin, von einem Therapeuten ausgeübt werden muß, ist der Patient mit diesen Methoden in der Lage, seine Energie selbst trainieren. Ich konnte nun dahingehend wirken, daß meine Patienten nicht länger abhängig von mir, vom Therapeuten waren. – So schloß sich für mich ein weiterer Kreis.

2 Die Traditionelle Chinesische Medizin (TCM)

2.1 Geschichte und Grundbegriffe

Wenden wir uns nun also einer Heiltradition zu, auf die die Bezeichnung „Gesundheitswesen" eher zuzutreffen scheint als auf die moderne westliche Medizin: der Traditionellen Chinesischen Medizin (TCM), die in den letzten Jahrzehnten gerade von Kritikern der reduktionistischen Sicht als ganzheitliches Paradigma entdeckt wurde und seither stetig an Ansehen gewann. Die TCM wurde im Westen von manchen wohl etwas unkritisch rezipiert, andere übernahmen, ohne ihren kulturellen und weltanschaulichen Hintergrund zu berücksichtigen, nur bestimmte Teile dieser Heilkunde, die Akupunktur und verwandte Therapieformen etwa, weil sich mit ihnen so verblüffende Erfolge erzielen ließen oder weil sie, im Falle der Akupunktur-Anästhesie, neue, sanftere Wege zu eröffnen schienen. Von einer Anerkennung der TCM als gleichberechtigtem Heilsystem sind wir indessen noch weit entfernt, da sich mit den angeblich universalen Modellen unserer Wissenschaft die TCM nicht wird angemessen begreifen lassen.

Im übrigen führt der Begriff der TCM selbst in die Irre, da er die Vielfalt der chinesischen Medizin, in der Altes und Neues nebeneinander existiert, verleugnet und sich meist nur auf den heute in China praktizierten Strang der chinesischen Heilkunde bezieht.

Die Wurzeln dieser sehr heterogenen Heilkunst reichen weit in die Vergangenheit des chinesischen Kulturkreises zurück. Ihre eigentlichen Anfänge liegen naturgemäß im Dunkeln. Früheste archäologische Zeugnisse von heilendem Handeln in China aus der Zeit der Shang-Dynastie (16. bis 11. Jahrhundert v. Chr.) weisen auf eine im Ahnenkult verwurzelte „Orakelmedizin" hin, in der es noch kaum eine gesonderte Vorstellung von Krankheit gegeben hat: Krankheiten wurden damals, wie anderes Unheil, Naturkatastrophen, Mißernten und so weiter, auf die Flüche der Ahnen zurückgeführt, und die Aufgabe der Leidenden bestand darin, diese Ahnen durch Opfer und rituelle Handlungen zu besänftigen. Heiler waren zu jener Zeit die Priester. Zu ihren Aufgaben gehörte unter anderem, über das Orakel die Nachgeborenen zu einem Lebenswandel zu führen, der den Ahnen gefiel und ihr Andenken ehrte.

Auch über das medizinische Wissen der folgenden Epoche der Zhou-Dynastie (11. Jahrhundert bis 221) haben wir wenig Gewißheit. In diesen Jahrhunderten scheinen sich jedoch wichtige Züge der TCM herausgebildet zu haben, zumal in der Zeit der „Kämpfenden Reiche" (481 bis 221 v. Chr.), in der China zersplittert war, die Menschen infolge von Kriegen, Raub- und Vernichtungszügen in ständiger Unsicherheit und im Elend dahinvegetierten. Während der Zhou-Dynastie war wohl eine Dämonenmedizin vorherrschend: Die Ahnen, in früheren Zeiten weder als gut noch als böse empfunden, erschienen nun als schlimme „Geister", gegen die auch ein moralisch korrektes und tugendhaftes Handeln nicht schützte. Die Medizin, die einer solchen Auffassung entsprach, wirkte nicht mehr präventiv, sondern reagierte erst auf eingetretenes Mißgeschick. Ihre Träger waren Exorzisten und Schamanen.

„Die Dämonenmedizin spiegelt einige zentrale Aspekte der politischen Vorgänge im Niedergang des Zhou-Feudalismus wider", kommentiert Paul Unschuld diese Entwicklung, „sie reflektiert die allgemeine Unsicherheit und Existenzangst, die zur Zeit der Kämpfenden Reiche das Verhältnis der einzelnen Staaten als auch der Individuen zueinander gekennzeichnet zu haben scheinen" (Unschuld).

Jene „allgemeine Unsicherheit und Existenzangst" bildete aber auch den Boden, auf dem in China die „hundert philosophischen Schulen" blühten. Bei aller Unterschiedlichkeit zeigten sich die wichtigsten Repräsentanten all dieser Strömungen einig in ihren letzten Zielvorstellungen: Es ging um einen Ausweg aus den düster-wirren Verstrickungen jener Zeit, es ging um den Frieden und die Harmonie der Gesellschaft und des einzelnen Menschen. „Harmonie", Ausgleich stand auch in den beiden Hauptrichtungen dieser Philosophien, dem Taoismus und dem Konfuzianismus, im Mittelpunkt. Diese beiden philosophischen Strömungen haben nun, obgleich oder vielleicht gerade weil sie eigentlich sehr unterschiedliche Vorstellungen vertraten, die chinesische Medizin vorangebracht und wesentlich mitgeprägt, auch wenn einige der zentralen Elemente der TCM wesentlich älter sind oder aus anderen Zusammenhängen stammen, etwa das Qi-Konzept und die Vorstellung der Yin-Yang-Polarität.

Die Lehre vom „Tao", vom rechten Weg oder Sinn (der Begriff ist im Grunde nicht zu übersetzen), wird dem Philosophen Laotse (5./4. Jahrhundert v. Chr.) zugeschrieben, ist aber wohl älter. Die wichtigste Eigenheit des *Taoismus* liegt in seinem engen Verhältnis zur Natur, und sein zentraler Grundsatz lautet, nicht in den natürlichen Lauf einzugreifen, „es geschehen zu lassen" („wu wei"). Beim menschlichen Eingreifen sahen die Taoisten den Hauptgrund dafür, daß die Welt aus den Fugen geraten war. Die anzustrebende Harmonie bestand in ihren Augen in einem ausgeglichenen Verhältnis der Beziehung Mensch-Natur (Kosmos). Die Grundlage für ein solches Verhältnis lieferte ihnen die Analogsetzung der mikrokosmischen und der makrokosmischen Welt. Harmonie konnte und mußte nicht nur im Großen, sondern auch im Kleinen, etwa im einzelnen Menschen angestrebt werden, mit hygienischen, diätetischen und medizinischen Mitteln. Voraussetzung dafür, daß solches gelingen konnte, war den Taoisten eine exakte Beobachtung der Natur, weshalb sie zu Recht auch als frühe Empiristen gelten. Erst wenn man das Gesetz der Natur kannte, das „Tao", konnte man sich ja ihrem Lauf anpassen. Eben darin bestand der taoistische Weg zur Harmonie und zu einem langen, gesunden Leben.

Der *Konfuzianismus* suchte Harmonie auf anderem Terrain, in den gesellschaftlichen Verhältnissen. Sein Augenmerk galt den Tugenden der Menschen, richtigem gesellschaftlichem Verhalten, Pflichtbewußtsein, Zuverlässigkeit, kindlicher Folgsamkeit. Durch die Einhaltung solcher moralischer Maximen wollten die Konfuzianer hierarchisch gegliederte gesellschaftliche Ordnung erreichen. Sie beschäftigten sich also mit Politik, Sozialethik, Psychologie, während die Beschäftigung mit der Natur sie wenig interessierte. Dabei waren sie Meister der rationalen Spekulation, der Systematik im Denken.

Das Zusammentreffen von genauer Naturbeobachtung der Taoisten und systematischem Denken der Konfuzianer hat die rationale Traditionelle Chinesische Medizin in der Folge stark geprägt – solange jedenfalls, als nicht eine der beiden Richtungen obsiegte und die andere verdrängte. Im „Suwen" („Reine Fragen"), dem ersten Teil des „Huangdi Neijing" („Klassiker des Gelben Kaisers zur Inneren Medizin"), des wohl ältesten chinesischen Medizinbuchs, niedergeschrieben vielleicht noch in der Zeit der „Kämpfenden Reiche" (481 bis 221 v. Chr.), vielleicht aber auch erst im zweiten nachchristlichen Jahrhundert, kommen deutlich beide Positionen nebeneinander zum Ausdruck: „Der Mustergültige heilt nicht Krankheit, die bereits ausgebrochen ist, sondern Krankheit, die noch nicht ausgebrochen ist; und er legt nicht soziale Unordnung bei, die sich bereits manifestiert, sondern solche, die sich noch nicht manifestiert. Denn eine Krankheit verarzten, die sich bereits voll entfaltet hat, soziales Chaos ordnen, das schon überall um sich gegriffen hat, das ist, wie wenn man einen Brunnen zu graben anfängt, sobald man Durst verspürt, als ob man Waffen zu schmieden beginnt, wenn man bereits in den Kampf verwickelt ist. Ist es da nicht schon zu spät?“ (Porkert).

Wesentlich dafür, daß zwei so unterschiedliche Philosophien wie der Taoismus und der Konfuzianismus ein synergetisches Verhältnis eingehen konnten, erscheint, daß sie, neben der Ausrichtung auf Ausgleich, noch einen andern zentralen Zug *gemeinsam* haben. Beide wurzeln im Entsprechungsdenken, das analoge Strukturen und innige Verschränktheit von Mikro- und Makrokosmos postuliert. Freilich sahen die Taoisten in der Natur den richtungsweisenden Makrokosmos, die Konfuzianer aber in der Gesellschaft, im Staat. Durch die gemeinsame Vorstellung, daß ein moralisch korrektes, beziehungsweise der Natur entsprechendes Leben zu körperlicher und geistiger Harmonie führen müsse, rückte indessen bei den einen wie bei den anderen der Gedanke der Eigenverantwortung und Prävention in den Mittelpunkt.

Es ist anzumerken, daß von den Konfuzianern, die den Zentren der politischen Macht stets näherstanden, lange Zeit bloß wenige ihre Bildung und Rationalität in den Dienst der Medizin stellten. Nur sehr langsam konnte sich daher die chinesische Heilkunst in den ersten Jahrhunderten nach der Niederschrift des „Neijing“ entfalten. Zudem hielten die besten Ärzte ihre Erkenntnisse meist geheim – medizinisches Wissen wurde grundsätzlich vom Vater auf den Sohn übertragen, nicht öffentlich gelehrt oder publiziert. Einige der kultiviertesten Ärzte Chinas verstießen glücklicherweise gegen diese uralten Gewohnheiten und Tabus und hielten ihr Wissen schriftlich fest, um es so wenigstens einem beschränkten Kreis von Schülern zugänglich zu machen. Sie schrieben es dabei aber gerne mythischen Figuren der Vergangenheit zu. Die frühesten chinesischen Medizinalklassiker, schriftliche Zeugnisse einer wohl schon sehr langen Überlieferung und einer bereits alten und differenzierten Wissenschaft, verdanken wir deshalb anonymen Autoren. Unbekannt sind die Autoren etwa des schon erwähnten „Neijing“ und auch des etwas jüngeren „Nanjing“ (der „Klassiker der Einwände“), in dem eine Vielzahl von physiologischen und pathologischen Problemen systematisch beantwortet werden.

Spätere Klassiker der TCM lassen sich historischen Autorenfiguren zuordnen. Die „Abhandlung über schädigende Kälte und andere Krankheiten“ („Shanghan zabinglun“) etwa stammt von Zhang Zhongjing, der „Pulsklassiker“ („Mojing“) von Wang Shuhe und die „Wichtigen Rezepte, die tausend Goldstücke wert sind“ („Qianjin yaofang“), eine umfassende, vielbändige Summe des medizinischen Wissens seiner Zeit, von Sun Simo (582 bis 682). Die Werke anderer berühmter Autoren sind leider verloren gegangen, so von Hua Tuo (2. Jh. n. Chr.) eine Schrift, in der er sein legendäres Wissen dargelegt hat: Hua galt als schierer Wunder-Doktor, er wandte unter anderem auch Hydrotherapie und Heilgymnastik an und operierte erfolgreich als Chirurg, darin eine absolute Ausnahme unter den alten chinesischen Ärzten.

Große Ärzte genossen in China schon früh so viel Wertschätzung, daß man ihnen Tempel errichtete, und einige der klassischen Werke der chinesischen Medizin sind wohl unter der Obhut von Fürsten entstanden. Dennoch ist die Traditionelle Chinesische Medizin lange Zeit keine kaiserliche, keine Staatsmedizin gewesen, der Status der Ärzte war im allgemeinen eher drittklassig und entsprach etwa dem der Handwerker, die noch hinter den Bauern rangierten. In dieser Hinsicht zeichnete sich erst etwa zu Beginn des 7. Jahrhunderts n. Chr. ein grundlegender Wandel ab, als der Gelehrte Chao Yuanfang auf kaiserlichen Befehl zusammen mit einer

Ärztekommission eine Enzyklopädie der Differentialdiagnose zusammenstellte, das erste Beispiel einer im staatlichen Auftrag von qualifizierten Ärzten hergestellten wissenschaftlichen Sammlung.

Im 8. Jahrhundert erfuhren die gebildeten Ärzte eine wesentliche soziale Aufwertung, als die Medizin während der Tang-Dynastie zur akademischen Disziplin erhoben und jeder Medizinstudent in Literatur und den philosophischen Klassikern geprüft wurde. Unter der Song-Dynastie wurden Wissenschaften und Kultur, auch die Medizin, vom Hof dann systematisch gefördert, und im Jahre 1078 wurde das „Große Medizinamt" als eigenständige Behörde gegründet, womit nun auch die materiellen Voraussetzungen geschaffen waren, daß sich die Heilkunde voll entfalten konnte. Zu dem Amt gehörte auch eine Ärzteschule mit dreihundert Studienplätzen und einer eigenen Abteilung für die Herausgabe und Drucklegung überlieferter und neuer Medizinliteratur.

Seit man im 11. Jahrhundert begann, die Medizinstudenten auch in den medizinischen Fächern selbst zu prüfen, standen die gebildeten Ärzte im Rang von Gelehrten. Diese akademisch geprüften Ärzte bildeten jedoch weiterhin nur die Spitze einer streng abgestuften Ärztepyramide: In der sozialen Wertungsskala rangierten deutlich unter dieser Gruppe jene der gewöhnlichen medizinischen Praktiker und jene der „Wanderärzte" – ganz ähnlich übrigens wie im Westen, wo die Gelehrten und die Buchmediziner in der sozialen Skala weit über den medizinischen Handwerkern standen, den Bader-Chirurgen und Feldschern.

Mit der Erfindung des Buchdrucks, der altem medizinischem Wissen zu weiter Verbreitung verhalf, und der staatlichen Förderung der Medizin begann also eine eigentliche Blütezeit für die TCM. Paradoxerweise zeichnete sich jedoch gleichzeitig auch ihr Niedergang ab: Die konfuzianische Buchgelehrsamkeit entwickelte nämlich kein Interesse an weiterer empirischer Forschung und verlegte sich lieber auf die Spekulation über das bereits kompilierte alte Wissen. Die Verbeamtung der Medizin führte zur Stagnation und zum allmählichen Niedergang der Traditionellen Chinesischen Medizin. Sie hat erst Mitte des 20. Jahrhunderts im sozialistischen China einen neuen Aufschwung genommen, nun allerdings gegründet auf neue empirische Forschung.

Für unsere Belange wichtig sind nun einige Grundzüge und konzeptuelle Fundamente der TCM.

Der zunächst entscheidende Punkt ist die ganz andere ärztliche Ethik der TCM. Während unser modernes „Krankenwesen" erst auf Krankheit reagiert, gegen Krankheit „versichert", nur bei Krankheit bezahlt, ist der Bezugspunkt der chinesischen Medizin die Gesundheit, genauer: das „Tao" – der Weg zum gesunden und langen Leben; Früherkennung und Prävention sind ihr deshalb wesentlich. Im „Neijing" findet sich etwa die folgende Maxime: „Der Mustergültige heilt nicht Krankheit, die bereits ausgebrochen ist, sondern Krankheit, die noch nicht ausgebrochen ist." Und im „Nanjing" heißt es: „Der geschickte Arzt behandelt die Gesunden, der schlechte dagegen die Kranken." Für die Chinesen war der „berühmte" Arzt deshalb ein schlechter Arzt. Zu ihm gingen jene, die unter schweren Krankheiten litten. Vom geschickten Arzt aber sprach niemand. Dieser Arzt erkannte die Krankheiten schon, wenn sie sich ankündigten, und er vertrieb sie, bevor sie ausbrachen, konnte also nicht auf spektakuläre Heilungen verweisen – deshalb sprach niemand von ihm.

Ein chinesischer Arzt betreute stets mehrere Familien oder Sippen. Diese Sippen bezahlten ihn so lange, wie alle Familienmitglieder gesund blieben. Wurde jemand krank, bezahlte man den Arzt nicht mehr; erst wenn der Kranke genas, bekam der Arzt wieder seinen Lohn. Dies mag die Ärzte dazu bewogen haben, die ihnen anvertrauten Menschen häufig zu besuchen. Sie sahen zu, wie es in der Ehe lief, wie es den Kindern ging, was sich zwischen den Generationen abspielte, sie schenkten also dem ganzen sozialen Bereich und der Beziehungsebene Beachtung und entwickelten sensible, hochdifferenzierte Methoden, dank denen sie rasch spürten, ob eine Krankheit im Anzug oder ob alles in Ordnung war.

Vor allem prüfen und registrieren chinesische Ärzte alles, was an der Oberfläche des menschlichen Körpers wahrnehmbar wird, zum Beispiel Farbe, Form, Beweglichkeit und Stärke des Zungenkörpers, Färbung, Ausdehnung, Feuchtigkeit, Klebrigkeit und Haftfestigkeit des Zungenbelags, die Leistungsfähigkeit der Sinne, die Körperausscheidungen, aber auch das Sprachverhalten, die Stimme – in der Tat ja ein guter Indikator für die *Stimmungs*lage eines Menschen –, ferner auch die Ausdünstungen oder den Geruch der Patienten.

Inbegriff chinesischer Diagnostik ist die Pulsdiagnose. Die chinesischen Ärzte ertasten ihre Pulse wie wir am Handgelenk (sie kennen freilich noch andere Pulsstellen), aber an drei *verschiedenen* Positionen, vor, auf und hinter dem *Processus styloideus radii,* und sowohl in der „Tiefe“ wie auch an der Oberfläche. So erhalten sie zwölf verschiedene Pulsstellen, die den zwölf Organ-Funktionskreisen zugeordnet werden (von denen noch die Rede sein wird). Die ertasteten Pulse charakterisieren sie durch Eigenschaften wie „Länge“, „Breite“ oder „Tiefe“. Während wir also im allgemeinen bloß die Pulsschläge *zählen* oder *messen* und uns vielleicht ein intuitives Bild vom Puls machen, stehen der TCM insgesamt gegen dreißig verschiedene Pulsbilder für jeden Organ-Funktionskreis zur Verfügung, was eine sehr präzise und differenzierte Diagnose des *Energiezustands* eines Patienten erlaubt – bei viel Übung und Erfahrung eine nahezu „objektive“ Methode des Energiebefunds, wie Porkert meint, in jedem Falle stets die letzte Instanz, die der TCM-Diagnose Sicherheit verleiht.

Mit den Erscheinungen (Xiang) am menschlichen Körper – Schweißausbrüche, eine bleiche Hautfarbe, das Aussehen der Augenlider, gesteigerte Druckempfindlichkeit bestimmter Hautstellen, Beschaffenheit der Fingernägel, Pulse u.a. – sind ja selbst Vorgänge im menschlichen Körper bezeichnet. Aus der Sicht des Energiemodells hängen diese manifesten Vorgänge nun mit anderen, unsichtbaren Prozessen im Körper zusammen, aber auch mit makrokosmischen Vorgängen, dem Wetter, der Jahreszeit, dem Stand von Sonne und Mond. Erst die Vernetzung und umfassende Interpretation der Befunde, die diagnostische Synthese auf der Grundlage der überlieferten Korrespondenzvorstellungen ergibt ein komplettes Bild der energetischen Konstellation eines Menschen. Dieses Bild verrät dem traditionellen chinesischen Arzt, wenn Gefahr droht und etwas unternommen werden muß.

In ständiger Kommunikation mit den Patienten und ihrem Umfeld ergreift er nun seine therapeutischen Maßnahmen, in der Hauptsache Kräutermedizin, Akupunktur und Moxibustion (die Behandlung durch das Abbrennen von Beifuß über den Akupunkturpunkten). Manfred Porkert verweist darauf, daß die Menschen in China oft mehrere Ärzte zu Rate zogen und deren Vorschläge abwogen, um sich schließlich selbst für ein bestimmtes Vorgehen zu entscheiden. Dennoch verwehrt er sich dagegen, die chinesische Medizin als „Volksmedizin“ zu bezeichnen. Nicht nur stelle sie ein sehr ausgereiftes, differenziertes Wissenschaftssystem dar; der beschriebene Vorgang weise eher auf die Tatsache hin, daß sich die Fachsprache der chinesischen Ärzte nicht *grundsätzlich* von der Umgangssprache der Menschen abhob und daß zum anderen sich die Gebildeten in China von den weniger Gebildeten nicht durch *anderes* Wissen, sondern durch umfänglichere und gründlichere Kenntnisse, in langer Ausbildung erworben, unterschieden. In China verfügte indessen offenbar auch „das Volk" über ein gewisses medizinisches Grundwissen.

Wie lassen sich nun die wichtigsten Unterschiede zwischen chinesischer und westlicher Medizin *systematisch* beschreiben? Der Sinologe Wolfgang G. A. Schmidt zitiert hierzu Hong-Yen Hsu, einen zeitgenössischen chinesischen Mediziner, der sich eingehend auch mit der westlich-naturwissenschaftlich orientierten Pharmakologie befaßt hat. Hsu nennt unter anderem die folgenden Eigenheiten der chinesischen Medizin, die sie von unserer „Schulmedizin" abhöben: Sie unterscheide, was den Bereich pathogener Funktionsstörungen im Körper des Menschen angeht, nicht zwischen Physis und Psyche, sondern berücksichtige beide Aspekte gleichberechtigt und gleichrangig in einem ganzheitlichen Konzept. Sie trenne auch nicht seelische und/oder ernährungsbedingte Funktionsstörungen des menschlichen Körpers von sonstigen körperlichen Funktionsstörungen. Und anders als unsere fragmentierende, Defekte isolierende und lokalisierende, organbezogene Schulmedizin konzentriere sich die chinesische Medizin auf den gesamten Organismus, auf die Funktionen, Zusammenhänge, die Wechselwirkungen der Teile im Gesamtsystem, zu dem auch das nähere und weitere Umfeld des Menschen gehört.

Fritjof Capra schreibt, in Systemen zu denken – wobei er *dynamische* Systeme im Auge hat – heiße, in Vorgängen zu denken, und folglich betrachte die Systemlehre Gesundheit als „ein fortlaufendes Geschehen". Das Systembild der Gesundheit impliziere „ständige Aktivität und ständigen Wandel, als schöpferische Antwort des Organismus auf Umweltherausforderungen". Weil aber der Zustand eines Menschen stets erheblich von der natürlichen und sozialen Umwelt abhänge, könne es „keine von der Umwelt unabhängige absolute Ebene der Gesundheit geben", und: „Die ständige Veränderung des eigenen Organismus in Beziehung zur sich ändernden Umwelt wird ganz natürlich auch vorübergehende Phasen mangelhafter Gesundheit einschließen, und es wird sich oft als unmöglich erweisen, eine klare Trennungslinie zwischen Gesundheit und Erkrankung zu ziehen." Die chinesische Medizin sieht dies also ganz ähnlich, sie versucht, die verschiedensten Einflüsse in ein System zu integrieren und therapeutisch nutzbar zu machen, denn sie betrachtet ja den Menschen als ein unteilbares Wesen, eingebunden in die Gesellschaft, das Universum, den Kosmos.

Andererseits gibt es in den Vorstellungen der chinesischen Medizin nicht eine Psyche, einen Geist, die vom Körper getrennt existierten. Die Entwicklung von Geist und Körper laufen in ihrer Sicht zusammen. Körperübungen, Meditationstechniken, Akupunkturinterventionen durch einen Arzt – all diese „physischen Techniken" erreichen deshalb auch immer die „Gesamtpersönlichkeit" eines Menschen.

Drei Fundamente des chinesischen Denkens, die in der TCM eine große Rolle spielen und aus denen sich auch mein eigenes Konzept speist, wollen wir nun noch etwas ausführlicher besprechen: Das *Qi*-Konzept, die *Yin-Yang*-Polarität und die Vorstellung der *„Fünf Wandlungsphasen"*.

Qi, die Urenergie

Ein zentrales, allgegenwärtiges Konzept in der chinesischen Medizin, im traditionellen chinesischen Denken überhaupt, ist *Qi* (andere deutsche Schreibweisen: „QI", „Chi" und „Ch'i"), die „große Energie des Universums", die die Erde im leeren Raum hält, wie es im „Huangdi Neijing" heißt, die „Urenergie", aus der alles entstanden ist und die überall fließt, im Kosmos, in der Pflanzenwelt, in der Tierwelt und auch im Menschen.

„Der Mensch lebt inmitten von Qi, und Qi erfüllt den Menschen", lesen wir im „Baopuzi" aus dem 4. Jahrhundert. „Von Himmel und Erde bis zu den Zehntausend Wesen, alles bedarf des Qi, um zu leben." Das Qi ist die Luft, der Atemwind, unser Lebensspender – in diesem Sinne ist der Begriff mit dem griechischen Pneuma und dem indischen Prana selbstverständlich verwandt – alle drei meinen sowohl die Luft als auch die Vitalkraft. Falsch wäre es indessen, Qi einfach mit „Lebensenergie" zu übersetzen, denn das Qi-Konzept geht auf eine Zeit zurück, in der unsere Differenzierung zwischen lebendiger und toter Welt, zwischen organischer und anorganischer Materie noch gar nicht vollzogen war. Mit Qi ist also eher das Aufeinanderwirken dynamischer Kräfte im Mikro- und Makrokosmos gemeint, *Energiegeschehen,* der Begriff transzendiert unsere dichotomen Begriffe von Materie und (physikalischer) Energie und – im medizinischen Bereich – von Körper und Seele.

In der Medizin erfuhr das Qi-Konzept im Laufe der Zeit eine Reihe von wesentlichen Erweiterungen und Differenzierungen. In der TCM erscheinen deshalb die verschiedensten *Formen* von Qi, von denen die vier wichtigsten das Yuanqi oder „Ursprungs"-Qi (das heißt die angeborene Konstitution), das Zongqi (oder Atmungs-Qi, die Synthese aus kosmischer und Nahrungsenergie), das Yinqi oder Nahrungs-Qi (Bauenergie) und schließlich das Weiqi (das Abwehr-Qi) sind. Manfred Porkert zählt weitere Formen von Qi auf.

In diesen Verästelungen des Qi-Konzepts spiegeln sich Deutungen empirisch gefundener Regeln natürlichen Lebens: Der Mensch wird mit einem bestimmten Quantum Qi, dem Yuanqi, geboren, auch als vorgeburtliches Qi bezeichnet. Dieses muß nun laufend ergänzt werden, durch die Atmung oder die Nahrungsaufnahme. Angeborene und erworbene Konstitution bilden eine Synthese, im Porkert-System als Zhenqi bezeichnet, Energie fließt dem Menschen – über die Atmung – aber auch aus dem Kosmos zu. Schlechte oder fehlerhafte Nahrung, falsches Atmen usw. führen zu einem schwachen Weiqi; Folge werden Krankheiten oder Schwäche sein.

Im übrigen hat auch jeder Organ-Funktionskreis sein eigenes Qi, das in einer ganz bestimmten Weise fließen muß.

Beim Menschen fließt Qi als Zhingqi entlang bestimmter Leitbahnen, der sogenannten „Meridiane". Wir unterscheiden einerseits die „tendino-muskulären" Meridiane, die außen verlaufen und auch direkt an der Körperoberfläche (Kutis, Subkutis, Muskulatur) beeinflußt werden können, andererseits die eigentlichen Meridiane – die zwölf Hauptmeridiane, die den Organ-Funktionskreisen zugeordnet sind, die sechs gewöhnlichen Sonder- (oder Wunder-)Meridiane und die beiden wichtigen Zentralmeridiane Ren-Mai (in meiner Umschrift Jen-Mo) und Du-Mai (oder Tou-Mo). Diese Energieleitbahnen verlaufen im „Körperinnern" und sind nur über gewisse Punkte „greifbar", die Akupunkturpunkte, über die man die Energie beeinflussen, an denen man sie lenken, umleiten kann – mit Moxibustion, Elektroakupunktur, Akupunktur, mit Massage oder Fingerdruck.

In unserer Anatomie und Physiologie, in unserem westlich-medizinischen System, besitzen die Meridiane keine Entsprechung, sie sind weder mit den Blut- oder Lymphbahnen noch mit den Nervensträngen identisch und das Zhingqi entspricht nicht unseren Nervenimpulsen oder dem Blut. Das bedeutet aber nicht, daß Leitbahnen und Qi nicht „real" wären, es heißt bloß, daß wir keine naturwissenschaftliche Sprache, keinen „Sinn" dafür haben.

Durch elektrische Messungen läßt sich allerdings feststellen, daß an den Akupunkturpunkten der Hautwiderstand immer geringer ist als an anderen Stellen der Körperoberfläche, dadurch erscheint ein Eindringen in das System an diesen Punkten leichter. Soviel läßt sich mit unseren quantitativen Methoden über die Meridiane herausfinden und in der Sprache unserer Wissenschaft aussagen.

Die Vorstellungen der chinesischen Medizin gehen nun dahin, daß dieses Qi, die „Energie", immer „richtig fließen" sollte, daß es nicht blockiert sein darf, weil es sonst zu „emotionalen" Staus komme, zu Krankheiten. Weil die chinesische Medizin jenes „Energie"system völlig in die Natur eingebettet sieht – in das Ganze der Natur, nicht in unsere zerlegte, naturwissenschaftlich analysierte –, also gekoppelt an die natürlichen Zyklen, die Tageszeiten, die Jahreszeiten, formen auch die großen, natürlichen Rhythmen die Energieabläufe im Menschen.

Denn von Natur aus ist im Winter der energetische Zustand des Menschen anders als im Sommer, am Tag anders als nachts. Natürliche Zyklen spielen deshalb auch eine Rolle bei der *Beurteilung* der Energie durch Betasten oder Pulsen und Befragung.

Yin und Yang

Das chinesische Begriffspaar *Yin* und *Yang* stellt gleichsam das Urmodell der Pole dar, zwischen denen sich alles „energetische" Geschehen abspielt – was schon ein „Weltgesetz" zum Ausdruck bringt, das dem legendären chinesischen Kaiser Fu Hsi zugeschrieben wird, der vor 8000 Jahren gelebt haben soll: „Das Universum stellt das Zusammenspiel der zwei Aktivitäten Yin und Yang und deren Wechselwirkungen dar." Auf Fu Hsi werden auch zwölf axiomatische Lehrsätze zurückgeführt, in denen diese Polarität näher bestimmt wird: „Nichts im Universum ist stabil oder fertig; alles ist in unaufhörlicher Bewegung. Yin und Yang ziehen sich gegenseitig an. Nichts ist ganz Yin oder Yang. Yin oder Yang sind nur relative Charakterisierungen, alles ist Yin und Yang vereint. Yin produziert Yang. Yang produziert Yin." Bemerkenswert scheint mir der dynamische Aspekt dieses polaren Weltbildes.

In archaischer Zeit – und das Yin-Yang-Denken ist mit Sicherheit weit älter als die TCM, wie sie uns überliefert wurde – mögen Yin und Yang zunächst Bezeichnungen für die sonnenbeschienene (Yang) und die beschattete Seite (Yin) gewesen sein, etwa eines Hügels, Wörter für hell und dunkel, etwa die helle Jahreshälfte, Frühling und Sommer, und die dunkle, Herbst und Winter. Ganz ähnlich ist im uralten chinesischen Orakel- und Weisheitsbuch „I Ging" mit Yin das „Wolkige", „Trübe" bezeichnet, während Yang „in der Sonne wehendes Banner" meint, also etwas Beleuchtetes, Helles. Noch der moderne chinesische Arzt Zhen Jiu verwendet Yin und Yang in einer verwandten, allerdings körpertopographischen Bedeutung: Yin wird bei ihm den der Sonne abgewandten Seiten der vier Extremitäten zugeordnet, den Innenseiten. Umgekehrt gehören zu Yang immer die der Sonne zugewandten Außenseiten der Arme und Beine. – Vielleicht gehen Yin und Yang aber auch auf die Geschlechterunterscheidung zurück, wie der Sinologe Marcel Granet andeutet – Yin wäre dann ursprünglich das Weibliche gewesen, Yang das Männliche.

Im Laufe der Zeit haben sich Yin und Yang nun aber von ihren ursprünglichen Eigenbedeutungen gelöst, sie wurden, ganz im Sinne des Entsprechungsdenkens, als Abstrakta für die verschiedensten Polaritäten und polaren Begrifflichkeiten benutzt: Tag und Nacht, Ebbe und Flut, Aktivität und Passivität. Ein anderer, kosmisch geweiteter Bezug tritt uns etwa im „Huangdi Neijing" entgegen, wo es heißt: „Alle Dinge und alle Wesen wandeln sich. Die Himmelsenergie (Yang) kommt auf die Erde, und die Erdenergie (Yin) steigt zum Himmel auf."

Yin und Yang bezeichnen hier scheinbar eine Dichotomie, oben und unten, Himmel und Erde; scheinbar, sage ich, denn wiederum wird ja darauf hingewiesen, daß die Pole nicht absolut sind, sie markieren lediglich die Spannung, die Geschehen erzeugt. Yin und

Yang wirken stets aufeinander ein und die Pole selbst wandeln sich dabei. Nicht nur kann es kein Yin ohne Yang geben, das eine ist ohne das andere auch nicht funktionsfähig, nicht entwicklungsfähig, nicht wandelbar.

Bedeutsam ist weiter, daß der Dualismus im chinesischen Denken nicht gewertet oder hierarchisiert wird. Yin und Yang schließen einander nicht aus, sie bilden stets eine Einheit, oder wie es Marcel Granet ausgedrückt hat, einen „relativen Gegensatz rhythmischer Art"; zwischen ihnen bestehe nicht Antinomie wie bei unserem „Sein oder Nichtsein", sondern eine Art Wettkampf, wie er vielleicht zwischen rivalisierenden, aber einander dennoch untrennbar zugehörigen Gruppen bestehe, die wie die Geschlechter komplementär seien und sich wie diese „bei der Arbeit ablösen oder wechselweise in den Vordergrund treten". Granet schließt daraus, daß das Yin-Yang-Denken in einer Zeit Gestalt angenommen habe, als die soziale Ordnung noch auf dem Grundsatz der Ablösung, nicht der Hierarchie beruhte.

Mit den Entsprechungen Yin = passiv und Yang = aktiv hängt die für die TCM wichtige Polarität Yang = funktionell und dynamisch und Yin = materiell, statisch, „struktiv" zusammen. In der TCM stehen Yang-Funktionen in der Tat für die Aktivitäten, die funktionellen Äußerungen des Körpers, während Yin die materielle, die stoffliche Seite beschreibt. Aber „Yin ist aktiv im Inneren und Regulator des Yang, während Yang die dominante Kraft nach außen ist und der Regulator des Yin", wie es im „Huangdi Neijing" heißt. Wiederum wird jene innige Verschränktheit betont, jene unteilbare Einheit des Polaren: Yin und Yang stehen in einem ewigen Wechselverhältnis, das eine geht aus dem anderen hervor und in das andere über, ja, das eine ist jeweils bereits in dem anderen enthalten. Und so muß auch Stoffliches als Resultat von Wirkungen begriffen werden und umgekehrt Wirkungen als Resultat von Stofflichem. Beide sind sie Ergebnis von Yin- *und* Yang-Kräften, von Aktivität und Struktivität, Teile eines steten Geschehens, eines Kräfte-Kreislaufs.

Es gibt keinen Vorgang, dem die Chinesen nicht einen Yin- und einen Yang-Aspekt abgewinnen könnten. Wenn wir im folgenden in einer tabellarischen Übersicht einige der wichtigsten Gegensatzpaare auflisten, auch die Entsprechungen, die im medizinischen Kontext von Bedeutung sind, so wollen wir uns stets jene Vorstellung präsent halten, daß die Gegensätze niemals als einander ausschließend gedacht werden sollen, sondern stets als polare *Einheiten*. Wenn etwa Yin dem weiblichen Prinzip entspricht und Yang dem männlichen, so bedeutete dies in keiner Weise, daß Männer nun „Yang" und Frauen „Yin" wären.

Im rechten Verhältnis von Yin und Yang liegt das Geheimnis eines harmonischen Energiehaushalts und der Gesundheit. An Yin und Yang kann aber Überfluß (Fülle, shi) oder Mangel (Leere, xu) herrschen. Und „wenn das Yin siegreich ist, dann ist das Yang krank, wenn das Yang siegt, dann ist das Yin krank", wie ein chinesischer Denker geschrieben hat. Unabdingbare Voraussetzung für die Aufrechterhaltung der Gesundheit ist also das – freilich fluktuierende, niemals statische – Gleichgewicht von Yin und Yang, und die Störungen dieses Gleichgewichts sind die primären Krankheitsursachen. Im „Neijing" heißt es hierzu: „Nur wenn die Grundenergie des Menschen stark und ausgeglichen ist" – also wenn Yin- und Yang-Anteile ausgeglichen sind, „können krankmachende Energien nicht eingreifen."

Zwischen den Polen darf es keinen Sieger und keinen Besiegten geben. Der Grundsatz gilt für den energetischen Zustand jedes Individuums, Mann oder Frau, er gilt auch in den Beziehungen zwischen Mann und Frau, für jede menschliche Beziehung und sogar für

Tab. 1: Übersicht über die Entsprechungen von Yin und Yang
(nach Thomas Ots, S. 31)

Yin	Yang
Erde	Himmel
Mond	Sonne
Herbst und Winter	Frühling und Sommer
das Weibliche	das Männliche
kalt und kühl	warm und heiß
innen	außen
dunkel	hell
Schatten	Licht
schwach und klein	groß und stark
unten	oben
Wasser und Regen	Feuer
die Stille, das Passive	das Bewegte und das Aktive
Nacht	Tag
rechts, die Rechte	links, die Linke
Tal	Berg
Absorption	Penetration
ungerade Zahlen	gerade Zahlen
negativ	positiv
das in der Tiefe Wirkende	das oberflächlich Liegende
das Absinkende	das oberflächlich Treibende
Bauch	Rücken
Rumpf unterhalb des Diaphragmas	Rumpf oberhalb des Diaphragmas
Speicher-Organe (zang)	Palast-Organe (fu)
Wandlungsphasen Metall und Wasser	Wandlungsphasen Holz und Feuer
Struktivpotential	Verstand
Blut	Aktivität
Bauenergie	Wehrenergie
struktive Säfte	aktive Säfte
Leere (xu)	Fülle (shi)
das Trübe	das Klare
das Weiche	das Harte

die menschlichen Gesellschaften und die Beziehung Mensch-Natur. Chinesische Therapie strebt stets den Ausgleich der wirkenden Kräfte an, der Polaritäten, aber dynamischen, fließenden Ausgleich. Eben dies bezeichnet mein Begriff „Mitte".

Die Fünf Wandlungsphasen

Im Entsprechungsdenken der TCM spielt nun aber nicht ein Vierer-, sondern ein Fünferzyklus die wichtigste Rolle. In der älteren westlichen Literatur wurde dieser Zyklus meist unter der Bezeichnung „Fünf- Elemente-Lehre" abgehandelt, wohl unter dem Einfluß der Beschäftigung mit den griechischen Urelemente-Lehren der Vor-Sokratiker. Der Begriff des „Elements" ist freilich irreführend, da er die Vorstellung von Statik vermittelt. Die chinesische Bezeichnung „wuxing" bedeutet indessen „Reihenfolge" oder „Sequenz" (wu) von „Durchgängen" (xing), also dynamische, vorübergehende Vorgänge, die jeweils ihr

Tab. 2, nach Ots, S. 33, Hempen, S. 76f.

Wandlungsphasen	Holz *mu*	Feuer *huo*	Erde *tu*	Metall *jin*	Wasser *shui*
Jahreszeiten	Frühling	Sommer	Spätsommer	Herbst	Winter
Himmelsrichtungen	Osten	Süden	Mitte	Westen	Norden
Witterungseinflüsse	Wind	Hitze	Feuchtigkeit	Trockenheit	Kälte
Farben	grün/blau	rot	gelb	weiß	schwarz
Geschmäcker	sauer	bitter	süß	scharf	salzig
Yin-Organe	Leber	Herz	Milz/Pankreas	Lunge	Niere
Yang-Organe	Gallenblase	Dünndarm	Magen	Dickdarm	Blase
Emotionen	Wut/Ärger	Freude	Grübeln/Sorge	Trauer	Angst
Sinnesorgane	Augen	Zunge	Lippen	Nase	Ohren
Körpersäfte	Tränen	Schweiß	Speichel	Nasensekret	Speichel
Körperstrukturen	Muskeln/ Sehnen	Leitbahnen	Fleisch/ Bindegewebe	Haut/ Körperhaar	Knochen
Getreide	Weizen	kl.h. Hirse	kl.f. Hirse	Reis	Soja
Gemüse	Lauch	Schalotte	Malve	Zwiebel	Sprossen
Früchte	Pflaume	Aprikose	Dattel	Pfirsich	Kastanie

„Ende" finden, indem sie in einen nächsten solchen Vorgang münden. In der letzten Zeit hat sich deshalb bei uns die Bezeichnung „Wandlungsphasen" durchgesetzt und eingebürgert.

Jedem xing ist eine Reihe von Entsprechungen zugeordnet, makrokosmische oder abstrakte – eine Jahreszeit (die Chinesen kennen eine fünfte Jahreszeit, den Nachsommer), eine Himmelsrichtung, Witterungseinflüsse, Farben, Geschmäcker usw. – ebenso wie mikrokosmische, Yin-Organe, Yang-Organe, Emotionen, Körperöffnungen, sowie – therapeutisch bedeutsam – Getreidesorten, Früchte usw. Eine Reihe solcher Entsprechungen sind in der folgenden Tabelle aufgelistet.

Am Beispiel der Wandlungsphase „Holz/ Frühling" wollen wir versuchen, die innere Stringenz einer solchen Analogiekette zu rekonstruieren und zu demonstrieren.

Makrokosmischer Bereich: Im *Osten* geht die Sonne auf, dies ist der *Morgen* des Tages, der Morgen des Jahres aber ist der *Frühling,* wenn die Pflanzen aufs neue gedeihen (Bäume, *Holz*). Vorherrschende Farbe ist in dieser Jahreszeit das *Grün* der erwachenden Natur. Der Geschmack von unreifem Obst, von jungem Holz ist *sauer.* Dominierender Witterungseinfluß sind in China im Frühling die *Winde.*

Mikrokosmischer Bereich: *Leber* und *Gallenblase* bilden eine funktionelle und somatische Einheit. Lebererkrankungen werden häufig zuerst an den *Augen* manifest. Die Zuordnung *Wut* und *Leber/Galle* wird auch in unserem Kulturkreis ohne weiteres verstanden: „Ihm steigt die Galle hoch, läuft die Galle über."

Dann „blitzen seine Augen“, oder er wird „blind vor Wut“. Der Zusammenhang zwischen Wut und Sehnen/Muskeln ist weniger deutlich, er besteht vielleicht darin, daß die aggressive Aktivität mit diesen Körperpartien in besonders engem Zusammenhang steht, erhöht doch Wut oder Ärger den Muskeltonus.

Schwieriger nachzuvollziehen sind die Beziehungen *zwischen* makroskopischem und mikroskopischem Bereich. Ein wichtiges Glied in der assoziativen Verbindungskette mag darin liegen, daß Wut und Wind ihre „Richtung“ rasch verändern. Es gibt aber stärkere Verbindungen zwischen den Bereichen, nur sind sie für uns, die wir mit der TCM wenig vertraut sind, schwer zu erkennen. Der chinesische *„Leberwind“* (ganfeng) ist eine „Heteropathie“, die im Bereich der *„Leber“* Einfluß nimmt und etwa Kopfschmerzen, Migräne, Schwindel, *Augen*flimmern bewirkt, alles Symptome, die von der TCM mit den Emotionen *Wut/Ärger* in Zusammenhang gebracht werden. Leber-Wind-Augen-Wut: Hier liegt wohl der für die TCM bestimmende Verbindungsstrang von Mikro- und Makroebene innerhalb der Wandlungsphase „Holz“.

Ähnliche Rekonstruktionen gelingen auch für die übrigen Wandlungsphasen ohne weiteres, die Entsprechungen scheinen nicht sehr eng an die chinesische Kulturtradition gebunden. Es fallen zahlreiche „transkulturelle Korrespondenzen“ auf, zum Beispiel die Beziehung Herz/Lust und Freude/Zunge, die sich auch in einer deutschen Redensart wiederfindet: „Er trägt sein Herz auf der Zunge.“ Ohne Mühe nachzuvollziehen sind auch die Beziehungen innerhalb der Wandlungsphase „Wasser“: Der *Winter,* die *kalte* Saison, ist eine dunkle Zeit *(schwarz),* der Winter ist eine Zeit der Überlebens*angst,* Eis und Kälte greifen *Nieren* und *Blase* an, die wieder mit *Wasser* zu tun haben usw.

Dennoch ist es zuweilen nur mit Biegen und Brechen möglich, bestimmte Analogien vom chinesischen Kulturkreis auf den unseren zu übertragen, auch sind in Jahrhunderten oder gar Jahrtausenden gewachsene Analogien und Bilder mit der modernen westlichen Logik nie gänzlich aufzulösen und in Einklang zu bringen. Versuchen können wir immerhin, den Modellen der TCM einen neuen, uns entsprechenden Sinn abzugewinnen.

Entscheidend ist, daß diese Begriffsfelder, diese mikrokosmischen und makrokosmischen Analogieketten im chinesischen Denken wiederum verkettet, zu einem Zyklus (wu) verbunden sind. Am Lauf der Jahreszeiten und am schematisch gezeichneten Zyklus eines Pflanzenlebens, dessen Etappen dem Gang der Saison folgen, läßt sich die übergeordnete Verkettung der Phasen am einfachsten demonstrieren:

Winter: im Boden ein Same, das heißt, eine Pflanze im konzentriertesten, geringsten Zustand; in Ruhe, oder genauer: vor den ersten Regungen neuer Aktivität.

Im *Frühjahr* keimt der Samen. Der junge Sprößling durchbricht die Erde, strebt Licht, Luft und Wärme entgegen. Die Pflanze befindet sich in der Phase des *Wachstums* zur Reife hin.

Sommer oder *Reife:* Die Pflanze erreicht ihr höchstes Stadium, die Blüte steckt voller heranreifender Samen.

Spätsommer: Abnahme oder *Rückgang* von Leben setzt ein, wenn die Saat reif zur Ernte ist oder zu Boden fällt.

Herbst, die Zeit der Ernte, der Bewegung oder des Eingrabens der Saat, das Stadium des *Ausgleichs.*

Wie zu Beginn des Zyklus schließlich im *Winter* wieder das Minimum; der neue Same liegt ruhend bereit für das kommende Frühjahr, wenn der Zyklus wieder neu beginnt. Dieses Stadium illustriert das Wort von der *„Kraft der Leere“.*

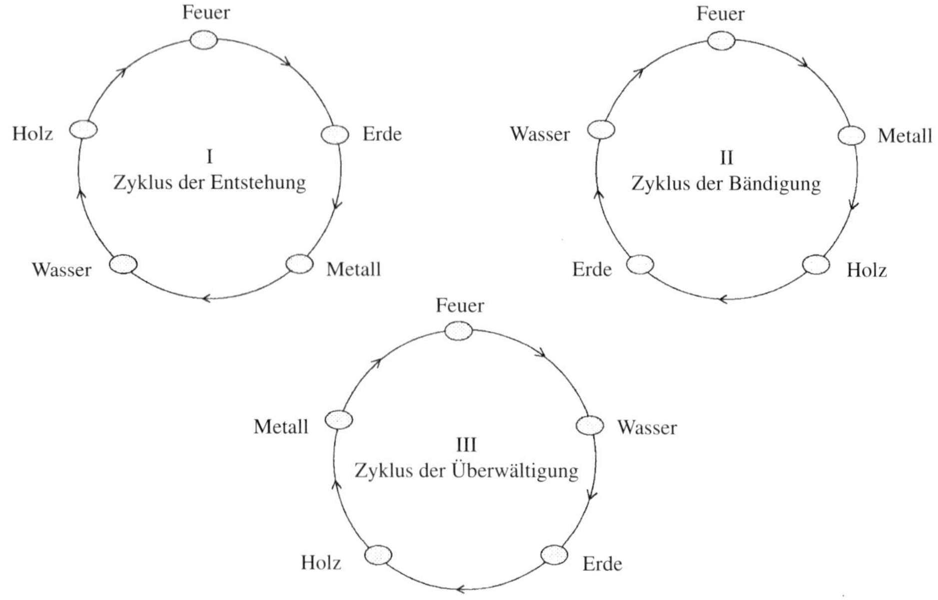

Abb. 1: Die drei Zyklen und ihre Benennungen lassen sich wieder am besten mit Hilfe von Analogien illustrieren, die sich übrigens auf Vorbilder aus dem zweiten Jahrhundert vor Christus stützen (nach Ots, S. 33f.).

Es sind die Übergänge, zum Beispiel vom Winter zum Frühling, die besondere Beachtung verdienen. Marcel Granet schreibt hierzu: „Wandelt sich eine Erscheinung in eine andere, so faßt man [in China] diese Wandlung als ein Signal auf, dem andere Signale einstimmig zu antworten haben. Sie weist auf das Heraufkommen einer neuen konkreten Situation hin, zu der ein Komplex zusammenhängender Erscheinungen gehört. So ist bekannt, daß jede Wandlung sich auf das Ganze erstreckt und an sich etwas Ganzes ist."

Rein rechnerisch lassen sich die Fünf Wandlungsphasen zu 24 verschiedenen Zyklen gruppieren. In der Praxis der TCM haben allerdings nur drei dieser denkbaren Zyklen eine Rolle gespielt – diese Tatsache kann übrigens als Hinweis darauf gewertet werden, wie sich konfuzianische Spekulation und taoistische Empirie in der TCM gegenseitig befruchtet haben. Genannt werden diese Kreisläufe Zyklus der „Erzeugung" (oder der „Entstehung", „Hervorbringung", xiang sheng xu), Zyklus der „Überwindung" (oder der „Bändigung", „Besänftigung", xiang ke xu) und Zyklus der „Überwältigung" (xiang wu xu).

1. Zyklus der Entstehung
Holz läßt Feuer entstehen: Brennendes Holz.
Feuer läßt Erde entstehen: Verbranntes Holz zerfällt zu Asche.
Erde läßt Metall entstehen: Erde birgt Metalle.
Metall läßt Wasser entstehen: Quecksilber.
Wasser läßt Holz entstehen: Wasser läßt Bäume wachsen.

2. Zyklus der Bändigung
Holz bändigt Erde: Der hölzerne Pflug zerteilt die Erde.
Erde bändigt Wasser: Ein Deich hält einen Fluß zurück.
Wasser bändigt Feuer: Wasser löscht Feuer.

Feuer bändigt Metall: Im Feuer wird Metall geschmolzen.
Metall bändigt Holz: Das Messer oder Beil zerteilt Holz.

3. Zyklus der Überwältigung

Holz überwältigt Metall: Das Messer oder Beil zerbricht.
Metall überwältigt Feuer: Metall wird im Feuer gehärtet.
Feuer überwältigt Wasser: Löschwasser verzischt.
Wasser überwältigt Erde: Der Deich bricht.
Erde überwältigt Holz: Der Holzpflug zerbirst.

Sie werden bemerkt haben, daß der dritte Zyklus, der Zyklus der „Überwältigung", die genaue Umkehrung des zweiten darstellt. Die ausformulierten Analogien machen deutlich, daß dieser Zyklus dann auftritt, wenn sich eine Wandlungsphase in einem derartigen Mangelzustand oder Defizit befindet, daß sie von jener Phase überwältigt werden kann, welche sie normalerweise zu bändigen oder zu überwinden vermag.

Die zyklischen Modelle erlaubten dem traditionellen chinesischen Arzt in der Tat, therapeutisch einzugreifen und auch Voraussagen über den Verlauf einer Krankheit zu machen, immer unter Berücksichtigung der acht Leitkriterien der chinesischen Diagnostik: Yin/Yang, Außenseite/Innenseite (Tiefe), Kälte/Hitze oder Leere/Fülle. Es handelt sich um jene vier Paare polarer Wertnormen, die den chinesischen Arzt zu einer ersten allgemeinen Qualifikation der Krankheitszeichen eines Patienten befähigen, um ein erstes diagnostisches Raster.

Was die Entsprechung des Fünferzyklus zum Vier-Sektoren-Modell anbelangt, so ist zu sagen, daß die eine Phase, die Wandlungsphase Erde, im allgemeinen ausgeklinkt und in die Kreismitte gesetzt wird. Wir erhalten dann das folgende Bild:

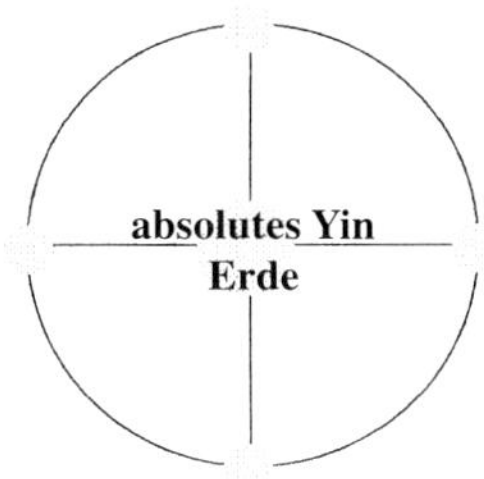

Abb. 2: Beziehungen zwischen Yin und Yang und den Fünf Wandlungsphasen.

Holz und Frühling entsprechen dem „Yang im Yin" oder der „potentiellen Aktivität". Um es an einem Gleichnis, dem Bild des Jagenden mit dem Pfeilbogen, noch zu veranschaulichen: Der Bogen ist gespannt, der Pfeil aufs Ziel gerichtet. Feuer und Sommer entsprechen dem Yang im Yang oder „aktiver Aktivität" – der Pfeil befindet sich auf dem Flug. Metall und Herbst sind Yin im Yang, „potentielle Struktivität" – der Pfeil hat zwar schon getroffen, das erlegte Wild läuft aber noch ein paar Schritte weiter, bis es zusammenbricht. Wasser und Winter endlich entsprechen dem Yin im Yin oder „aktueller Struktivität": Das erlegte Wild liegt tot auf der Erde.

Die fünfte Wandlungsphase wird oft als „absolutes Yin" umschrieben, es ist eine Phase des Übergangs, des Ausgleichs, der Umpolung, ohne daß schon erkennbar wäre, welche konkrete Phase folgt; bei der Jagd zum Beispiel ist es die Zeit, die der Jäger auf dem Marsch verbringt, auf der Suche nach neuer Beute. Die Wandlungsphase Erde/Spätsommer ist damit gleichsam die Achse des ganzen Zyklus, Ausgangspunkt jedes neuen Kreislaufs.

Die Fünf Wandlungsphasen bilden eine Art Zentrum, um das meine Energetische Therapie kreist. Wir werden im praktischen Teil ausführlich auf sie zurückkommen.

Wenden wir uns abschließend noch kurz den „Organen" nach Auffassung der TCM und den Meridianen zu. Wir sahen bereits, daß die TCM jeder Wandlungsphase jeweils zwei Organe zuordnet, die zusammen eine Yin-Yang-Einheit bilden, etwa Leber und Gallenblase in der Wandlungsphase „Holz" oder Niere und Blase in der Wandlungsphase „Wasser". Die chinesischen „Organe" entsprechen nun nur sehr bedingt dem materiellen Organsubstrat unserer Physiologie, es sind darunter eher Funktions- und Energiesysteme zu verstehen. Porkert hat deshalb für die chinesischen „Organe" die Bezeichnung „Funktionskreise" eingeführt, andere Autoren sprechen von „Organ/Funktionskreisen", um zu betonen, daß das körperliche Substrat, die Organregion auch mitgemeint sei, allerdings nicht in unserem anatomisch-zerlegenden Sinne, sondern in Sinne einer funktionalen, energiespendenden Einheit innerhalb des ganzen Leibs.

Die TCM unterscheidet zwei verschiedene Arten von Organen oder Funktionskreisen:

Speicherorgane (zang) und Durchgangs- oder Palastorgane (fu-Organe). Die fünf Speicher, Herz, Niere, Leber, Lunge und Milz, akkumulieren einerseits die eigenen Energien, andererseits aber auch „geistig-seelische Kräfte", das Herz etwa den Geist (shen), die Milz Bewußtheit und Weisheit und alle Funktionen, die die westliche Medizin dem Nervensystem und dem Gehirn zuschreibt. Die Speicherorgane werden als Yin-Organe bezeichnet.

Palast- oder Durchgangsorgane (fu-Organe), Yang zugeordnet, werden in der TCM sechs unterschieden, nämlich Galle, Dünndarm, Magen, Dickdarm, Blase sowie der „Dreifache Erwärmer" (Sanjiao). Das zuletzt genannte „Organ" kann als deutlichster Beleg dafür gelten, daß die chinesischen Zangfu mit den westlichen Organen nicht identisch sind. Sun Simo, der letzte große Kompilator unter den alten chinesischen Ärzten, faßte diese Tatsache mit dem folgenden Satz: „Der Dreifache Erwärmer hat einen Namen, aber keine körperliche Gestalt."

Mit Sanjiao ist allerdings doch auch eine Körper*region* gemeint. Dazu lesen wir im im zweiten Teil des Medizinklassikers „Huangdi Neijing", dem vermutlich aus dem 1. Jahrhundert nach Christus stammenden „Lingshu" („Wundersame Türangel"): „Der obere Wärmebereich geht vom oberen Magenmund aus, steigt zusammen mit der ‚Kehle' nach oben, tritt durch das Zwerchfell und breitet sich im Brustkorb aus. Der mittlere Wärmebereich geht gleichfalls aus dem Magen hervor und zwar hinter dem oberen Wärmebereich. Der untere Wärmebereich zweigt vom Krummdarm ab und ergießt seine Energie in die Blase."

In erster Linie ist aber mit dem „Dreifachen Erwärmer" eine Funktion bezeichnet. Ihm kommt in der Tat die Rolle der „verbindenden Wasserstraßen" im Organismus zu, er bildet die Grundlage des Säfteumlaufs und ist gemeinsam mit anderen Funktionskreisen auch an dessen Regulation beteiligt.

Jeweils ein Yin- und ein Yang- bzw. ein Zang- und ein Fu-Organ bilden ein „funktionelles Gespann" im Rahmen der Fünf Wandlungsphasen. Vielleicht aus Gründen der Symmetrie wurde daher ein sechstes Speicherorgan postuliert (Perikard resp. Kreislauf), dem Dreifachen Erwärmer zugeordnet – andererseits fiel bei der Zuordnung zu den Fünf Wandlungsphasen ein Yin-Yang-Komplex aus dem Rahmen, der Dreifache Erwärmer/Perikard. Jedem „Organ" entspricht schließlich auch eine Pulsstelle am Handgelenk sowie ein eigener Meridian.

Bei diesen recht oberflächlichen Bemerkungen zu den Organ/Funktionskreisen wollen wir es bewenden lassen. Hinweisen will ich nur noch darauf, wie sehr die Vorstellung von Speicher- und Durchgangsorganen und sie verbindenden Kanälen im Entsprechungsdenken wurzelt, das der ganzen TCM zugrundeliegt. Nach Unschuld geht die Unterscheidung in Zang- und Fu-Organe nämlich auf die Qin-Zeit zurück, in der die chaotische Zeit der „kämpfenden Reiche“ sich dem Ende zuneigte (3. Jh. v. Chr.). Es hatte sich herausgestellt, wie bedeutsam ein gut funktionierendes Verteilsystem für die gesellschaftliche und staatliche Ordnung war. In Analogie zu diesem makroskopischen Modell wurden nun auch für den Körper Speicher, Verbrauchszentren und verbindende Kanäle postuliert. „Im Staat wie im Körper resultieren Störungen, also Krankheit, vor allem aus dem Versagen des Transportsystems oder aus einer Blockade der Kanäle, sei es durch menschliche Sabotage oder durch Naturkatastrophen, die den harmonischen Fluß der Mittel von außerhalb und dann innerhalb des Organismus unterbrachen. Derartige Störungen konnten in einem Verbrauchszentrum zu ‚Mangelerscheinungen‘ (xu) und in einem Speicher zu ‚Überflußerscheinungen‘ (shi) führen; umgekehrt bedeutete die allzu schnelle Verausgabung eines Speichers und eine Überschwemmung der Paläste mit Einflüssen ebenfalls eine Belastung des harmonischen Kreislaufs der Mittel. Mangel- und Überflußerscheinungen in den Speichern und Palästen sowie Blockaden im Tranportsystem der Leitbahnen sind die drei zentralen Krankheiten der entsprechungssystematischen Medizin“ (Unschuld).

Als Krankheitsursachen kamen in diesem Modell sowohl „äußere“ Einflüsse (Witterung u.a.) wie auch „innere“ und „neutrale“ Faktoren in Frage. Zu den letzteren zählt die TCM zum Beispiel Diätfehler oder körperliche Überanstrengung, die „inneren Ursachen“ aber werden auch mit dem Begriff Qi Qing (die „Emotionen“) zusammengefaßt, die in meinem Konzept der Energetischen Therapie eine eminente Rolle spielen. Es handelt sich um die Empfindungen Wut (Wandlungsphase Holz), Lust, Freude (Wandlungsphase Feuer), Grübeln, Sorge oder Nachdenken (Erde), Kummer (Metall) und Angst (Wasser), ferner Trauer, die ebenfalls der Wandlungsphase Metall zugeordnet wird, und Schrecken (Wasser oder Feuer).

2.2 Chinesische Medizin und Energetische Körperarbeit

Was hat sich nun in den mehr als zwanzig Jahren, in denen ich mich mit chinesischer Medizin beschäftige, an meiner Art zu arbeiten gewandelt?

Die wichtigste Veränderung ist vielleicht die, daß mein therapeutischer Befund nicht mehr in einer statischen, sondern einer *dynamischen* Beurteilung besteht. Ich betrachte nicht nur den Zustand des Patienten, sondern auch die in ihm wirkenden Veränderungstendenzen. Die chinesische Vorstellung von Polen, zwischen denen das Energiegeschehen abläuft, Yin und Yang bzw. ein Zuviel oder ein Zuwenig, erlaubt mir, die erkannten Tendenzen auch *therapeutisch nutzbar* zu machen. Wenn in einem Gelenk eine Entzündung auftritt, also Aktivität, Dynamik, Yang, dann suche ich den anderen Pol, Yin, die Struktivität, die Verhärtung, die Degeneration. Die Entzündung kann ja als Ausdruck oder als Teilvorgang eines Heilungs*prozesses* im Körper verstanden werden: Das Gelenk versucht, aus der Degeneration herauszufinden, es *produziert* eine Entzündung, was mit mehr Blut und einer Zunahme der Stoffwechselfunktionen verbunden ist. Der Organismus versucht so – durch Selbstregulation –, die Verhärtung, die Erstarrung aufzuweichen, Nicht-Leben aufzuhalten.

Sobald ich nun das Energiemodell konsequent anwandte, bekamen auch die Symptomverschiebungen, denen ich bei manchen Patienten begegnet war, als ich noch sozusagen unbewußt „energetisch“ arbeitete, oder das sture Beharren auf dem immer gleichen Symptom mehr Sinn. Eine Störung in einem Fuß („unten“) konnte auch einen Bezug zu „oben“ haben, der Therapeut mußte also das Verhältnis, die Verbindung oben-unten betrachten.

Ein Rückenschmerz („außen") konnte einen Bezug zu „innen" (Organe oder Stoffwechsel) haben, eine Störung auf der linken Seite des Körpers einen Bezug zur rechten Körperseite, eine Störung im Körper selbst einen Bezug zu Seelischem oder Geistigem und so weiter.

Eine weitere Veränderung scheint mir bedeutsam: Mit der Zeit begann ich auch die eigene Position im therapeutischen Prozeß, mein Verhalten als Therapeut aufmerksamer zu beobachten. Am Anfang meiner beruflichen Laufbahn war ich noch der Überzeugung gewesen, wenn ich nur die richtige Technik in der richtigen Form anwandte, dann *mußte* bei jedem Patienten bald eine Besserung seines Zustandes eintreten. Wenn ich alle mir bekannten Techniken ausprobiert hatte, ohne daß eine Besserung eintrat, dann war der Fall allerdings hoffnungslos, und es blieb mir nichts anderes übrig, als den Patienten wieder an den Arzt zu verweisen.

Selbstverständlich kommt es immer noch vor, daß ich Patienten weiterleiten muß, ohne daß eine nennenswerte Besserung ihres Zustands eingetreten wäre. Die Betrachtung der „Energiezustände" und der in ihnen wirkenden Tendenzen zur Veränderung hat mich jedoch gelehrt, auf die Prozesse der Selbstregulation und Selbstheilung im Körper zu vertrauen und auf die Zeit zu bauen. Dank dem *erfahrenen* Wissen um die in jedem Organismus ständig wirksamen Kräfte der Selbsterhaltung und Selbsterneuerung, ein Wissen, das später auch in der theoretischen Literatur eine Bestätigung fand – bei Erich Jantsch etwa, nicht nur bei den Chinesen – konnte ich meine therapeutische Ungeduld allmählich weitgehend ablegen.

Wenn Gesundheit und Krankheit „fortlaufendes Geschehen" ist, um das Wort Capras noch einmal aufzugreifen, ein andauernder Fluß von Informationen und Energien, so ist damit auch auf die Tatsache verwiesen, daß alle Prozesse gerichtet sind, irreversibel, in die geschichtliche Zeit eingebunden. Aber das Leben allein „weiß", wann die Zeit für eine Besserung gekommen ist, wann die Zeit für eine Verschlechterung und wann die Zeit für den Tod. Mit keiner noch so ausgeklügelten Technik und mit keiner List kann ich daran das geringste ändern.

Hingegen kann ich beurteilen lernen, *wann* die Zeit für dies oder jenes reif ist. Dazu mußte ich jedoch meine Wahrnehmung von energetischen Prozessen besonders schulen (und auch heute bin ich selbstverständlich gegen Irrtümer nicht gefeit). Ich brauchte dazu das Instrumentarium des chinesischen (Puls-)befunds und das Wissen um die Zusammenhänge zwischen den zum Beispiel durch Pulsen erhaltenen Informationen und den zyklischen und rhythmischen Lebensprozessen des Menschen und der Natur.

Aber auch dieses Wissen allein genügte nicht, ich mußte schließlich lernen, energetische Prozesse in der Therapie auch *intuitiv* zu erfassen, und mußte sie gleichsam zur treibenden Kraft der eigenen therapeutischen Aktivität, auch der Technik, machen. Solches ist Sache der Erfahrung, selbstverständlich, und Erfahrung braucht Zeit. Unerläßlich ist auch die aktive Mitarbeit des Patienten, eine flexible, sorgfältige Zusammenarbeit zwischen ihm und dem Therapeuten.

Die jahrelange kritische Auseinandersetzung mit chinesischer Medizin und ihrer Anwendung hier im „Westen" hat mich auf einen weiteren Punkt gebracht. In Hongkong und Taipeh, wo ich mich in chinesischer Medizin ausbilden ließ, stellte ich fest, daß bei den Menschen, die wir Schüler oder die Lehrer behandelten, das Qi gut und leicht in Fluß kam. Es war schon während der Behandlung zu spüren, ob es sich meldete, ob es ankam oder schwand, und die Ärzte konnten bei ihren Behandlungen sehr sanft vorgehen, sie verschoben sehr wenig Energie auf einmal. Die ideale Vorstellung der chinesischen Ärzte ist es ja, mit einer einzigen Nadel eine „Drehung des Universums zu bewirken", eine

Wandlung zu erzielen. Wenn meine Lehrer einmal mehr als vier Nadeln verwendeten, entschuldigten sie sich, sie seien eben „keine guten Akupunkteure". – Bei den Patienten, die ich dann in meiner Praxis mit chinesischen Techniken behandelte, mußte ich jedoch feststellen, daß der Energiefluß sehr viel träger war und sich zeitweise überhaupt nicht beobachten ließ. Es schien, als sträubte sich etwas in meinen Patienten gegen einen leichten Fluss der Energien. Wie läßt sich dieser Unterschied „erklären"?

Was ich wahrnehme, auch die Qualitäten, die ich meinen Wahrnehmungen zuschreibe – gut oder böse, krank oder gesund, wechselhaft oder gleichbleibend –, all dies ist Produkt meines eigenen Geistes. Wenn ich zugebe, daß es eine objektive Wahrheit nicht geben kann, dann ist auch jede Diagnose, einerlei, ob nach den Methoden der konventionellen Physiotherapie oder nach dem Modell der Energielehre, meine „Erfindung", meine Konstruktion einer möglichen Wirklichkeit. Jede „erfundene Diagnose" braucht aber zu ihrer Legitimierung – soll sie „Sinn" machen – auch die Zustimmung des Patienten, nur dann hat sie therapeutische Relevanz.

Möglich also, daß meine westlichen Patienten einfach mit östlichen Diagnosen und Techniken nicht „einverstanden" waren, daß der „Konsens" fehlte?

Die Wurzeln des Problems scheinen freilich tiefer zu reichen. Bewußte Distanz des Menschen zu „Natur", „Entfremdung", ist zwar vielleicht *die* anthropologische Konstante, doch hat erst die westliche Gesellschaft und Kultur diese Distanz derart zugespitzt: Bei uns modernen, rationalen Menschen ist ja jede Empfindung, jede Emotion, jedes Gefühl – Trauer, Leid, Schmerz, Krankheit, Freude, Glück, Ekstase – in Gefahr, zur gedanklichen Abstraktion zu verkommen. Unsere Empfindungen, Emotionen, Gefühle sind uns oft blosse Bilder einer Wirklichkeit, die sich ihrerseits mehr und mehr verflüchtigt zu haben scheint und sich immer weiter verflüchtigt. Man könnte sagen, die „Information" über den Körper habe sich bei uns von ihrem „biologischen Substrat", dem Körper, losgelöst und dabei selbst mehr und mehr an Bedeutung, an „Wirklichkeit" gewonnen.

Tatsächlich haben sich weder die Emotionen noch die Informationen aus den Körpern entfernt, nur werden sie von uns modernen Menschen kaum mehr wahrgenommen, sie werden bewußt (und noch mehr unbewußt) ausgeblendet und in Form von „Muskelpanzerungen", wie Wilhelm Reich und andere sie beschrieben haben, „materialisiert" – und abgespaltet. Wenn Manfred Porkert „Organisches" als „in die Vergangenheit zurückgesunkene Funktion" bezeichnet, so lenkt er damit nicht nur den Blick auf einen wesentlichen Unterschied zwischen der funktionszentrierten und also *gegenwarts*bezogenen chinesischen Medizin und der materie- und organzentrierten, also *vergangenheits*bezogenen westlichen, sondern er gibt damit zugleich einen scharfsinnigen Hinweis auf den Hintergrund jener Widerstände gegen den „Fluß der Energien" bei westlichen Menschen – das bei uns vorherrschende kausalanalytische Denken, das unseren Blick in die Vergangenheit lenkt, auf „Materielles", „Organisches".

Die Taoisten haben dem Denken eher mißtraut, sie sagten sogar, Denken sei für ein aktives und langes Leben schädlich. Nach ihren Vorstellungen sind alle Lebensprozesse der Periodizität und den Biorhythmen unterworfen: Alles, was lebt, kennt einen natürlichen Anfang und ein Ende. Die Taoisten haben dadurch auch eine gelassenere Einstellung zum Tod.

Stets haben sie versucht, mit der Natur in Verbindung zu bleiben und von ihr zu lernen, etwa von ihrer Art, mit den Energien hauszuhalten. Frederic Vester spricht in diesem Zusammenhang vom *Jiu-Jitsu-Prinzip,* welches das Hauptmittel der lebenden Natur darstelle, „den Energiedurchfluß minimal zu halten und dabei gleichzeitig den für das System harmonischsten Ordnungszustand zu erreichen". Eben dieses Prinzip können wir bei jedem Judoka beobachten, der die auf ihn einwirkenden Kräfte des Gegners durch eine winzige Hebelwirkung von einer „Störung" in eine nützliche Kraft umwandeln kann.

Für die Taoisten spielte zudem die Vorstellung, daß der Mensch zwischen Himmel und Erde steht, eine zentrale Rolle: „Zwischen Himmel und Erde gibt es Lebewesen, von denen der Mensch das edelste und kostbarste ist. Mit Hilfe von Himmels- und Erdenergie sowie den Energien aus Speise und Trank lebt er nach den Gesetzen der Jahreszeiten, um sich zu entwickeln, zu zeugen und zu sterben", wie es im „Suwen" heißt. Damit ist zweierlei ausgedrückt: Der Mensch soll und kann einerseits die Polarität der Himmels- und Erdenergie bis zu einem gewissen Grad aufheben, er steht dazwischen, ist Mittler zwischen den Polen. Deshalb streben die Taoisten die Schulung des Mittlers und im Mittler selbst die Mitte an, einen nicht-alltäglichen Bewußtseinszustand, der durch Atmung (Tao-Yoga) erreicht wird. Mitte kann nicht geglaubt noch gedacht werden – nur erfahren. Das Einverständnis der Taoisten mit dem Wandel, mit Verfall und Tod, steht deshalb nicht im Widerspruch zu ihrem Streben nach einem langen, gesunden Leben, weil sie die Langlebigkeit mit Mitteln erreichen wollten, die mit dem Gesetz der Natur, dem Tao, übereinstimmen und nicht gegen dieses gerichtet sind.

Im naturwissenschaftlich geprägten westlichen Denken hingegen sind Mensch und Natur nicht eins, sie sind nicht einmal verbunden, der Mensch steht der Natur gegenüber, sie ist ihm ein Konstrukt seines Geistes, das er ausbeuten kann. Weil der Mensch nicht in die Natur eingebunden ist, und auch nicht in seine eigene Ahnenreihe, spielt die Individualität, die eigene Ich-Struktur bei uns eine soviel größere Rolle. Unsere Muskelpanzerungen verbildlichen und materialisieren offenbar nur jenes starre, starke Ich, das es ständig abzugrenzen, abzuschließen, zu verteidigen und zu schützen gilt. Das ist es, was Wilhelm Reich eine rigide Charakterstruktur genannt hat.

Aus der östlichen Einsicht in den natürlichen Zyklus, auf die wohl auch die Vorstellung von Wiedergeburt oder Reinkarnation zurückgeht, entstand mehr Raum und Zeit, selbst das persönliche Leben bekam einen weiteren Kontext: Die Taoisten versuchten, durch ein nicht-alltägliches Bewußtsein Unsterblichkeit zu erfahren (nicht zu denken). Wir hingegen versuchen, Unsterblichkeit durch das Denken zu erreichen, das im Gegensatz zum Körper, der stirbt, Konstanz zu versprechen scheint. Durch unser Denken versuchen wir, an das unsterbliche Sein anzuknüpfen.

Es scheint also, daß in den Blockaden und Verhärtungen, den Panzerungen – auch im symbolischen Sinne – meiner westlichen Patienten das Gewicht ihres Denkens präsent ist, die in ihren Körpern „materialisierte Vergangenheit" – mächtiger, widerspenstiger als bei den Menschen „im Osten". Und es sind wohl diese Panzerungen, die, je nach Menschentypus, manchmal eher außen auftreten, in der willkürlichen Muskulatur, als „Yang-Panzerung", und manchmal eher innen, als Verkrampfung der unwillkürlichen Muskulatur, im Bereich des Magens oder des Darms zum Beispiel, als „Yin-Panzerung" –, die auch dafür verantwortlich sind, daß beim westlichen Menschen der Energiefluß gehemmter ist. Sie lassen jedenfalls eine unmodifizierte, unvorbereitete Anwendung chinesischer Techniken häufig nicht zu. Und eben diese Einsicht hat mich dazu bewogen, mich auch westlicher Techniken weiterhin zu bedienen, mit denen solche Panzerungen abgebaut oder vermindert werden können.

In der Physiotherapie ist es im übrigen niemals damit getan, wenn ein Patient, ein arthrotisches Knie (als Beispiel), ein Therapeut und eine Technik (welcher Art auch immer) zusammenfinden. Die wirkliche Aufgabe des

Therapeuten besteht vielleicht darin, die schweifenden, nicht mehr verwurzelten, abstrakten, teilweise chaotischen Informationen wieder in Verbindung zum Konkreten, zum Körper zu bringen. Die Informationen brauchen außerdem eine Ausrichtung, einen Sinn. Erst wenn die Empfindungen im Körper wahrgenommen werden, wenn das Bewußtsein mit der Empfindung zusammenfällt, wenn die Emotionen nicht mehr „gedacht“, sondern bewußt gelebt werden, erst dann stehen Information und Informationsträger wieder in Verbindung, erst in diesem Moment ist Sinn.

Erst wenn die Energie wieder in Fluß ist, können Yin und Yang ihren Tanz weitertanzen. Aber Energiearbeit im „Westen“ muß mit dem westlichen Menschen rechnen, bei dem sich Körper, Seele und Geist auseinandergelebt haben.

Die Hauptblockierungen zu „greifen“ fällt mir bei den westlichen Menschen übrigens bedeutend leichter als bei den Asiaten, mit denen ich es als Lehrling (und selten in meiner Praxis) zu tun bekam. Unsere gröbere Art von Blockierungen ist auch einfacher zu diagnostizieren – dafür freilich bedeutend schwieriger zu therapieren.

Wenn man bei westlichen Menschen oberflächlich, also über die äußeren (tendino-muskulären) Meridiane, Energie verschiebt, kann es zu einer unkontrollierten Verschiebung von Symptomen kommen. Der Energiefluß nimmt dann teils chaotische Züge an, denn es läßt sich während einer Behandlung oft auch ein „Spaltungs“-Phänomen beobachten: äußere, körperliche Phänomene werden vom „Ganzen“ abgespaltet, gleichsam isoliert, und ebenso innerliche, emotionale Phänomene. Außen tut es weh oder es juckt, innen spannt das Zwerchfell, oder der Patient spürt ein mächtiges Gefühl von Trauer. Es handelt sich hier nach meiner Auffassung um Abspaltungen von der Gesamtenergie, die manifest werden. Um solches zu vermeiden, versuche ich heute, möglichst wenig Energie zu verschieben, über die Meridiane nicht große Energien zu befreien und umzuleiten. Auch bei den Chinesen stellte ich ja fest, daß sie beim Verschieben von Energie sehr behutsam vorgehen.

3 Westliche Therapiekonzepte

3.1 Wilhelm Reich

Unter den westlichen Therapiesystemen, die mein Konzept vor allem geprägt haben, ist zunächst die Reichsche Therapie zu nennen. Wilhelm Reich (geboren 1897) ist der eigentliche Urvater vieler unserer Körpertherapien. Und in der Tat hat Reich Erstaunliches geleistet.

Reich ging davon aus, daß man über den Körper – eigentlich *nur* über ihn – in sehr tiefe seelische Bereiche gelangen könne, allerdings nur dann, wenn der Patient sich an der Arbeit beteiligt. Reich versuchte auch, die Psychoanalyse, die doch eher den Geisteswissenschaften zuzurechnen ist, *naturwissenschaftlich* zu fundieren. Er ging davon aus, daß es eine Grundstruktur gebe, einen rhythmischen „Viertakt des Lebens". Die Lebensenergie durchmesse vier Phasen: Spannung, Ladung, Entladung, Entspannung. Diesen Rhythmus beobachtete Reich bei der einzelligen Amöbe genauso wie beim Menschen. Daraus leitete er seine Ausgangsposition ab: Er sah den Menschen als eine Art elektrischen Generator, der dem beschriebenen Rhythmus gehorche.

Vor diesem Hintergrund ist vielleicht die 1944 gemachte Entdeckung des Wiener Psychologen Hubert Rohracher zu sehen, daß sich bei warmblütigen Tieren und bei Menschen in jedem Muskel auch in der Ruhestellung ständig einzelne Muskelfasern zusammenziehen und damit im betreffenden Muskel eine gewisse Bereitschaftsspannung schaffen. Diese Kontraktionen äußern sich in einer permanenten „Mikrovibration" des ganzen Körpers, die man nicht sieht und nicht empfindet und die auch im Schlaf, in der Narkose und in maximaler Entspannung festgestellt werden kann. Erst mit dem Tod hören diese Schwingungen auf. Ihre Frequenz beträgt je nach Meßstelle am Körper zwischen 4 und 14 Hertz. Das ist genau der Frequenzbereich, in dem sowohl Erdrinde und Ionosphäre wie auch die Alpha-Gehirnwellen – ebenfalls eine Art Leerlauf oder Ruhefrequenz (des Gehirns) – schwingen. Solche Beobachtungen stützen Reichs Hypothese, daß der Organismus als Energiesystem und -generator zu betrachten sei.

Ähnlich wie in der Muskulatur konnten übrigens auch im Bindegewebe Spannungszustände festgestellt werden. Der Wiener Pathologe Alfred Pischinger verknüpfte die Aktivität der Zellen einschließlich der immunologischen Funktionen mit den Grundfunktionen des Bindegewebes als Regulator zwischen Gesundheit und Krankheit (siehe dazu die Körperarbeit von Gerda Boyesen, auf die wir auf Seite 43 näher eingehen).

Doch kehren wir zu Reich zurück. Seelische Gesundheit hing für Reich wesentlich von der „orgastischen Potenz" ab. Die „Orgon-Energie", wie er sie auch nannte, entspricht annähernd dem Qi der Chinesen oder dem Prana der Inder usw. – das, was ich „Lebensenergie" nennen möchte. Diese Vorstellungen implizieren ja, daß in allem Lebendigen eine Grundkraft wirksam ist. Reich sah nun diese Grundkraft beim Menschen in der Orgasmusfähigkeit, aber er meinte mit „Orgasmus" ein umfassendes, ein ganzheitliches Erleben auf körperlicher, emotionaler und geistiger Ebene.

In der *Angst* glaubte Reich andererseits jene Kraft zu erkennen, die den Menschen hemme, seine „sexuelle" Lebensenergie zu entfalten und zu spüren. Die Angst hielt er für den zentralen „Blockierungsmechanismus".

In der Analogiekette der „Fünf Wandlungsphasen" stehen, wie wir sahen, Angst und Wasser analog zueinander. Wasser ist nun aber das „stärkste" Element: Es ist mächtiger als

Fels, weil es ihn zu unterhöhlen und wegzuspülen vermag. Wasser ist der Lebensspender. Wasser ist auf der Erde immer und überall vorhanden – als Urin, im Gewebe, in Pflanzen und Bäumen, als Bach, Fluß, See, Strom, Meer, als Regen, Schnee, Eis. Aber nicht Härte zeichnet das Wasser unter irdischen Bedingungen aus, sondern Sanftheit, Nachgiebigkeit; diese Eigenschaften sind es, die ihm seine unüberwindbare Macht verleihen.

Die Analogsetzung von Wasser und Angst bezieht sich auf den Zeitpunkt, wenn Wasser nicht mehr fließt, wenn es vereist, sich härtet, gestaut wird. Dann ist das potentiell stärkste Element blockiert. Die Kette läßt sich ja noch weiter verfolgen – auch der Winter gehört dazu, wenn Wasser gefriert und blockiert ist und das Leben stillsteht, unter extremen Bedingungen für immer erlischt.

Bei Reich sind nun *Körperpanzerungen* nichts anderes als eine materialisierte Form der Angst, durch die Panzerung wird die Lebensenergie am Fließen gehindert. Reich hat zudem jene Körperregionen entdeckt und beschrieben, wo solche Panzerungen besonders häufig vorkommen: Gesicht, Schultern, Nackenmuskulatur, Brustring, Beckenbereich usw.

Die Reichsche Therapie zielt nun darauf ab, den Menschen von seiner Körperpanzerung zu befreien, die blockierte Energie in Fluß zu bringen, damit der Mensch ein Gefühl freien Strömens erlange. Die therapeutische Methode, die ich übernommen und ausgebaut habe, besteht zunächst darin, intensiv *in den schmerzenden Bereich hineinzuatmen* und möglichst genau zu spüren, welche Körperstellen blokkiert sind. Der Reichsche Therapeut spricht nicht viel, er wartet, bis sein Patient selbst über seinen Körper und seine Empfindungen zu reden beginnt. Reich massierte aber auch Stellen, die verhärtet waren, er arbeitete also mit Mitteln der „Physiotherapie".

Seine therapeutische Arbeit begann Reich immer im Kopfbereich und arbeitete sich dann allmählich in die Beckenregion vor. Die Erfahrung zeigt allerdings, daß dieses Vorgehen heikel ist; vorteilhafter und außerdem leichter ist es, im mittleren Bereich anzusetzen, beim Zwerchfell und in der Rückenregion.

Reichsche Therapie ist im Grunde eine sanfte Therapie, sanfter als die von ihr abgeleitete *Bioenergetik,* die mit Gewalt Blockierungen durchbrechen will. Die Grundideen sind jedoch in beiden Systemen dieselben. Auch die Bioenergetiker (zum Beispiel Alexander Lowen) sagen, wenn etwa in einem Bein leichte Vibrationen zu spüren seien, die sich ausbreiten, so bedeute dies, daß die „Energie fließt". Auch sie weisen darauf hin, daß der Körper mit Angst reagiert, wenn ihm mehr Energie zugeführt wird als er es gewohnt ist.

Bioenergetik arbeitet nach einem Prinzip, das auch schon in der chinesischen Medizin bekannt war: „Das Falsche tun, um das Richtige zu bewirken". Ist in einem Muskel eine starke Spannung vorhanden, so versucht man diese noch zu verstärken. Sehr starke Spannungen lassen sich tatsächlich nur so reduzieren. Ist jedoch die Spannung geringer, läßt sie sich oft auch mit sanften Methoden mildern, zum Beispiel mit Massage.

3.2 Gerda Boyesen, Bauchraum-Techniken

Reichsche Therapie und Bioenergetik lassen sich als „Yang-Therapien" bezeichnen. Es sind Behandlungen „außen". Die zweite Gruppe von Therapiekonzepten, denen mein System Wichtiges verdankt, sind die Therapien von Gerda Boyesen u.a., Systeme, die ich als „Yin-Therapien" bezeichnen möchte (Yin steht hier für „Innen").

Gerda Boyesen (geboren 1922) war ausgebildete Physiotherapeutin, wandte sich aber später der Psychologie zu. Sie erkannte, daß es Verhärtungen nicht nur in der willkürlichen Muskulatur gibt, sondern auch in der unwillkürlichen Muskulatur und im Bindegewebe, und sie ahnte, daß zwischen Bindegewebe und dem ganzen Vegetativum enge Verbindungen existieren.

Boyesen konzentrierte sich vor allem auf die innere Muskulatur und die Eingeweide, auf die unwillkürliche Muskulatur. Sie arbeitete mit Massage, mit sehr behutsamen Techniken im Bauchraum, und sie fand, daß bei Entspannung in der Bauchregion etwas in Bewegung geriet, das sich durch Darmgeräusche bemerkbar machte, durch ein „Knurren" im Bauch. Je mehr man jene Muskulatur entspannte, desto mehr „geschah" im Darm.

Solche Darmtätigkeit diente Boyesen zugleich zur Beurteilung von Blockierungen und bei der Beobachtung dessen, was sich durch ihr Eingreifen veränderte – sie belauschte zu diesem Zweck die Peristaltik mit dem Stethoskop. „Sobald eine tiefe körperliche Entspannung einsetzt, verstärkt sich die natürliche Peristaltik ebenfalls", schreibt sie. „Legt man die Hände auf den Unterleib, so kann man die feine Bewegung auch spüren." Selbstverständlich lassen sich größere Verhärtungen im Bauchraum mit den Fingern ertasten, feinere Blockierungen freilich sind so höchstens zu erahnen.

Bemerkenswert scheint mir, daß Boyesen – im Gegensatz zu den Bioenergetikern – nichts davon hält, den muskulären Widerstand zu brechen. Ein verhärteter Muskel, der auf einen anderen drücke, verhärte sich noch mehr, sagt sie. Boyesens Vorgehen ist also „sanfte Arbeit" – sanft wie Wasser, das alles weich macht. Sie forcierte nichts, der emotionale Widerstand wird nicht mit Gewalt gebrochen, sondern „geschmolzen" – wieder das Bild des Wassers. Boyesens Methode kann auch bei sehr sensiblen Menschen angewendet werden.

Wichtig ist weiter, daß Boyesen in ihren Sitzungen durch Beziehung Sicherheit schaffen oder bieten wollte. Am Bauch arbeiten – meine eigene Erfahrung – gibt tatsächlich viel Sicherheit, deshalb wird die Abwehr, der Widerstand des Patienten allmählich hinfällig.

Im übrigen legt auch Boyesen großen Wert auf den Fluß der „Energie", sie achtet auf das Zittern eines Körperteils, auf die Veränderungen des Atems, auf die Darmgeräusche, auf eine Rötung der Haut – sie beachtet und beurteilt gerade auch die Haut sehr aufmerksam. All dies ist für sie Zeichen dafür, daß ein emotionaler Fluß entsteht. Boyesen ahnte übrigens, daß die Energieströme auch gesehen, sogar gemessen werden können; sie nannte dieses Phänomen „Aura".

Schließlich plädierte Boyesen dafür, der Therapeut solle immer wieder mit dem Patienten sprechen, er solle nachfragen, was für Empfindungen der Patient habe, was er spüre, wie er sich während der Arbeit fühle.

Vier Aspekte von Gerda Boyesens Konzept sind für mich besonders wichtig geworden: Daß sie beim Bauch ansetzt – ich halte es ebenso. Auch die Chinesen lehren, daß die Energie „aus dem Bauch" kommen muß. Dort muß sie befreit und zentriert werden, bevor sie wieder in den ganzen Körper hinausfließen kann. Bedeutsam scheint mir weiter, daß Boyesen viel mit Massage arbeitet, ferner, daß sie versuchte, ihre Arbeit mit einem bestimmten Beurteilungskriterium – die Darmgeräusche – zu „objektivieren", und schließlich, daß sie die sanften Methoden bevorzugte.

4 Versuch einer ersten Synthese: Sinn und Aufgaben der Energetischen Körperarbeit

Fassen wir nun kurz zusammen: Mein Therapiekonzept stellt sich vier Hauptaufgaben:

1. Die Muskelpanzerung im Äußern und im Inneren soll abgebaut werden, damit die Energie besser fließen kann.

2. Therapie soll den Menschen wieder fähig machen, daß er Himmels- und Erdenergie zu verbinden vermag.

3. Meine Methode soll mit dem Fluß der Natur gehen, ohne besonders provokativ oder manipulativ zu sein.

4. Sie sollte auf uns westliche Menschen zugeschnitten sein, unseren Zeitmangel berücksichtigen und dennoch genügend effizient sein.

In der Praxis benütze ich nun zunächst die Energielehre der Chinesen, um zu beurteilen, wie die Energie des Patienten fließt (oder eben nicht). Zu diesem Zweck habe ich das ursprüngliche Konzept der TCM etwas modifiziert und vereinfacht. Zugleich habe ich versucht, die Energie „beurteilbarer" zu machen. Ich wende dabei verschiedene Arten von Befundaufnahmen an: schriftliche Tests und Gespräche, therapeutische Befunde (chinesischer Pulsbefund, Mobilitätsbefunde u.a.) und auch physikalische, chemische und bioenergetische Messungen. Gerade bioenergetische Meßtechniken kommen dem Energiekonzept der TCM entgegen.

Mit diesen Befunden wird nun ein persönliches Energiemodell des Patienten entworfen. Aufgrund der so vernetzten Informationen können die präventiven Maßnahmen eingeleitet werden. In der therapeutischen Arbeit geht es darum, die blockierte Energie wieder zum Fließen zu bringen.

Um die Klienten besser für den Energiefluß vorzubereiten und die Energie schließlich in Bewegung zu bringen, verwende ich die verschiedensten Techniken aus der Körperarbeit, immer mit der Tendenz und dem Ziel, möglichst nahe am Körper zu bleiben. Ich wende sowohl Yang-Therapien – zum Beispiel eines Wilhelm Reich – wie Yin-Therapien an – etwa Boyesen. Ich *muß* mit beiden Arten von Therapiesystemen arbeiten, je nachdem, wie die Energielage meines Klienten ist. Die Chinesen empfehlen, wenn ein Patient „Yang" sei, müsse der Therapeut den Gegenpol einnehmen und das „Yin" betonen, und umgekehrt. Es gibt allerdings auch die andere Denkart: Wenn bei einem Menschen der eine Pol, zum Beispiel das Yang, übermächtig ist, so versucht man, ebendiesen Pol zu übersteigern, so weit zu treiben, daß es zu einem Kippen, einer Wandlung kommt.

Meine Art zu arbeiten ist aber *zugleich* Yin- und Yang-betont, beide Pole können sehr intensiv hervortreten.

Im Mentalen und Emotionalen versuche ich den Patienten nie zu drängen und zu überfordern, er soll stets ausdrücken können, was er ausdrücken will, ich versuche lediglich, ihn auf die Phänomene seines Körpers zurückzuführen: Was spürt er im Bauch? Wo tut es weh? Welches Gefühl entsteht, wenn es an jener Stelle vibriert? Ich konfrontiere ihn also wieder und wieder mit solch einfachen Fragen, die stets einen konkreten Bezug zu seinem Körper haben, und verweise ihn so auf seine *Körper-Gefühle* – darauf, daß Körper und Seele einander sehr nahe sind, zuweilen kaum zu „unterscheiden".

Und schließlich kann ich auch selbst an ganz bestimmten Meridianpunkten und Energiezentren des Patienten eingreifen – mit

Druck, Massage oder Moxibustion zum Beispiel – und so die Energie beeinflussen, sie erhöhen, umlenken und so weiter. Letztlich geht es aber immer darum, die *Selbstregulation* des Menschen als System zu stützen und zu stimulieren.

II. Teil

Grundbegriffe und Grundlagen der Energetischen Körperarbeit

1 Energie

1.1 Begriff der Energie

Jeder chemische oder physikalische Vorgang läßt sich als Umwandlung von Energie beschreiben, alle Materie als Erscheinungsform von Energie. Unsere materielle Welt, auch die Lebenswelt, ja das ganze Universum erscheint als stete Verwandlung von Energieformen, als Ineinandergleiten und Ineinanderfallen von energetischen Zuständen, „als dynamisches Gewebe von untrennbaren Energiestrukturen“, wie es der Physiker Fritjof Capra ausgedrückt hat.

Die „Lebensenergie“, von der die *Energetische Therapie* ausgeht, meint freilich etwas anderes, sie ist keine physikalische Größe, obgleich Leben nicht unabhängig von der materiellen, unserer biologischen, chemischen, physikalischen Welt denkbar ist. In den Neuronen und zwischen den Nervensynapsen strömt zum Beispiel elektrische Energie, sowohl in Zuständen der Aktivität wie auch in Ruhe; Stoffwechsel ist Umwandlung von Materie in Wärme bzw. Energie, und mit all dem hat Leben selbstverständlich zu tun. Dennoch: Die Energie, die *ich* meine, ist lediglich eine „Idee“, meine Verwendung des Begriffs ist eine *symbolische,* auch wenn sich die Beschreibung der „Lebensenergie“ in Analogien zur physikalischen Energie erstaunlich weit treiben ließe.

Diese „Lebensenergie“ entspricht ungefähr dem, was bei den Chinesen *Qi* heißt, bei den Indern *Prana*, bei den Japanern *Ki* und den Griechen *Pneuma.* Es handelt sich um jene „Kraft“, die *Leben* antreibt oder ausmacht – jenseits der reduktionistischen Naturwissenschaft, in deren Auffassung sich ein lebendiger und ein eben verstorbener Mensch ja kaum unterscheiden. Weil der Begriff „Energie“ von unserer Alltags- und Wissenschaftssprache besetzt ist und jener der „Lebensenergie“ im Ruch des Esoterischen steht, müßte ich vielleicht von „Geist“ sprechen, bei Gregory Bateson die typische Eigenschaft dynamischer, komplexer, *biologischer* Systeme. Oder von „Information“ – meine „Lebensenergie“ hat auch Qualitäten, die an das erinnern, was Erich Jantsch „pragmatische Information“ nennt: Sie ist zum Beispiel auf *Wirkung* ausgerichtet. Aber auch diese Analogie hat ihre Grenzen: „Informationen“ verschwinden durch die Übertragung an einen Empfänger beim Sender nicht; wenn ich jemandem etwas mitteile, bleibt also auch mir der Inhalt des Mitgeteilten erhalten. In dieser Hinsicht gleicht meine „Lebensenergie“ nicht der Information, sondern eher der physikalischen Energie.

Aber „Information“ kann andererseits wie Leben auch vollständig verloren gehen oder im Gegenteil im Laufe von Prozessen völlig neu entstehen und sich vermehren. Darin unterscheidet sie sich von „Energie“ – und gleicht wieder meiner „Lebensenergie“. Wie dem auch sei: Der Begriff „Lebensenergie“ scheint mir derart anschaulich und beziehungsreich, daß ich ihn allen anderen vorziehe.

Mit der Traditionellen Chinesischen Medizin (TCM) nehme ich an, daß sich im Menschen diese subtile Energie in bestimmten Bahnen bewegt, den Meridianen. Ich gehe andererseits von der Annahme eines jedem Menschen eigentümlichen, individuellen *Gesamtenergiepotentials* aus – keine fixe Größe, denn sie kann „abnehmen“ (bis zum Tod des Individuums), und sie läßt sich vergrößern, „vermehren“. Dieses individuelle „Energiepotential“ denke ich mir als eine Entität, grundsätzlich unteilbar, obwohl sie sich in verschiedene Teil*funktionen* aufzusplitten *scheint* – in eine physiologische, eine mentale, eine emotionale Komponente – oder sich vielmehr auf diesen drei Ebenen *manifestiert* – und auch verschiedene Qualitäten annimmt: Nahrungsenergie, Abwehrenergie, Erbenergie u.a.

Beurteilen oder messen läßt sich diese Lebensenergie nicht als Ganzes, wir können lediglich ihre Manifestationen erkennen (und messen), bei einer Erkrankung zum Beispiel, im Verhalten oder an der Körperhaltung, durch Messungen an den Meridianpunkten oder durch Pulsbefunde. Der *energetische Befund,* den ich aufnehme, liefert also ein *Bild* des Energiezustands eines Menschen und bestimmte Informationen über die einzelnen Bereiche.

Ich kann erkennen und bestimmen, *wie die Energie fließt,* und weiter, *wo sie blockiert sein könnte.* Die Manifestationen der Energie kann ich dann am besten erkennen, wenn irgendeine körperliche oder psychische Störung vorliegt, das heißt, wenn der Fluß der Energie gehemmt oder blockiert ist – Schmerz ist ja gleichsam „der Schrei des Gewebes nach fließender Energie", um R. Voll, den Begründer der Elektroakupunktur, zu zitieren. Wenn die Energie hingegen fließt – etwa im Zustand der Entspannung, Erholung, Befriedigung –, werden sich auch die Energiemeßwerte – zum Beispiel die Pulswerte – in einem harmonischen Gleichgewicht befinden.

Mit der TCM gehe ich schließlich davon aus, daß ich über die Meridiane beziehungsweise die Akupunkturpunkte diesen Energiestrom auch beeinflussen kann.

1.2 Energie und Muskulatur

Jede zielgerichtete Handlung eines Menschen, eigentlich jede Lebensäußerung, ist gekoppelt an ein Ausführungsorgan, die Muskulatur. Ich kann keine Handlung vollbringen, an der nicht die Muskulatur beteiligt wäre, weder atmen noch verdauen noch reden oder schauen, weder angreifen noch weglaufen.

In der Muskulatur wirken die Energieblokkierungen am nachhaltigsten – obgleich sich Störungen im Energiefluß durchaus auch anderswo manifestieren können, etwa in der Haut –, die Muskulatur ist gleichsam unser Körper-Ich, hier fühlen wir uns zu Hause und der Körper ist „unser Haus". Wenn nun das „heimische Gefühl" durch veränderten Tonus, durch veränderte Empfindungen in der Muskulatur gestört ist, dann ist der ganze Mensch „gestört". Auf dieser Erkenntnis baut auch die „leiborientierte Psychotherapie" des Zürcher Psychiatrie-Professors Christian Scharfetter auf. Scharfetter trennt nicht scharf zwischen Psyche und Physis, folgerichtig geht sein Konzept auch nicht wie das der Psychosomatik von einer „psychischen" Entstehung körperlicher Krankheiten oder Symptome aus, statt dessen beschreibt Scharfetter die Interdependenzen beider Sphären im „Leib", Schnittpunkt von Seele und Körper, und setzt mit seiner Therapie beim *Körper* (beziehungsweise eben beim „Leib") seiner Patienten an.

Auch Wilhelm Reich, dem Scharfetter nach eigenem Bekunden das eine oder andere zu verdanken hat, richtete sein Hauptaugenmerk auf die Muskulatur, weil dort nach seiner Auffassung die Gefühle blockiert sind. Ich gehe mit Reich darin einig, daß die Muskulatur in dem Mechanismus, der die Energie blockiert, eine große Rolle spielt. Sie ist vor allem der Ort, wo der *Zugriff* auf die Blokkierung am einfachsten ist. Ich bin aber mit der chinesischen Medizin der Auffassung, daß sich das Gesamtpotential der Lebensenergie *auf allen Ebenen* des menschlichen Organismus manifestieren kann, auf der körperlichen ebenso wie auf der emotionalen oder mentalen Ebene, je nach Individuum eher auf der einen oder auf der anderen.

Meine erste Frage bei der Befundaufnahme gilt deshalb stets der Ebene, auf der sich die Energie manifestiert. In einem zweiten Schritt werde ich diese Manifestationen klassifizieren: Von welcher Qualität ist die Energie? Und in welcher Quantität tritt sie auf?

1.3 Die Beurteilung der Energie

Karl Jaspers meinte einmal, der Sinn einer seelischen Haltung oder Aktion sei nur geisteswissenschaftlich und nicht naturwissenschaftlich zu erfassen. Die Naturwissenschaften hätten es mit *Quantitäten* zu tun, die Geisteswissenschaften hingegen mit seelischen *Qualitäten*. Eine Brücke zwischen beiden Bereichen gebe es nicht.

Die Traditionelle Chinesische Medizin hat vor ein paar tausend Jahren zumindest versucht, diese Brücke zu schlagen: In ihrem System werden die Manifestationen der Energie nach ihrer *Quantität* klassifiziert – in einem digitalen System unterscheidet sie so zwischen „Zuviel" (Überfluß, Fülle) und „Zuwenig" (Mangel, Leere). Und die Energie wird auch nach ihrer *Qualität* klassifiziert, sie ist entweder Yin oder Yang.

Wie wir sahen, postulierten die Taoisten, daß im Universum, in den einzelnen Dingen, auch im menschlichen Körper Harmonie und zugleich Polarität, Gegensätzlichkeit, sei. Die beiden Teile der dualen Struktur, die sie dem Raum, der Zeit, dem Kosmos, der Gesellschaft und auch den vielen Dingen zuschrieben, die beiden Pole der Unendlichkeit, zwischen denen jenes stete Gegen- und Miteinander, jene unendliche Bewegung stattfindet, werden eben mit *Yin* und *Yang* bezeichnet. Sie bilden, wie erläutert, eine polare Einheit, schliessen sich also nicht aus.

Ferner spielt für die Chinesen die Vorstellung eine Rolle, daß der Mensch stets *zwischen* den Polen, zwischen „Himmel" und „Erde" steht, daß er Verbindung zu beiden sucht, suchen (und halten) sollte. Diese Verbindung ist durch zyklische Prozesse in dauernder Veränderung begriffen – durch den Wechsel der Jahreszeiten und der Tageszeiten, von Hell und Dunkel, Fülle und Leere, Yang und Yin. Im Frühling wächst die Energie der Sonne, im Sommer erreicht sie ihren Höhepunkt, im Spätsommer neigt sich der Zyklus wieder abwärts gegen den Herbst und Winter zu, wenn die Energie der Sonne ein Minimum erreicht.

Die chinesischen Pulsbefunde geben in diesem Sinne auch Auskunft darüber, ob die Energiestärke oder -schwäche eines Organes mit der Jahreszeit korrespondiert. Diese Zusammenhänge müssen selbstverständlich auch bei einer Behandlung berücksichtigt werden.

1.4 Der Krankheitsbegriff aus der Sicht der Energielehre

Wie wird nun Krankheit in diesem System aufgefaßt? Krankheit ist nach chinesischer Vorstellung immer *gehemmter Energiefluß*. Ein Bild soll verdeutlichen, was gemeint ist: Geröll und Geschiebe in einem Bergbach stauen das Wasser; dies kann zu Überschwemmungen führen, hinter dem gestauten Material ist *Leere*, diesseits ist *Fülle*, ein anschauliches Bild für den blockierten Energiefluß, der zu Dysfunktionen führt. Analog verhält es sich nun beim Energiefluß im menschlichen Körper, in den energetischen Bahnen.

Es ist beim Menschen letztlich einerlei, ob die Energie im mentalen, im emotionalen oder im körperlichen Bereich blockiert oder gestaut ist. Alle drei Bereiche gehören untrennbar zueinander und bilden ein Ganzes. Wenn ich viel denke und rede oder schreibe, steigt mir die Energie „in den Kopf" und versorgt den Geist. Dadurch wird sie jedoch dem Körper entzogen, mit der Zeit bekomme ich „kalte Füße". Wenn ich immer weiter denke, rede und schreibe, kommt es zu Muskelatrophien, weil ich mich kaum mehr bewege.

Aber gleichgültig, auf welcher Ebene die Energie blockiert ist, immer ist der *beste Zugang* zu ihr der über den *Körper*. Bewegung (im Körper) bewirkt, daß das „stauende Geröll und Geschiebe" wegtransportiert wird. Es ist wie beim Bach: Entweder wird der Druck der Fülle vor dem stauenden Material so stark, daß die Mauer weggeschwemmt wird, oder aber man räumt das Geröll fort. – Es braucht immer irgendeine Bewegung, die auf die Wand aus Sand und Stein zugreift.

Der Fötus im Mutterleib bewegt sich ständig und heftig. Bei der Geburt wirken starke Bewegungen, Kräfte aktiver und passiver Natur auf seinen Körper ein. Ein Kleinkind wandelt all seine Gefühle, seinen Unwillen, seine Wünsche, in Bewegung um, es strampelt, schreit, lächelt, lacht. Bewegung ist überhaupt eine wichtige Form kindlicher Kommunikation.

Dies gilt auch für nicht mehr ganz kleine Kinder. Kürzlich wartete ich in einer Bäckerei, bis die Reihe an mir war. Die Verkäuferin nahm es recht gemütlich, und ich begann allmählich ungeduldig zu werden. Ich spürte im Körper eine Verkrampfung, vor allem in den Beinen, und eigentlich hätte ich in dieser Situation am liebsten mit den Füßen heftig stampfen wollen. Vor mir wartete ein etwa zehnjähriger Junge und plötzlich sah ich, wie er mit den Füßen stampfte: Er konnte seine Ungeduld in körperliche Aktivität umsetzen, dadurch blieb er entspannt, während ich schließlich mit völlig verkrampften Beinen (und meinem Brot) den Laden verließ.

Es scheint also, daß sich die Gesamtenergie vor allem auf der körperlichen Ebene manifestiert, aber wenn sie auf dieser Ebene ausgeglichen wird, kann sich dies – durch Ruhe, Entspannung oder bessere Durchblutung – auch wieder auf die beiden anderen Ebenen auswirken. Der Körper ist nur unser „Konkretestes“, aber wenn uns das Körpergefühl abhanden kommt, dann verlieren wir auch unser „Ich“, dann gleiten wir in eine Art „schizophrenes Erleben“ hinein.

Wilhelm Reich schreibt, ein psychisches Erlebnis sei „in seinen Wirkungen nicht durch seinen Inhalt bestimmt, sondern durch das Maß an vegetativer Energie, das durch dieses Erlebnis mobilisiert wird“. – Es gilt wohl auch die Umkehrung: Ein psychisches Erlebnis ist in seiner Wirkung durch das Maß an Energie bestimmt, das durch das Erlebnis *blockiert* wird.

Da der Energiefluß nach meiner Vorstellung dem Rhythmus der Jahreszeiten folgt, bedeutet eine solche Blockierung auch, daß jemand nicht mehr angekoppelt ist an den natürlichen Zyklus, symbolisiert durch die Wandlungsphasen. Er bleibt in einer Phase stecken, was etwa in der bei ihm vorherrschenden Emotionslage zum Ausdruck kommt. Die Behandlung zielt darauf ab, ihn an den ganzen Zyklus gleichsam wieder anzukoppeln.

2 Wandlung

2.1 Der Begriff der Wandlung

„Alles strömt, und nichts dauert", soll schon der griechische Philosoph Heraklit gesagt haben. Sicher im Sein ist nur die Veränderung, der Wandel des Seienden.

Biologische Zellen erneuern sich im Wechselspiel von anabolischen (aufbauenden) und katabolischen (abbauenden) Reaktionsketten ständig und bestehen nie über längere Zeit aus den gleichen Molekülen. Was von ihnen bleibt, ist lediglich die Form, die Gestalt (aber auch jede *individuelle* Form zerfällt irgendwann). Für solche Prozesse, deren Funktion darauf ausgerichtet ist, die eigene Gestalt, sich selbst zu erneuern, hat der chilenische Biologe Humberto Maturana den Begriff der „Autopoiese" eingeführt, was ungefähr mit „Selbsterschaffung" wiedergegeben werden kann. Die Zellen im menschlichen Organismus zum Beispiel erneuern sich im Laufe von etwa sieben Jahren.

Der Begriff der „Wandlung", wie ich ihn benutze, erschöpft sich jedoch nicht in der Heraklitischen *Erkenntnis.* C. G. Jung benützte in einem Vortrag den Begriff der „Wandlung" im Sinne der „Wiedergeburt des Individuums", verbunden mit einer Wesensveränderung. Er unterschied von der „renovatio", der vollständigen Wiedergeburt, andere Formen der Wandlung, etwa die Reinkarnation, die Metempsychosis (Seelenwanderung), die Auferstehung (resurrectio) und die gleichsam symbolische Wiedergeburt, bei der die Wandlung außerhalb des Individuums gedacht wird, welches aber selbst durch seine Anwesenheit und Teilnahme an einer rituellen Handlung (einer Messe, einer Zeremonie usw.) am Wandlungsprozeß teilhat.

Immer freilich ist bei Jung mit Wandlung etwas „Psychisches", also nicht ein materielles, beziehungsweise sinnlich-wahrnehmbares Geschehen gemeint, das Jung dennoch ganz und gar als wirklich setzt, real und wirksam wie alles Psychische.

Jung trifft noch weitere Unterscheidungen, die in unserem Zusammenhang von Belang sind. So beschreibt er als Wandlung die *Erfahrung* der Transzendenz des Lebens (nicht gleichbedeutend mit dem Wissen darum, welches etwa der Heraklitischen Erkenntnis entspräche); das innere, „mystische" *Erlebnis* also, daß Existenz den individuellen Horizont überschreitet, der von Vergehen und Tod bestimmt zu sein scheint, auch wenn wir dies verdrängen; die *Erfahrung,* daß das Sein durch Wandlung und Erneuerung Kontinuität und Permanenz besitzt: „Es ist ein Ewigkeitsmoment in der Zeit."

Weiter beschreibt Jung auch unterschiedliche Formen, welche Wandlungen der Persönlichkeit annehmen können: Seelenverlust, die Verminderung der Persönlichkeit, oder im Gegenteil ihre Vermehrung. Die letztere Form scheint uns allen gleich vertraut: Jung meint damit indessen nicht konventionellen Wissenszuwachs und das äußerliche Geformtwerden, sondern die Tatsache, daß die menschliche *Persönlichkeit,* Jungs „Selbst", sich im Laufe des Lebens entwickelt und formt dadurch, daß man sich der eigenen seelischen Weite allmählich bewußt wird und aus ihr zu schöpfen vermag. Schließlich spricht Jung von innerer Strukturänderung der Persönlichkeit, von Wandlung infolge der Identifikation mit einer Gruppe oder mit dem Heros eines bestimmten rituellen Kults; von Wandlungen durch magische Prozeduren oder durch bestimmte Techniken und spirituelle oder körperliche Übungen. Das letztere, Jungs „technische Wandlung", trifft ungefähr das, womit sich mein „Weg zur Mitte" hauptsächlich beschäftigt.

Versuchen wir, uns von einer anderen Seite her dem Begriff der „Wandlung" anzunähern, aus einer Alltagssituation heraus.

Morgens mache ich mich etwas steif und traumschwer auf zum Zeitungskiosk, eines der Rituale, mit denen ich den Tag beginne. Die Zeitungsverkäuferin lächelt mir entgegen, wünscht mir einen guten Morgen, und gleich fühle ich mich etwas frischer, wacher. Das ist noch keine „Wandlung", obwohl es zu einer solchen beitragen kann. Es hat nur ein Wechsel der eigenen Laune, der „Gestimmtheit" stattgefunden, die ja schnell auf die eine oder andere Seite kippen kann; die Stimmung ist ja nie konstant, sie befindet sich stets im Fluß.

Am anderen Ende der Skala steht jene Art von abrupten Veränderungen, wie sie durch Krankheit oder nach einem Unfall auftreten können. Die *ganze* mentale oder psychische Struktur eines Menschen wird plötzlich erschüttert, schlagartig kann sich ein Sinneswandel vollziehen oder das Verhalten verändert sich massiv. Raucher, die von ihrer Arterienverengung oder ihrem Lungenkarzinom erfahren, lassen von einem Augenblick zum andern das Rauchen. Raser, die in einen schweren Unfall verwickelt waren, steigen nie mehr in ein Auto. Auch solch abrupte Verhaltensänderungen sind nicht als „Wandlungen" zu bezeichnen, wie ich sie verstehe. Allerdings sind bei Menschen, die so etwas erlebt haben, die Voraussetzungen günstig, um in der Therapie eine Wandlung in meinem Sinne zu erreichen.

Wandlung, die ich meine, ist etwas Umfassendes und Tiefes, zugleich aber auch etwas Allmähliches, Gemächliches.

Es kommt ein Patient mit einer *frozen shoulder* zu mir, mit einer steifen Schulter, die er nicht mehr bewegen kann. Im therapeutischen Prozeß wird aus Unbeweglichem wieder etwas Bewegliches; das ist gleichsam *mein* Ur-Bild von Wandlung.

„Die Kraft für die therapeutischen Veränderungen kommt nicht aus den therapeutischen Interventionen, sondern aus dem System, dem Klienten, seiner Schema-Struktur selbst", schreibt K. Grawe. „Die therapeutische Intervention kann nicht noch Unbewegtes ‚schieben', sie kann nur etwas, das in Bewegung ist oder das durch seine Stellung in der Schema-Struktur gewissermaßen eine latente Bewegungsenergie hat, in eine neue Bahn lenken, indem sie immer wieder Anstöße in eine bestimmte Richtung gibt." Ich baue also auf die im Körper des Patienten vorhandenen Selbstheilungstendenzen, die ich als Therapeut unterstützen kann. Wenn die Voraussetzungen stimmen und ein Patient korrekt angewiesen wird, wenn er sich entsprechend verhält, zum Beispiel die richtigen Übungen auch ausführt, dann wird eine steife Schulter sich meist wieder bewegen, ein starrer Nacken sich meist wieder drehen lassen.

Es gibt allerdings auch hartnäckige Fälle, wo das Leiden chronisch zu werden droht. In solchen Fällen wird Wandlung vielleicht eine andere Form annehmen. Auch hier können und müssen Therapeut und Patient bestimmte Handlungen ausführen, der therapeutische Prozeß wird sich aber darauf ausrichten, den *Sinn* der Krankheit zu erfassen, ja, der Krankheit *Sinn zu verleihen.* Jede Krankheit hat *Sinn,* nicht in der Bedeutung von Schuld und Sühne, von Bestrafung – nicht so, daß der Mensch zu der oder jener Krankheit verurteilt wäre. Ich fasse chronische Krankheit beispielsweise als Herausforderung auf, als eine Art Trainingshilfe: Der chronisch Kranke muß mit der Krankheit leben lernen, er muß herausfinden, wie er seinen Lebens-Sinn mit ihr neu ausrichten kann. Damit er dies kann, muß er sich aber mit dem Leiden *versöhnen.* Solche „Versöhnung" ist *zuletzt* nur zu schaffen, wenn ich zu den eigenen Angelegenheiten, auch zu den Phänomenen der Krankheit, eine gewisse Distanz schaffen, von ihnen absehen kann, wenn ich mich am Ende nicht mehr so sehr mit meinem Körper identifiziere.

Zuvor braucht es jedoch die Ruhe in mir selbst, die gesammelte Energie, symbolisch und zugleich real und körperlich spürbar. Erst auf dieser Grundlage kann irgendwann eine Wandlung entstehen – die Versöhnung mit dem Leiden oder auch eine Heilung. Mein „Weg zur Mitte" ist, mit Blick auf die Wandlung, eine Methode, die stützt, strukturiert, die Energie zentriert, ihre Bahnen öffnet und ihr eine bestimmte Richtung gibt; aus diesem Prozeß heraus ergibt sich schließlich eine höhere Sinnebene, eine Wandlung, eine neue Perspektive.

Wandlung wird möglich dadurch, daß ich mich mit mir, meinem Leib, meinen Körpergefühlen auseinandersetze. Ich muß wahrnehmen, was im Körper abläuft, ob ich darin einen Sinn erkennen kann, ob es mir diffus erscheint, ob ich dem Geschehen ratlos oder resigniert gegenüberstehe. Ich setze mich auch mit dem Sinn des Wahrgenommenen auseinander; der Sinngehalt selbst kann sich dabei wandeln, neue Symboliken können während des Prozesses auftreten: Im Laufe des Rituals der Auseinandersetzung kann sich ein neuer Sinn zeigen.

In dieser Auseinandersetzung bin ich nie allein, ich habe Helfer, meine Energien. Und diese Energien wiederum sind verbunden mit den natürlichen Zyklen, von denen ich zuvor getrennt war. Die „Natur" gibt mir ihrerseits Informationen, die meinen „Sinn" anreichern und mit ihm rückgekoppelt sind. So schließt sich der Kreis.

Wenn ich in die Natur eintrete, darf ich ihre Wandlungen „natürlicher", deutlicher, vielleicht auch bewußter erleben, den Wechsel von Tag und Nacht, den Wechsel der Jahreszeiten, des Wetters. Diese Phänomene bekommen dann einen Sinn für mein Leben, denn ich bin Teil von ihnen. So nehme ich schließlich wahr, daß ich dauernd in Wandlung begriffen bin, wie sie mir „Natur" vorlebt, konkret oder symbolisch. „Natur" ist dann meine Meisterin, wenn ich fähig werde, mich in die Prozesse der Wandlung hineinzubegeben, mich ihnen zu überlassen.

Nun sind wir stets versucht – und dies gilt etwa auch für Beziehungen –, gewisse Positionen einzunehmen und um unseren Standort zu kämpfen, wir wagen es selten, uns der Wandlung zu überlassen (oder einer Beziehung, in der unsere fixen Ideen in Frage gestellt würden). Das Bedürfnis nach einem „Standpunkt", die Starre, unsere zu mentalen und emotionalen Fixierungen neigende Struktur ist nicht allein von der Erziehung geformt und geprägt, sie ist schlicht natürlich: Es ist ja schwer auszuhalten, ständig im Fluß der Energien zu treiben. Daß wir Gewohnheiten oder Laster nur schwer „aufgeben" können, hat auch etwas mit Angst zu tun: Was bliebe uns denn, wenn wir die Fixpunkte fahren ließen? Ähnliches gilt auch für Krankheiten, auch sie geben uns vielleicht Halt: Die starre Schulter ist dafür nur ein besonders sprechendes Beispiel.

Zur Wandlung gehört daher, conditio sine qua non, die Wahrnehmung solch rigider Strukturen, nicht im moralisierenden Sinne – „Fixierungen sind schlecht" –, sondern gleichsam aus Neugier, es darf einen wundernehmen, ob eine Änderung eintritt, wir gestatten uns die Faszination, die das mögliche Neue, die Wandlung auf uns ausüben kann. Da liegt auch der Punkt, wo „Heilung" möglich wird.

Die letzte Konsequenz einer Wandlung ist nie von meinem Willen und der therapeutischen Technik abhängig. Damit eine Wandlung sich vollziehen und neuer Sinn sich einstellen kann, braucht es die Hilfe des „Himmels" und der „Erde". Das heißt nichts anderes, als daß es letztlich nicht in meiner Macht als Therapeut liegt, bei irgend jemandem eine Heilung oder Wandlung zu bewirken. Dies geschieht immer bei den Patienten selbst, und es kann der Prozeß nur auf einer übergeordneten Sinnebene stattfinden.

Wir westlichen Menschen sind aber, noch immer geprägt durch das Christentum, an ein mächtiges Gefühl von Schuld, von Pflicht gebunden, wir wissen nicht um unsere Verantwortung für uns selbst. Auch werden wir alles versuchen, jedes Leiden nach seinen „Ursachen" zu erforschen, auf seine kausale Wirkkette zurückzuverfolgen: Woher ist es gekommen, was hat dazu geführt? Ist es vielleicht gar vererbt?

Wir sind meist nicht in der Lage, die Krankheit einfach zu *haben* und uns mit ihr auseinanderzusetzen oder gar anzufreunden, ihren Sinn zu betrachten. Unser Denkzwang stellt daher eine Behinderung des Wandlungsprozesses dar, er setzt uns außerstande, das Gegenwärtige *anzuschauen,* auf den Körper zu *hören.* Alles wird gedacht und nichts wird „gespürt". Wenn der Therapeut diese Schwierigkeit überwinden will, muß er mit finalen Elementen arbeiten, er muß dem Patienten *ermöglichen,* etwas Angenehmes zu spüren. Er muß mit Bildern von Ganzheit arbeiten, mit „Lösungen", muß „Mitte" spüren lassen und die Patienten auffordern, ihre Empfindung von „Mitte" zu formulieren. Der Therapeut kann auch darauf aufmerksam machen, wenn der Patient etwas positiv erlebt.

2.2 Übergang

Das wesentliche Moment einer Wandlung ist der Übergang. Nur wenn er bewußt wahrgenommen wird, wird Wandlung wirklich vollzogen, ja, in der Wahrnehmung und der dabei entstehenden Bewußtheit besteht Wandlung eigentlich schon. Wenn am Morgen eine freundliche Zeitungsverkäuferin meine Stimmung verändert, muß ich dies noch registrieren und annehmen – dann erst ist die Veränderung der Stimmungslage realisiert.

Mit meinen Patienten trainiere ich stets und von Anfang an zwei Formen, Übergang bewußt zu vollziehen: In der Muskulatur übe ich den Übergang von Spannung zur Entspannung, bei der Atmung jenen vom Ein- zum Ausatmen – oder umgekehrt.

Der Übergang von Spannung zu Entspannung entspricht dem folgenden Wechsel: Ich lebe, ich bin da und spüre mich; dann lasse ich los und verschwinde. Zwischen Leben und Tod gibt es einen Übergang, der Mitte ist, einen Zustand, der sich noch in der Schwebe befindet, noch unentschieden ist. Es ist ein Zustand der Ruhe, in dem jedoch die potentielle Energie am größten ist, es ist auch ein Zustand der Aufmerksamkeit. Im Jahreszeitenzyklus entspricht ihm der Winter, wenn das Samenkorn noch im Boden ruht, bereit, im Frühjahr zu keimen. Die Energie schlummert, sie *zeigt* sich noch nicht.

Die Beobachtung des Übergangs setzt ein sehr feines Wahrnehmungsvermögen voraus. Besonders geeignet ist als Einstieg die Schulung von Muskel-Spannung und -Entspannung, die vergleichsweise leicht wahrgenommen werden kann.

Aufgabe des Therapeuten ist zu Beginn, den Patienten auf den Übergang *aufmerksam* zu machen: Spüren Sie die Spannung? Spüren Sie den Wechsel in die Entspannung? Später gilt es, auch andere Übergänge wahrzunehmen, etwa in bezug auf den Schmerz: Wie ist er jetzt? Wie war er in der Nacht? Wie ist es, wenn Sie mit Übungen an den Schmerz herangehen, wenn Sie versuchen, den Schmerz zu „zerstreuen"?

Trainiert wird auch die Wahrnehmung von Übergängen bei der Bewegung: Wie fühlt sie sich an? Ist sie freier, blockierter? Haben Sie im Laufe der Bewegung Veränderung gespürt? All dies sind Momente, in denen die Energieänderungen wahrzunehmen sind.

Der Patient soll selbst die Übergänge benennen lernen, allmählich auch ohne die Hilfe des Therapeuten. Er wird sich vielleicht zunächst sträuben, fast alle meine Patienten behaupten am Anfang: Jetzt spüre ich nichts, keine Veränderung, ich spüre keine Schmerzen. Nach und nach wird es ihm aber gelingen, Unterschiede zwischen vorher und nachher wahrzunehmen und auch zu formulieren. Ich muß allerdings darauf achten, daß der

Patient nicht gleichsam unter Zwang formuliert, um dem Therapeuten zu gefallen.

Erst wenn dies geglückt ist, folgt der nächste Schritt. Bei wichtigen Übergängen – bei einem bettlägerigen Patienten etwa, der wieder aufstehen und herumgehen kann, oder wenn einem Patienten nach einem Bruch der Gips entfernt wird, oder wenn eine zuvor steife Schulter sich wieder bewegen läßt – wird der Therapeut zusammen mit dem Patienten ein gemeinsames Ritual finden, das den Übergang weiter festigt. Solche Rituale sollen stets einen konkreten Bezug zur Krankheit haben. Es kann sich beispielsweise um Übungen handeln, denn Übungen zielen nicht nur auf die Zunahme von Kraft, Beweglichkeit und Koordination, sie stellen auch ein Ritual dar. Sie sind ein Symbol dafür, daß ein Übergang wahrgenommen wurde, daß eine Wandlung stattgefunden hat. Ein Ritual muß mit Gefühlen verbunden sein, auf der Seite des Therapeuten wie auf der des Patienten: Beide gemeinsam schaffen sie etwas. Schließlich soll das Ritual auch einen Bezug zur mentalen Struktur aufweisen, auch sie soll in dem Ritual modifiziert werden können.

3 Chronischer Schmerz und emotionale Grundmuster

3.1 Akuter und chronischer Schmerz: Begriffe

Körperlicher Schmerz ist eine angemessene Reaktion des gesunden Nervensystems auf einen das Gewebe gefährdenden Reiz. Es handelt sich um einen Schutzreflex des Organismus.

Wir kennen nun aber verschiedene Typen von Schmerzen, in der Hauptsache unterscheiden wir den *akuten* vom chronischen Schmerz. *Akuter* Schmerz ist im Labor simulierbar und kann wie folgt umschrieben werden: Schneller oder langsamer Schmerz, viszeraler (Eingeweideschmerz) oder skelettaler Schmerz (Schmerz des Bewegungsapparates), ausstrahlender oder projizierter Schmerz usw.

Chronischer Schmerz entwickelt sich über mindestens sechs Monate hinweg. Weitere charakteristische Eigenschaften des chronischen Schmerzes (CS), wie sie sich aus zahlreichen Untersuchungen herauskristallieren lassen:

• Bei CS ist keine angemessene Heilung zu erwarten.

• Die Behinderung ist bei CS oft größer, als der physische Befund erwarten läßt.

• Die Patienten erzählen ihre Krankengeschichte frei und ausführlich, meist als Geschichte mißlungener Heilungsversuche.

• Medikamente sind bei CS wirkungslos: Die Patienten sind oft depressiv und wegen Übermedikation weniger „funktionsfähig". In der Regel haben sie bereits viele Medikamente ausprobiert, sind oft sogar medikamenten*süchtig*. Sie nehmen die Medikamente, obwohl diese „nicht viel helfen", um den Schmerzen die Spitze zu nehmen.

• Das Schmerzproblem wird meist als Notfall geschildert, die Schmerzen werden als „nicht auszuhalten" beschrieben. Die meisten Patienten bekräftigen denn auch, sie würden alles unternehmen, um schmerzfrei zu werden. Sie glauben, daß nur die „wirkliche" Schmerzursache noch nicht gefunden wurde.

• Die Patienten verneinen, daß sie unter anderen Problemen leiden. Sie denken, ihre Depressionen, Beziehungsschwierigkeiten und so weiter seien nur eine Folge der Schmerzen und würden verschwinden, sobald sie selbst wieder schmerzfrei wären.

Bevor man einen Patienten zum „chronischen Schmerzpatienten" (CSP) erklärt, sollte man in jedem Fall das ganze diagnostische Instrumentarium von Schul- und Komplementärmedizin ausschöpfen; es besteht sonst die Gefahr, medizinische Probleme zu übersehen, die mit dem chronischen Schmerz nichts zu tun haben. Teilweise können die Schmerzen eines CSP zum Beispiel auf die Suchtmittelentwöhnung zurückgeführt werden, weil dabei die Schmerzempfindlichkeit zunimmt und die Schmerztoleranz sinkt.

In der *Energetischen* Therapie dient uns der chronische Schmerz zunächst als Durchgangspforte zur Essenz der Lebensenergie. Letztere können wir ja niemals erkennen. Was wir hingegen erkennen können, sind die Anzeichen einer Energie*blockierung* – zum Beispiel eben den chronischen Schmerz, der nach Auffassung der Traditionellen Chinesischen Medizin Ausdruck dafür ist, daß die Lebensenergie in einem Speicherorgan (Leber, Herz, Milz/Pankreas, Lunge oder Niere) blockiert ist. Wenn wir von „Organen" sprechen, meinen wir in unserem Zusammenhang nicht primär ihre (physiologischen) Funktionen, auch nicht ihren pathologischen Zustand, sondern ihre energetische Vernetzung mit dem Organismus, den Nachbarorganen (Organzyklus) und ihre Verbindungen zur „Außenwelt", zum Klima, dem Gesellschaftlichen, dem Beruf, den Beziehungen – die Organe (oder Funktionskreise) der TCM also, von denen jedes eine Form von Energie speichert, die sich im Einklang mit der Natur befinden sollte.

3.2 Aspekte des chronischen Schmerzes

Chronische Erkrankung bedeutet den dauernden Verlust bestimmter Funktionen, sie behindert den Erkrankten auch in seinem sozialen und beruflichen Leben. Der chronisch Kranke wird in seiner ganzen Existenz beeinträchtigt, *seelisch und körperlich zugleich*, egal, ob die Ätiologie seines Leidens „psychisch" oder „somatisch" ist. Der nicht nachlassende Schmerz, das Gefühl, ihm hilflos ausgeliefert zu sein, von ihm überwältigt zu werden, löst nachhaltige Existenzangst oder Panik aus. Der Zürcher Rheumatologe Arnold Weintraub spricht in diesem Zusammenhang von „Objektverlusterlebnis". Die damit verbundene Schmälerung des Selbstwertgefühls schädigt den Kranken weiter, sie führt zu neuen Ängsten, die Symptome verschlimmern sich, die Patienten neigen zu hypochondrischer Beschäftigung mit sich selbst, was manche ihrer psychischen Energien absorbiert, etwa auf Kosten ihrer Beziehung zu anderen Menschen. In einer weiteren Phase entwikkeln sich Aggressionen oder Wut – Gefühle, die aber oft zurückgehalten und unterdrückt werden, weil die Patienten sich die Zuneigung der Bezugspersonen nicht verscherzen wollen, von denen sie vielleicht abhängen. Also müssen aggressive Gefühle abgewehrt werden und die Aggressionsabwehr führt wiederum zu einer „sekundären Depression", zu Gefühlen tiefer Resignation. Es ist ein Teufelskreis, denn ein Prozeß der Wandlung – im Sinne von Versöhnung oder vielleicht von Heilung – kann nur dann in Gang kommen, wenn der Patient sich seinen Gefühlen, auch Wut und Aggression, annähern, mit ihnen „arbeiten" kann.

Beobachtungen bei Neugeborenen und Experimente mit Tieren lassen darauf schließen, daß bei Menschen und anderen Säugern das sensorische Schmerzsystem schon zum Zeitpunkt der Geburt weit entwickelt ist, und nach Stanislav Grof lassen sich *Erinnerungen* an Schmerzen tatsächlich bis in die perinatalen Lebensabschnitte zurückverfolgen. Die existentielle Panik des CSP stammt also vielleicht auch aus Erinnerungen an sehr frühe Schmerzerfahrungen. Stets aber wird sie vom Blick in die Zukunft gespeist: Werde ich invalid? Ende ich im Rollstuhl? Muß ich ins Pflegeheim? Werde ich an Krebs qualvoll sterben? Der Erwachsene bewertet den Dauerschmerz vor allem im Hinblick auf (künftige) Lebensqualität, soziale Beziehungen und Lebenserwartung.

Bei Kindern scheinen solche Überlegungen zu fehlen, offenbar, weil ihnen die Einsicht in die Bedeutung der Krankheit und der Dauerschmerzen für ihr künftiges Leben noch abgeht. Ähnlich ist es in der Tierwelt: Akute Schmerzreize beantworten Tiere mit heftigen Abwehr-, Flucht- und Angstreaktionen, während sie bei Krankheiten, bei denen wir einen Dauerschmerz annehmen können, meistens keine auffälligen, deutlich schmerzbezogenen Verhaltensänderungen zeigen.

Dem Dauerschmerz ist ja in der Tat weder durch Angriff noch durch Flucht zu entrinnen. In dieser Paniksituation scheint dem Leidenden am Ende nur der „Totstellreflex" zu bleiben. Dieses Sich-tot-stellen drückt sich zunächst körperlich aus, in einem Starrwerden, durch eine hypertone Muskulatur – (siehe Abbildung „Circulus vitosus des Schmerzes", Seite 168) – und durch die Ausgliederung oder Abspaltung der schmerzenden Körperabschnitte aus dem Bewußtsein. Auf diese Weise gelingt es dem Patienten, seine Panik zu verdrängen und er wird darauf achten, daß sie nicht mehr aufsteigen kann.

Die Gefahr ist groß, daß ein chronisch Kranker aus seiner resignativen Grundstimmung nicht mehr herausfindet. Dabei mag der Krankheitsgewinn eine Rolle spielen, die Tatsache, daß aus dem Kranksein neue Beziehungsmöglichkeiten oder verbesserte Existenzgrundlagen erwachsen können. Bedeutsamer scheint mir aber die Tatsache, daß auch die mentalen Grundmuster des chronisch Kranken sich gleichsam verfestigen, starr werden: „Nie habe ich bekommen, was ich brauche", „immer bin ich zu kurz gekommen". Solche Muster können nur gewandelt werden, wenn man sie durchbricht, wenn also der Kranke einmal ein positives Gefühl verspürt. Meine „Segmentale Entspannungstechnik" etwa will den Kranken unter anderem spüren lassen, daß sein Körper nicht nur Quell des Leidens ist, sondern immer noch Quell der Freude sein kann (siehe Seite 131).

3.3 Der chronische Schmerz in der Energetischen Therapie

Bei akuten Schmerzen kann konventionelle Physiotherapie zusammen mit energetischer Therapie dazu beitragen, die Schmerzen zu lindern und damit einer Chronifizierung vorzubeugen, da der Schmerz nicht „abgespalten", „ausgegliedert" werden muß. Uns interessiert hier aber in erster Linie das Schmerzmanagement, das die Energetische Therapie dem *chronischen* Schmerzpatienten anzubieten hat.

Seit vielen Jahren beschäftigt mich im Zusammenhang mit dem chronischen Schmerz vor allem sein Entwicklungsprozeß. Ich konnte nun feststellen, daß dieser Prozeß drei Phasen durchläuft:

1. Alarmreaktion (Schock und Gegenschock)
2. Abwehr- oder Kompensationsphase
3. Erschöpfungs- oder Dekompensationsphase

In der *Abwehr- oder Kompensationsphase* ist die Vitalität der Patienten im allgemeinen noch recht wach. Typisch sind Gefühle wie Wut, Zorn oder Ärger: „Die Ärzte, die Therapeuten verstehen mich nicht." – „Ich werde als Simulant hingestellt." – „Die sollten einmal meinen Schmerz ertragen müssen, dann würden sie sehen, wie ich leide" – so sehen charakteristische Gedanken und Aussagen von Dauerschmerzpatienten in dieser Phase aus. Oft haben sie auch Träume oder (Wunsch-)Gedanken mit aggressivem Inhalt. Sie verfluchen, nicht immer zu Unrecht, die Krankenkassen, die Versicherungen oder den Arbeitgeber. Dabei bleiben sie nicht passiv, sondern handeln auch, wechseln zum Beispiel dauernd den Arzt oder den Therapeuten: Eine neuere Untersuchung von L. Gildenberg und Richard A. DeVaul an 362 Patienten mit chronischen Schmerzen ergab, daß viele von ihnen schon bis zu sechs Ärzten aufgesucht hatten. – Die intensivste Handlung der Patienten besteht aber darin, über den Schmerz zu reden – zu klagen und noch einmal zu klagen.

In der *Erschöpfungs- oder Dekompensationsphase* hingegen „läuft" nichts mehr oder nur noch wenig. Die seelische und körperliche Struktur ist verhärtet, erstarrt („struktiv"), das System ist stabil. Die (reduzierten) Selbstheilungstendenzen des Organismus versuchen immerhin dann und wann, das System zu labilisieren, die Schmerzen nehmen in solchen Perioden zu, es kommt zu Fieberschüben, Wutausbrüchen u.a.

Bei etlichen Patienten, die schon in die dritte Phase eingetreten sind, deren Leiden also „struktiv" geworden ist, kann ein Versuch, sie in die zweite, aktive Phase zurückzuholen, sie zu revitalisieren, unter Umständen erfolgreich verlaufen. Gelingt dies hingegen nicht mehr, so soll der Therapeut neben der normalen therapeutischen Arbeit mit dem Patienten auch Trauerarbeit leisten und ihn begleiten. Mehr *therapeutischen* Erfolg verspricht allerdings die Abwehr- oder Kompensationsphase und der Moment des Hinüberkippens in die Erschöpfungsphase.

Viele Patienten mit chronischen Schmerzen befinden sich zu Beginn einer Behandlung in einem Zustand endokriner Insuffizienz. Bei solchen Patienten ist es besonders wichtig, nicht gleich mit gezielten Therapieübungen einzusetzen, sondern ihnen in ihrer Erschöpfung zunächst einmal einen Raum anzubieten, wo sie sich „gehen lassen" können – einen *Raum der „Regression"*.

Der nächste Schritt wird die Segmentale Entspannungstechnik sein. Mit ihrer Hilfe wird der Muskelpanzer gelockert und die Atmung vertieft. Dabei schaffen wir die Voraussetzungen dafür, daß wir mit dem Schmerz selbst arbeiten können. Mittels kleiner Schritte – Spannung der Muskeln, Entspannung usw. – versuche ich den Patienten soweit zu führen, daß sich bei ihm allmählich wieder ein gewisses Fließen einstellt. Ist jemand soweit, steigen in ihm auch Gefühle wie Wut oder Trauer hoch. Mit der beschriebenen Atemtechnik begibt er sich nun in diese Gefühle hinein und versucht, nach und nach ihre positiven Energien für sich zurückzugewinnen und sie anschließend zu verfeinern. Wut wird verfeinert, ebenso Angst oder Trauer. Die *emotionalen Grundmuster* dürfen bei diesem Vorgang allerdings nicht vernachlässigt werden.

Wichtig ist auch eine gute Beziehung zwischen Patient und Therapeut; wenn zwischen ihnen kein Vertrauensverhältnis besteht, kann das ganze Unterfangen nicht gelingen. Nicht zuletzt muß der Therapeut gelernt haben, das eigene therapeutische Verhalten wahrzunehmen und auch darüber nachzudenken. „Die Dinge, die weh tun, lehren uns etwas", hat Benjamin Franklin einmal gesagt, und ein Dauerschmerzpatient tut jedem Therapeuten weh. Ein solcher Patient ist für uns ein Lehrmeister, er lehrt uns, zu lauschen, anzunehmen, Verantwortung zu übernehmen.

3.4 Chronischer Schmerz als Helfer

Auch beim chronischen Schmerzpatienten gibt es Schmerzstellen, die über längere Zeit am selben Ort verharren. Mit diesem lokalisierbaren Schmerz wird nun in der Therapie gearbeitet. Die folgenden Anweisungen sollten im übrigen nicht isoliert ausgeführt, sondern in eine Massage- (z.B. Akupressur) oder Weichteiltechnik (z.B. Behandlung der Triggerpunkte) eingebettet werden.

Die Arbeit mit dem Schmerz geschieht in vier Schritten:

1. Der Patient selbst wählt eine Schmerzstelle aus bzw. den Schmerz, den er vermindern will. Er lokalisiert und beschreibt den Schmerz.

2. Der Patient atmet ein und geht gedanklich zum Schmerz hin (Kontaktaufnahme). Gleichzeitig drückt der Therapeut leicht auf die ausgewählte Schmerzstelle.

3. Der Patient atmet gut aus und stellt sich dabei vor, daß er den Schmerz mit dem Ausatmen zerstreuen kann. Der Therapeut drückt gleichzeitig etwas fester auf die ausgewählte Schmerzstelle.

4. Der Patient erholt sich von der Arbeit: Wir geben ihm Zeit. Die Atmung kann sich beruhigen. Dann stellt der Therapeut Fragen: Konnten Sie zum Schmerz hingehen? Hat sich der Schmerz verändert? Wenn ja, in welcher Weise? Wie fühlen Sie sich insgesamt?

Am Ende jeder Sitzung werden wir den Patienten fragen, ob er eine weitere Schmerzstelle auf dieselbe Weise behandeln will. – So wird der Weg geebnet, damit wir später direkt mit den Emotionen arbeiten können.

3.5 Emotionen

Unter „Emotion" verstehe ich eine starke, lang andauernde Gemütsbewegung, die das ganze Verhalten eines Menschen prägen kann und die Tendenz zeigt, sich tief in das körperliche System einzugraben und die Körperlichkeit nachhaltig zu verändern. Gemeint sind also nicht die flüchtigen Gefühle oder Empfindungen, die kommen und gehen, zum Beispiel: „Es ist kühl in diesem Raum" oder „Keine Lust zu arbeiten heute", sondern die „emotionalen Grundmuster" eines Menschen, Grundstimmungen, die in bestimmten Situationen aufkommen, immer und immer wieder – gerade auch bei der „Arbeit mit dem Schmerz". Solch existentielle Stimmungsmuster eines Menschen sind sehr zäh und widerspenstig, bei den Erwachsenen, mit denen wir zu tun haben, meist auch schon sehr alt.

In der Energetischen Therapie geht es nun nicht darum, diese Emotionen zu analysieren oder zu deuten, ihren „Grund" herauszufinden, sondern es wird versucht, sie wieder in das zyklische System zu integrieren, durch die Therapie gemäß den Fünf Wandlungsphasen in der Akupunktur oder durch direkte „Arbeit mit der Emotion". Technisch betrachtet, geschieht letztere analog zur Arbeit mit dem Schmerz, auf der sie aufbaut.

Eine Emotion läßt sich zwar im Körper nicht so einfach lokalisieren wie ein Schmerz, nach einigen Therapiesitzungen wird aber doch meist deutlich, daß diese oder jene Körperstelle Verbindung zu der belastenden Emotion hat. In einem nächsten Schritt gilt es nun, die Emotion anzunehmen, mit ihr Kontakt zu halten. Wie beim Schmerz wird mit dem Atem und der Vorstellungskraft versucht, Kontakt mit der Körperstelle aufzunehmen, die mit der Emotion verbunden ist.

Die Schwierigkeit dieser Arbeit besteht darin, daß niemand gern nahe an „kritische Stellen" herangeht, zumal in unserem Kulturkreis, wo „störende" Empfindungen wie Angst, Trauer, Wut usw. möglichst rasch ausgeschaltet werden. Die Hauptaufgabe des Therapeuten besteht darin, die „kritischen Stellen" zusammen mit dem Patienten im Körper zu lokalisieren und zu benennen und den Patienten in seiner Arbeit zu begleiten. Allmählich werden so die Emotionen ihren dämonischen Charakter, der in der Tiefe des Seins sein Unwesen treibt, verlieren. Sie werden statt dessen an den Körper fixiert und mit dem sanften Atemwind bewegt. Bewegte Emotionen sind aber eher bereit, sich zu verflüchtigen, als starre, blockierte Emotionen.

In erster Linie aber geht es darum, sich selbst wahrzunehmen. Aufmerksames Wahrnehmen erlaubt überhaupt erst, den Kontakt zu den Emotionen zu halten und die „Verhärtungen" tiefsitzender Emotionen im Körper zu spüren. Wenn man die verspannten Körperstellen einmal kennt, wenn man sie erspürt und lokalisiert hat, dann kann die Atmung zu ihrer Lockerung gezielt eingesetzt werden. Nebst der Lockerung und Zerstreuung liefert die Atmung auch die nötige Energie für den ganzen Vorgang, insbesondere für das Aushalten einer bedrängenden Emotion.

•

Bei der Arbeit mit Emotionen, deren Wurzeln im Körper stecken (oder steckengeblieben sind), versuchen wir, mittels „Integrationsarbeit" Gegensätze zu versöhnen. „Die Gegensätze", schreibt C. G. Jung, „werden zu einem Gefäß, in welchem jenes Wesen, das zuvor bald das eine, bald das andere war, vibrierend schwebt, wodurch das peinlich Suspendiertsein zwischen Gegensätzen sich allmählich in eine bilaterale Tätigkeit des Mittelpunktes verwandelt." Auf dem „Weg zur Mitte" versuchen wir also, Gegensätze wie aktiv-passiv, mächtig-ohnmächtig, Vagotoniker-Sympathikotoniker miteinander zu versöhnen *und* zu integrieren.

Die Konstitutionslage, um ein Beispiel herauszugreifen, läßt sich mit „technischen" Mitteln allein nicht ändern, eine solche Vorstellung führt in die Irre. Im Prozeß der Körperarbeit taucht zunächst die Erkenntnis „So bin ich" auf. Der Inhalt dieses „So-Seins" besteht am Anfang mehr aus körperlichen, emotionalen und Verhaltens-Determinanten. In intensiver Körperarbeit kann nun das Gefühl wachsen, daß „es gut ist, wie ich bin". Dies kann durchaus auch beim chronischen Schmerzpatienten geschehen. – Das So-Sein muß sich mir und anderen dann nicht länger durch Störungen in Erinnerung rufen.

In der Versöhnung mit dem So-Sein liegt aber auch die Möglichkeit des Sich-ändern-Könnens, des Anders-Seins begründet. Wir müssen nicht mehr unterscheiden, wir können es fließen lassen. Das Gefühl „so, wie es ist, ist es gut" entsteht, das Gefühl des Seins kann zum Wohlsein werden.

Und solches Wohlsein ist nach meiner Auffassung der entscheidende Schritt auf dem „Weg zur Mitte". Es ist an das Reale des Körpers gebunden. Nur im Körper, im Tempel des eigenen Leibes, kann das Spiel des Lebens gespielt werden.

Das Wohlsein ist freilich nur im Kontrast zum Unwohlsein spürbar: Die Verbindung, der Fluß zwischen Himmel und Erde ist nur momentan und relativ und die Gegensätze tauchen in steten Rhythmen aufs neue auf. Die Analogie zum Wechsel der Tages- oder Jahreszeiten erlaubt zu erkennen, was im Augenblick aktuell ist, welche Dualitäten aufbrechen, wo wieder Integration und Versöhnung notwendig wird. Denn die Wandlungsphasen der Traditionellen Chinesischen Medizin, mit denen ja die Emotionen, wie erläutert, zusammenhängen, kennen selbst für alle Jahreszeiten eine Gegensatzpaar, sie werden als Zustände der Energiefülle oder -leere bezeichnet.

Die Emotionen, seien sie nun in Fülle oder in Leere, sind immer an das äußere Milieu oder das biologische Substrat gebunden. Im lebenden Organismus können wir ihre Wirkung etwa an der Physiognomie, am Gesichtsausdruck, an der Körperhaltung, am Muskeltonus, am Atemrhythmus, am Puls oder mittels Hautmessungen erkennen. Auch die Versöhnung der Gegensätze bzw. die „Ganzheit" ist an den körperlichen Reaktionen zu erkennen. Deshalb hält sich die energetische Therapie an diese Parameter.

Um noch einmal deutlich zu machen, worum es geht: Arbeit mit den Emotionen bedeutet nicht, negative Emotionen durch positive zu ersetzen. Auch am Wohlsein wollen wir nicht anhaften, wie es auch nicht unser Wunsch sein kann, daß ständig die Sonne scheinen solle oder immer Sommer wäre. Gegensätze werden im Fließen der Zyklen aufgelöst, wenn wir nicht in einer Phase steckenbleiben. Eine Emotion wird durch den Atem nicht einfach „zerstreut", entscheidend ist, daß sie fortan abgelöst werden kann durch eine andere Emotion.

„Wenn auf Erden alle das Schöne als schön erkennen / so ist dadurch schon das Häßliche gesetzt. / Wenn auf Erden alle das Gute als gut erkennen, / so ist dadurch schon das Nichtgute gesetzt. / Denn Sein und Nichtsein erzeugen einander. / Schwer und Leicht vollenden einander. / Lang und Kurz gestalten einander. / Hoch und Tief verkehren einander. / Stimme und Ton sich vermählen einander. / Vorher und Nachher folgen einander.

Also auch der Berufene: / Er verweilt im Wirken ohne Handeln. / Er übt Belehrung ohne Reden. / Alle Wesen treten hervor, / und er verweigert sich ihnen nicht. / Er erzeugt und besitzt nicht. / Er wirkt und behält nicht. / Ist das Werk vollbracht, / so verharrt er nicht dabei. / Und eben weil er nicht verharrt, / bleibt er nicht verlassen.

Laotse

3.6 Ordnung durch Benennen

Die Arbeit mit dem Schmerz und mit Emotionen setzt „Ordnung" voraus. Das Festhalten und Identifizieren jedes Phänomens wird durch seine sprachliche Fassung, durch die Benennung und vor allem die Lokalisation geleistet. Dies sind alles eigentlich magische Handlungen. Sie haben hohen therapeutischen Wert.

Das Benennen wird zuerst am eigenen Leib für sich geübt. Gedanken tauchen auf und sind da, Schmerz zeigt sich, Ärger macht sich breit, Unkonzentriertheit, Müdigkeit tritt auf: So sehen die Beobachtungen anfänglich aus, so kann das „Halbdunkel" des eigenen Bewußtseins einmal etwas besser ausgeleuchtet werden. Man hüte sich aber, mit allen diesen gedanklichen und gefühlsmäßigen „Dämonen" zu streiten. Deshalb: keine Bewertung, nur eine exakte Benennung. Dann verschwinden die Dämonen manchmal wie von selbst.

Wie man mit den Schwierigkeiten dieser Arbeit umgeht, sagt uns der Kommentar zum „I Ging": „... daß in dem Chaos der Anfangsschwierigkeit die Ordnung schon angelegt ist. So muß der Edle in solchen Anfangszeiten die unübersichtliche Fülle gliedern und ordnen, wie man Seidenfäden aus einem Knäuel auseinanderliest und sie zu Strängen verbindet (...). Wenn man zu Anfang einer Unternehmung auf eine Hemmung stößt, so darf man den Fortschritt nicht erzwingen wollen, sondern muß vorsichtig innehalten. Aber man darf sich nicht irre machen lassen, sondern muß dauernd und beharrlich sein Ziel im Auge behalten."

Wenn man solches Kommunikations-Training eine Zeitlang im stillen geübt hat, kann man das Übungsfeld auf den Alltag – auch auf den therapeutischen Alltag – ausdehnen. Die erste Phase: In Kontakt mit sich bleiben (Bauchatmung). Nützlich ist hier, mit einem Trainingspartner zu arbeiten.

4 Entfremdung und „Mitte"

4.1 Begriff der Entfremdung

Mit „Entfremdung" bezeichne ich zunächst die Trennung des Menschen vom Ganzen der „Natur", vom „Kosmos", eine Trennung, die aus dem *Bewußtsein* unserer Individualität und unserer Vergänglichkeit erwächst; es ist die biblische Ursünde, die zur Vertreibung aus dem Paradies geführt hat – was im Grunde nichts anderes bedeutet, als abgespalten zu sein von dem Einen. Die Ur-Sünde hat nichts mit einem individuellen Verstoß oder Vergehen zu tun, sie meint das spezifisch Menschliche, sie ist eine anthropologische Gegebenheit: die ausweglose, trostlose Erkenntnis, daß wir endlich sind, nicht ewig gesund, daß wir erst im Tode die Wiedervereinigung mit der Natur erlangen, sie dann aber nicht mehr bewußt erfahren.

Diese Einsicht stellt eine schwere „narzißtische Kränkung" dar (Gottschalch). Wir wehren sie daher ab, halten sie von uns fern, versuchen sie krampfhaft zu verdrängen. Und wir setzen zugleich viel daran, unsere Hinfälligkeit zu kompensieren. Zahllos sind die Zeugnisse solcher Versuche *sozialer* oder *kultureller* Kompensation: Religiöse Prunkbauten, die ägyptischen Pyramiden, die griechischen Tempel, unsere Kathedralen (und die prächtigen Krankenhäuser, die mit den Bürotürmen und Bankhäusern die Kirchen als Wahrzeichen unserer Städte abgelöst haben), Flüge zum Mond, ausgeklügelte ideologische Systeme oder politische Strukturen – Versuche, der Endlichkeit ein Schnippchen zu schlagen und Verbindung zum Himmel, zur Ewigkeit zu schaffen. Atomschutzanlagen, die chinesische Mauer, Lebensversicherungen – nichts als Versuche, sich gegen die Gewißheit des Endes zu schützen und zu panzern.

Und wenn wir moderne Menschen des naturwissenschaftlichen Zeitalters uns ins Denken absetzen, unseren Körper nur noch als theoretisches Konstrukt, als Maschine, als Objekt der Wissenschaft gelten lassen, statt ihn als rhythmisch pulsierenden, sich wandelnden Organismus zu *erleben,* so werte ich auch dies als einen Versuch, unsere Sterblichkeit zu verdrängen.

Am liebsten würden wir uns diesen Körper, der ein so kümmerlich Ding ist, „vom Leibe halten". Er wird krank, er wird alt, er stirbt zuletzt. Er fällt aus einem ordentlichen in einen unordentlichen Zustand, er zerfällt. Er verheißt keinerlei bleibende Substanz. Die geringsten Körpersensationen flößen uns deshalb Angst ein, Herzgeräusche können massive Ängste auslösen, aber auch ein schwaches Schlottern oder Zucken eines Muskels löst Befürchtungen aus: Da stimmt etwas nicht, etwas ist außer Kontrolle.

Das Geistige hingegen verspricht, zumindest scheinbar, Beständigkeit und Sicherheit. Gedanken kann man aufschreiben, festhalten, auf Informationsträgern abspeichern; und wenn ich sie formuliere, setze ich mich auch etwas vom Körper ab, scheine ihm nicht mehr so sehr ausgeliefert. Aber letztlich gibt es doch kein Entrinnen, wir können uns nicht von unserem Körper lösen; und der legt ständig Zeugnis ab von der Ausweglosigkeit unserer Fluchten. Jeder Schmerz, jede Krankheit erinnert uns daran, daß wir nicht unsterblich sind. Und unsere Angst davor und unsere Abwehr materialisiert sich tief in unserem Körper – in Form von muskulären Panzerungen.

4.2 Der aufrechte Gang

Schon vor ein paar Millionen Jahren lebten in Afrika aufrechtgehende Vorfahren des Menschen. Der Anthropologe Gerhard Hebener schreibt über die Entwicklung des aufrechten Gangs: „Affen (sind) primär Baumtiere. Sie haben im Laufe ihres Lebens in der

Geästwelt ihres Lebensraumes die Augen als die hier wesentlichsten Sinnesorgane vergrößert und nach vorn verlagert, bis der stereoskopische Effekt eintrat, also das räumliche Sehen möglich wurde. Als die äffischen Vorformen der Menschenahnen dann – aus welchen Gründen auch immer (...) – den Lebensraum wechselten und sich mehr und mehr auf dem Boden aufhielten, ergab sich die Notwendigkeit, den Anforderungen dieser Umwelt gerecht zu werden. Ihre Riechorgane hatten sich bei der Vergrößerung der Augen zurückgebildet, und sie vermochten nicht mehr erfolgreich zu ‚wittern'. Von Baumgruppe zu Baumgruppe mußten auf dem Boden kleinere oder größere Entfernungen überwunden werden. Am Boden aber war es gefährlicher als auf den Bäumen. Die Bodenvegetation verhinderte, eventuelle Feinde optisch auszumachen, die Nasen aber hatten als Witterungsorgane ihre entscheidende Bedeutung (...) eingebüßt. Um die kompensatorische Wirkung der Augen zu erreichen, waren diejenigen Erbträger auslesebevorteilt, die sich aufrichteten und zur Sicherung um sich blickten, sowie diejenigen, die dieses Umsichblikken gleichzeitig mit Fortbewegung verbanden, also zur nächsten Baumgruppe ‚rannten'. Sie verfügten in ihrem Ringen um die Existenz über die größere Chance."

Mit dem aufrechten Gang aber nahm die Entfremdung des Menschen von der Natur ihren Ausgang. Aufrecht gehen heißt Distanz schaffen, zeichenhaft und wirklich. Durch das wachsende Bewußtsein verlor der Mensch die Einheit, das Ganze; er begegnet nun der Natur als dem Anderen, Fremden, und dieses Verhältnis wird ihm zugleich zum Problem. Bald trennt seine Persönlichkeit selbst sich auf: Die Hand wird zum Werkzeug, der Körper wird zum Objekt der Beobachtung. Der Mensch ist – und immer mehr – mit sich selbst konfrontiert.

Im Laufe der Geschichte, der komplexen gesellschaftlichen Entwicklung, hat sich jene Ur-Entfremdung stetig diversifiziert und vertieft: Kennzeichen der modernen Industriegesellschaft sind ja eine hochgradig entwikkelte soziale Arbeitsteilung, harte Konkurrenz der Individuen und Gruppen, beschleunigte soziale Mobilität. All dies führt dazu, daß die Menschen entgegen den vorherrschenden Ideologien und sozialen Mythen in der Arbeitswelt nur noch ausnahmsweise Daseinserfüllung und Selbstwertbestätigung finden können. Menschen haben seit langem auch die Übersicht, die Kontrolle über ihre Lebenswelt verloren. Mehr oder weniger leiden wir alle schließlich an *psychischer* Entfremdung, die daraus resultiert, daß wir lernen müssen, unsere „Triebe" abzuwürgen und/oder nach innen zu lenken – auch buchstäblich, indem wir sie in autodestruktive Kräfte umwandeln und sie in der Muskulatur blockieren. Das ist der Preis, den wir für den „Prozeß der Zivilisation" bezahlen.

Es ist kein Zufall, daß ich als Therapeut nicht selten Patienten betreue, die eigentliche „Mordlust" verspüren, einen starken aggressiven Antrieb, den sie aber in *keiner* Form ausleben können; statt dessen richten sie ihn irgendwie gegen sich selbst, vielfach in Form von Krankheit oder Unfall. Für solche Menschen ist es schwierig, den „Weg zur Mitte" zu beschreiten, weil sie tatsächlich Angst haben müssen, sie könnten beim „Loslassen" anderen oder sich selbst Gewalt antun. Diese Angst verstärkt sich noch, wenn die strukturellen Blockierungen, die uns halten und vor dem Ausleben unserer Aggressionen schützen, aufgeweicht werden. Es braucht viel Mut, um den Tatsachen und den eigenen Phantasien, in die Augen zu sehen, unsere Mordlust, zum Beispiel, zu akzeptieren und mit ihr umzugehen.

4.3 Polarität, Tao und „Mitte"

Unsere Schwierigkeiten, mit den dunklen Seiten zurechtzukommen, haben auch damit zu tun, daß wir es von unseren westlichen, von den christlichen Moralvorstellungen und von der rational-binären Logik geprägten Denkmodellen her gewohnt sind, in ausschließenden Gegensätzen zu denken und in binären Rastern zu handeln. Die östlichen Systeme, der Taoismus etwa, bieten in dieser Hinsicht viel bessere Möglichkeiten, sich den Widersprüchen des Lebens zu stellen.

Ich habe schon wiederholt daraufhingewiesen, daß die Chinesen dem Universum und allem Seienden eine duale Struktur zuschrieben, deren Pole, Yin und Yang, von ihnen aber nicht als starre Größen verstanden wurden – der Gedanke des Paars steht bei ihnen nie gelöst von der Vorstellung der Verbindung, die das Ganze ausmacht.

In der Auffassung von *komplementären* Polen, zwischen denen Existenz sich bewegt und Energie fließt, Yin und Yang, ist das zu suchen, was ich als „Mitte" bezeichne. Laotse wird uns eine erste Annäherung gestatten. „Das Tao ist aller Dinge Heimat", lesen wir im „Tao-te-king". Alle Gegensätze werden im „Tao" (das hier auch mit „Sinn" oder eben „Mitte" übersetzt werden könnte) aufgehoben, indem sie in steter Wandlung sich gegenseitig ausgleichen. Die „Extreme" einer Polarität – Mann und Frau, hell und dunkel, krank und gesund – bilden eine bewegte Einheit, deren eine Seite aktiv ist, während die andere, komplementäre, zwar im Augenblick passiv, aber dennoch stets „da" ist.

So schlägt jede Bewegung notwendig in ihr Gegenteil um. „Der Mensch, wenn er ins Leben tritt, ist weich und schwach, und wenn er stirbt, so ist er hart und stark. Die Pflanzen, wenn sie ins Leben treten, sind weich und zart, und wenn sie sterben, sind sie dürr und starr. Darum sind die Harten und Starken Gesellen des Todes." Es ist die Stärke und die daraus erwachsende Starrheit, die den Tod herbeiführt. Aus dem Zitat wird einmal mehr der zyklische Aspekt des taoistischen Weltbildes deutlich, das dabei aber die Tatsache niemals beschönigen muß, daß dem einzelnen „nicht zu helfen" ist, daß Zyklen und „Mitte" im Sinne des Tao das Ganze meinen – für uns Einzelne bedeutet es, daß wir als Teil dieses Ganzen – und nur so – zuletzt bestehen, wahr bleiben – unabhängig davon, ob wir uns dessen bewußt sind oder nicht.

Wir können „Mitte" freilich auch erfahren, indem wir uns ins Gleichgewicht versetzen, indem wir Verbindung zu den Polen suchen, zu Schwäche und Stärke, weiblich und männlich. Voraussetzung ist, daß wir *beide* Zustände bewußt durchlebt haben. Solche „Mitte" ist Resultat eines Prozesses, sie ist nicht, wie das „Tao", „immer schon da", sie ist Ergebnis und Essenz der *Erfahrung* des Tao, die *Ankopplung* an das „Ganze".

Mit der Wirbelsäule weist die Natur selbst uns „Entfremdeten" die Richtung, in der wir „Mitte" suchen können, auf einer „höheren" Ebene, indem wir *Verbindung schaffen* zwischen oben und unten, zwischen „Himmel" und „Erde".

4.4 Weltachse und Wirbelsäule

Der Anthropologe Michael Harner hat einmal angemerkt, die besonderen Heilmethoden des Schamanismus zeichneten sich dadurch aus, daß der Schamane sich in einen veränderten Bewußtseinszustand versetze und sich auf eine „Reise" in die verborgenen Dimensionen des Universums begebe, in eine andere Realität; diese andere Wirklichkeit aber bestehe aus einer *Ober-* und einer *Unter*welt.

Wenn wir die schamanistischen Kosmologien betrachten, so fällt auf, daß die drei evolutionären Schritte, die das Leben nach der Ansicht der *Evolutionisten* gemacht hat – vom Wasser aufs Land, vom Land auf die Bäume, in den Himmel, und von dort wieder zurück auf die Erde –, in der Symbolik der Schamanen vollkommen enthalten sind: „Es gibt drei große kosmische Regionen, welche man der

Reihe nach durchmessen kann", schreibt Mircea Eliade in seinem Standardwerk über den Schamanismus. Die *Verbindung* der drei Ebenen – Himmel, Erde und Unterwelt – werde symbolisch durch die Weltsäule oder Weltachse geschaffen. Diese Weltachse erlebe auch in den Behausungen der Menschen gleichsam eine konkrete Wiederholung: Für die Eskimos sei zum Beispiel der Himmelspfeiler völlig identisch mit dem Pfosten in der Mitte ihres Hauses, und für die Altai-Tataren, die Buriäten und Sojoten sei der Zeltpflock gleich dem Himmelspfeiler. „Bei den Sojoten überragt er die Spitze der Jurte und ist oben mit blauen, weißen und gelben Lappen geschmückt, die die Farben der Himmelsgegenden darstellen. Dieser Pflock ist heilig; er wird fast als Gott angesehen." Obwohl das schamanische Erlebnis im eigentlichen Sinn dank der *kosmologischen* Vorstellung von den drei kommunizierenden Zonen zum *mystischen* Erlebnis habe werden können, schreibt Eliade weiter, gehöre die kosmologische Vorstellung selbst nicht ausschließlich der Idenwelt des sibirischen und zentralasiatischen oder eines beliebigen anderen Schamanismus an, es handle sich um einen *allgemein verbreiteten Gedanken,* der aus dem Glauben an die Möglichkeit einer direkten Verbindung mit dem Himmel (und der Unterwelt) erwachsen sei. Auf makrokosmischer Ebene werde die Verbindung durch eine Achse (Baum, Berg, Pfeiler usw.) verbildlicht, auf der mikrokosmischen durch den Mittelpfahl der Behausung oder das Loch oben im Zelt.

Im alten China war es den Herrschern vorbehalten, Himmel und Erde miteinander zu verbinden, darin bestand sogar ihre hauptsächliche Aufgabe und Legitimation. Marcel Granet erklärt: „Das Wort ‚König' (wang) wird mit einem aus drei horizontalen Strichen bestehenden Zeichen geschrieben, die nach Auskunft der Etymologen den Himmel, den Menschen und die Erde versinnbildlichen; diese drei Striche verbindet in der Mitte ein vertikaler Strich, denn die Rolle des Königs ist es zu verbinden." Aber auch gewöhnliche Sterbliche konnten die Verbindung zum Himmel herstellen. Für sie war die Prüfung am Klettermast bestimmt: „Dieser Mast wurde in der Mitte des Männerhauses (...) aufgestellt; wer immer an die Spitze des Mastes gelangte, konnte sich am Himmel nähren – und auf diese Weise wurde man zu einem Sohn des Himmels." Die Traditionelle Chinesische Medizin stellt eine Entsprechung zu den traditionellen Kosmologien selbst im Bereich des menschlichen Körpers her. Die Akupunktur kennt nämlich drei funktionale Zonen – oben, Mitte, unten –, die je über einen Hauptakupunkturpunkt behandelt werden können, und die Verbindung geschieht durch die Wirbelsäule. Die *Wirbelsäule* erscheint hier also gleichsam als *Verkörperung* der Weltachse und der anzustrebenden Verbindung zwischen Himmel und Erde.

Es ist für den Physiotherapeuten immer wieder erschütternd zu sehen, wie selbstzerstörerisch Menschen mit ihrer Wirbelsäule umgehen. Sie belasten sie zu stark, etwa mit zu lange andauernder sitzender Tätigkeit, sie heben ohne Training Lasten, welche die Bandscheiben überfordern, sie legen beim Jogging völlig untrainiert lange Distanzen zurück. Schlimmer noch: Sie scheinen keinerlei Gefühl für ihre Wirbelsäule zu besitzen – kein Haltegefühl, kein Bewegungsgefühl. Viele Menschen sind stolz auf ihr gut funktionierendes Gehirn. Für dessen Fundament, die Wirbelsäule, scheinen sie jedoch keinen Sinn zu haben. Sie sehen an der Evolutionstatsache vorbei, daß ohne das Aufrichten – ohne die Wirbelsäule – auch das menschliche Gehirn und das zentrale Nervensystem sich nicht hätten entwickeln können.

Die Wirbelsäule erlaubt mit ihrer „modulären Bauweise" – starre Elemente (Wirbelkörper) wechseln sich mit flexiblen Elementen (Bandscheiben) ab – eine Verbindung von Statik und Beweglichkeit, die ja nicht über die ganze Länge der Wirbelsäule verteilt, sondern eben auf die Bandscheiben begrenzt ist. Neben dem Halten, Tragen und Bewegen des Körpers hat die Wirbelsäule noch weitere Aufgaben. Die Wirbelsäule – beziehungsweise eine gute Haltung – ist Voraussetzung für ein gutes Funktionieren der Atmung, der inneren Organe und für die Wärme- und Blutregulation.

Nun ist aber beim Menschen eine ökonomische Haltung „nicht *genetisch* verankert, sondern durch eine habituelle Realisation automatisiert", wie Bruno Baviera schreibt. So können also auch nicht-ökonomische Haltungen ohne äußere Notwendigkeit eingehalten und eingeschliffen werden. Das Resultat ist unter Umständen eine gewohnheitsmäßige Fehlhaltung. Solch eine natürliche *Tendenz zur Fehlhaltung* hat der deutsche Orthopädie-Professor Rudolf Klapp 1904 übrigens sogar bei Hühnern festgestellt. Eines Tages betrat er eine große Geflügelhandlung in Berlin und fragte dort, ob es auch „krumme Hühner" gäbe, was bejaht wurde. Klapp versprach, daß er für jedes krumme Huhn eine Mark über den Tagespreis geben würde, und bekam dann in wenigen Wochen eine so große Sammlung von skoliotischen Hühnern, daß er sein Angebot zurückziehen mußte. Skoliosen (Wirbelsäulenverkrümmungen) treten nach Klapp bei den zweibeinigen, halb aufrecht stehenden Hühner ebenso häufig auf wie beim zweibeinigen aufrecht stehenden Menschen, während sogar die domestizierten vierbeinigen Tiere, die ihre Wirbelsäule horizontal tragen, fast immer davon verschont bleiben. Damit war ein wichtiges, bislang (auch unter Zoologen) nicht bekanntes Analogon zur menschlichen Skoliose gefunden. Die Hühnerskoliose weist übrigens alle grundsätzlichen Merkmale der menschlichen Skoliose auf. Mit ihrer Krümmung und Torsion prägt sie sich sogar in dem starken Beckengerüst aus.

Wir sind also – um das Ausgeführte weiter zu deuten – *genetisch dazu verurteilt,* mit unserer Wirbelsäule ständig Mitte *suchen* zu müssen. Nur indem wir also ständig die Verbindung zu Himmel und Erde *suchen,* schützen wir uns vor Schädigung und Krankheit.

Was bedeutet nun aber „Mitte-Suchen" in bezug auf die „Haltung"?

Die Behandlung von Tausenden von Haltungsgeschädigten hat mir gezeigt, daß wir bei Fehlhaltungen hauptsächlich mit folgenden Problemen konfrontiert sind:

• Am häufigsten behandeln wir in der Therapie Patienten, deren Haltung irgendwie „verschoben" oder verrückt ist, auch die Wirbelsäule.

• Die einengende und unharmonische Haltung verengt den persönlichen Raum des Menschen, die Atmung wird behindert, die Leistung der inneren Organe vermindert, die Muskulatur muß wegen der Fehlhaltung bedeutend mehr Arbeit leisten. Degenerative Erkrankungen sind somit vorprogrammiert.

• Durch die Fehlhaltung fließt auch die Körperenergie unharmonisch und verbraucht sich zu schnell. Es kommt zu einem permanenten Erschöpfungszustand. Die Ausstrahlung der Energie nach außen ist schwach und im Inneren kommt es zu seelischen Blockierungen. Auch die mentale Leistung nimmt ab.

„Haltung" meint offensichtlich nicht nur jene Statik, die sich gegen die Schwerkraft behaupten muß, sondern auch etwas Seelisch-Mentales. „Haltung" meint unser ganzes „Dasein" in dieser Welt, auch Seele und Geist nehmen an der steten Auseinandersetzung mit der Schwerkraft teil. Das erfahren wir zum Beispiel, wenn wir früh aufstehen müssen: Die Muskeln sind durchaus in der Lage, die nötige Kraft freizusetzen, aber das wohlige „Bettgefühl" sträubt sich energisch gegen die Schwerkraft.

Auf der Ebene der Statik ist beim Menschen selbstverständlich nie eine symmetrische Konstruktion anzutreffen. Zwar ist der genetische Einfluß erheblich, im Bereich der motorischen und neuralen *Entwicklungen* gibt es jedoch ebenfalls Kräfte, die im positiven wie im negativen Sinne auf das menschliche Wachstum einwirken können. Was wir als Körpertherapeuten zu Gesicht bekommen, ist in jedem Falle das Entwicklungs*ergebnis*.

Aadel Bülow-Hansen, leitende Physiotherapeutin der Psychiatrischen Frauenklinik am Uleval-Hospital, spricht in diesem Zusammenhang von einem „Schreckreflexmuster". Bei einem „Schreck" versteife sich der Körper infolge von Muskelkontraktionen, die Beugemuskeln des Körpers dominierten über die Streckmuskeln und gleichzeitig werde der Atem während des Einatmens eingehalten. Gerda Boyesen ist der Meinung, daß solche „Schreckreflexmuster" auch bei *jeglicher* Art von traumatischen psychischen Situationen wirksam werden, angefangen bei den einfachen alltäglichen Streßreaktionen bis hin zu dramatischeren Situationen. Wenn die Streßsituation, die den Schockreflex verursachte, vorüber sei, sollte der Körper normalerweise wieder zu seiner vorherigen normalen Balance zwischen Streck- und Beugemuskeln zurückkehren, schreibt Boyesen. Dazu komme es jedoch in vielen Fällen nicht, weil die Angst oder Emotion, die aufgekommen sei, nicht in ausreichendem Maße entladen oder abgebaut werden könne. Der Patient verharre im Zustand des Staus und des Ungleichgewichts, seine Beugemuskeln verhielten sich so, als reagierten sie noch immer auf die ursprüngliche Streßsituation. Auch wenn das Schreckreflexmuster nicht stets auf genau diese Weise wirksam wird, ist es doch häufig anzutreffen. Als Beispiele möchte ich Hexenschuß oder Lumbalgie anführen. Ständige starke Schmerzen im Rücken oder eine gebeugte Haltung können ihren Ursprung in einem „perpetuierten", erstarrten Reflexmuster haben. Dabei sind nicht nur die eigentlichen Rückenmuskeln verspannt, sondern auch der starke Beugemuskel Iliopsoas.

Ein weiteres Beispiel aus der Praxis: Nach einem akuten Schulterschmerz oder einer Schulterentzündung kann oft der Arm nicht mehr richtig gehoben oder auf den Rücken geführt werden, die stark anziehenden Brustmuskeln fixieren den Arm gleichsam am Körper. Es ist immer ein Zusammenziehen, das heißt ein Anziehen zu beobachten, und die Räume werden enger, auch für die Gelenke. Der ganze Mensch wirkt dann wie eine Schnecke, die sich in ihr Haus verkriecht.

Welches sind nun die Voraussetzungen, wenn wir im Bereich der Haltung „Mitte" suchen wollen? Was *braucht* die Wirbelsäule?

• Die Wirbelsäule braucht *Kraft*. Gefragt ist gute Muskelkraft, welche die aufrechte Haltung erst möglich macht.

• Die Wirbelsäule braucht *Dehnung* und eine gute *Längsspannung*. Dafür müssen die Muskeln die richtige Länge aufweisen. Besonders die Beugemuskeln müssen gedehnt werden können, damit die Wirbelsäule sich aufrichten kann. Eine gezielte Dehnung ist oft nötig, nach einem Krafttraining müssen die trainierten Muskeln zum Beispiel nach allen Regeln der Kunst gedehnt werden, sonst wird das Beugemuster verstärkt, und statt sich aufzurichten, wird der Trainierte sich stärker nach vorne beugen.

• Die Wirbelsäule braucht *Ausdauer*. Durch Ausdauertrainings – Marschieren, Laufen, Radfahren usw. – kann die Ausdauer des Halte- und Bewegungsapparats gestärkt werden.

• Die Wirbelsäule braucht *Beweglichkeit*. Jedes Segment, jede Gelenkverbindung in der Wirbelsäule sollte beweglich sein. Die Physiotherapeuten verfügen über sehr sanfte Techniken, um die Beweglichkeit der Wirbelgelenke zu verbessern.

• Schließlich braucht die Wirbelsäule *Koordination*. Der moderne Mensch kommt kaum mehr dazu, seine Reflexe und die Koordination seiner Bewegungen im Alltag zu üben. Die Bewegungskoordination ist deshalb heute bei vielen Menschen verkümmert. Koordinierte Muskelarbeit – besonders die phänomenale Differenziertheit der Bewegung der Hände – beeinflußte im Laufe der Evolutionsgeschichte die Entwicklung und Vernetzung der Gehirnzentren beträchtlich. Die Koordinationsfähigkeit bildet auch die Voraussetzung dafür, daß linke und rechte Gehirnhälfte gut zusammenarbeiten. In die Feinsteuerung der Augen sind keineswegs nur die Augen-, sondern auch die Rückenmuskeln involviert. Die Rückenmuskulatur besteht aber aus einem hochkomplexen System verschiedener Muskeln und Muskelgruppen, die in der Lage sind, feine Lageabstimmungen, aber auch gröbere Bewegungen auszuführen.

Es trifft natürlich zu, daß „Haltung" in Teilbereiche aufgeteilt werden kann, die wir gesondert betrachten können. Haltung ist aber in *jedem* Fall subjektiv und individuell. Wir können die eigene Haltung nicht an Teilbereichen beurteilen, wir sind gezwungen, direkt ins Zentrum einzusteigen – mit unserer Empfindung, mit unserem Fühlen. Es stellen sich dann die Grundfragen: Bin ich auf dieser Welt? Spüre ich mich auf dieser Welt? Habe ich meinen Platz gefunden, beziehungsweise darf ich mir erlauben, Raum einzunehmen, meinen Raum? Bin ich in der Lage, den Kopf hochzuhalten? Um diese Fragen zu beantworten, die für unsere äußere wie die innere Haltung bestimmend sind, braucht es jahrelanges Üben des „eigenen Daseins". Wenn ich so den Empfindungen, meinem Da-Sein auf der Welt nachspüre, gelange ich zur Erkenntnis, daß die Antworten eigentlich uralt sind.

Ich erinnere mich an eine eindrucksvolle Begegnung in Taipeh (Taiwan), wo ich einen Akupunkturisten besuchte. Als ich eines Abends spät ins Hotel zurückkehrte, sah ich an einer stark befahrenen, sehr lärmigen Straßenkreuzung auf dem Gehsteig zwei etwa achtzigjährige Männer beim T'ai Ch'i. In vollkommener Wachheit ließen die beiden Greise ihre Bewegungen fließen. Sie bewegten sich fast schwerelos, die Füße fest auf dem Boden, die Haltung majestätisch und zugleich leicht. Ihre Züge waren entspannt, auf ihren Gesichtern lag ein Lächeln; versunken und doch alles überblickend, zeigten sie mir und der Welt die vollendete Bewegung und darin die tiefgründige Stille des fließenden Gleichgewichts.

Erstaunt sah ich auf die zwei Erleuchteten zwischen hupenden Autos und knatternden Motorrädern. Ich war beglückt, dann beschämt über meine Haltung. Seither träume ich davon, so mit der Schwerkraft spielen zu können, einmal den Punkt zu erreichen, wo Bewegung Ruhe ist und Ruhe Bewegung, wo die Koordination absolut ist. Was wäre dann der Stachel der Schwerkraft?

All die genannten Faktoren bilden aber bloß ein materielles Fundament. Sie ergeben allein noch keine gute Haltung. Was die Wirbelsäule außerdem braucht, ist *Wahrnehmung.* Unsere Haltung ist in der Tat auch ein ausgezeichnetes Objekt für deren Training. Es lassen sich zwei gegensätzliche Stimmungs- und Haltungstendenzen feststellen: *Aggression,* der stete Versuch, den persönlichen Raum auszudehnen, und *Regression,* der Versuch, den eigenen Raum einzuschränken.

Es erstaunt vielleicht, wenn ich den Begriff „Aggression" für menschliches Wachstum verwende. Aggression bedeutet jedoch keinesfalls immer Zerstörungswut. „Sie ist ein Phänomen, das am Grunde des Lebens selbst liegt", schreibt der amerikanische Psychiater David Boadella, Leben sei dynamisch, „es bewegt sich, wächst und dehnt sich über enge Grenzen hinweg aus. Aggression bezieht sich auf nichts, was von sich aus gut oder schlecht wäre. Sie ist einfach ein integraler Bestandteil der lebendigen menschlichen Gemeinschaft." Andererseits sei auch viel von dem, was wir als „Regression" bezeichnen, nichts als der natürliche Versuch eines Menschen, sich selbst zu heilen, schrieb ein anderer Psychiater, David Berke.

Ob man sich eher in einer aggressiven oder einer regressiven Phase befindet, läßt sich nun aber deutlich an den Rücken- und Nackenmuskeln beobachten und wahrnehmen. Wenn die Muskeln gespannt sind, wenn sich die Wirbelsäule streckt, wenn „die Haare sich sträuben“ und die Atmung in einer Einatmungsstellung zu verharren scheint, dann ist man aggressiv, „bereit zum Kampf“. Wenn man aber im Kreuz einen leichten Schmerz spürt oder wenn es sich dort „weich“ anfühlt, wenn überall leichte Verspannungen auftreten und ein müdes Gefühl des Gebeugtseins, wenn die Atmung schwerer fällt und man kaum einzuatmen wagt, wenn man in der Ausatmung sitzenbleibt und vielleicht eine leichte Angst aufsteigt – schaff ich das noch? –, dann befindet man sich am anderen, am regressiven Pol. Täglich ließe sich derart mehrmals die Wahrnehmung „einschalten“ und feststellen, an welchem Pol sich die eigene Haltung gerade befindet.

4.5 Dynamik, Ruhe und „Mitte"

Betrachten wir das Problem der verlorenen „Mitte“ und des Suchens nach neuer Balance noch an einem anderen Beispiel. Unser vegetatives Nervensystem arbeitet nach dem Prinzip abwechselnder Aktivität (Sympathikus) und Ruhe und Erholung (Vagus). Beide Teile gehören zusammen und bilden ein Ganzes, nur so sind wir lebensfähig. Es ist einfach herrlich, aktiv zu sein, zu joggen, radzufahren, zu tanzen, man spürt den Atem, Schweiß rinnt – man fühlt sich „eins“ mit sich selbst. Ebenso *nach* einer aktiven Phase: Man ist entspannt, das Blut pulst durch alle Kanäle, tief aus dem Inneren steigt so etwas wie Zärtlichkeit auf, für sich und für andere – die Welt ist in Ordnung.

Wenn wir aber, aus welchen Gründen auch immer, einem Teil unseres vegetativen Nervensystems das ganze Feld überlassen haben und den anderen nicht zu seinem Recht kommen lassen – wie es bei einer einseitig Yin- oder Yang-betonten Konstitution der Fall ist (vgl. Kapitel 4.1, Seite 120) –, dann ist Krankheit vorprogrammiert. Was dann trainiert werden muß, ist der Übergang von einer Seite zur anderen, vom Aktiven zum Passiven, vom Passiven zu Aktiven das ist Übergangsarbeit und Integrationsarbeit.

Wenn wir nun allmählich lernen, uns nicht mehr auf die Seite des einen Pols zu schlagen, wenn wir es schaffen, daß sich unser Nervensystem weder ausschließlich in Aktivität noch ausschließlich in Ruhe befindet, wenn wir das scheinbar Abwesende bereits als anwesend *erfahren* können, dann ist in uns „Mitte“ entstanden. In der Bewegung des Körpers ist jetzt zugleich ein Raum der Ruhe. Wo Ruhe ist, ist auch Verbindung zu Dynamik. Solche „Mitte“ ist nicht Stillstand und Statik, sondern fließende Bewegung, „Fließgleichgewicht“. Sie läßt sich nur erreichen, wenn und solange wir mit den Polen Verbindung zu halten vermögen.

Sich auf den Weg zur Mitte zu machen setzt die Auseinandersetzung mit unseren Gefühlsrealitäten voraus, auch eine Beschäftigung mit unseren existentiellen Ängsten. Verlangt wird von uns, daß wir um unsere Wahrheit ringen, zum Beispiel um die Einsicht in unsere Endlichkeit, die Einsicht, daß wir alt und krank werden und schließlich sterben.

Ein solcher „Weg zur Mitte“ führt über den Versuch, uns wieder „in die Gegenwart“ hineinzuversetzen, uns dem Fluß der Zeit anzuvertrauen, uns wieder mit der Natur zu verbinden. Damit verbunden ist das, was ich als „transpersonalen Aspekt“ von „Mitte“ bezeichnen möchte, etwas, was über uns als Individuen hinausreicht.

Sich auf den Weg zur Mitte zu machen bedeutet, vom Empfinden, vom Fühlen ins Denken hinüberzuwechseln und vice versa – nur diesmal „bewußt“ und Verbindung zwischen den Polen haltend. Es kann, wenn wir Schritt für Schritt – zunächst mit ganz einfachen Mitteln – die genannten Aspekte trainieren, zeitweise ein außerordentlicher Bewußtseinszustand eintreten, in dem „Ganzheit“ erlebt wird. Wenn wir dann aus solcher „Ganzheit“, aus der „Mitte“ wieder hinausfallen, können wir vielleicht erkennen, wie labil wir sind. Der tschechisch-amerikanische Psychiater Stanislav Grof bezeichnet dies als „Transpersonale Krise“: Wer Ganzheit erlebt hat und wieder aus ihr herausfällt, wird erkennen, in welch merkwürdigen Situationen er sich befindet, wie abgeschnitten er ist von seinen Gefühlen, von seinen Mitmenschen, von seinen Energien. „Transpersonale Krise“ bezeichnet in diesem Sinne das *bewußte Erleben* der Ambivalenzen zwischen Ganzsein und Getrenntsein.

4.6 „Mitte“ ist im Unterleib

Persönliche Entwicklung ist nur möglich, wenn die eigenen Räume im Körper so weit geworden sind, daß wir unseren Raum in der Welt auch wirklich einnehmen können, den Platz ausfüllen, den wir brauchen. Jede Willensanstrengung, mehr zu leisten, jede aggressive Bemühung, sich den Weg zu erkämpfen, wird scheitern, wenn nicht zuerst der eigene innere Raum erweitert und geöffnet worden ist.

Jede Denk- und Willensanstrengung trifft zunächst auf einen Widerstand. Der Kampf gegen den eigenen Widerstand führt aber in die Erschöpfung. Wilhelm Reich sprach in diesem Zusammenhang von „Biopathie“; er meinte damit, daß sich der ganze menschliche Organismus in einem Schrumpfungsprozeß befinde; dies sei der Fall, wenn „es“ im Organismus nicht fließe und man mit dem Willen allein versuche, immer noch mehr Leistung zu erbringen. Auf diese Weise gehe viel Substanz verloren. Sind jedoch im Bauch und im Brustkorb die Räume geöffnet, so braucht es nicht mehr sehr viel Willen zur Leistung, das Leisten wird müheloser und viel Reserveenergie bleibt übrig.

Dieses „Den-Raum-im-Bauch-Erweitern“ ist zunächst durchaus im mechanischen Sinne zu verstehen. Durch das Aufrichten der Wirbelsäule, durch das Dehnen und Entspannen der Muskulatur bekommt der Mensch buchstäblich mehr Raum. [Die Physiotherapie verfügt über verschiedene Weichteiltechniken, die den Bauchraum und den Brustraum weicher, beweglicher und durchlässiger machen können. Sanfte, aber beharrliche Weichteilarbeit im Bauchraum bringt auch das Bewußtsein des Patienten in diese Körperregion, eine Voraussetzung jeder tiefen Atmung.]

Um den Bauch als wichtigste Quelle der Energie überhaupt erschließen zu können, braucht es noch ein weiteres: Sigmund Freud ist zur Auffassung gelangt, daß es eine „seelische Energie“ gebe, die in körperlichen Vorgängen verankert sei. Reich stimmte dem zu, denn Seelisches sei als Bewegtes aufzufassen und Bewegung sei im strengsten physikalischen Sinne Energieverschiebung. Nach meiner Auffassung ist nun eben der Bauch das Zentrum, der Ort, wo Seelisches und Körperliches in engster Verbindung stehen, bewegt nicht nur von innen durch die autonome Verdauung, sondern auch von außen durch den tiefen Atem. Gesteuert durch das vegetative Nervensystem treffen sich Innen und Außen, die Reaktionen der Außenwelt wie Freude oder Streß genauso wie die Vorstellungen, Absichten, Wünsche der Innenwelt. Die Frage ist, ob wir Kontakt mit unserem Bauch haben: Sind wir imstande zu empfinden, wo wir alle diese Vorgänge erspüren und erleben? Ohne Verbindung mit unserem Bauch – das ist zugleich Verbindung mit uns selbst – ist weder Prävention noch menschliches Wachstum möglich.

Der Zen-Abt Daisetz Teitaro Suzuki schreibt: „Aber der Unterleib, der die Eingeweide enthält, wird von den Nerven beherrscht, die nicht dem Willen unterworfen sind, und stellt das primitivste Entwicklungsstadium in der Struktur des menschlichen Körpers dar. Der Unterleib ist der Natur näher, von der wir alle kommen und zu der wir alle zurückkehren." Der japanische Zen-Meister Daiun Sogaku Harada hat diese Erkenntnis noch zugespitzt: „Ihr müßt erkennen, daß der Mittelpunkt des Weltalls eure Bauchhöhle ist!" Wir halten inne, stellen fest, unsere Bauchhöhle ist unser Mittelpunkt und zugleich der „Mittelpunkt der Welt". Wenn wir Kontakt mit unserem Mittelpunkt haben, haben wir auch Kontakt zur Welt.

Da die Welt aber etwas ist, was sich dauernd verändert, und da auch wir in einem dauernden Prozeß des Werdens und Vergehens sind, stehen wir vor dem großen Problem, daß wir letztlich keinen Halt haben. Wir fühlen uns wie Treibsand im Wind. Um nun nicht in Kompensation zu verfallen, brauchen wir auch einen *Ort der Sicherheit* und der Zuflucht. Und da bietet sich wieder der Bauch an, er ist der Ort, wo Kraft entsteht, die Quelle der Energie und unser Instrumentarium, mittels dessen wir erkennen können, was wir brauchen, wo Gefahren lauern, wo Freude und Lust sich entwickeln können. Der Bauch ist unser persönlicher Ratgeber und Kompaß und unser Ort der Sicherheit, wenn wir ihn uns durch unsere Wahrnehmung und Empfindung erschlossen haben.

Dieser zu erschließende Raum im Bauch ist unser konkreter, individueller Raum der „Mitte". Erschlossen werden kann er mit Weichteiltechniken, mit der Atmung, mit der Segmentalen Entspannungstechnik (SET), aber auch über Akupunkturpunkte.

III. Teil

Praxis der Energetischen Körperarbeit

1 Innenansicht des „Wegs zur Mitte"

1.1 Einführung

Es gibt nach meiner Vorstellung also nur die *eine* Energie. Deren Manifestation aber sind „die zehntausend Dinge".

Laotse sagte: „Das Tao erzeugt die Eins." Alles ist zuerst eins, „Energie", im symbolischen wie im physikalischen Sinne – auch Gefühle und Emotionen sind zunächst nichts als „Energie". „Die Eins erzeugt die Zwei." Dualität entsteht, Polarität, eins steht dem anderen gegenüber, es entstehen „weibliches" und „männliches" Prinzip, Yin und Yang, die Wahrnehmung des Getrenntseins, Bewußtsein. „Die Zwei erzeugt die Drei". Der Satz meint die Fähigkeit des Systems, sich zu reproduzieren. Und schließlich: „Die Drei erzeugt alle Dinge."

Die Ähnlichkeiten solcher Vorstellungen mit modernen physikalischen und kosmologischen Modellen ist erstaunlich: Die eine, geballte, unvorstellbar dicht gepackte Energie wird in ihre Manifestationen zersprengt und zerstreut, aber verloren geht dabei nichts. Im Laufe des „Zerstreuungsprozesses" ist jedoch im Universum nicht homogen zunehmende Unordnung entstanden, sondern punktuell höhere Ordnung. Es haben sich dynamische, sich selbst organisierende Systeme gebildet. Fern vom thermodynamischen Gleichgewicht, in stetem Austausch mit ihrer Umgebung erneuern sie sich selbst (Autopoiese) und entwickeln sich weiter (Evolution). Es sind Systeme, die Energie umsetzen, ständig Entropie produzieren und so in Bewegung bleiben und aus dieser Dynamik Ordnung schaffen.

Damit der Mensch besser leben kann, damit er lebens*fähiger* wird, muß er gleichsam lernen, sich der Bewegungsrichtung der Energie weniger zu widersetzen, er darf sie nicht einfrieren, materialisieren. Der natürliche Prozeß will, daß der Mensch die Energie zerstreut, zu verfeinern lernt, daß er sie ausdehnt, um Kontakt mit den Mitmenschen, der Umwelt, dem Kosmos zu finden – daß er zum „Mittler zwischen Himmel und Erde" wird. Wenn er aber diese Fertigkeit erlangt, wird er seine Energien auch weniger verschleißen, er wird fähiger sein, sie sparsamer einzusetzen, er wird *leistungs*fähiger werden.

Unsere Gesellschaft orientiert sich ja am Leistungsprinzip. Mit den unglaublichen Erfolgen der Leistungsgesellschaft, dem scheinbar unbegrenzten Fortschritt, sind aber auch unsere Probleme ständig gewachsen, und es ist heute vielleicht schon zu spät, unseren Planeten zu retten.

Während die meisten Organe, die Nieren oder Lungen etwa, bereits vor Jahrmillionen entstanden und sich seither nicht wesentlich weiterentwickelt haben, hat sich das Nervensystem, dem wir diese Erfolge und seine Folgen zu verdanken haben, immer weiter differenziert. Neurale Komplexität und Leistungsfähigkeit sind auch in unserer aktuellen, schwierigen Situation nutzbar, es fragt sich bloß, wie wir sie nutzen werden: Setzen wir sie für die Erhaltung des Lebens ein – oder für seine weitere Vernichtung?

In der Fragestellung scheint auch jener brutale Dualismus durch, den der Kulturhistoriker Lewis Mumford *allem* organischen Geschehen zuschreibt: Es sei „bipolar, positiv wie negativ, aktiv und passiv, aufbauend und niederreißend, akkumulierend und selektivierend, kurz, wachsend, reproduzierend und sterbend." Die Taoisten haben schon vor etlichen tausend Jahren jene Polarität erkannt. Der dramatische Akzent, den sie heute annimmt, scheint den neuen Ausmaßen geschuldet: Wir waren in den vergangenen hundert

Jahren so erfolgreich im Wachsen und Reproduzieren, daß das Sterben nächstens die Form eines globalen Ökokollapses annehmen könnte.

Aber der springende Punkt liegt wohl anderswo: Im Gegensatz zu uns wußten die Taoisten auch um die Bedeutung von „Mitte“ – *ihre* Pole schlossen sich nicht aus, sondern *ergänzten* sich, waren miteinander untrennbar verbunden. Im Zentrum taoistischen Denkens stand die *Bewegung* zwischen den Polen – um eine „Mitte“, deren dauerhafter Verlust den Tod bedeutet. Tatsächlich sind wir heute, erstmals in der Menschheitsgeschichte, *gezwungen,* „Mitte“ bewußt zu suchen, um überhaupt *überleben* zu können – im globalen Maßstab, nicht bloß als Individuen. Dabei wird unser Nervensystem vielleicht einen nächsten Evolutionsschritt selbstreguliert tun, so daß wir unsere äußeren Ressourcen, Luft, Wasser, Erde, mehr werden schonen können oder vermehrt werden darauf verzichten können.

Aber nicht um jenes weltweite soziale Bemühen um „Mitte“, das nötig wäre, damit die Menschheit nicht in den nächsten hundert Jahren ausstirbt, oder um etwaige Evolutionsschritte geht es hier, sondern um den individuellen Beitrag, die „Leistung“, die heute schon jeder erbringen könnte, um sich auf das Kommende einzustimmen.

Die anzustrebende „Mitte“, die ich meine, ist ja dynamisches, fließendes Gleichgewicht, die Fähigkeit, stets Verbindung zwischen den Polen – Stärke und Schwäche, Männlich und Weiblich, Aktivität und Ruhe, Vagus und Sympathikus, Haben und Sein – halten zu können, und dies setzt voraus, daß wir beide Prinzipien schon durchlebt haben. Die Polpaare bilden untrennbare Einheiten. Erst wenn wir den passiven Teil als künftig aktiv, das scheinbar Abwesende bereits als anwesend zu empfinden, ja zu erkennen vermögen, dann ist aus meiner Sicht „Mitte“ entstanden. Dann wird uns Leistung zu etwas Mühelosem, Ruhe zu etwas Effizientem. Man ist weder ganz Aktivität noch ganz Ruhe, man braucht sich nicht für eine Polarität zu entscheiden, schlägt sich nicht auf eine Seite, sondern man *bleibt* – aber nicht im statischen Sinne – in der „Mitte“.

Solche „Mitte“ wird sehr individuell geprägt sein.

1.2 Energetische Arbeit

Der Weg zu ihr setzt bei dem Wissen darum an, daß alle Emotionen durch und durch real sind, auch physisch real, selbst wenn wir sie verdrängt, beziehungsweise von uns abgespaltet haben und sie scheinbar nur noch denken können. Die Arbeit beginnt damit, daß wir uns wieder gestatten, diese Emotionen für *wahr* zu nehmen, sie *wahrzunehmen* und *im Körper zu empfinden.*

Damit wir in der Praxis den Fluß der Energie aber wahrnehmen können, muß zuerst unser muskulärer Tonus reguliert werden – meistens muß er reduziert, in seltenen Fällen gestärkt werden. In dem regulierten muskulären Tonus ist bereits ein Fluß der Emotionen enthalten: Letztere können sich aber erst dann richtig manifestieren, wenn es im muskulären System fließt. In einem nächsten Schritt muß das *Bewußtsein* auf den Fluß der Energien und auf die Emotionen gelenkt werden.

Ich gehe nun davon aus, daß diese Emotionen veränderbar sind und daß wir durch Übung so weit kommen können, sie auch wirklich zu wandeln. Wir werden freilich merken, daß wir, wenn wir sie verändern wollen, bald auf Widerstände stoßen, immer wieder. Es wird sich zeigen, daß der Vorgang unsere persönlichen Möglichkeiten weit übersteigt, allein werden wir aus dem Circulus vitiosus nicht herausfinden. So werden wir uns schließlich erlauben, weiter loszulassen und auf „Hilfe“ zu warten – „transpersonale Hilfe“ (siehe „visionäre Umstrukturierung“, Seite 81). Dann kann es sein, daß die Energie plötzlich besser fließt, daß die Stärke und Schönheit dieser Energie unsere Widerstände endlich wegschmilzt.

Diesen Weg kann der Therapeut mit dem Patienten in der Energetischen Körpertherapie gehen – aber selbstverständlich nur dann, wenn er selbst ihn zuvor für sich schon beschritten hat.

1.3 Indikationen

Energetische Körperarbeit, Energie-Ausgleichsarbeit ist *vor allem in den folgenden Fällen indiziert:*

• zur Erhöhung der Leistungsfähigkeit durch die Verminderung von energetischen Belastungen im Beruf und im Sport, vor allem im Spitzensport;

• bei schweren chronischen Krankheiten wie Rheumatismus, Krebs, Multipler Sklerose usw. als begleitende Maßnahme zur Schulmedizin;

• als stützende Begleitmaßnahme bei Psychotherapien, Gesprächstherapien, Körpertherapien usw.

Die wichtigste „Indikation" von energetischer Körpertherapie ist jedoch ganz allgemein Prävention, die *Erhaltung der Gesundheit,* weniger im Sinne eines Lebensziels als im Sinne eines „Wegs", einer Art, lebendig zu bleiben, solange wir leben.

Vor Beginn der Reise müssen wir uns klar machen,

• daß auf dem „Weg zur Mitte" die aktive Mitarbeit des Patienten unabdingbar ist;

• daß energetische Therapie in keiner Weise medizinische Untersuchungen, Diagnoseverfahren oder Therapien ersetzt.

2 Die Reise

2.1 Überblick: Die drei Etappen auf dem „Weg zur Mitte"

Der Weg zur „Mitte" führt uns über drei *Etappen* oder *Phasen.* In jeder Etappe haben wir zwei Gruppen von *Helfern,* die uns weitertragen. Beide Gruppen bilden ein komplementäres System, komplementär in der Art der Yin-Yang-Polarität: Die einen wirken nie ohne die anderen.

Da gibt es zum einen den *feinen* Energiefluß, der sich durch den Atem manifestiert, durch Summen, durch feine physiologische Prozesse im Körper, zum Beispiel Darmgeräusche, Herzgeräusche, feine Vibrationen in der Muskulatur, und auch durch Ruhe und Entspannung. Zum anderen gibt es den *groben* Energiefluß, der sich durch die Stimme manifestiert, durch Bewegung, verschiedene – isometrische und isotonische – Formen der Muskelarbeit. Diese beiden Helfergruppen des Energieflusses wirken auf allen drei Ebenen, der körperlichen, der emotionalen und der mentalen, in unterschiedlicher Intensität.

Die drei Etappen oder Phasen werden durch die ihnen je eigene Form von *Wahrnehmung, Bewußtsein, Bewußtheit* genauer bestimmt. In der *ersten* Phase verstärken wir zunächst die Subjekt-Objekt-Wahrnehmung. Vom „Subjekt", vom Patienten, wird das „Objekt", der Schmerz, identifiziert, lokalisiert und benannt. Das heißt, die *primäre,* unmittelbar physische *Wahrnehmung* des Patienten wird systematisch auf seine Körperphänomene gelenkt. Da kommt nun meine Segmentale Entspannungstechnik ins Spiel, die nach dem einfachen Prinzip Spannung-Entspannung arbeitet. Das ist normale Physiotherapeutenarbeit; ich verfolge dabei im wesentlichen die Absicht, daß „Subjekt" und „Objekt" klar und getrennt wahrgenommen werden und daß das „Subjekt", das Ich, in einem zweiten Schritt *Verbindung* zum „Objekt" herstellt, durch dessen Identifizierung, Lokalisierung, Benennung. „Ich" erkennt sich dann selbst, indem es *seinen* Körper spürt, das „Ich" erkennt und wird zugleich erkannt. Entscheidend dabei ist, daß ich die *Energie* benütze, um die Subjekt-Objekt-Spaltung tendentiell aufzuheben.

Zugleich wird ein innerer Kern „geschaffen", genauer: Es wird an den im Grunde immer vorhandenen Kern wieder angekoppelt, an die innere Natur, den Instinkt, an den „Bauch". Das ist die Integrationsarbeit, die in dieser Phase geleistet wird, es ergibt sich daraus eine Kräftigung der eigenen Identität, das heißt die Kraft zu kreativem Wachstum, der *Wille* zur Gesundheit. So wird die Energie vergrößert.

Die *zweite* Etappe besteht darin, daß das „Subjekt" nun versucht, sein starres „Objekt" – den Schmerz, den Muskelpanzer, Gefühle des Festhaltens, des Sich-nicht-Änderns, der Gewohnheit – allmählich aufzuschmelzen und seine Energien zu zerstreuen bzw. sie wieder in den Energiekreislauf des Körpers einzuspeisen. Es wird versucht, die Abspaltung (und die Subjekt-Objekt-Trennung) innerhalb des Körpers aufzuheben oder doch zu vermindern. Der energetische Raum, die energetische Empfindung wird bis zur Körpergrenze ausgedehnt. Und es zeigt sich bereits auch jenes Phänomen, das ich als „zweite Wahrnehmung" bezeichnen möchte – eine Meta-Wahrnehmung, die „Wahrnehmung der Wahrnehmung" –, sie zeigt sich besonders dann, wenn Widerstände auftauchen. Der massive Widerstand dagegen, daß ich endlich bin, daß ich krank bin, gegen mein Leiden, hindert mich daran, „mich" neutral zu beobachten. Diesen Widerstand kann man nicht gewaltsam beseitigen, gegen ihn hilft bloß die

„zweite Wahrnehmung". Sie ist zwar, wie die primäre Wahrnehmung, Teil meiner Ich-Struktur. Anders als diese, die wertet und urteilt, ist die zweite Wahrnehmung aber reines Beobachten. Und deshalb können erst durch sie die energetischen Phänomene im Körper und darum herum wahrgenommen werden, und erst durch sie kommt es zu einer Ausdehnung des Raumes und zum Strömen der Energie.

In einer *dritten* Etappe schließlich wird der energetische Raum, die energetische Empfindung über die Körpergrenze ausgedehnt, das geweitete Ich nimmt mit anderen Räumen, der Umwelt, mit den Menschen, mit der Natur und ihren Zyklen, mit dem Kosmos Verbindung auf. Mit der Zeit werden in diesem Prozeß auch die individuellen Gefühle reduziert. Die Entscheidungen und Wertungen – gut und böse oder schlecht, warm und kalt – wie auch die Gefühle werden fließender, die starren Denkmuster, die unser Sein bis dahin bestimmten, werden weniger. Zeitweise und für Augenblicke kommt es vielleicht sogar zu einer Art Verschmelzung von Subjekt und Objekt, zu einem „ausserordentlichen Bewußtseinszustand", einer Selbstentgrenzung oder „Unio mystica". Man empfindet eine Einheit mit sich selbst, mit dem Kosmos und auch mit den andern Menschen.

Ethnopsychiatrie-Forscher haben „außerordentliche Bewußtseinszustände" in verschiedenen Kulturen untersucht, eingeteilt und beschrieben. Christian Scharfetter und seine Mitautoren unterscheiden grundsätzlich drei Zustände – alle drei kenne ich auch aus meiner eigenen Arbeit und Erfahrung:

- Als „ozeanische Selbstentgrenzung" wird ein tiefes Gefühl der „Grenzenlosigkeit" bezeichnet, das mit der Wahrnehmung dessen beginnt, was ich mit den Bioenergetikern „Strömen" oder „Fließen" nenne. Dieses leichte Gefühl des „Fließens" kann sich vertiefen zu einem Gefühl sanfter Auflösung der eigenen körperlichen Grenzen.

- Bei jeder Entspannungstechnik, etwa beim Autogenen Training, aber auch schon beim gelösten Atmen kommt es irgendwann zu Angstzuständen – Scharfetter et al. sprechen von „angstvoller Ich-Auflösung".

- Unter „Visionärer Umstrukturierung" verstehen Scharfetter et al. das folgende: „Es kommt zu einer primären prozeßartigen Veränderung des Denkens mit subjektiven Konzentrationsstörungen oder dem Gefühl, klarer und schneller als sonst zu denken. Widersprüche können konfliktfrei nebeneinander stehen bleiben. Die Zeit kann langsamer oder schneller als sonst vergehen. Es tritt ein Gefühl der Zeitlosigkeit, einer punktuellen Gegenwart, oder Vergangenheit und Zukunft auf. Es kommt zu einer Selbstentfremdung, einem Gefühl des Verlustes der Selbstkontrolle, welches mit intensivsten positiven oder negativen Emotionen einhergeht. Die Stimmung fluktuiert stark und ist durch Ambivalenz gekennzeichnet. Das Körperschema ist verändert, einschließlich subjektiver Levitationsphänomene und Gefühle der Körperlosigkeit. Es kommt zu einer Auflösung der Subjekt-Objekt-Schranke und damit zu einem Einswerden des Ichs mit der Umwelt."

Aldous Huxley hat einst darauf aufmerksam gemacht, daß die genannten drei Zustände Teilaspekte eines *gemeinsamen Kerns* von außerordentlichen Bewußtseinszuständen seien und nicht unabhängig voneinander. Ozeanische Selbstentgrenzung und angstvolle Ich-Auflösung laufen demnach parallel. In einem außerordentlichen Bewußtseinszustand werden in der Regel sowohl Himmel wie auch Hölle, wenigstens in Spuren, erlebt. Dieser Zusammenhang ist der Religionswissenschaft seit langem bewußt.

Bewußtsein ist für Stanislav Grof nicht ein Phänomen der Materie oder ein Nebenprodukt von physiologischen Prozessen im Hirn, sondern etwas Ganzheitliches. Solche Vorstellungen widerstehen dem cartesischen Weltbild und sie werden uns über kurz oder lang zu einer neuen Sicht führen, in deren Zentrum vielleicht der Begriff der „Information" stehen wird: Wo Einheit zwischen Himmel, Mensch und Erde ist, wird der Mensch nämlich von zahlreichen Informationen überschwemmt, die sich nicht aus seiner Biographie erklären lassen. Wir haben es dann mit nicht linear-kausal erklärbaren transpersonalen Situationen zu tun, die nach Grof „Ereignisse im Mikro- und Makrokosmos" ebenso einschließen wie den menschlichen Sinnen nicht unmittelbar zugängliche Bereiche und Zeitperioden, die „historisch dem Ursprung des Sonnensystems, der Formation des Planeten Erde, der Erscheinung von lebenden Organismen, der Entwicklung des Zentralnervensystems und dem Auftreten des Homo sapiens vorausgehen". All dies impliziere, daß in einer noch ungeklärten Weise jedes menschliche Wesen Informationen über das gesamte Universum und die Gesamtheit der Existenz enthalte, und jedes besitze auch den potentiellen erfahrungsmäßigen Zugang zu allen Teilen des Universums und sei in einem bestimmten Sinne das gesamte kosmische Netzwerk, genauso, wie andererseits jeder Mensch auch nur ein verschwindender Teil des Ganzen darstelle, eine abgetrennte und unbedeutende biologische Entität.

Bei den geschilderten drei Etappen handelt es sich im übrigen noch immer um ein theoretisches, recht schematisches Modell – transpersonale Phänomene können bereits in der ersten Phase auftreten, genauso wie sich auch in der dritten Schmerz, ödipale Probleme, narzißtische Störungen bemerkbar machen werden. Das Drei-Etappen-Modell ist demnach nur ein Entwurf, eine Struktur, die in der Praxis niemals rein auftritt.

Zusammenfassung: Die drei Etappen der sich wandelnden Subjekt-Objekt-Beziehung

1. Etappe: Verstärkung der Subjekt-Objekt-Wahrnehmung. Die Wahrnehmung des Patienten wird systematisch auf seine Körperphänome gelenkt. Zugleich wird ein innerer Kern „geschaffen".

2. Etappe: Das „Subjekt" versucht sein starres Objekt – den chronischen Schmerz, den Muskelpanzer usw. – anzunehmen und aufzuschmelzen. Dadurch kann die Subjekt-Objekt-Trennung etwas vermindert werden.

3. Etappe: Zeitweise und für Augenblicke kommt es zu einer Art Verschmelzung von Subjekt und Objekt, zu einem „außerordentlichen Bewußtseinszustand".

2.2 Reisevorbereitungen

Die energetischen Befunde können wertvolle Hinweise auf Störfaktoren oder Störfelder geben.

Wenn man sich auf den Weg machen, sich der energetischen Hilfe bedienen will, müssen solche Störfaktoren nach Möglichkeit beseitigt werden. Diese „Aufräumarbeit" ist langwierig und kann nur durch die Zusammenarbeit von verschiedenen Fachrichtungen der Medizin bzw. der Komplementärmedizin geschehen.

2.2.1 Blockierende Störfaktoren

Es gibt eine ganze Reihe von die Energie blokkierenden Störfaktoren, die nicht in den Muskeln lokalisiert sind, etwa falsche Ernährung, Nahrungsmittelallergien, Geopathien. Auch externe Störfelder spielen eine große Rolle – früher hielt man die Wasseradern für das wirksamste Störpotential, inzwischen weiß man auch um die elektromagnetischen Verseuchungen in Wohn- oder Arbeitsräumen durch Fernsehapparate, elektrische Leitungen, Bildschirme, die energetische Störungen verursachen können, welche wiederum das Gesamtenergiepotential eines Menschen beeinflussen. Nicht zu vergessen die chemischen Stoffe, denen wir uns täglich aussetzen: Wir rechnen heute mit 60.000 chemischen Stoffen, die auf den Körper einwirken, über Kleider, Seifen, Deodorants und Parfums zum Beispiel. Weiter bilden Narben große Störfelder *in* unserem Körper, ebenso alte Entzündungsherde, die immer noch ein Rest-Störpotential darstellen. Solche Störfelder befinden sich zum Beispiel im Kieferbereich – Amalgamfüllungen, abgestorbene Zähne; in Gelenken und Knochen bilden Metallteile Störfelder, in den Ohren, in den Schädelhöhlen stören alte Entzündungsherde. Viele dieser Störfelder lassen sich durch Befragung, Pulsbefund und Messungen, Tests am Muskelapparat oder im Bindegewebe feststellen und lokalisieren, andere bleiben unerkannt. – Die Chance, die Wirkung zumindest der äußeren Störfelder aufzuheben, wäre recht gut, Arbeitsplätze etwa könnten „saniert“ werden. Als Therapeuten haben wir freilich nur die Möglichkeit, auf solche Bedingungen hinzuweisen.

Ein weiterer, sehr wichtiger „äußerer“ Störfaktor liegt in den unbewußten emotionalen Belastungen des energetischen Systems. Während des intrauterinen Lebens, unter der Geburt, in der Kindheit und auch im Erwachsenenleben können etwa unterschwellige (Beziehungs-)Konflikte tief in das energetische System eindringen und es fortan stören, unter Umständen ein ganzes Leben lang. Erst wenn auch solche unbewußte emotionale Belastungen durch energetische Therapie aufgedeckt und neutralisiert werden, ist der Weg für eine erfolgversprechende Energiearbeit frei.

2.2.2 Befundaufnahme

Es stehen uns in der Energetischen Arbeit differenzierte Methoden der Befundaufnahme zur Verfügung, zum Beispiel der *Pulsbefund*, vom Therapeuten am Patienten erhoben, indem er die Pulse an den Hand- und Fußgelenken sowie am Hals auf bestimmte Qualitäten und Quantitäten hin beurteilt.

Der Pulsbefund und unsere anderen Befundmethoden liefern uns verschiedene Informationen, etwa, an welcher Stelle des Organismus das energetische Gleichgewicht verlorengegangen ist. Ich kann feststellen, wie die Energie ungefähr fließt, wo sie nicht oder schlecht fließt, wo sie härter und wo sie weicher fließt (immer entsprechend dem Prinzip der Yin-Yang-Polarität).

Ich erhalte dabei keine Diagnose im klassisch schulmedizinischen Sinne. Es werden keine pathologischen Befunde erhoben, ich versuche nicht zu erkennen, ob Materie zerstört ist, ob Organe krank sind. Der Pulsbefund, zum Beispiel, liefert mir nur Informationen über *Tendenzen der Energie,* die sich hinter den manifesten Funktionen verbirgt. Die erkannten Tendenzen geben jedoch an, wie Wachstum und Leben dem Menschen besser möglich werden und wie die Arbeit an den Widerständen, den Blockierungen erleichtert werden könnte. Mit einer im Hintergrund harmonisierten Energie läßt sich Widerstand besser „unterspülen“ und schließlich wegtragen. Die eingespielten Gewohnheiten, die einen erstarren ließen, können so „verflüssigt“ oder sogar zum Verschwinden gebracht werden.

Energie im Hintergrund und das Bewußtsein des Patienten im Vordergrund müssen dabei zusammenspielen. Die Chinesen glaubten, Makrokosmos und Mikrokosmos entsprächen einander so vollkommen und alles sei derart verknüpft, daß sich mit einer einzigen Nadel im ganzen Menschen oder gar im ganzen Universum eine Wandlung herbeiführen lasse. Meines Erachtens muß jedoch das individuelle Ich-Bewußtsein immer mitarbeiten. Andernfalls wäre es einfach, Akupunkturist zu sein, man wäre eine Art Mechaniker, es würde gleichsam genügen, die „richtige Schraube“ anzuziehen oder zu lockern, und die Störung wäre beseitigt. So einfach funktioniert die Sache, zumal bei *unseren* Patienten, leider nicht.

Bei der Befundaufnahme folge ich dem Symbolbild des Baumes. Dieses Bild liefert uns den Schlüssel zum Verständnis der gewonnenen Informationen über die Energie: Der Baum ist im Boden verwurzelt, so nimmt er die Erdenergie auf. Seine Äste ragen in die Luft, so nimmt er die Energie des Himmels auf. Und durch den Stamm schafft er Verbindung zwischen Wurzeln und Krone. Aufgrund seiner Kraft, seiner Standhaftigkeit und Elastizität ist der Baum bei vielen Völkern ein Bild für Leben, Vitalenergie, für Wachstum – und auch für den Menschen. Er breitet sich aus nach oben und unten, in alle Himmelsrichtungen und auch von innen nach außen. Da haben wir auch die polaren Grundstrukturen, nach denen ich die Energie klassifiziere: oben – unten, außen – innen, rechts – links und vorne – hinten.

So etwas wie der Säftefluß des Baumes scheint – wie ein entwicklungsgeschichtliches „Relikt" aus Urzeiten – in unserem Körper weiter zu existieren, eben das *Qi*, das über die Meridianbahnen fließt. Wenn ich einen Pulsbefund mache, kopple ich mich so gleichsam an die Naturwelt der Pflanzen an – unsere Ahnin.

2.2.3 Die drei funktionalen Zonen

Bei jedem Menschen lassen sich – wie beim Baum – drei funktionale Zonen unterscheiden: Die „Wurzeln", unten, mit der „Erbenergie", die von den Eltern und von früheren Generationen auf den Patienten übergegangen ist. Es ist etwas in der Art der „Ahnenenergie" der Taoisten, und die „Wurzeln" geben einiges preis über die Erbenergie. Aus den unteren funktionalen Zonen erhalte ich auch Daten über die Ausscheidungsfähigkeiten der Därme, über Blase und Niere, über die Fortpflanzungsmöglichkeiten und -energien und über die Sexualkraft.

Der „Stamm", der „Rumpf", die mittlere funktionale Zone liefert Informationen über die Ernährungsenergie, die durch die Verdauungsorgane, Magen, Leber, Milz, Gallenblase, Dünndarm produziert wird.

Die „Äste", die obere funktionale Zone, unterrichtet mich schließlich über das Abwehr-, das Immunsystem und die Organe Herz und Lunge.

2.3 Die erste Etappe

Nach der Befundaufnahme (deren Methoden in Kapitel 3.1, Seite 92 genau beschrieben werden) besteht die erste Aufgabe des Therapeuten darin, einen Trainingsplan aufzustellen, den er mit dem Patienten bespricht. Ein erster Vertrag zwischen Therapeut und Patient wird abgeschlossen, ein erstes Trainingsziel formuliert.

Es folgt die Behandlung mit Segmentaler Entspannungstechnik (SET). In dieser Phase arbeitet der Klient an seinen muskulären Panzerungen, er erlebt Entspannung und Spannung und arbeitet an seinen speziellen „Objekten", Schmerz und Verkrampfung.

Es erfolgt auch bereits der Versuch, die konstitutionelle Einseitigkeit – Yin- oder Yangbetont (Sympathikotoniker oder Vagotoniker, siehe Kapitel 4.1, Seite 120) – auszugleichen. Der Klient arbeitet an seiner Ausgeglichenheit und der Therapeut sieht zu, wie die Atmung fließt. Der Klient arbeitet an einer normalen physiologischen Aufgabe, während der Therapeut stets wissen muß, an welchem Punkt sich der Patient befindet (Befunde, Parameter).

Außerdem erteilt der Therapeut Übungsinstruktionen und stützt die Motivation des Patienten. Mit seiner Arbeit an den Energiepunkten – Massage, physikalische Mittel – kann der Therapeut schließlich auch der weiteren Entwicklung selbst wesentliche Impulse geben und sie beeinflussen.

Allerdings lautet, wie gesagt, das wichtigste Ziel der ersten Phase: *Der Körper soll ins Bewußtsein des Patienten rücken.* Aus dem Befund habe ich Angaben darüber erhalten, *wie* die Energie meines Patienten fließt. Ich werde ihm nun aber nicht erklären: „Sie haben eine Störung oben-unten" und gleich mit meiner Behandlung beginnen, sondern ich werde ihn zuerst veranlassen, mit Übungen die Störung, etwa Verkrampfungen im Bauchraum oder im Zwerchfell, selbst zu erleben. Dabei leiste ich Unterstützung, indem ich stets nachfrage, wo er Verspannungen spürt.

Jetzt erst beginne ich meine Arbeit an den Meridianpunkten oder setze mit meinen Mobilisationstechniken an den Wirbeln an. Damit erreiche ich über die Deblockierung oder Umleitung von Energie eine Entspannung. Aber auch dies geschieht weiterhin in Zusammenarbeit mit dem Patienten – und vorausgesetzt ist, daß er seinen Körper, die eigenen Blockierungen zuvor erlebt hat. Erst so wird meine Arbeit effizient, weil das Bewußtsein des Patienten für die Problematik nun geweckt und er sie zusammen mit mir anzugehen bereit ist, er zum Beispiel mit Atemübungen, ich mit meiner Arbeit an den Energiepunkten oder mit Massage.

2.3.1 Yin- und Yang-Typus/ Vagotoniker und Sympathikotoniker

Zugleich mit dem Befund ließ sich auch feststellen, von welchem Typus der Patient ist: Yin oder Yang – in westlichen Begriffen ausgedrückt: Sympathikotoniker oder Vagotoniker. Die Typuszugehörigkeit läßt sich ebenso wie die Blockaden diagnostizieren und vom Patienten selbst *erleben:* Ist er zurückhaltend? Kann er seine Wut nicht loswerden? Wie verhält er sich bei Streß, resigniert oder aggressiv?

Aufgrund des Befundes werde ich wiederum bestimmte Energiepunkte behandeln, um Ausgleich, „Mitte" hinsichtlich dieser polaren Verhaltensmuster zu schaffen; es soll sich auch da ein gewisses Fließgleichgewicht einstellen. Die Frage der Typologie stellt sich im Laufe einer Behandlung übrigens stets von neuem und immer wieder können Modifikationen auf energetischem Weg stattfinden.

Starken Vagotonikern muß ich zuweilen auch Energie zuführen, in Form von Wärme, mit Moxibustion zum Beispiel. Es kommt bei diesem Typus ja häufig zu jenen Erschöpfungszuständen, die wir als „endokrine Insuffizienz" bezeichnen, besonders nach längeren chronischen Erkrankungen. In solchen Fällen führe ich Energie zu, um das generelle Energiepotential der Patienten zu heben. Bei Vagotonikern muß besonders auch auf die Ernährung geachtet werden, und man darf bei ihnen auch das Problem des Streß' im Sozialen und im Arbeitsbereich nicht aus den Augen verlieren.

2.4 Die zweite Etappe

Die SET wird nun intensiviert und der Klient wird versuchen, näher an die Objekte heranzugehen, sie auszudehnen. Der Therapeut begleitet diesen Prozeß, wenn nötig wiederum durch seinen manuellen Einsatz. Er zeigt dem Klienten anschließend, wie die Energie in die Peripherie fließt. Das geschieht zuerst spontan, dann werden die entsprechenden Kanäle gewiesen. Von Zeit zu Zeit erfolgt eine neue Standortbestimmung, unter Umständen kommt es zu einem neuen Trainingsplan, einem neuen Vertrag zwischen dem Patienten und dem Therapeuten.

Der Klient arbeitet intensiv mit seinen Blokkierungen und Gefühlen und nun vor allem mit *seiner Wandlungsphase.* Der Therapeut hilft ihm, letztere zu bestimmen, entsprechende Analogieschlüsse zu ziehen, Bezüge zu schaffen. Er setzt sein Instrumentarium ein, damit die Wandlungsphase, in der der Klient steckengeblieben ist, überwunden werden kann.

Der Körper ist nun energetisch besser versorgt. Die Energie fließt leichter vom Zentrum zur Peripherie und umgekehrt. Die Wandlungsphase kann sich wieder an den normalen Rhythmus der Jahreszeiten ankoppeln.

2.4.1 Der Aufstieg I: Arbeit mit den Wandlungsphasen

Wir wenden uns jetzt also jener Typologie zu, die unterhalb der Yin-Yang-Hauptebene angesiedelt ist: den Fünf Wandlungsphasen. Ich beurteile nicht mehr mechanisch die Richtung des Energieflusses, sondern betrachte verschiedene Ebenen differenzierter: das Verhalten, die intellektuelle Leistung, Gefühle, den Körper – und ihre zyklische Wandlung: Um noch einmal auf die Baum-Analogie zurückzugreifen: Wir wissen, wie seine Säfte sich im Jahreszeitenzyklus verhalten, im Frühling steigen sie auf, bis in die Äste hinaus, lassen Blüten und Blätter treiben, im Sommer steht der Baum in vollem Saft, im Herbst fallen die Früchte, die Säfte oder Kräfte ziehen sich langsam zurück, im Winter schließlich schlummern sie in der Erde, im Wurzelbereich. Das Bild läßt sich auch auf den Menschen übertragen: Er befindet sich stets in einer dieser Phasen. Bloß ist der Mensch, von der Natur entfremdet, von ihren Zyklen abgekoppelt, stets in Gefahr oder gar dazu verdammt, in *einer* Wandlungsphase stecken zu bleiben, daraus nicht mehr herauszufinden. Anzustreben wäre aber, daß er den Jahreszeiten wieder zu folgen vermöchte und das Verhalten annähme, das ihm von ihnen, den Zyklen des Lichts und der Wärme, nahegelegt wird. Wenn man nun mit den Emotionen arbeitet, die zu den einzelnen Wandlungsphasen gehören, ist es möglich, dem Patienten diese Phasen selbst transparent zu machen, ihn mit der Problematik seines „Typus“ zu konfrontieren und ihn schließlich wieder an den Wandlungs*zyklus* heranzuführen.

2.4.2 Ein Ausflug zu den „fünf Emotionen“

Betrachten wir die Sache noch an einem Beispiel, der Emotion „Wut“, die zur Jahreszeit „Frühling“ und der Wandlungsphase „Holz“ gehört. Wenn ich mit der Segmentalen Entspannungstechnik arbeite, beginne ich in der „Mitte“, beim Zwerchfell, beim Plexus solaris, einem Zentrum, wo meist Wutgefühle sitzen, unterdrückte Wut, hier frißt sich die dumpfe Wut in den Körper. Wir sprechen nicht zufällig von einer heftigen, unterschwelligen „Wut im Bauch“ und meinen damit eine undefinierte, nicht gerichtete Form von Aggression, bei der sich einem „alles zusammenzieht“.

Mit Aggression ist ja nun aber ursprünglich eine *positive Kraft* gemeint. Wird diese Energie, die blockiert ist, befreit, so läßt sich das Energiepotential eines Menschen wesentlich erhöhen. Wer seine Wut ausdrücken kann, ist zum Beispiel in Kommunikationssituationen in einer bedeutend besseren Lage. Umgekehrt führt blockierte Aggression zu einem gewaltigen, gefährlich-explosiven Stau. Es handelt sich folglich darum, die (grobschlächtige, gespannte) Wut in eine starke, aber sanft fließende Energie zu verwandeln, die sich ungehemmt ausdehnen kann.

Eine Reihe anderer Analogien, die mit der Wut in Verbindung stehen, sind aus unserer Typologiebeschreibung (vgl. Kapitel 4.7.3.3, Seite 205) ersichtlich: Sehkraft. Witterungsfühligkeit. Wind. Es besteht eine gewisse Vorliebe zu sauren Speisen. Man läuft Gefahr, sich den Fuß zu verstauchen, was mit der schwachen Muskulatur zusammenhängt.

2.4.3 Der Aufstieg II: Arbeit mit den Emotionen

Was fange ich nun mit diesen Emotionen an? *Wie* arbeite ich mit ihnen?
Ich möchte dies noch einmal an der Arbeit mit „Schmerz" illustrieren – mit den Emotionen arbeite ich ja, wie erläutert, ganz ähnlich. Therapeutisches Ziel ist zu Beginn, daß der Patient wahrnimmt und formuliert, wie es um seine körperliche Befindlichkeit bestellt ist.

Ausgangspunkt ist die Frage: *Wo* befindet sich der Schmerz? Der Patient soll den Schmerz *orten,* er soll ihn anschließend möglichst exakt *beschreiben,* die Spannungsgefühle in der Muskulatur zum Beispiel, Druckgefühle, alle die kinästhetischen Sensationen, die sich im Körper manifestieren. Es ist von großer Bedeutung, die Wahrnehmung für das zu schärfen, was da *ist.* Am „Ende" will man ja realisieren, ob sich etwas verändert hat – und allenfalls, was.

Wenn schon eine Abspaltung des (chronisch) schmerzenden Körperteils (Erstarrung, Totstellreflex) eingetreten ist, gilt es, in der früher beschriebenen Weise wieder Verbindung zu ihm aufzunehmen. Weiter versuche ich, die muskuläre Spannung, die Energieblockierung zu zerstreuen und zu verfeinern.

Dabei setze ich nun die *Atmung* ein. In der Einatmungsphase versucht der Patient, zum schmerzenden oder abgespalteten Ort hinzuatment und in der Ausatmungsphase wird die Spannung, der Schmerz „hinausgeatmet", verfeinert, aufgeweicht, zerstreut.

Dieses Zerstreuen und Aufweichen ist zunächst meist lokal begrenzt. Der nächste Schritt besteht darin, den Zerstreuungsvorgang auszuweiten, den Schmerz in die Umgebung zu leiten, wenn er im Zentrum liegt, zum Beispiel in Richtung Peripherie. In einem weiteren Schritt wird die deblockierte Energie schließlich in ganz bestimmte Kanäle geleitet, damit sie wieder dem gesamten System zur Verfügung steht.

Wenn die Schmerzbehandlung vorbei ist, frage ich nach: Haben Sie in Verbindung mit dem Schmerz, der blockierten Stelle ein bestimmtes Gefühl verspürt?

Gelingt es dem Patienten, sein Gefühl zu formulieren, dann steht nicht mehr der Schmerz im Zentrum, nicht mehr die Muskelspannung, sondern es wird fortan mit dem Gefühl bzw. der Emotion gearbeitet: Zu ihr stellt der Patient nun Kontakt, Verbindung her, versucht, ihre Abspaltung zu verhindern, versucht auch, genauer hinzuspüren, um was für eine Emotion es sich handelt. Und die Emotion wird anschließend verfeinert, zerstreut, zum Fließen gebracht, und dann ihre Energie ins ganze System eingespeist.

Solche Arbeit am Schmerz oder an der Emotion spielt sich immer im Hier und Jetzt ab, in der Gegenwart. Es handelt sich nicht darum, Gründe und Ursachen für die Emotionen herauszuschälen – Vererbung, ein Unfall, ein schmerzliches Erlebnis –, sonst schaltet sich sogleich das Denken in den Vorgang ein. Das Denken stellt die größte Schwierigkeit bei dieser Art von Arbeiten dar, den ersten Widerstand, auf den man stößt, es bietet sich geradezu an, wenn man dem Gefühl entrinnen will.

Wenn ich mit dem Atem auf einen Gegenstand – Schmerz, Gefühl, Muskelspannung – zugehe, stoße ich kurz vor meinem „Ziel" auf einen Widerstand: Es ist ein Moment der Panik, ein Gedanke, der kurz vor dem Schmerz, kurz bevor ich ihn „annehme", auftritt. Es ist, als müsse ich durch ein Moor waten, bevor ich zur Entspannung gelangen kann. Das ist der Widerstand, ein Gedanke, oder vielleicht einfach ein Gefühl des Widerwillens gegenüber etwas Unangenehmem, Übelkeit, Angst. Sich einem solch unangenehmen Gefühl der

Angst, der Verlassenheit oder des Widerwillens zu überlassen ist schwierig, man muß es immer wieder üben, muß stets aufs neue in das Moor hineinwaten und sich wieder zurückziehen, bis es schließlich gelingt, es zu durchwaten und auf der andern Seite wieder festen Boden zu betreten. Erst dann kann man auch betrachten, wie das Moor beschaffen war, woraus der Widerstand, der Widerwille bestand.

2.4.4 Gratwanderung – Der Horizont weitet sich

Ich gelange nun zum vielleicht wichtigsten Punkt meines ganzen Konzepts, dem Training einer *zweiten Wahrnehmung,* das heißt der Bewußtheit der Wahrnehmung, einer höheren Dimension, einer Metaebene des Bewußtseins.

Es handelt sich nicht mehr nur darum, zu spüren, ob ich Schmerz empfinde oder nicht; sondern Schmerz wird im eigentlichen Sinne ein Helfer, ein Trainingspartner. Wir verfügen über eine ganze Reihe weiterer solcher Trainingspartner: die Gefühle, Muskelspannungen, das Zentrum als innerer Halt gegenüber der Peripherie, das Strömen der Energie.

Und während wir bislang nur bei uns selbst trainierten, wird jetzt auch das Feld unseres Energietrainings ausgeweitet. Zunächst achten wir einmal auf die eigene Wahrnehmung, wenn wir in Kommunikation mit anderen Menschen stehen. Befinden wir uns im Rückzug oder im Angriff? Was Frederic Vester in bezug auf den Ur-Menschen im Streß so plastisch geschildert hat – seine Wachsamkeit, seine Kampf- oder Fluchtbereitschaft gegenüber der anziehenden Gefahr, die körperlich-hormonellen Vorgänge in diesem Zusammenhang (siehe Kapitel 4.1, Seite 120) –, vollzieht sich analog auch auf der Energieebene: Antipathie, Sich-bedroht-Fühlen, Sympathie sind zwar mentale Qualifikationen, aber wenn man die Wahrnehmung auf die eigene Energie richtet, wird man auch einen „Rückzug“ im Bauch feststellen. Die Atmung geht zu allen Vorgängen, die mit dem Denken und den Gefühlen zusammenhängen, synchron. Und mit der Atmung verändert sich auch die Energie.

Wenn wir mit anderen Menschen arbeiten und auf unsere Energie achten, dann benutzen wir eigentlich jene anderen dazu, die eigenen Gefühle emporzuholen und wahrzunehmen. Wenn sich in der Bäckerei jemand vordrängt, dann macht mich das wütend, aber es liegt auf der Hand, daß die Ungeduld, die ich dem anderen vorwerfe, *in mir* drin ist, ich würde mich ja am liebsten selbst vordrängen. Wenn ein anderer tut, was ich tun möchte, dann reagiere ich mit meinen Emotionen, mit meiner Energie. Ich empfinde den anderen als „unverfroren“, aber im Grunde ist das meine Projektion. In der Art von Energietraining, die ich meine, wird mit solchen Projektionen gearbeitet, wobei man die anderen dazu benützt, sich selbst besser kennenzulernen.

Es ist ein Ausloten der eigenen energetischen Flüsse und Blockierungen. Und es soll Spaß machen, es soll einen Erlebniswert für den Übenden haben, es soll spielerisch bleiben. Mit der Zeit wird es keine besonderen Übungen mehr brauchen, der Alltag selbst wird die Übung sein.

2.5 Die dritte Etappe

Der Klient arbeitet, unterstützt vom Therapeuten, intensiv an der zweiten Wahrnehmung, er sieht sich dabei massiven Widerständen gegenüber. Der Therapeut seinerseits achtet aufmerksam auf Widerstände, die sich aus der Biographie des Klienten ergeben können und die sich jetzt vermutlich bemerkbar machen. Der Klient arbeitet direkt mit jenen Widerständen, geht in sie hinein, wie zuvor in den Schmerz, die Blockierungen, die Emotionen.

Der Klient arbeitet an der weiteren Ausdehnung seiner Energie, er überschreitet seine physischen Grenzen, dehnt seine Verbindungen, freilich immer noch sehr kontrolliert und bewußt, in den Raum aus, nimmt energetischen Kontakt mit Pflanzen und Tieren auf, und vor allem mit Menschen.

Die Aufgabe des Therapeuten in dieser dritten Phase ist es, ihn auf diesem Weg zu motivieren und zu begleiten. Dank seiner Fähigkeit, die eigene Energie auszudehnen, kann er sich in eine Gegenübertragungssituation hineinbegeben und spüren, wie der Klient arbeitet. Der Klient wird auch darauf trainiert, die Energie auszusenden und zurückzuziehen. Hier ist vor allem die Entscheidungsfähigkeit zu entwickeln.

Schließlich begleitet der Therapeut den Klienten in den eigentlichen transpersonalen Bereich oder in den Bereich, in dem außerordentliche Bewußtseinszustände möglich werden. Er hilft ihm dort einen sicheren Pfad zu suchen. Er unterstützt ihn dabei, die Entscheidungsfähigkeit stets beizubehalten, allenfalls zu verstärken, sich zu „zügeln".

Der Klient arbeitet direkt mit der Energie, die sich in Form von Bewegung und Atmung, Haltung, Stimme, von Bildern und Licht manifestiert. Er läßt los, dergestalt, daß eigentlich die Energie das Geschehen bestimmt. Er „zügelt" nur das Loslassen. Wenn er sich aber entscheidet, loszulassen, dann bestimmt die Energie ihn. Nicht mehr er handelt bzw. sein Ich, sondern die Energie selbst. Die schwierige Aufgabe des Therapeuten ist es, die Phänomene der außerordentlichen Bewußtseinszustände, bei der Augenblicke der Selbstentgrenzung auftreten, in einen Erlebnis- und Sinnzusammenhang zu integrieren und weiter den Klienten dabei zu unterstützen, daß er die Energie „handeln" lassen kann in einem Maße, das eben noch zu ertragen ist. Es wird also weitergearbeitet an seiner Entscheidungsfähigkeit.

Dabei kommt das Jiu-Jitsu-Prinzip zum Tragen, von dem Vester gesagt hat, es sei das wichtigste Mittel der Natur, den Energiedurchfluß minimal zu halten und gleichzeitig den harmonischsten Ordnungszustand zu erreichen: Für uns geht es in diesem Sinne darum, uns mit der Energie zu verbünden, aber nicht mit ihr zu kämpfen.

2.5.1 Auf dem Gipfel: Die Leere

„Von einem der Schüler Buddhas, einem Musiker, erzählt man sich die folgende Geschichte: Nach vielen offensichtlich mißglückten Meditationsübungen fühlte sich dieser Schüler vollkommen frustriert und fragte den Buddha um Rat. ‚Wenn Du schöne, wohlklingende Musik machen willst, schlägst du dein Instrument dann ganz hart an?' fragte der Buddha. ‚Natürlich nicht', antwortete der Schüler. ‚Dann spielst du vielleicht ganz zaghaft und weich?' – ‚Nein, so nun auch wieder nicht. Man muß es eben im Gefühl haben. Nicht zu hart, nicht zu weich. Man muß die Mitte finden.' – ‚Und so meditiert man auch am besten!' beendete der Buddha das Gespräch."

Diese Anekdote über den Buddha, beim tibetischen Lama Tarthang Tulku zitiert, erinnert mich an Willy Quidor, meinen Lehrer in Autogenem Training. Ich stellte ihm zuweilen ziemlich einfältige Fragen. Das wurde ihm irgendwann zu bunt, und er sagte: „Hören Sie, alles ist so einfach, aber das Einfache ist eben ein wenig schwierig."

Kommen wir noch einmal auf mein Beispiel mit der Bäckerei zurück. Einer drängt sich vor. Mir steigt die Wut hoch: „Der nimmt mir das Brot weg." Oder ich empfinde: „Nie bekomme ich, was ich brauche. Immer muß ich warten."

Wir sind nun an einem Punkt angekommen, wo wir über die „zweite Wahrnehmung" hinausgelangen, wir fragen nach den „letzten Dingen", der Ur-Form des Daseins: Haben oder Sein?

Ich bewerte die Verhaltensweise dessen, der sich im Laden vordrängt: Sie ist schlecht. Dieses Bewerten weist darauf hin, daß in mir Gier ist, daß ich noch an den Dingen anhafte. Objektiv betrachtet bin ich ja nicht am Verhungern. Meine mentale Grundstruktur ist aber durch das *Haben*wollen geprägt. Ich vergesse immer wieder die grundlegende Dimension des *Seins*. Daraus entsteht meine Wut.

Es geht nun eben darum, weniger zu bewerten, Distanz zu den Phänomenen zu gewinnen, Gelassenheit. Tulku Tarthang schreibt: „Sie selbst verhalten sich (…) wie eine lebenskluge, ältere Dame, die Kindern beim Spielen zuschaut, interessiert zwar, doch ruhig und wissend. Das hat sie doch alles schon an sich selbst erlebt!" Wenn es mir gelingt, nicht mehr so sehr zu *bewerten* (gut-böse, richtig-falsch), was mir geschieht, wenn ich „es geschehen lassen" kann, wenn ich mich gegenüber den eigenen Gedanken neutral zu verhalten vermag, mich weniger hinreißen lasse, dann werden die Gedanken weniger, die Energie kann sich unblockiert und ungehemmt bewegen, die Dimension des „Seins" kommt dann zum Vorschein.

Inzwischen sind wir, ausgehend vom Körper, über die Gefühle bei den Gedanken, bei der mentalen Struktur angelangt. Unsere Gedanken schaffen die Welt, in der wir leben. Sie bilden die Form unseres Verhaltens, unserer Erwartungen und Wünsche. Sie bilden die Existenz und formen unsere Ich-Struktur. Die aber sei, wie Ken Wilber meint, nicht umzubringen. Dagegen sage ich: In Wirklichkeit steht unser Denken auf tönernen Füßen, erst wenn es uns gelingt, mehr Distanz dazu zu bekommen, nähern wir uns dem „Sein". Aber auch dessen Existenz ist fragwürdig und unsicher, wir befinden uns in einem dauernden Wandlungprozeß, dessen Ende absehbar ist: Das Individuum ist dem Untergang geweiht, es ist zum Sterben verurteilt.

Wir erkennen nun die Schwierigkeit zu akzeptieren, daß nur das Loslassen der Gedanken, der Emotionen, das Fließenlassen der Energien, die Minderung der Widerstände auf allen Ebenen das Heil bringen soll, die „Mitte". Denn sie ist die „Leere", wie die Buddhisten sagen.[1] Und es ist klar, daß uns dies nur hin und wieder gelingen kann, punktuell, im Augenblick. Dazu noch einmal Tarthang Tulku in einem längeren Zitat: „Um wirklich Ruhe und Gelassenheit zu erlangen, brauchen wir im gegenwärtigen Augenblick nur bewußt dazusein, ohne Zukunftsängste und ohne uns mit der Vergangenheit auseinanderzusetzen. Wir können dies in jeder Situation tun, indem wir einfach *drinbleiben* und die Erfahrung geschehen lassen. Das ist eine sehr wirksame Methode. Dazu gehört allerdings, daß wir unsere Erwartungen und Vorstellungen loslassen. Sonst werden die Emotionen unser Tun vollends steuern.

Nachdem eine Emotion einmal an die Oberfläche getreten ist, haben wir zwei Möglichkeiten: Zum einen können wir sie nach außen tragen, indem wir irgend jemand oder irgend etwas dafür verantwortlich machen, wie wir uns gerade fühlen. Damit verstärken wir allerdings die negativen Gefühle. Die zweite Möglichkeit ist, direkt in die Emotionen hineinzugehen, *die Emotion zu werden,* sie zu entdecken, sie in allen Einzelheiten zu fühlen und ganz ruhig anzuschauen, wie sie sich darbietet. Beobachten Sie sorgfältig, *wie* die Emotion in Erscheinung tritt, anstatt sich zu fragen, *warum.* Anstatt die Emotion von sich

---

[1] „Leere" wird hier im buddhistischen Sinne verstanden, nicht wie in der TCM, die von Leere im Gegensatz zu „Fülle" spricht. Nach Wolfgang Schumann ist die Leerheit das Gemeinsame in allen Gegensätzen, deren letzte Wirklichkeit: das Absolute. Ein Unterschied zwischen Vielheit und Einheit, Samsara und Nirwana, besteht nur im Scheinhaften, nicht im Essentiellen. Daß die Leere das Absolute ist, zeigt sich darin, daß sie wie das Absolute charakterisiert werden kann: sie ist unentstanden, unabhängig von Bedingungen, unwandelbar, unvergänglich, umfassend und in allem. Vgl. Hans Wolfgang Schumann: Buddhismus. Stifter, Schulen und Systeme. Olten 1976, S. 158.

wegzuschieben und zu verdrängen, freunden Sie sich besser mit ihr an. Wenn Sie genau hinschauen, ohne sich in den Strudel hineinziehen zu lassen, werden Sie bemerken, daß sich die Emotion kurz in ihren Körper und Geist manifestiert, nur um sich sofort wieder in reine Energie aufzulösen.

Gelassenheit wird sich ganz von selbst einstellen, wenn wir still dasitzen und unsere Emotionen beobachten, ohne an ihnen zu haften. Andere Übungsanweisungen erübrigen sich. Aufgewühlte und rastlose Gefühle sind wie schlammiges Wasser. Zur Ruhe gekommen wird es still, klar und transparent. Wenn sich unsere emotional bedingten Reaktionen ganz natürlich legen werden, Körper und Geist Frieden und Gleichgewicht finden.

Wenn wir uns einer solchen Veränderung entgegenstemmen, bedeutet das, daß wir die Emotion in Körper, Atem und Geist festhalten. Ein tieferer Einblick in diese emotionale Verspanntheit enthüllt einen seltsamen Widerspruch: Wir wollen zwar nicht leiden, scheinen aber unfähig, unser Unglücklichsein einfach aufzugeben. Wir halten sogar an den negativen emotionalen Reaktionen fest, ganz einfach weil unser emotionales Bedürfnis und Fixierungen zäh und widerstandskräftig sind. Sie stellen einen großen Teil unserer Identität dar. Es mag erschreckend und verwirrend sein, sie einfach loszulassen, denn ohne diese altbekannte Begleiter wissen wir vielleicht nicht einmal, wer wir eigentlich sind.“

3 Therapeutische Voraussetzungen

3.1 Die Befundaufnahme in der Energetischen Körperarbeit

In der Energetischen Therapie werden, neben den üblichen Funktionsbefunden nach Physiotherapeutenart, die hier nicht besonders beschrieben werden, die folgenden Befundmethoden eingesetzt:

- Augenschein
- Pulsbefunde
- Anamnese – Erzählen und Befragen
- Tastbefund (inkl. Alarm- und Zustimmungspunkte)
- Messungen
- Muskeltest

Jede Befundmethode leistet ihren ganz besonderen Beitrag zum Energieprofil eines Menschen. In den folgenden Abschnitten werde ich mich daher nicht auf eine Beschreibung der einzelnen Methoden beschränken, sondern vor allem ihre spezifischen Aufgaben und Möglichkeiten herausarbeiten. Im systematischen Teil werden einzelne Facetten oder Bereiche des Befundes noch etwas genauer in den Blick gerückt.

3.1.1 Augenschein

Der Augenschein soll uns zunächst nichts als einen ersten Entwurf eines „Körperbildes" liefern, einen sehr vorläufigen Eindruck davon, wie ein Mensch *„in der Welt steht"*. Qualifizierte Therapeuten und Therapeutinnen haben oft die Neigung, gleich ein sehr differenziertes und detailliertes „Körperbild" zu beschreiben. In meinen Kursen verlange ich aber zu Beginn vor allem ein gefühlsmäßiges Erahnen des Menschen, der vor uns steht: Der Therapeut, die Therapeutin soll *intuitiv* erfassen, wie ihr Gegenüber im gegenwärtigen Augenblick *„da ist"*.

Wir dürfen dieses erste, noch von der Intuition gelenkte Bild einem Patienten gegenüber auch zum Ausdruck bringen – in aller Vorsicht und im Sinne eines Angebots. Wird das Angebot aufgenommen, so kann ein erster, wertvoller Austausch erfolgen, über Möglichkeiten und Wünsche in Bezug auf die Therapie oder das Leben ganz allgemein.

Wenn ein solches Gespräch einmal zustande gekommen ist, können wir ohne weiteres auch noch etwas differenzierter auf das Körperbild eingehen.

Wir fragen uns nun zum Beispiel:

- Ist ein allgemeiner Hypertonus der Beugemuskulatur zu erkennen, durch eine entsprechende Vorlage und Verkürzung der Haltung?
- Ist eine deutliche Einatmungsstellung sichtbar?
- Ist eine Tendenz zu unrichtigem Einatmen ersichtlich, also eine Ausatmungsstellung?
- Ist die Muskulatur generell hyper- oder hypoton?
- Sagen die Augen und Gesichtszüge etwas aus über die Lebensenergie unseres Gegenübers?
- Schließlich: Sind deutliche Anzeichen einer Energiestörung (unten-oben, rechts-links, vorne-hinten oder außen-innen) auszumachen?

3.1.2 Pulsbefunde

3.1.2.1 Grundlagen

In den Arterien erfolgt in der Phase der Systole ein Druckzuwachs. Die Gefäßwände sind aber elastisch und bemühen sich, diesen Druck auszugleichen. Teils geben sie ihn lokal an die Umgebung ab, teils drücken sie das Blut weiter peripheriewärts. So entsteht im Gefäßrohr eine Pulswelle.

Was wir als Puls erfahren entsteht also aus dem Zusammenwirken von Blutvolumen, Blutdruck und der Spannung der Gefäßwände. Die letztere wird außerdem von der vasomotorischen Gestimmtheit beeinflußt, also vom vegetativen Nervensystem. Zusätzlich wirken noch weitere Faktoren wie der Turgor der Gefäßzellen, die Zusammensetzung des Blutes usw.; auch die zentralen Schaltstellen im Gehirn haben indirekt einen gewissen Einfluß auf den Puls.

Nach traditionell chinesischer Auffassung sind im Puls stets die beiden bekannten polaren Prinzipien wirksam, Yin und Yang – ein Materielles, eine Yin-Kraft, das Blut selbst, das auch den Bezug zu „Innen" repräsentiert", und eine Yang-Kraft, die vegetative Gestimmtheit, die zugleich den Bezug zu „Außen" darstellt.

3.1.2.2 Allgemeine Hinweise

• Die Pulsbefunde sollten, wenn immer möglich, früh am Morgen erhoben werden. Der Befundete hat noch kein Frühstück eingenommen, erlaubt ist jedoch eine Tasse Tee oder Wasser.

• Die einzelnen Pulse müssen immer mit den Bildern anderer Pulsstellen verglichen werden; nur das Gesamtbild erlaubt eine Interpretation.

• Der Therapeut selbst muß sich bei der Erhebung des Pulsbefunds in einem kontemplativen Zustand befinden, denn seine eigene Gestimmtheit trifft auf eine „vegetative Le-

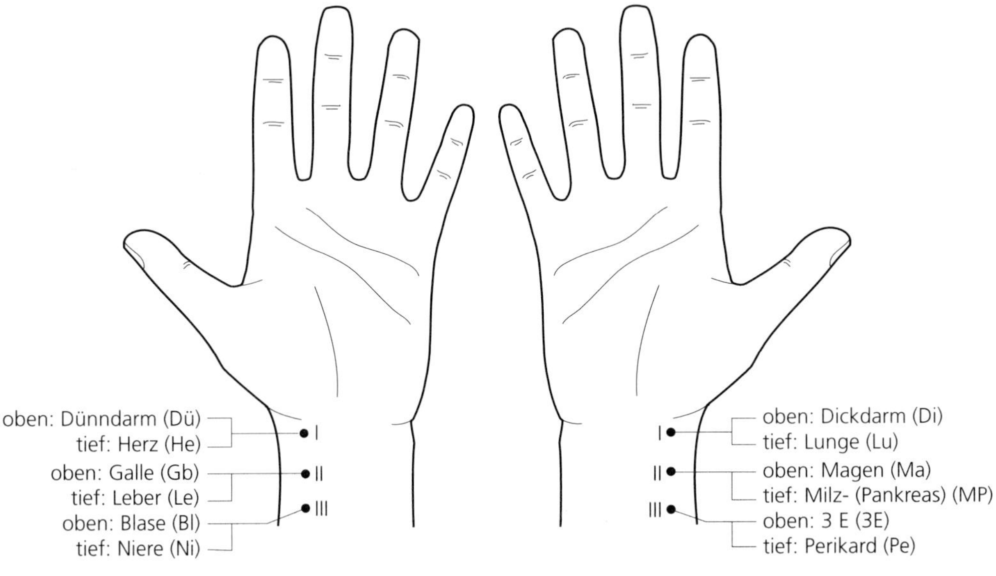

Abb. 3: Pulsdiagnostik
1. Taststelle I: Distal von der Radiusapophyse. 2. Taststelle II: Auf der Radiusapophyse. 3. Taststelle III: Proximal der Radiusapophyse. Obere Organe: Yang! Untere (tiefe) Organe: Yin!

bensform", auf ein Pflanzenartiges im Menschen. Pflanzen gedeihen aber bekanntlich nur in einer Umgebung der Zuwendung, in einem feindlichen Klima verkümmern sie. Sie reagieren sensibel auf äußere Reize – mit einer Beschleunigung bzw. Verlangsamung ihres Säftestroms.

• Das Pulsen kann nur im praktischen Unterricht und in der Selbstbeobachtung erlernt werden, es erfordert viel Übung und Erfahrung. Die „Pulsbilder" müssen gleichsam aus dem Unbewußten des Therapeuten aufsteigen und sollten nicht zu stark von Normen verformt und verfestigt sein.

• Die chinesische Medizin unterscheidet annähernd dreißig verschiedene Pulsbilder. In der TCM ist die Pulsdiagnose ein Instrument der Krankheitserkennung. Die Pulsbefunde der Energetischen Therapie dienen hingegen nur dazu, ein Energiemodell oder Energieprofil des Klienten zu entwerfen.

• Wir unterscheiden einen Oberflächen- und einen Tiefenpuls, einen schnellen und einen langsamen Puls, einen vollen und einen leeren Puls. Es gibt zudem weitere „Pulsbilder", die etwa „gespannter", „glatter", „spitzer" oder „wolkiger" Puls genannt werden (vgl. dazu verschiedene Lehrwerke der TCM).

• Beim Pulsen achten wir vor allem auf die folgenden Qualitäten des Pulses:
– Stärke: stark oder schwach?
– Pulsausschlag („Berg" der Pulswelle): lang oder kurz?
– Frequenz: schnell oder langsam?
– Rhythmus: gleichmäßig oder ungleichmäßig? „Löcher" im Puls?
– das „Pulsbild"

• Erst wenn der Pulsbefund abgeschlossen ist, soll der Klient mit Erzählen beginnen. Der Therapeut muß sich nun überlegen, ob zwischen Erzählung und den Pulsen (und weiteren Befunden) Übereinstimmung besteht.

3.1.2.3 Konstitution: Der generelle Yin-Yang-Zustand

Will man den eigenen Puls am linken Handgelenk ablesen, so legt man die Spitzen der Finger der Rechten auf die Radialarterie der

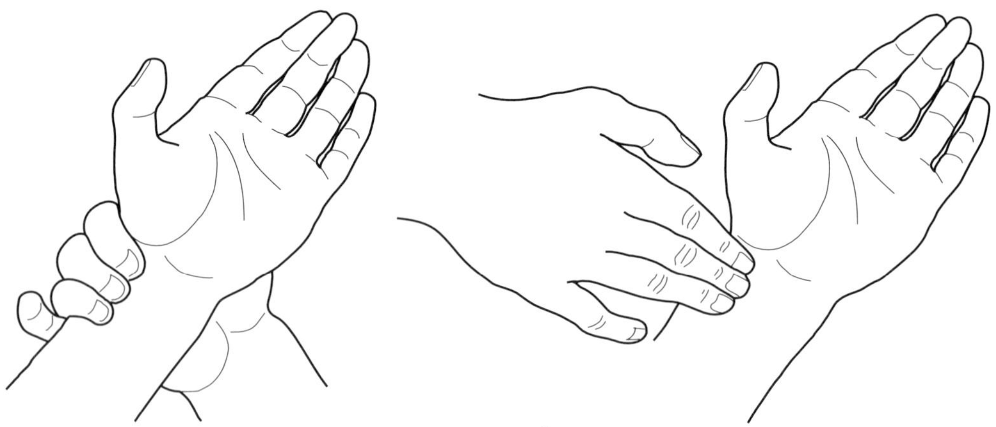

a b

Abb. 4: Pulsstellen

Linken: Der Mittelfinger wird auf die Höhe des knochigen Vorsprungs unter der Handgelenksfalte (Nr. II, siehe auch Abb. 3) gelegt. Der Zeigefinger kommt auf Nr. I und der Ringfinger auf Nr. III. Wie die Finger um das Handgelenk gehalten werden, ist aus Abb. 4a ersichtlich.

In welcher Stellung der Puls bei anderen Personen gefühlt wird, ersehen Sie aus der Abb. 4b.

3.1.2.4 Kontrolle zur Bestimmung des generellen Yin-Yang-Zustandes

Bei dieser Kontrolle prüfen wir die Kraft des Pulses an den drei Handgelenkspulsen, und zwar an der Oberfläche und in der Tiefe.

Wir halten, wie beschrieben, die Finger auf die Radialarterie – zuerst ganz ohne jeden Druck. In dieser Stellung registrieren wir die Kraft des *Oberflächenpulses*. Dann drücken wir auf die Arterie, bis der Puls nicht mehr zu fühlen ist, und reduzieren langsam den Druck, bis der Puls wieder spürbar wird. In dem Augenblick, da der Puls wieder zu fühlen ist, können wir die Kraft des *tiefen* Pulses feststellen.

Die drei Oberflächenpulse sind Yang zugeordnet; sind sie stärker zu spüren als die tiefen Pulse, dann ist der generelle Yang-Anteil größer.

Die drei Tiefenpulse sind Yin zugeordnet; sind sie stärker zu spüren als die oberflächigen Pulse, so ist der generelle Yin-Anteil größer.

Sind Oberflächen- und Tiefenpulse etwa gleich stark, so befindet sich der energetische Zustand im Gleichgewicht.

Diese erste Kontrolle scheint relativ einfach, doch kann sie selbst bei perfekter Ausführung fehlerhafte Ergebnisse aufweisen, dann nämlich, wenn einzelne Pulse zu bestimmten Tages- oder Jahreszeiten zu voll oder zu leer sind oder wenn Störungen von mehreren Organen vorliegen.

Der Therapeut kann sich zunächst mit einer Ahnung davon begnügen, ob die Pulsbefunde eher nach Yin oder nach Yang tendieren. Wie stark Yin oder Yang wirklich sind, zeigen eher Tests, die Konstitution oder auch das Verhalten der betreffenden Person. Bei vielen Menschen braucht es gar keinen Pulsbefund oder Test: Wenn jemand stets sehr aktiv ist, starke, verkrampfte Muskeln hat und im Winter fast nie friert, dann haben wir einen deutlich Yang-betonten Menschen vor uns. Wenn jemand aber schlaff ist, meist müde, keine Lust auf Aktivität hat und friert, dann handelt es sich um einen Yin-betonten Menschen.

Selbstverständlich gibt es auch Zweifelsfälle; Testergebnisse und Pulse stimmen vielleicht nicht überein, obwohl alle Regeln beim Befund eingehalten wurden. In diesen Fällen besteht die Möglichkeit, daß ein Mensch krank wird oder schon krank ist oder daß der Zustand einer vorhandenen Krankheit im Begriffe ist, sich zu verschlimmern.

3.1.2.5 Yin-Yang-Blockierung

Ist der 2. Puls (vgl. Abb. 5) in der Tiefe der rechten Hand sehr schwach, so gilt dies als Anzeichen dafür, daß die Verbindung zwischen Yin und Yang blockiert ist. Der 2. Puls liegt am vorspringenden Teil des distalen Radiusköpfchens (deshalb wird die Pulswelle immer etwas stärker empfunden). Wenn nun diese 2. Pulsstelle im Vergleich zu 1 und 3 als deutlich schwächer befundet wird, dann spricht man von einer generellen Blockierung von Yin und Yang.

Es ist hervorzuheben, daß die Schwäche sich im tiefen Yin-Puls an der 2. Pulsstelle abspielt.

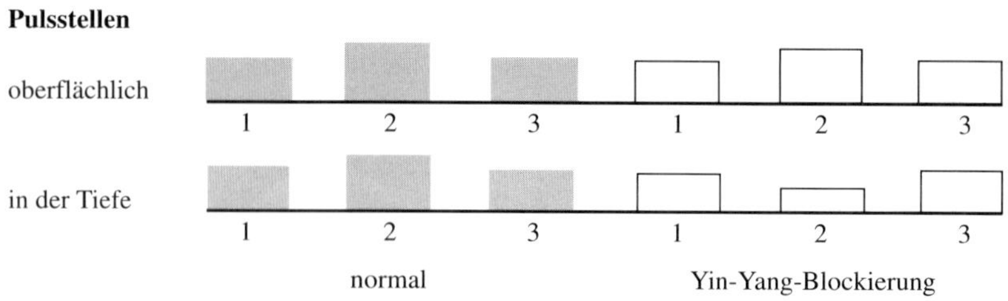

Abb. 5: Yin-Yang-Blockierung

3.1.2.6 Die Energie in der Zeit

Wenn bei einem Menschen mehr als vier oder fünf Pulsschläge während einer vollständigen Atemperiode (Einatmung und Ausatmung) zu spüren sind, dann reden wir davon, daß seine Energie „vorgeht“, das heißt, daß seine Lebensenergie dem Zyklus der kosmischen Energie vorauseilt. Das „Vorgehen“ der Energie ist nicht ein Zeichen von Kraft, sondern ein Kompensationsphänomen als Folge von Kraftlosigkeit und Erschöpfung – ein Befund übrigens, den wir sehr häufig antreffen. Die Akupunkteure sprechen von einer Yang-Erregung (Schmidt) oder auch vom *„Fieberpuls“*. Die Symptome des „Fieberpulses“ haben nur scheinbar Yang-Charakter, in Wirklichkeit sind sie Ausdruck von Yang-Leere.

Kennzeichnend für die in solchen Fällen typische Irritabilität sind erhöhte Empfindlichkeit, Schmerzen bei Berührung oder leichtem Druck und die Verschlimmerung der Beschwerden nach sonst gut verträglichen physiotherapeutischen Applikationen. Ferner ist eine allgemeine Nervosität (wenn auch vielfach versteckt), Labilität und Zerstreutheit festzustellen.

Fallen weniger als vier oder fünf Pulsschläge auf eine vollständige Atemperiode, so sprechen wir davon, daß die Energie „nachgeht“. Bei einer solchen *Yin-Kompensation* ist die Lebensenergie meist schon stark geschädigt. Es ist einerseits eine gesteigerte Aktivität und Reizbarkeit in den Verdauungs- und Ausscheidungsorganen festzustellen, andererseits eine Schwäche des Herz- und Kreislaufsystems. Wir sprechen auch vom *„Kältepuls“*. Es handelt sich um ein Anzeichen von endokriner Insuffizienz (siehe Kapitel 4.6.3.1, Seite 192).

3.1.2.7 Die tiefere Bedeutung des Energieflusses in der Zeit

Die Traditionelle Chinesische Medizin ging davon aus, daß während eines Jahres die Energie im Universum sich wellenartig vermehrt und vermindert. So entstehen aus ihrer Sicht die Jahreszeiten und analog verhalte es sich auch beim 24-Stunden-Rhythmus der Tag- und Nachtperiode (siehe Abb. 6, Organuhr).

Bei der Messung des Pulses wird nun der Rhythmus des Menschen im Bezug zu diesen Rhythmen der Natur beurteilt.

Wir alle sind durch den Herzschlag unserer Mütter rhythmisch auf die Welt eingestimmt worden: Solange das Mutterherz in normalem Takt schlägt, ist die Welt für das Ungeborene in Ordnung. Der mütterliche Herzschlag steht für Geborgenheit und beruhigt. – Im Mutterleib also wurden wir an den Rhythmus der Natur angekoppelt. Wenn dies nicht in vollem Umfang gelungen ist, müssen wir es als Erwachsene nachholen und den Rhythmus der Natur selbst finden. Dabei hilft uns als Kontrolle die Beurteilung des Pulses: Geht er vor oder nach oder befindet er sich in der Zeit?

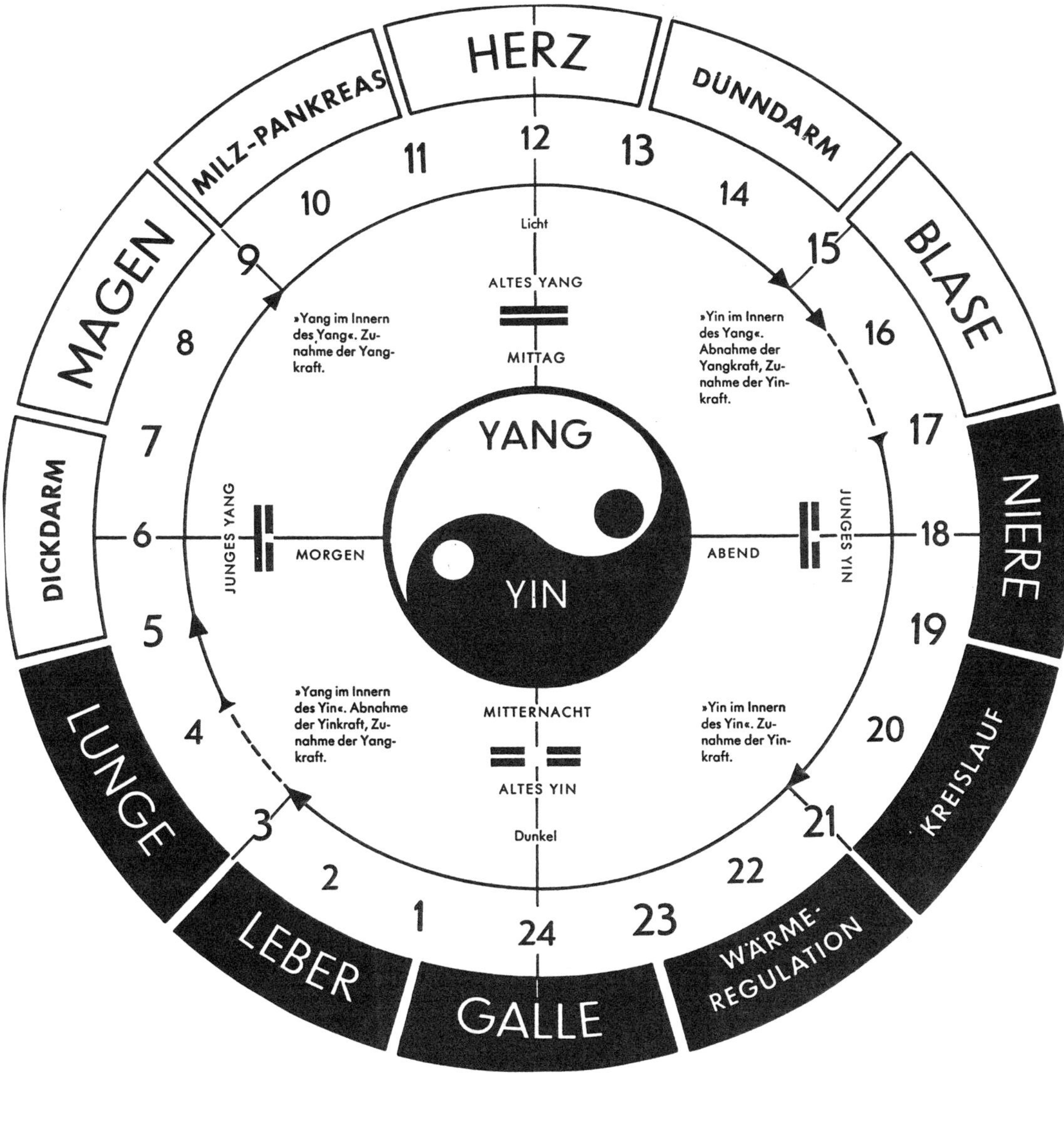

Abb. 6: Die Organuhr (Stiefvater, E.W.: Die Organuhr. Karl F. Haug Verlag, Heidelberg 1998).

3.1.2.8 Weitere Pulsstellen

❶ Energetisches Verhältnis unten-oben

Ni 3: 0,5 Cun (zum Körpermaß *Cun* siehe Anhang, S. 241) hinter dem Malleolus internus, in einem Grübchen oberhalb des Fersenbeins gelegen. Dort ist der Puls der Arteria tibialis posterior zu fühlen.

Diese Pulsstelle gibt im Vergleich zur Pulsstelle Ma 9 eine Ahnung über die energetische Ausgeglichenheit der Beziehung unten-oben und über die Erbenergie. Es werden nicht etwa die „Erbfaktoren" erspürt, wir erhalten nur eine Idee von den energetischen Kräften, die von den Ahnen in uns weiter fließen. Gemeint ist eine Kraft, wie sie die Pflanze einsetzen kann, wenn sie durch äußere Einwirkungen wie Kälte, Nässe, Gewalt usw. gezwungen ist, den Rückzug ihres Säftestroms zu den Wurzeln zu vollziehen, um im nächsten Frühling wieder neu wachsen zu können. Die Kraft der eigenen Wurzeln weist auf die eigene Regenerationsfähigkeit und macht deutlich, was Regression im Sinne eines Kraftholens an den Wurzeln leisten kann.

Ma 9: Am Hals, am vorderen Rande des M. sternocleidomastoideus, auf der Arteria carotis externa, 1,5 Cun lateral des Punkts Jen-Mo 23 (der sich seinerseits in einem Grübchen über dem Adamsapfel befindet) gelegen.

Die Pulsstellen Ni 3 und Ma 9 geben beide Auskunft über die Energieverteilung unten-oben. Die Arteria tibialis posterior ist volumenmäßig wesentlich kleiner und unauffälliger als die große Arteria carotis externa, was beim Vergleich berücksichtigt werden muß.

❷ Die Energie im Inneren des Körpers

Lu 9: Auf der volaren Seite des Handgelenks, in der Beugefalte über der Arteria radialis gelegen. Diese Pulsstelle gibt eine Ahnung über die Energie im Inneren des Körpers. Der Puls wird zwischen Oberfläche und Tiefe erfühlt.

❸ Die Pulsbefunde der rechten/linken Körperseite

Über den bereits genannten Punkt **Ni 3** ist der Puls der Arteria tibialis posterior zu fühlen.

Unterschiede in der Pulsqualität zwischen der rechten und linken Körperseite können auch auf eine Energiestörung im Verhältnis zwischen den beiden Körperseiten hinweisen. Klarere Hinweise auf eine rechts-links-Störung erhalten wir freilich aus anderen körperlichen Symptomen etwa wenn Schmerzen oder Bewegungseinschränkungen die eine Körperseite dominieren.

Ma 42: Auf der höchsten Stelle des Fußrükkens ist der Puls der Arteria dorsalis pedis zu spüren, an dessen Unterschieden eine rechts-links-Störung ebenfalls festzustellen ist.

3.1.2.9 Die Organpulse

In der TCM hat „Organ", wie schon ausgeführt, eine andere Bedeutung als in der westlichen Medizin. Die „Organe" der TCM sind eher „Funktionskomplexe", „Organseelen". Damit gemeint ist die Energie, die wir aus diesen Funktionen beziehen. Die Organe sind die Schaltstationen, die Transformationsstellen des ganzen energetischen Systems.

Jedem Organpaar ist im Meridiannetz eine Pulsstelle am Handgelenk zugeordnet. Die Organpulse geben u.a. Auskunft darüber, ob sich ein Organsystem funktionell homolog zur Natur-Zeit befindet.

3.1.2.10 Die Handgelenkpulse und die Fünf Wandlungsphasen

Anhand des oberflächigen und des tiefen Pulses läßt sich an jeder Position jeweils ein Organpaar beurteilen. Die oberflächigen Pulse stehen für die Yang-Organe, die Werkzeugorgane (Palast- oder Durchgangsorgane, Fu),

Tab. 3

Hand	Position	Oberfläche (Yang)	Tiefe (Yin)	Wandlungsphase und Jahreszeit (= Organ in Fülle)
Linke	I	Dünndarm	Herz	Feuer/Sommer
	II	Gallenblase	Leber	Holz/Frühling
	III	Blase	Niere	Wasser/Winter
Rechte	I	Dickdarm	Lunge	Metall/Herbst
	II	Magen	Milz-Pankreas	Erde/Mitte
	III	Dreifacher Erwärmer	Kreislauf/Perikard	Feuer/Sommer

und die Tiefenpulse stehen für die Yin-Organe, die die Energie speichern und bewahren (Speicherorgane, Zang). Zwischen den Yin- und den Yang-Organen gibt es ein sehr komplexes Netz von Bezügen, und die Organpaare selbst sind wiederum in ein kompliziertes Beziehungsgeflecht eingebettet. Ich weise hier lediglich auf drei Beziehungsformen hin, die bei der Befundaufnahme besonders berücksichtigt werden müssen:

• Die Beziehung der Yin- zu den Yang-Organen: Immer zwei Organe bilden zusammen ein Paar und verbinden Inneres und Äußeres im Körper. Ihre Energien sollten gegenseitig ausgeglichen sein. Gemeinsam sind sie einer bestimmten Wandlungsphase zugeordnet (Tab. 3).

• Die Beziehung der Organpaare zu den Jahreszeiten (Zyklen oder Phasen): Der menschliche Körper versucht sich den äußeren Einflüssen anzupassen. Im „Neijing“ lesen wir: „Der Mensch als Teil der Natur muß sich immer den Jahreszeiten anpassen, um überleben zu können. Wenn er sich nicht anpaßt oder wenn seine Lebensenergie zu schwach ist, können die sechs perversen Energien (Wind, Kälte, Hitze, Feuchtigkeit, Trockenheit und Feuer) auf seinen Organismus Einfluss gewinnen und Krankheiten auslösen.“ Deshalb ist es wichtig, daß die Organpaare in der ihnen entsprechenden Jahreszeit eine Energie*fülle* aufweisen, damit die „perverse Energie“ nicht in das System eindringen kann.

Das Schema (Abb. 7, Seite 100) wird folgendermaßen gelesen:

Der „Holzpuls“ (das heißt der Puls der linken Hand/Position II, der Auskunft über das Organpaar Gallenblase/Leber gibt) befindet sich, wenn er „mit der Zeit“ geht, zur Frühlingssonnenwende auf dem Höhepunkt, nimmt anschließend ab bis zur Herbstsonnenwende und dann wieder zu, in einer stetigen wellenförmigen Bewegung.

Der „Metallpuls“ hingegen (der Puls der rechten Hand/Position I, der Auskunft gibt über die Organe Dickdarm/Lunge) bewegt sich gegenläufig. Er befindet sich am Herbstpunkt im Maximum und erreicht am Frühlingspunkt das Minimum. Der „Erdpuls“ schließlich (der Puls der rechten Hand/Position II, der über Magen/Milz und Pankreas Bescheid gibt) sollte sich grundsätzlich stets auf ungefähr demselben Niveau bewegen.

• Die Beziehung der Organpaare zu den Gemütsbewegungen (Emotionen): Zu diesem Thema lesen wir in Kapitel 39 des „Huangdi Neijing Suwen“ den folgenden Dialog zwischen dem Gelben Kaiser (Huangdi) und dem Arzt Qi Bo: „Ich habe gehört, daß alle Krankheiten energetische Ursachen haben; haben aber die Leidenschafen einen Einfluß auf die Energie?“ – Und Qi Bo erwidert: „Der Zorn treibt die Energie nach oben, die Freude beruhigt den Energiefluß, die Energie wird friedlich. Die Traurigkeit vermindert die Energie durch Schwächung der Lungenenergie, die

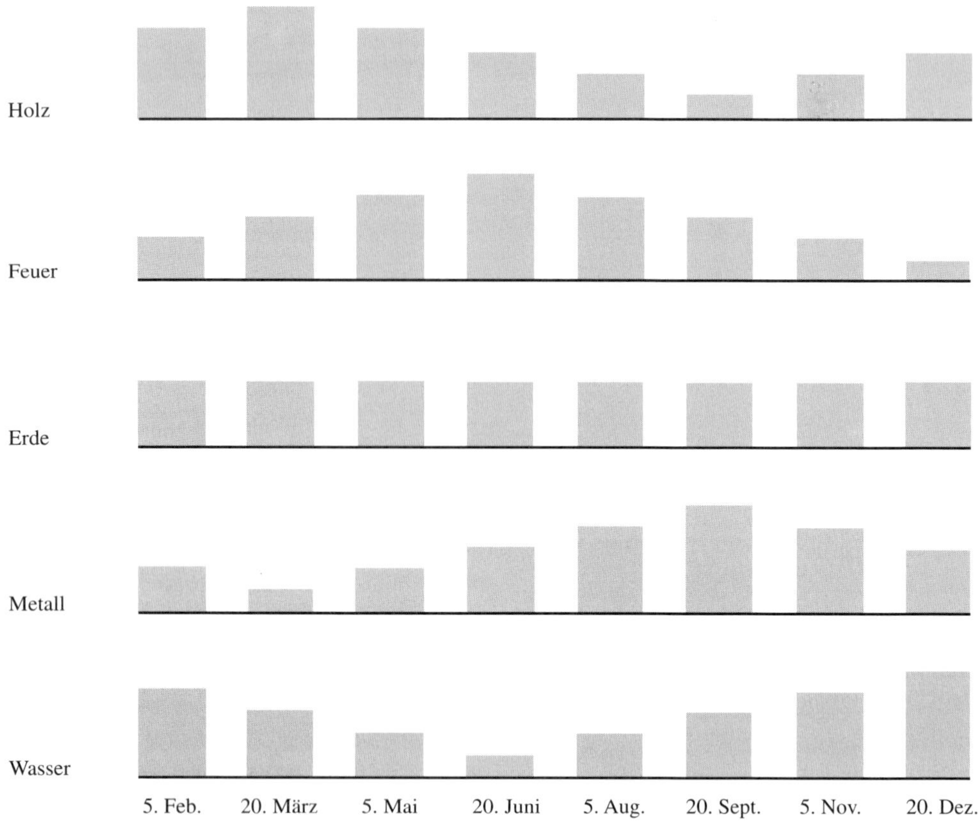

Abb. 7: Die Pulsstärken in Beziehung zu den Jahreszeiten/Wandlungsphasen.

Furcht treibt die Energie abwärts, indem sie den Oberen Erwärmer schließt, die Sorgen konzentrieren die Energie, so daß sie nicht mehr zirkuliert, die übermäßige geistige Anstrengung blockiert die Energiezirkulation."

Wird der Mensch äußeren Störungen ausgesetzt, so verändert dies seinen Charakter und seine Seele. Diese von außen bewirkten Veränderungen können jedoch nicht von den Auswirkungen der fünf Organpaare geschieden werden. Hierzu noch einmal ein Zitat aus dem „Suwen": „Der Mensch hat fünf Organe, die fünf Energien auslösen, die ihrerseits Freude, Zorn, Sorge, Traurigkeit und Angst hervorrufen." Darum schädigt auch eine unbewußte emotionale Belastung, die irgendwann im Leben eingetreten ist, dauernd das energetische System.

Die Kriterien

+++ sehr stark spürbar
++ stark spürbar
+ gut spürbar
(+) fast nicht spürbar
– nicht spürbar

Pulswelle: spitz = Yang ^
breit = Yin ⎍

Praktische Anwendung dieser Kriterien: Siehe Energieprofil Seite 226.

Intuitive Bezeichnungen, zum Beispiel: körnig, weich, sanft, versteckt, ruppig, wolkig etc.

Zusammenfassung der Pulsbefunde:
In der Konstitution:
Yin-Yang-Blockierungen:
Die Energie in der Zeit (Pulsanzahl und eine Atemperiode):
Energetisches Verhältnis unten-oben
Die Energie im Inneren des Körpers
Die Pulsbefunde der rechten/linken Körperseite

3.1.3 Anamnese

3.1.3.1 Das Erzählen

Bei Ken Wilber habe ich die folgende Geschichte gefunden: „Ich hatte einmal das Glück, Zuhörer einer faszinierenden Diskussion zwischen einem klinischen Psychologen und einem asiatischen Meditiationsmeister über deren jeweilige Behandlung einer anorektischen Patientin zu sein (…). Der Meditiationsmeister besuchte die Vereinigten Staaten zum ersten Mal und interessierte sich sehr für westliche psychotherapeutische Methoden, mit psychischer Krankheit umzugehen. Der klinische Psychologe beschrieb den sehr schwierigen Fall einer anorektischen Frau, welcher der Behandlung trotzte. Der Meister war von dem Fall bald fasziniert und stellte viele Fragen über die Krankheit und die Behandlung. Als der Psychologe geendet hatte, fragte ich den Meister, warum er so interessiert sei. Er sagte, in sein Meditiationszentrum in Burma sei einmal eine Frau mit den gleichen Problemen gekommen. Außerdem habe sie unter chronischer Schlaflosigkeit gelitten. Sie wollte meditieren lernen, wahrscheinlich in der Annahme, das könne ihr etwas Linderung bringen.

Ich fragte den Meditationsmeister, ob er sie unterwiesen habe. Zu meiner Überraschung antwortete er: ‚Nein.' Sechs Wochen lang ließ er sie nur jeden Tag kommen und ihre Klagen über ihren Mann, ihre Kinder, ihre Eltern und die Ungerechtigkeiten des Lebens im allgemeinen ausschütten. Er hörte meist nur zu. Er sprach auch mit ihr, beschrieb aber nicht genau, in welcher Weise. Dieser erste Teil der ‚Behandlung' wurde also in der Tat durch das Medium einer besonderen Art von zwischenmenschlicher Beziehung vollzogen. Er forderte sie auch auf, sie solle schlafen. Binnen kurzer Zeit begann sie 4, 8, 12, 14, 16 und schließlich 18 Stunden pro Nacht zu schlafen – und an diesem Punkt kam sie zu ihm und sagte: ‚Ich habe genug geschlafen; ich bin hergekommen, um meditieren zu lernen.' – ‚Oh', antwortete er, ‚Sie wollen meditieren lernen. Warum haben Sie das nicht gleich gesagt?'"

Wir erhalten also nicht nur aus den spontanen Berichten unserer Patienten zahlreiche Informationen über sie, ebenso wichtig – auch im therapeutischen Zusammenhang – ist, daß die Patienten Gelegenheit erhalten, sich zu „entleeren", sich auszusprechen – das zeigt Wilbers Geschichte eindrücklich.

Die Erfahrung hat mich gelehrt, daß selbst der Zeitpunkt von Bedeutung ist, wann der Patient zum Erzählen findet. Die wichtigsten Informationen über den kranken Menschen bekommen wir oft in der „Regressionsphase".

Drei Thesen zum Erzählen in der Therapie

These 1: Der Leidende wird sich uns beim Erzählen offenbaren. Leider sind seine Botschaften aber meist codiert und Therapeuten haben oft weder die Zeit noch die Lust, den Code zu entziffern. Das Befragen fördert Symptome zutage, das Krankheitsbild ist aber zuweilen schon im Kopf des Therapeuten fixiert. Der Patient liefert mit seinen Antworten nur noch die passenden Formen und Farben. – Im Erzählen offenbart sich hingegen nicht die Krankheit, sondern stets der kranke Mensch selbst.

These 2: Der Kranke „verrät“ beim Erzählen nicht nur sein wirkliches Leiden, er scheint oft auch Bescheid zu wissen, welcher Therapie er bedarf. Und er sagt uns, ob er gesund werden will oder ob seine Krankheit für ihn so wichtig ist, daß er sie behalten möchte. Betrachten wir Krankheit als Zuwachs an Persönlichkeit, als Transformationsprozeß der Seele, so zwingt uns dies, mehr Achtung vor dem Leiden des anderen zu haben und die Zeit aufzuwenden, die der kranke Mensch fordert und braucht.

These 3: Am Beginn jeder Therapie steht eine „Diagnose“, eine erste „Wahrheit“. Es wird dem Therapeuten und auch dem Patienten große Mühe bereiten, diese „Wahrheit“ später zugunsten einer neuen „Wahrheit“ aufzugeben und zuletzt auch diese wieder zugunsten einer nächsten „Wahrheit“ loszulassen.

3.1.3.2 Das Befragen

Uns interessieren in diesem Zusammenhang natürlich vor allem jene Aspekte der systematischen Anamnese, die für die energetische Therapie unmittelbare Bedeutung besitzen. Am Anfang stehen meist Fragen zum lokalen Yin-/Yang-Gleichgewicht, beziehungsweise zu „lokalen Störungen“, der Oberfläche des energetischen Geschehens. Meine Fragen kreisen um den Schmerz, dessen Lokalisierung und den Zeitfaktor, dabei werden jene lokalen Störungen – die, wenigstens vordergründig, meist den Anlaß bilden, daß ein Patient die Therapie aufgesucht hat – in Bezug auf ihre Yin- oder Yang-Qualitäten geprüft.

Die Antworten des Patienten verraten, besonders bei chronischen Yin-Störungen, auch etwas über die gestörte Verteilung der Energie im Körper (Störung unten-oben, rechts-links usw.).

Die Fragen im einzelnen:

• Wann begann der Schmerz (zeitlich)?
- erst kürzlich: Yang
- schon länger: Yin
- vor sehr langer Zeit: struktives Yin

• Was haben Sie gemacht, als der Schmerz einsetzte?
- Ein Yang-Zustand wird gebessert durch Kälte, etwa durch kalte Wasser- oder Alkoholwickel. Der Wickel soll dem Körper Hitze entziehen. Wenn er warm wird, muß er gewechselt werden. – Empfohlen ist ferner Ruhe und Dunkelheit. Bei einem ausgesprochenen Yin-Zustand werden dieselben Mittel das Befinden des Patienten verschlimmern.
- Ein Yin-Zustand wird durch Wärme, Trokkenheit, Bewegung, Druck (Massage oder manuelle Techniken) und Licht verbessert. Dieselben Mittel wirken bei einem Yang-Zustand schlecht.

• Wie begann der Schmerz?
- schleichend: Yin-Zeichen
- plötzlich: Yang-Zeichen

• Wo befindet sich der Schmerz jetzt?
- An der Vorderseite des Körpers: Yin-Zeichen
- an der Körperrückseite: Yang-Zeichen

• Hat sich die Schmerzstelle verschoben?
- gleich wie zuvor: Yin-Zeichen
- verschoben: Yang-Zeichen

• Wie empfinden Sie den Schmerz jetzt?

– Yin	– Yang
alt	neu
gleichmäßig	stechend
in der Tiefe	oberflächlich
kalt	heiß (Hitzekrankheit)
in der Nacht	am Tag
gleichförmig	klopfend
diffus	lokal
chronisch	wie ein elektrischer Schlag

- **Wann spüren Sie den Schmerz jetzt (ständig, im Tagesablauf wechselnd, nur nachts, während oder nach Belastung, Häufigkeit)?**
  - Wechselndes Schmerzgeschehen ist ein Yang-Zeichen.
  - Konstantes Schmerzgeschehen ist ein Yin-Zeichen.

Nun schreiten wir weiter zu einer systematischen Erhebung des *generellen* Yin-Yang-Gleichgewichts und füllen zusammen mit dem Klienten den folgenden Testbogen aus:

Yin	**Yang**
eher passiv, müde	aktiv, lebhaft
eher schüchtern, scheu	ungezwungen
unsportlich	sportlich
sanft, ruhig	nervös, aufbrausend
eher unentschlossen	entschlußfreudig
schläft viel	schläft wenig
tiefer Schlaf	leichter Schlaf
benötigt viel Wärme	sucht Frische (Schatten)
Nachtmensch	Tagmensch
eher Pessimist	Optimist
liebe dunkle Farben	liebt lebhafte Farben
eher fest	eher mager
eher bleicher Teint	gesundfarbiger Teint
Haut feucht	Haut trocken
schwacher Körperhaarwuchs	starker Körperhaarwuchs
viel Kopfhaar	Neigung zu einer Glatze
viel Speichel	wenig Speichel
öfteres Wasserlösen	seltenes Wasserlösen
Urin hell	Urin dunkel
schwitzt viel	schwitzt wenig
liebt Süßes	liebt Salziges
ermüdet schnell	ist ausdauernd
hat eher schlaffe Muskeln	neigt zu Muskelkrämpfen
fröstelnd	nicht fröstelnd
Periode lang und stark	Periode kurz und schwach

Das Punktetotal der beiden Kolonnen wird ausgezählt und mit anderen Befunden verglichen.

Wandlungsphasen

Fragen zu der am meisten bevorzugten oder gefürchteten Jahreszeit gestatten uns auch eine erste Annäherung an die Stellung des Patienten im Zyklus der Wandlungsphasen. Wir fragen zum Beispiel:

- In welcher Jahreszeit ist Ihnen wohl, welche Jahreszeit mögen Sie besonders gern?

- In welcher Jahreszeit haben Sie Mühe, ist Ihnen nicht wohl?

Zur Interpretation der Antworten bedienen wir uns der folgenden Auflistung. Details zu den einzelnen Wandlungsphasen im Zustand der Fülle oder Leere finden Sie im Kapitel „Manifestationen der Energie/Wandlungsphasen“, S. 198.

1. Wandlungsphase Wasser
- Ich liebe den Winter > Leere der Wandlungsphase Wasser
- Ich mag den Winter nicht > Fülle der Wandlungsphase Wasser

2. Wandlungsphase Holz
- Frühling ist meine Jahreszeit > Leere der Wandlungsphase Holz
- Ich fürchte den Frühling mit seinen Winden > Fülle der Wandlungsphase Holz

3. Wandlungsphase Feuer
- Mein Zustand verbessert sich im Sommer > Leere der Wandlungsphase Feuer
- Ich habe Probleme mit dem Sommer > Fülle der Wandlungsphase Feuer

4. Wandlungsphase Erde
- Ich fühle mich wohl im Spätsommer (5. Saison) > Leere der Wandlungsphase Erde
- Ich fühle mich schlecht im Spätsommer > Fülle der Wandlungsphase Erde

5. Wandlungsphase Metall

- Im Herbst fühle ich mich wohl > Leere der Wandlungsphase Metall
- Mein Gesundheitszustand verschlimmert sich im Herbst > Fülle der Wandlungsphase Metall

Anmerkung: Mit der Jahreszeit hängt auch das Klima zusammen. Es gibt Menschen, die ein Klima besonders schätzen oder hassen.

3.1.4 Der Tastbefund

3.1.4.1 Grundlagen: Der Tastsinn des Menschen

Seine Fähigkeit, mit den Händen anderer Menschen Wohlbefinden zu steigern oder Leid zu lindern, entdeckte der Mensch schon in der Antike. In China, Indien, Ostasien und später in griechischen Tempeln streichelten, rieben, kneteten, klopften und klatschten handfertige Männer und Frauen die durchschnittlich 20.000 Quadratzentimeter Haut eines Mitmenschen – noch ohne genauere anatomische Kenntnisse über dessen 200 Knochen, 600 Muskeln und 400 Gelenke.

Seit ihren Anfängen nutzte die antike Medizin die Massage – ein Wort, das aus der arabischen über die französische in unsere Sprache eingegangen ist –, die mechanische Einwirkung auf die Haut und die darunter liegenden Weichteile. Massage verändert den Spannungszustand der Muskulatur und die Durchblutungsverhältnisse des Gewebes, sie wirkt damit auch auf die Funktion der inneren Organe ein.

Ihre Erfolge verdankten die Masseure der Antike und die Therapeuten von heute zunächst einmal dem höchst empfindlichen Tastsinn – der beim Neugeborenen im Bereich der Lippen und der Zunge, beim Erwachsenen an den Fingerspitzen am sensibelsten ist. Denn die Zahl der Tastkörperchen in der menschlichen Haut, nach derzeitigem Erkenntnisstand pro Quadratzentimeter mindestens sieben, erreicht in den Fingerspitzen ihre dichteste Konzentration: 135 pro Quadratzentimenter.

Wie überaus empfindlich unser Tastsinn zu arbeiten vermag, können wir erfahren, wenn wir mit den Fingerspitzen über eine hauchzarte Porzellantasse fahren. Unser *Druck- und Berührungssinn* erspürt mit ungewöhnlicher Sensibilität die allerfeinsten Unterschiede in der Tassenstruktur. Der Druck- und Berührungssinn kann selbst so minimale Differenzen erkennen wie die Einwirkung einer Kraft von 0,1 und 0,104 Gramm auf die Fingerspitzen.

Wenn wir nun die mit Tee gefüllte Porzellantasse bei geschlossenen Augen vom Tisch abheben, so wissen wir in jedem Augenblick, welchen Kraftaufwand unsere Armmuskulatur dazu leisten muß, in welcher Stellung sich der Arm und die Tasse jeweils befinden. Alle diese Informationen liefert uns der Tastsinn in Fingerspitzen, Hand und Arm mit erstaunlicher Präzision: Wir können registrieren, wenn sich zwei volle Tassen, die wir nacheinander anheben, im Gewicht um bloße vier Gramm unterscheiden. Die Informationen aufnehmenden Nervenpunkte in Haut, Bindegewebe, Muskulatur, Sehnen und Gelenken für diesen Teil unseres Tastsinns, die *Tiefensensibilität,* nehmen Unterschiede bis zu einem Zweihundertstel wahr.

Umschließen wir nun mit der Hand die volle Teetasse, so können wir mit einem weiteren Bereich unseres Tastsinns, der *Temperaturempfindlichkeit,* sehr genau feststellen, ob der Tasseninhalt die richtige Trinktemperatur hat. Ob etwas warm oder kalt ist, vermag unser Körper nur an der Hautoberfläche, an einigen Schleimhautpartien und im Magen zu registrieren; Wärme und Kälte werden dabei nicht von denselben Nervenpunkten festgestellt. Auf die 150.000 „Kältepunkte“ der Hautoberfläche kommen freilich nur 30.000

„Wärmepunkte"; in der Hand haben wir pro Quadratzentimeter vier bis fünf, im Gesicht aber bis zu zwölf Kältepunkte.

Ist der Tee in unserer Tasse zu heiß, so löst der Tastsinn unverzüglich eine schmerzhafte Empfindung aus. Fünfzig bis hundert Schmerzpunkte pro Quadratzentimeter Haut, die die *Schmerzempfindung* eines Menschen auslösen, gehören ebenfalls zu seinem Tastsinn (H. Rein/M. Schneider).

Der Schmerz spielt für unser Wohlbefinden die Rolle eines Wächters, er signalisiert gleichzeitig Ort und Ausmaß einer Verletzung oder Krankheit. Dabei lassen sich zwei Arten von Schmerz unterscheiden: der Tiefenschmerz im Körperinneren und der Oberflächenschmerz in der Haut.

Den gut zu lokalisierenden Oberflächenschmerz spüren wir hell, dumpf hingegen den schwerer zu ortenden Tiefenschmerz. Auf den Oberflächenschmerz reagieren wir aktiv, zumeist mit aggressiven Gefühlen; auf den Tiefenschmerz aber passiv-duldend, zumeist mit depressiven Gefühlen. Wie schon diese pauschalen Wertungen zeigen, erlaubt das Schmerzempfinden unseres Tastsinns vielfältigen Aufschluß über Gefahren für unseren Gesundheitszustand.

Wer all diese Fähigkeiten seines Tastsinns addiert und sich vorstellt, daß Ärzte und Therapeuten ihr Fingerspitzengefühl noch empfindsamer zu entwickeln vermögen, der wird ermessen, über welch außerordentlich feines und komplexes organisches System der Therapeut für seine Arbeit verfügt. Er spürt jede kleinste Verforumg unter der Haut, jede Muskelveränderung, jeden Temperaturunterschied auf unserem Körper.

3.1.4.2 Schulung des Tastsinnes

Beim Tastbefund setzen wir nun also jenen äußerst differenzierten Tastsinn ein. Beim modernen Menschen ist dieser Sinn allerdings oft verkümmert, alles will heute ja gesehen, nichts will mehr ertastet werden. Dies liegt nicht nur an den Medien, Kino, Zeitungen, Fernsehen, sondern ebenso an der Hektik unserer Zeit. Der Tastsinn ist auf einen Raum der Langsamkeit, der Muße und des Vertrauens angewiesen.

Mit dem Tastsinn, mit Berührungen, stellen wir den physischen Kontakt zu unserem Körper, den Mitmenschen und den Dingen her – die direkteste, zugleich tiefste Begegnung mit Eigenem und Fremdem. Die Wurzeln des Tastsinns reichen ja weit zurück in unsere Kindheit. Der warme Hautkontakt mit der Mutter hat uns in unserer frühesten Zeit Orientierung, Halt und Sicherheit gegeben, mit einem Wort: Vertrauen. Allein aus diesem ursprünglichen Vertrauen heraus konnten wir die Welt der Wirklichkeit tastend entdecken. Das Ertasten unserer eigenen Finger, Zehen und des übrigen Körpers hat uns viele Stunden beschäftigt und zur Entwicklung unseres Tastsinnes beigetragen. Zuerst erspürten wir, daß „etwas da" war. Erst später fragten wir uns, wie jenes Etwas beschaffen sei, „was" es sei: etwas Weiches, Warmes, Hartes, Kaltes, Nasses, Trockenes und so weiter.

Von einer ähnlichen Struktur läßt sich nun auch der Tastbefund der Energetischen Therapie leiten:

1. Vorausgesetzt ist eine „meditative Haltung". Das Ertasten ist eine Begegnung des Vertrauens und unter diesen Bedingungen ist es zunächst völlig offen, was wir beim Tasten antreffen werden. Unsere Finger gleiten selbständig und unabhängig durch die Landschaften von Haut, Unterhaut, Muskelfaszien, Sehnen, Bändern, Inneren Organen, Gelenken und Knochen.

2. Aufgrund der Erfahrung und der Arbeit an der eigenen Sensibilität werden die tastenden Finger auf Stellen treffen, die in ihrer besonderen Qualität differenzierter „begriffen" wer-

den. Diese Stellen unterscheiden sich, sie heben sich von ihrer Umgebung auf eine markante Weise ab, indem sie sich etwas härter, gespannter, etwas wärmer oder kälter, etwas körniger oder schwammiger anfühlen. Unterschiede – wie auch Veränderungen – kann der Therapeut durch mehrmaliges Überprüfen als wichtige Befunde ergreifen und festhalten.

3. Masseure, Physiotherapeuten und Ärzte vergessen zuweilen, daß es nicht gleichgültig ist, ob wir tote Materie oder einen lebenden Organismus ertasten. Lebendiges kann nicht einfach ertastet werden: Es ist niemals nur passives Objekt, sondern *verhält* sich auch als Subjekt. Wenn wir es ertasten, ertastet es uns. In der Beziehung zu Lebendigem kann sich das Ertastete von einem Moment auf den anderen verändern. Die allgemeine Muskelspannung eines Menschen kann zum Beispiel plötzlich zunehmen, aber auch langsam zurückgehen. Diese Phänomene gehören zur energetischen Befundaufnahme, ebenso die Gefühle, die beim Tastenden plötzlich auftauchen können. Solche Gefühle sind ein deutliches Zeichen dafür, daß auch das Ertastete sich verändert hat.

Die Haut und die Unterhaut, besonders aber die Muskulatur geben uns einen guten Eindruck von der Gestimmtheit eines Menschen. Beim Ertasten der Muskelspannung werden zwei Grundmuster menschlicher Existenz erfaßt, die Reaktion auf „mütterliche“ Nähe, „mütterliche“ Zuwendung, und die Reaktion auf eine vermeintliche oder mögliche existentielle Bedrohung. In einer intensiven Begegnung, wie sie bei einer Weichteilbehandlung stattfindet, zeigt sich das Maß an Ur-Vertrauen deutlich.

Der Tastbefund ist das wichtigste Werkzeug des Therapeuten im Erspüren und Ergreifen von mannigfaltigen Störfaktoren im menschlichen Organismus. Die Befunde durch die Hand des Therapeuten können durch kein anderes Diagnoseverfahren ersetzt werden. Lassen Sie mich dies durch ein alltägliches Beispiel aus meiner Praxis illustrieren: Ein sechzigjähriger Journalist litt in der Nacht und bei längerem Arbeiten am Computer unter starken Schmerzen in der rechten Schulter und im Unterarm, Schmerzen, die bis in die Hand ausstrahlten. Als noch lästiger empfand er die Gefühlsstörung in einzelnen Fingern und die Beeinträchtigung der Feinmotorik. Aufgrund des Computerröntgenbildes und der neurologischen Untersuchung wurde die Diagnose eines Bandscheibenschadens von C5/C6 gestellt. Der Tastbefund ergab nach längerem Suchen eine massive Verhärtung der kleinen Halsmuskeln (Scalenus anterior und medius). Bei Druck auf einen ganz bestimmten Punkt, einen sogenannten Triggerpunkt, konnten die Beschwerden ebenfalls ausgelöst werden. Aufgrund dieser differenzierten Aussage des Tastbefundes war die Therapie dann reine Routine. Nach zweimaliger tiefer Bindegewebsmassage und Elektroakupunktur zur Verbesserung der Beweglichkeit der Halswirbelsäule verschwanden auch die Beschwerden. Das Störfeld konnte entschärft werden.

Unabdingbare Voraussetzung eines guten Tastgefühls sind fundierte Kenntnisse über die menschliche Anatomie, besonders die funktionelle Anatomie, und „anatomische Vorstellungskraft“, die Fähigkeit, Anatomie zu visualisieren.

Der Verfeinerung unseres Tastsinns dienen die folgenden Übungen, ein Training des „Fingerpitzengefühls“.

3.1.4.3 Zwölf Übungen zur Verbesserung des Tastsinnes

Ausgangsstellung bei den ersten acht Übungen: Sitz auf dem Hocker, Beine gegrätscht, Füße gut am Boden verankert.

1. Große Arm- und Schulterbewegungen, Dehnen.

2. Becken-Kreuz-Bewegungen.

3. Kombinieren mit der Atmung: Beim Einatmen kippen wir das Kreuz nach vorn (Hohlkreuz), beim Ausatmen lassen wir das Kreuz rückwärts gleiten.

4. Bauchatmung bei sehr aufrechter Haltung, kein Hohlkreuz, Kinn etwas zurücknehmen.
– Zuerst oberhalb des Bauchnabels atmen, dann unterhalb.

Der ganze Atemvorgang geschieht passiv, ohne aktiven Willen. Der Bauch wölbt sich nach vorn, der Bauch sinkt zurück. Ich atme nicht, ich „werde geatmet".

5. Durch Reiben der Handflächen und Daumenballen laden wir nun die Hände auf.

6. Die Fingerspitzen berühren sich, nicht aber die Handflächen. Jetzt heben wir die einzelnen Finger ab. Halten und wieder zurückbewegen, nachspüren lassen.

Dann lösen sich Hände und Finger ganz voneinander. Wir dehnen die Distanz aber nur soweit aus, daß immer noch Verbindung spürbar ist.

7. Die wichtigste Übung (Abb. 8): Die Verbindung von Bauch, Herz und Hand. Ausgangsstellung ist der Sitz auf dem Hocker, wie beschrieben. Nun heben wir die Arme seitwärts, die Handinnenflächen sind nach vorn gewendet, und dehnen Arme und Brustkorb ganz leicht. Wir atmen mit dem Bauch, zentrieren die Energie und lassen sie dann mit dem Atem in Richtung Brustkorb fließen. Ist sie dort angelangt, lassen wir sie weiter in die Richtung der Hände fließen. Sind die Hände „vitalisiert", so spüren wir ein feines Kribbeln, eine Wärme, ein Gefühl, als wären die Hände etwas größer geworden, oder wir spüren dort den Pulsschlag. Schließlich entspannen wir uns wieder und legen die Hände auf die Oberschenkel.

8. Nach der siebten Übung legen wir die Hände übereinander und auf das Tantien und sammeln die Energie im Raum ein, jene von vorne, jene von der Seite und jene von hinten (Abb. 9).

Die letzten beiden Übungen sind eigentlich Meditationsübungen mit dem Ziel, die Kontemplations- und Visualisierungsfähigkeit des Therapeuten zu verbessern.

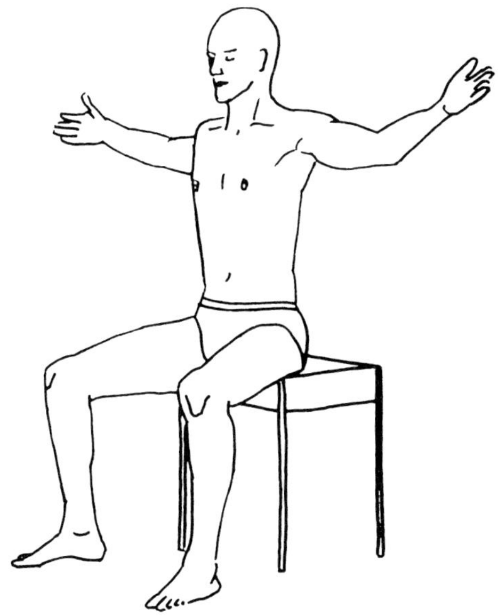

Abb. 8: Bauch-Herz-Hand-Übung.

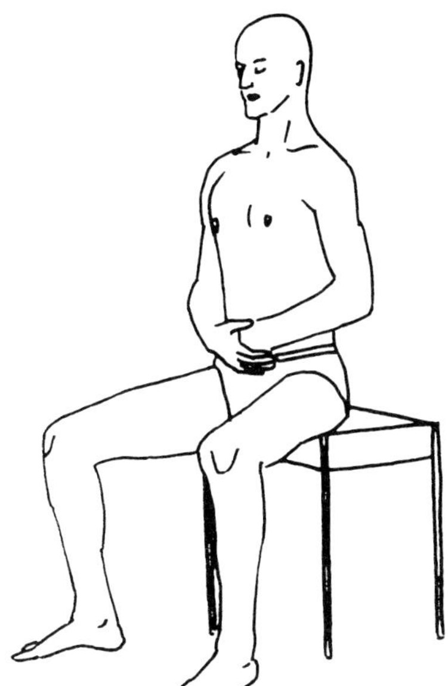

Abb. 9: Zentrierübung.

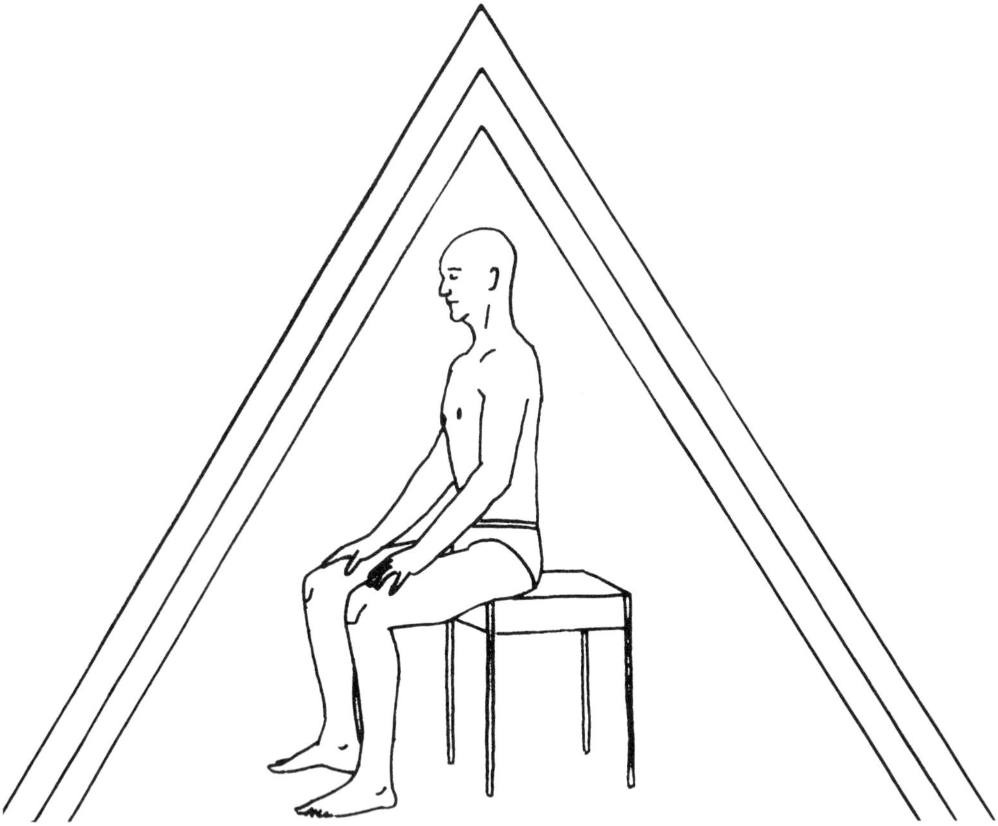

Abb. 10: Zeltmeditation.

9. Therapeuten, die intensiv mit Herz, Hand und Verstand arbeiten, brauchen mehr Boden unter den Füßen, deshalb die folgende Gehmeditationsübung, im Wald oder im Gebirge auszuführen: Beim Gehen achtet man auf die Schrittzahl beim Ein- und beim Ausatmen. Es kann sich ein Verhältnis von vier Ein- zu fünf Ausatembewegungen ergeben, oder auch ein Verhältnis sechs zu sechs und so weiter. Sobald wir den eigenen Rhythmus gefunden haben, marschieren wir so etwa eine Viertelstunde lang. Es empfiehlt sich, diese Gehmeditation auf einer flachen Wegstrecke zu absolvieren.

Nach einigen Versuchen werden wir die schnelle und intensive Wirkung dieser Meditationsform erleben.

10. Die folgende Meditation verdanke ich dem praktischen Arzt und Homöopathen Philipp Frei. Es handelt sich um eine Meditation, die das ganze Leben lang geübt werden kann.

Wir sitzen dazu auf einem Hocker oder auf einem Meditationsschemel, die Hände werden auf die Oberschenkel gelegt, die Wirbelsäule ist gerade aufgerichtet (Abb. 10). Während der Meditation bewegen wir uns nicht mehr, von etwaigem Schlucken von Speichel abgesehen.

Vom Punkt Tou-Mo 20, ca. 20 oder 30 Zentimeter über dem Scheitel gelegen, bilden wir nun ein Zelt in Igluform. Die erste Zeltbahnschicht ist weiß, die zweite Schicht nach außen ist rosa, die dritte Schicht ist goldfarben. Wenn das Zelt vom Scheitel bis zum

Boden steht, mit allen drei Schichten, versuchen wir, ausgehend von den Füßen, unsere Knochen „zum Leuchten" zu bringen. Wenn wir am Kopf angelangt sind, ist die Meditation beendet.

Mit dieser Meditationsform wird eine persönliche Botschaft oder eine Schwingung ausgedrückt, die 36 Stunden wirken kann. Die Farbe Weiß gibt Schutz, die Farbe Rosa drückt Verbundenheit und Hingabe aus, und die Goldfarbe durchdringt alles und bezeichnet die Ausdehnungswirkung. Mit dieser Meditation wird der Auftrag erteilt, daß die genannten Qualitäten selbständig ihre Arbeit verrichten sollen. Wichtig ist, daß der Auftrag immer wieder aufs neue erteilt wird.

Schließlich noch zwei Partnerübungen

11. Die beiden Übungspartner sitzen einander auf Hockern oder im Schneidersitz gegenüber. Die Arme angebeugt, die Spitzen ihrer Finger berühren sich, die Augen sind geschlossen (Abb. 11).

Beide atmen in den Bauch und entspannen sich, dann führen sie den Atem behutsam in die Brust und bringen ihr Bewußtsein zu ihren Händen. Wie fühlen sich die eigenen Hände an? Was spüren sie von den Händen des Partners? Ist der Kontakt gut, so wird er nicht ganz gelöst, wenn die Hände sich voneinander lösen: Die Hände gehen voneinander weg, nähern sich wieder und bewegen sich dabei immer in einem Energiefeld, das verbindet.

Was für ein Gefühl entsteht in den Händen und im ganzen Körper?

Was kommt vom Partner herüber?

12. Der eine Partner sitzt auf einem Hocker, die Beine gegrätscht, die Füße gut am Boden verankert. Die Wirbelsäule trägt den Kopf aufrecht. Die Atmung geht ruhig. Der zweite Übende spielt nun die Rolle des „Therapeuten". Ohne den Körper des „Patienten" zu berühren, befindet sich seine eine Hand an dessen Rükken, die andere an der Vorderseite. Die Hände sind dabei auf gleicher Höhe (Abb. 12).

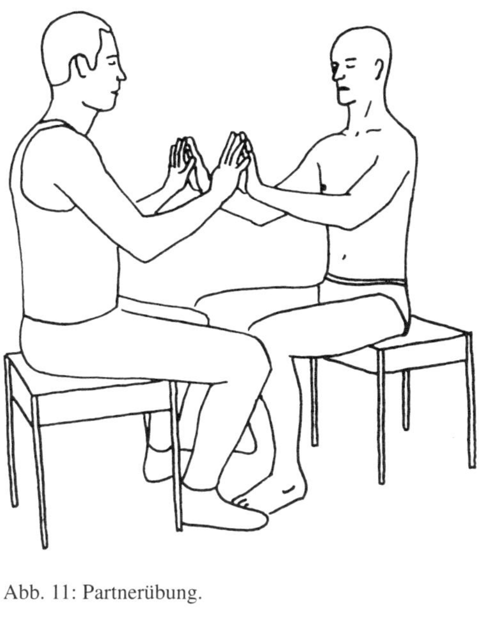

Abb. 11: Partnerübung.

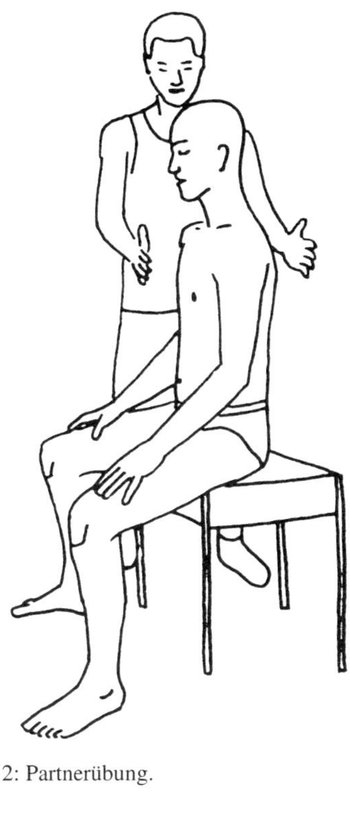

Abb. 12: Partnerübung.

Der „Therapeut" versucht nun, ein Energiefeld zwischen seinen Händen aufzubauen und den Körper des „Patienten" zu beeinflussen. Am geeignetsten sind die Positionen auf der Höhe der Eintrittspforten zu den drei funktionalen Zonen – Jen-Mo 6, Jen-Mo 12, Jen-Mo 17 – und auf der Höhe des dritten Auges. Der „Patient" seinerseits versucht herauszufinden, auf welcher Höhe die Hände des „Therapeuten" sich befinden und meldet zurück, welche Reaktion die Hände bei ihm auslösen.

Anschließend werden die Rollen getauscht.

3.1.4.4 Die Alarmpunkte

Von besonderer Bedeutung für den Tastbefund sind die auf der Vorderseite des Körpers gelegenen Alarmpunkte (Mo-Punkte). Es handelt sich um ein System von Akupunkturpunkten, das Funktionsstörungen oder energetische Schwächen der mit den Punkten verknüpften Organe signalisiert.

Ein ähnliches System von Punkten, die jeweils zu einem der inneren Organe in Beziehung stehen, liegt auch auf dem Rücken. Nach Gleditsch hat dieses System der „Yu-Punkte" (Zustimmungspunkte) ebenfalls eine besondere diagnostische und therapeutische Bedeutung. Die Zustimmungspunkte liegen in einer Linie untereinander auf dem Blasenmeridian, übrigens exakt innerhalb der Segmente, die nach Head Projektionszonen der betreffenden Organe sind (Gleditsch, Reflexzonen und Somatotopien).

Test der Alarmpunkte

Bei meiner Befundaufnahme verwende ich die klassischen Alarmpunkte der TCM. Modifiziert habe ich lediglich die Positionen der Punkte jener Organe, die unilateral angelegt sind: Leber und Gallenblase auf der rechten Seite, Milz und Pankreas auf der linken Seite.

Ich teste im wesentlichen auf zwei Arten:

1. Durch Druck oder Abheben oder auch durch Verschieben von Hautfalten wird nach hyperalgetischen Zonen gesucht.

2. Mittels des Muskeltests wird an den Alarmpunkten nach einer energetischen Schwächung eines Organs infolge einer unbewußten emotionalen Belastung gesucht.

Den einzelnen Organen entsprechen die folgenden Alarmpunkte (siehe Abb. 73, Seite 194)

Lunge: Lu 1, „Zentralpalast", beidseitig ca. 1,5 Cun unter der Clavicula, lateral von der 2. Rippe, beidseitig.

Perikard: JM 17, „Mitte der Brust", auch „emotionales Herz" genannt.

Herz: JM 14, „Mangel an Widerstand", an der Spitze des Processus xiphoideus gelegen.

Leber: Le 14, „Tor des Frühlings", nur rechts, unterhalb der Mamma, auf der Höhe von JM 14 (für die Therapie rechts und links).

Gallenblase: Gb 24, „Sonne und Mond", 1 Cun distal von Le 14, nur rechts (für die Therapie rechts und links).

Magen: JM 12, „Fundus ventriculi", in der Mitte zwischen Nabel und Spitze des Processus xiphoideus.

Milz-Pankreas: Le 13, „Tod des Obdaches", nur links über der Spitze der 11. Rippe (für die Therapie rechts und links).

Dickdarm: Ma 25, „Himmelsscharnier". Am Abdomen in Nabelhöhe, 2 Cun lateral vom Nabel, beidseitig.

Nieren: Gb 25, „Tor der Hauptstadt", über der Spitze der 12. Rippe, rechts und links.

Dreifacher Erwärmer: JM 5, „Steintor", 2 Cun unterhalb des Nabels.

Dünndarm: JM 4, „Schranke der Lebenskraft", 3 Cun unterhalb des Nabels.

Blase: JM 3, „Pol der Mitte", 4 Cun unterhalb des Nabels.

3.1.4.5 Die Zustimmungspunkte

Jede Massagebehandlung des Rückens ist zugleich eine Befundaufnahme von hyperalgetischen Zonen in der Unterhaut und in der Muskulatur. Am Rücken können Störfelder ertastet werden, die den menschlichen Organismus vielleicht schon lange belastet haben. Diese Störfelder haben im Tastempfinden verschiedene Qualitäten, die schwierig zu beschreiben sind. Der Therapeut spürt an solchen Störstellen eine Verhärtung in der Muskulatur, etwas Körniges oder Schwammiges, etwas, was gegenüber der Umgebung diffus ist, und so weiter. Ähnliche Phänomene sind zwischen Haut und Unterhaut auszumachen.

Wichtig ist, daß Patient und Therapeut beide unmittelbar spüren: „Das ist es." So bringen beide die Störstellen „auf den Punkt". Wenn objektives Tastgefühl (objektiv, insofern der Befund auch durch eine andere Person verifiziert werden kann) und subjektives Empfinden des Patienten zusammenfallen, so ist das die ideale Voraussetzung dafür, daß solche Störfelder im Organismus eliminiert werden können.

Ähnlich gehe ich auch beim Suchen von Akupunkturpunkten vor: Patient und Therapeut bringen es gemeinsam „auf den Punkt". Bei diesem Vorgehen besteht die Schwierigkeit darin, daß sich der Therapeut vom Patienten bei der Lokalisierung der fraglichen Punkte und Stellen leiten lassen sollte.

Zustimmungspunkte der Organe für den Test (immer rechts und links)

Bl 13 Zustimmungspunkt der Lunge
1,5 Cun lateral vom unteren Ende des Dornfortsatzes des 3. Brustwirbels

Bl 14 Zustimmungspunkt des Perikards
1,5 Cun lateral vom unteren Ende des Dornfortsatzes des 4. Brustwirbels

Bl 15 Zustimmungspunkt des Herzens
1,5 Cun lateral vom unteren Ende des Dornfortsatzes des 5. Brustwirbels

Bl 18 Zustimmungspunkt der Leber
1,5 Cun lateral vom unteren Ende des Dornfortsatzes des 9. Brustwirbels

Bl 19 Zustimmungspunkt der Gallenblase
1,5 Cun lateral vom unteren Ende des Dornfortsatzes des 10. Brustwirbels

Bl 20 Zustimmungspunkt von Milz und Pankreas
1,5 Cun lateral vom unteren Ende des Dornfortsatzes des 11. Brustwirbels

Bl 21 Zustimmungspunkt des Magens
1,5 Cun lateral vom unteren Ende des Dornfortsatzes des 12. Brustwirbels

Bl 22 Zustimmungspunkt des Dreifachen Erwärmers
1,5 Cun lateral vom unteren Ende des Dornfortsatzes des 1. Lendenwirbels

Bl 23 Zustimmungspunkt der Niere
1,5 Cun lateral vom unteren Ende des Dornfortsatzes des 2. Lendenwirbels

Bl 25 Zustimmungspunkt des Dickdarms
1,5 Cun lateral vom unteren Ende des Dornfortsatzes des 4. Lendenwirbels

Bl 27 Zustimmungspunkt des Dünndarms
1,5 Cun lateral der hinteren Medianlinie auf der Höhe des 1. Sakralloches in der Vertiefung zwischen dem medialen Rand der Spina posterior superior und dem Os sacrum

Bl 28 Zustimmungspunkt der Blase
1,5 Cun lateral der hinteren Medianlinie auf der Höhe des 2. Sakralloches (Abb. 74 und 75, Seite 195)

3.1.5 Messungen

3.1.5.1 Grundlagen

Zwischen den einzelnen Organen und bestimmten Hautzonen bestehen reflektorische Verbindungen. Man nimmt an, daß diese Verbindungen auf die Embryonal- und Fetalphase der Individuen zurückgehen. Die in der Frühentwicklung eng verbundenen Organe, Gefäße, Muskeln, Nerven und Hautzonen werden im Laufe der Entwicklung zwar weit auseinandergezogen, die Kommunikation zwischen ihnen reißt dabei jedoch nicht ab.

Der nachweisbar enge Zusammenhang zwischen bestimmten Hautsegmenten und einzelnen Organen wird in der westlichen Medizin mit dem Begriff „Headsche Zonen" bezeichnet. Das Netz der durch Meridiane verbundenen Akupunkturpunkte in der östlichen Medizin meint im Grunde daßelbe Phänomen. Wir dürfen in der Tat annehmen, daß die Akupunktur in den neuralen Stoffwechsel eingreift und die Neurotransmitter reguliert.

Durch einen geringeren Hautwiderstand unterscheidet sich ein Akupunkturpunkt signifikant von seiner Umgebung. Diese Tatsache erlaubt die genaue Lokalisation der Akupunkturpunkte mit einfachen elektronischen Mitteln. Als erster nahm der französische Arzt Roger de la Fuye bioelektrische Messungen an den terminalen Akupunkturpunkten vor. Die auf dieser Meßmethode aufbauende Elektroakupunktur wurde vor allem durch die Pionierarbeit von R. Voll weiterentwickelt.

Größere Abweichungen vom Durchschnittswert bei der Messung des Hautwiderstands unter einer bestimmten Strombelastung weisen auf funktionelle Störungen hin, lange bevor sich diese als eigentliche Krankheit manifestieren. Die Annäherung an Durchschnittswerte bildet andererseits das Fundament zur *Regulation* von funktionellen Störungen.

In diesem Zusammenhang interessieren weniger die absoluten Widerstandswerte als größere Abweichungen einzelner Punkte beim selben Patienten. Es sind daher immer mehrere Punkte auszumessen, Einzelmessungen haben keinerlei Aussagewert.

Die geeignetsten Hautmeßpunkte sind nach meiner Erfahrung die sogenannten Terminalpunkte der Meridiane der Traditionellen Chinesischen Medizin.

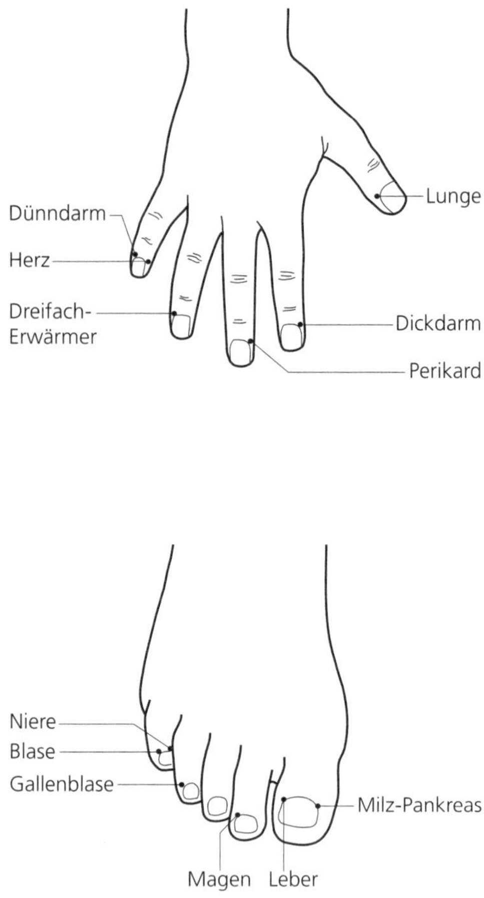

Abb. 13: Terminalpunkte an Hand und Fuß.

Eine *erste Messung* an sämtlichen Terminalpunkten liefert einen vollständigen Status der Testperson. Wenn einzelne Meßergebnisse stark vom Durchschnittswert abweichen, werden zunächst zwei Übungen der Segmentalen Entspannungstechnik ausgeführt – eine tonusregulierende Beinübung, wenn die Abweichung an den Füßen auftritt, eine Armübung, wenn die Abweichung die Hände betrifft.

Normalisieren sich die Werte nach einer solchen Übung, so liegt nach meiner Auffassung eine *energetische Flußstörung* vor. Das bedeutet, daß die normale Lebensenergie aufgrund eines zu hohen Muskeltonus, wegen einer Verkürzung der Muskulatur, aufgrund von Triggerpunkten in den Muskelfaszien und/oder wegen anderer Störfaktoren nicht richtig fließen kann. Es sind Blockierungen entstanden, die durch physiotherapeutische Arbeit in vielen Fällen beseitigt werden können.

Die energetische Therapie geht nun jedoch noch einen Schritt weiter und untersucht auch Störungen, die aus dem „Kernbereich" des Menschen zu kommen scheinen. Bei einer *zweiten Messung* nach der beschriebenen provokativen Körperaktivität können immer noch Unterschiede bei einzelnen Meßstellen auftreten. Solche Differenzen können teilweise durch die Arbeiten von Head und Mackenzie über die Segmente und über die segmentüberschreitenden Reaktionen erklärt werden. Meßunterschiede bei der zweiten Messung können ebenso die anatomisch-pathologische Veränderung eines inneren Organes wie eine tief eingeschliffene funktionelle Störung signalisieren.

Der Tastbefund in der Bindegewebsmassage nach Heidemann zeigt auf eindrückliche Weise einerseits die Flüchtigkeit von Spannungen im Bindegewebe, andererseits die Beharrlichkeit von Verquellungen, Verklebungen und Spannungen im dorsalen Bindegewebe. Vergleichbare Phänomene treffen wir beim Messen an. Nach körperlicher Aktivität verschwinden die flüchtigen Phänomene, es bleiben lediglich die beharrlichen energetischen Disharmonien zurück. Ich rechne die letzteren dem „Kernbild" zu, es scheint sich um Informationen aus dem segmentalen Bereich zu handeln, um einen Ruf der inneren Organe nach mehr Fließgleichgewicht ihrer somatisch-funktionellen Prozesse.

Die zweite Messung kann nur eine *Restmessung* sein. Es werden nicht mehr alle Endpunkte der Meridiane durchgemessen, sondern nur noch diejenigen, bei denen in der ersten Messung große Unterschiede in den Meßwerten auftraten. Die zweite Messung ergibt nicht nur ein gutes Bild der energetischen Störfaktoren nach einer körperlichen Provokation, sondern auch nach der Neutralisation einer unbewußten emotionalen Belastung oder nach der Applikation von therapeutischen Maßnahmen. Der Einwand, durch die körperliche Aktivität oder durch einen emotionalen Streß befinde sich das System in einer Vagotonie, wobei sich die Hautwiderstände verringerten, trifft dann nicht zu, wenn tatsächlich eine energetische Störung vorliegt. Die Meßwerte bleiben in diesen Fällen, zum Teil mit erheblichen Unterschieden, bestehen.

Die therapeutischen Maßnahmen müssen nun so vervollständigt werden, daß das System wieder in ein energetisches Gleichgewicht findet. Daß dieses Unterfangen nicht immer leicht fällt, beklagt Jürgen von Rosen: „Der Begriff der Reaktionsstarre spielt in der heutigen naturheilkundlichen Medizin eine ganz große Rolle. Wir erleben als Therapeuten sehr häufig, daß unsere bestens ausgearbeiteten Therapien keine Besserung ergeben. Das ‚Sekunden-Phänomen' nach Huneke ist in der Neuraltherapie sehr selten geworden."

Die Ursachen der Erstarrung der vegetativen Reaktionen sieht von Rosen in der Reizüberflutung des modernen Menschen, in der chronischen Vergiftung durch chemisch-technische Umweltbelastungen. Dadurch seien chronische Krankheiten heute erheblich schwieriger zu lindern oder gar auszuheilen.

Ich kann von Rosens Ansicht nur zum Teil zustimmen, weil auch Gegenkräfte schon seit längerer Zeit wirksam sind. Immer mehr Menschen wenden Techniken an, die sie körperlichen, seelischen und geistigen Transformationsprozessen näherbringen. Auch wenn dieser Prozeß zu mehr Ganzheit schubweise und krisenhaft verläuft, ist eine „Entpanzerung" auch der vegetativen Reaktionslage nicht zuletzt durch die entsprechenden Meßwerte festzustellen.

Dieser Transformationsprozeß baut nach Michael Murphy zum einen auf den Anteilen, die die Veränderung wollen, zum anderen auf die Anzeichen eines sich ständig entwickelnden und größeren Lebens in uns. „Dadurch, daß wir unsere Ideale und unsere gegenwärtige Situation annehmen – die sich beide kontinuierlich weiterentwickeln –, werden wir sie miteinander verbinden."

Annehmen und aushalten, freundlich und verständnisvoll mit sich selbst umgehen, das ist das sanfte Erfolgsrezept, das die Reaktionsstarre auflöst und die Meßwerte normalisiert.

3.1.6 Der Muskeltest

3.1.6.1 Grundlagen

Der im folgenden Abschnitt beschriebene Muskeltest wurde in den sechziger Jahren von einem Chiropraktiker namens George Goodheart entwickelt. Der Test bekommt seine eigentliche Bedeutung aber erst auf dem Hintergrund der Energielehre der TCM.

In der gesamten Befundaufnahme kommt dem Muskeltest nach Goodheart bei mir in vielen Fällen eine Vorreiterrolle zu, das heißt, er dient mir zur groben Vorabklärung und wird dann durch differenziertere Methoden ergänzt. In einigen anderen Fällen wird er aber auch als einzige Befundmethode eingesetzt.

Zur Vorabklärung benütze ich den Muskeltest, wenn offensichtlich Störfaktoren außerhalb des Körpers wirksam sind, bei Geopathie-Störfeldern, Arbeitplatz-Störfeldern usw. Anschließend verifiziere ich meine Ergebnisse mit Messungen.

Ähnlich setze ich den Muskeltest ein, wenn Störfaktoren innerhalb des Körpers oder Mangelsymptome des Stoffwechsels vorliegen. Mit diesem Test kann schließlich auch eine Vorabklärung der therapeutischen Maßnahmen durchgeführt werden. Die Testergebnisse werden durch Messungen und mit dem Pulsbefund verifiziert.

3.1.6.2 Der Test

Wie wird nun gestestet? Was wird getestet?

Der Test besteht darin, daß ich einen isolierten Muskel belaste. Ich teste den Patienten in zwei Positionen: im Sitzen (Abb. 14) und im Liegen (Abb. 15); im Liegen teste ich den isolierten Muskel Deltoideus. Im Sitzen teste ich den mittleren Deltoideus und den Supraspinatus.

Wenn ich nun derart isolierte Muskeln belaste, so hat der Klient seinerseits die Aufgabe, dem Druck standzuhalten, indem er den betreffenden Muskel anspannt. Deshalb ist es wichtig, nur die ersten Zentimeter des Bewegungsradius des Muskels zu testen, indem wir langsam Druck ausüben und langsam wieder nachlassen. Der Unterschied normaler Muskelkraft und schwacher Muskelkraft ist schon auf den ersten Zentimetern der Bewegungsamplitude festzustellen. Zeigt ein Muskel Anzeichen von Zittern, Schmerzen oder Schwäche, dann hat der Körper bereits die Antwort gegeben – das Testen hat ihn energetisch geschwächt. Die Antwort ist immer eine des gesamten biologischen Substrats oder Sy-

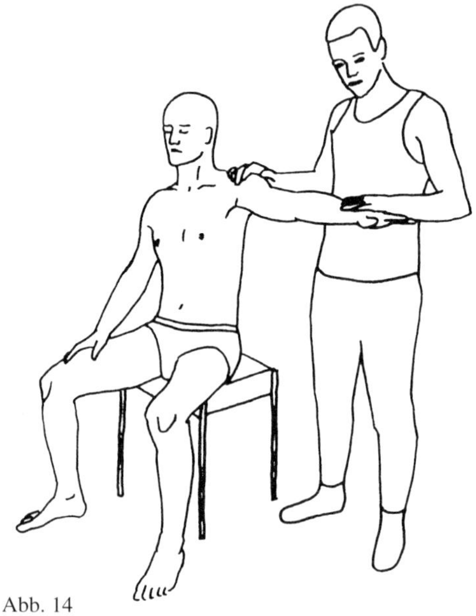

Abb. 14

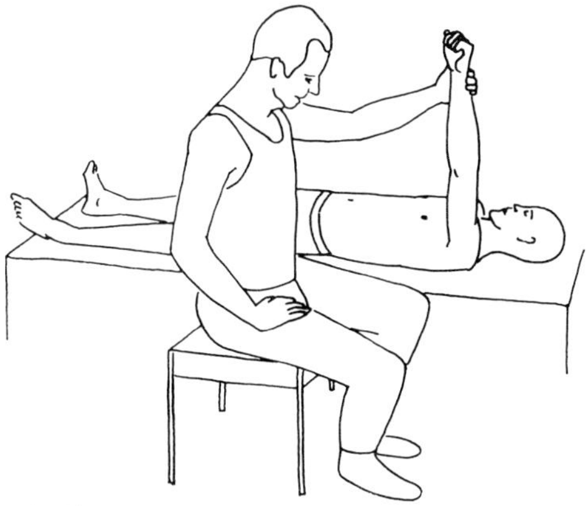

Abb. 15

stems; sie beruht grundsätzlich auf einer Vermeidungsstrategie des Körpers, der stets nach Bedingungen ruft, welche seine Energie fließen lassen. Eine Blockierung als Folge von Störungen beantwortet der Körper mit Muskelschwäche.

In gewissen Fällen wird ein Muskel beim ersten Mal nur wenig nachgeben und erst beim zweiten Versuch Schwäche zeigen. Ein starker Muskel wird nach mehrmaligem Testen deutlich stärker, ein schwacher wird noch schwächer.

Schmerzende Muskeln und mit ihnen zusammenhängende Gelenke werden nicht getestet. Auch ermüdet jeder Muskel, der einige Zeit getestet wurde, und muß durch einen anderen abgelöst werden.

3.2 Hinweise zu den therapeutischen Techniken in der Energetischen Körperarbeit

3.2.1 Akupunkturpunkte: Tonisieren, Sedieren, Moxibustion

Wenn das allgemeine Yin-Yang-Gleichgewicht verschoben ist, versuchen wir, die Harmonie zwischen den beiden Polen wiederherzustellen. Dabei wird auch die Grundenergie des Menschen gestärkt.

Beim *Tonisieren* gelten in der Akupunktur die folgenden Regeln:

- Man setzt die Nadeln in der Ausatmungsphase und entfernt sie in der Einatmungsphase.
- Man sticht in Richtung des Energieflusses der Meridiane.
- Man zieht die Nadel langsam heraus und drückt dann schnell auf den behandelten Punkt.

In der *Energetischen Körperarbeit* stehen uns beim **Tonisieren** die folgenden Möglichkeiten offen:

- Wärmebehandlung von Akupunkturpunkten (Moxibustion).
- Elektroakupunktur mit einer Frequenz von deutlich mehr als 10 Hertz; Behandlungsdauer: maximal 20 Sekunden.
- Akupressur: Wir drücken in der Ausatmungsphase kräftig auf den Punkt.
- Massieren des Punktes mit den Fingerspitzen oder einem japanischen Massagestäbchen im Uhrzeigersinn.
- Massieren des Punktes mit den Fingerspitzen oder einem Massagestäbchen (Methode Penzel) in Richtung des Energieflusses der Meridiane.
- Schnelles, kräftiges, aber nur kurzes Beklopfen des Punktes.
- In der Farbakupunktur werden die Farben Rot, Orange oder Gelb verwendet.
- Laserbehandlung nach besonderen Anweisungen.

Beim *Sedieren* gelten in der Akupunktur die folgenden Regeln:

- Man setzt die Nadeln in der Einatmungsphase und entfernt sie beim Ausatmen.

- Man setzt die Nadeln gegen den Energiestrom der Meridiane.
- Man zieht die Nadeln schnell heraus und drückt dann langsam auf den behandelten Punkt.

In der *Energetischen Körperarbeit* haben wir beim **Sedieren** die folgenden Möglichkeiten:

- Kältebehandlung des Akupunkturpunkts (mit Eiswürfeln oder Eisspray), bei sehr kurzer Applikationsdauer.
- Elektroakupunktur mit einer Frequenz von weniger als 10 Hertz, aber deutlich länger als 20 Sekunden.
- Ultraschall auf den Akupunkturpunkt.
- Akupressur: Sanftes, aber beharrliches Drücken des Punktes in der ganzen Atmungsphase.
- Massieren des Punktes mit den Fingerspitzen oder einem japanischen Massagestäbchen gegen den Uhrzeigersinn.
- Massieren des Punktes gegen den Energieflußes der Meridiane.
- Langsames Beklopfen des Punktes, aber während längerer Zeit.
- In der Farbakupunktur werden die Farben Blau, Grün oder Indigo-Dunkelblau verwendet. (Violett wird eher als Energieflußhilfe gebraucht).
- Laserbehandlung nach besonderen Anweisungen.

Moxibustion

Lange bevor der Mensch das Feuer entdeckte, erwärmte er vielleicht einen Stein in der Sonne und legte ihn auf eine schmerzende Stelle, um sich Erleichterung zu verschaffen. Nach der Entdeckung des Feuers konnte dessen Hitze direkt angewandt werden. Dies war ein nächster Schritt in der Entwicklung der Moxibustion.

Schon Konfuzius (um 500 v. Chr.) erwähnt die Anwendung der Moxa (Beifuß) zu Heilzwecken. Auch Mencius (ca. 320 v. Chr.) schrieb, brennende Moxa könnten zur Behandlung von Krankheiten verwendet werden. Im Neijing heißt es, an Stellen, wo der Einsatz von Nadeln nicht opportun sei, könne Moxibustion appliziert werden.

Die Moxibustion wurde zuerst im Norden Chinas angewendet, wo recht rauhes Klima herrscht (die Traditionelle Chinesische Medizin appliziert Wärme, um Kälte zu bekämpfen). Später wurde sie auch in den südlicheren, feuchten Gebieten Chinas bekannt. Wir nehmen an, daß Moxibustion zuerst an schmerzhaften Körperstellen, später, wie im Neijing beschrieben, an den Meridianpunkten angewendet wurde. Es gibt dafür zahlreiche schriftliche Belege. Man kann die Moxa, in ein Papier eingerollt (in der Form einer Zigarre), im Abstand von ca. 2,5 cm über die zu behandelnde Stelle halten, sich der Haut immer wieder nähern und dann die Moxa wieder zurückziehen (Bewegung wie bei einem pickenden Vogel).

Es existieren heute auch besondere Moxa-Geräte, die man über die Hautoberfläche halten kann.

Effekt der Moxibustion

1. Die Moxibustion kann die Zirkulation der Lebensenergie Qi und der geistigen Energie anregen. Mit ihrer Hilfe können die Meridiane „erwärmt" und „Kälte"-Krankheiten behandelt werden.

2. Nach der Gleichgewichts-Hypothese der chinesischen Medizin ist das Yang im Körper schwach, wenn das Yin zu stark ist. Dieser Zustand wird so beschrieben, daß das Yang „kalt" sei. Mit Moxibustion kann man die Energie des Yangs erwärmen.

3. Moxibustion kann zur allgemeinen Anregung der Qi- und der geistigen Aktivität eingesetzt werden.

4. Moxibustion dient zur Erhaltung der Gesundheit und zur Vorbeugung von Krankheiten. Zu diesem Zweck wird sie auf den Punkt Ma 36 appliziert. Behandlung täglich oder dreimal wöchentlich.

Was ist Moxa?
Moxa wird aus den Blättern und Zweigen der *Artemisia vulgaris* (Echter Beifuß) gewonnen. Diese Pflanze ist in China weitverbreitet, die beste Erntezeit ist der 5. Monat des Mond-Kalenders. Es gibt eine Reihe von Gründen, weshalb gerade *Artemisia vulgaris* in China für die Wärmebehandlung benützt wurde. Nicht nur, daß sie stets im Überfluß vorhanden war, sie brennt auch gut; zudem glaubte man, sie dringe vom Akupunkturpunkt in den Körper ein und ihr Geruch öffne die Poren, was wiederum die Zirkulation von Qi und Hsueh anrege. Deshalb hielt man andere Formen von Hitzeanwendung nicht in gleichem Maße für wirkungsvoll.

Kontraindikationen
Moxibustion sollte nicht angewendet werden, wenn der Patient müde ist, wenn er hungrig oder durstig ist oder zuviel getrunken oder gegessen hat. Sie darf nicht am Auge appliziert werden, und an den anderen Stellen des Gesichts nur indirekt. Auch bei den Extremitäten soll nur die indirekte Methode gewählt werden. Weitere Kontraindikationen: hohes Fieber, hoher Blutdruck, Herzkrankheiten, Schwangerschaft.

3.2.2 Weichteiltechniken

Die verschiedenen Weichteiltechniken, wie sie in der Energetischen Therapie zur Anwendung kommen – Klassische Massagetechniken, Akupressurverfahren, Triggerpunktbehandlungen, Energie-Ausgleichsbehandlungen über die Meridiane, Tiefe Bindegewebsmassage usw. – sind allgemein bekannt.

Ein Punkt, der in der Massagefachliteratur zu wenig betont wird, ist die Qualität des Tastgefühls und die Qualität und Quantität des Qi des Therapeuten selbst, obwohl es sich um den entscheidenden Faktor bei der Energie-Behandlung handelt. Die Fähigkeit eines Energie-Therapeuten, sein Qi in das System des Patienten zu bringen, um dort die Selbstregulation zu stimulieren, ist im Grunde viel wesentlicher als eine ausgeklügelte Techniken.

Aus diesem Blickwinkel ist es wichtig, daß der Therapeut in einer ruhigen, empathischen Atmosphäre seine Behandlungen ohne jeden Zeitdruck ausführen kann. Von Bedeutung ist weiter, daß er selbst sein Qi durch Qi-Übungen (Qigong), Übungen der Wandlungsphasen, durch eine Ernährung nach den Grundsätzen der TCM, durch die Arbeit mit den eigenen Emotionen und richtige Erholungs- und Meditationsphasen stark und in Fluß zu halten vermag. Der Therapeut wird mit der Zeit die Fähigkeit erlangen, seine Behandlungen im Zustand der „Leerheit" durchzuführen – das ist der Zustand, wo sein Qi die größte Wirkung zeigt.

3.2.3 Manuelle Techniken

Unter manuellen Techniken verstehen wir die Manipulation oder Mobilisation der Wirbelbogen- und Extremitätengelenke. Beide Techniken, „manuelle Techniken" und Weichteiltechniken, werden „manuell", das heißt von Hand ausgeführt. Während die Weichteiltechniken auf die Muskulatur, die Faszien, die Sehnen und Bänder wirken, ist der Angriffspunkt der „manuellen Techniken" bei den Gelenken.

Es gibt verschiedene Theorien über die Wirkung manueller Techniken. Über die neurophysiologischen Vorgänge, die bei der Manipulation respektive Mobilisation der Wirbelbogen- und Extremitätengelenke in Gang gebracht werden, ist in der Tat noch recht wenig bekannt.

Die Bedeutung der manuellen Techniken in der Energetischen Therapie darf indessen nicht unterschätzt werden, dies gilt im besonderen für die Wirbelsäule. Übungen wie „Die Verbindung – der Innere Kanal" zur Verknüpfung der drei funktionalen Zonen ist bei einer Blockierung eines oder mehrerer Wirbelsegmente nicht effizient ausführbar. Gleiches gilt für den „Großen Kreislauf", den „Baum" und für die „Feuerübung". Die Mobilität der Wirbelsäule muß auf jeden Fall gewährleistet sein. Auch sollten die großen Stammgelenke (Hüfte, Schultern, Knie usw.) noch einigermassen beweglich sein.

Ich wage zu behaupten, daß eine manuelle Technik, sanft ausgeführt, immer zugleich auch eine energetische Technik ist. Besonders deutlich kommt dies bei der Maitland-Technik (Grad I) zum Ausdruck.

3.2.4 Übungen

Die Beherrschung der Übungen spielt in der Energetischen Therapie eine ganz entscheidende Rolle. Zum einen sollte der Therapeut in der Lage sein, die Übungen richtig zu instruieren und die Fortschritte des Patienten – die Erhöhung des Qi (den Qi-Effekt) – auch zu überwachen.[1]

Der Patient andererseits hat mit den Übungen ein Mittel zur Hand, unabhängig und selbständig sein Qi zu üben und damit sein persönliches Wohlbefinden positiv zu beeinflussen. Solche Menschen sind in der Familie oder in einer größeren Gemeinschaft hochwillkommene „Energie-Generatoren". Sie strahlen Ruhe, Gelassenheit und Kraft aus.

Schließlich stehen die Übungen in einem Kontext, der mit dem eigenen Leben in direktem Zusammenhang steht. Verpackt in eine solche Übung können die biographischen Stationen, Angst, Sorge, Wut usw., erkannt werden, der Patient wie der Therapeut kann sich mit ihrer Hilfe seinen emotionalen Grundmustern annähern. Es geht bei diesen Übungen nicht um mechanische Bewegungsabläufe, sondern sie öffnen uns einen Zugang zu den Zentren unserer energetischen Problematik.

---

[1] Sämtliche Energie-Übungen, die von Patienten als Hausaufgaben ausgeführt werden können, mit Ausnahme der „Atem-Methoden", sind übrigens in meinem Buch „Energiebalance" exakt beschrieben.
Dieses Buch erhalten Sie direkt über das Sekretariat der Schule für Energetische Körperarbeit, Scherrerstraße 3, CH-8400 Winterthur.

4 Systematik – Die acht Energie-Manifestationen

Einleitung

Wir sind mit dem Problem konfrontiert, daß unser energetisches System äußerst komplex ist, daß es eine Eigendynamik aufweist und selbstorganisierend ist. Haben wir dies einmal akzeptiert und den Anspruch, es vollständig „in den Griff zu bekommen", fallengelassen, so können wir mit den verschiedenen Erscheinungsformen der Energie auch leichter umgehen.
Trotzdem habe ich nun versucht, diese verschiedenen Manifestationen der Energie einzuordnen, um die Sache etwas „greifbarer" zu machen.

1. Konstitution
2. Die drei funktionalen Zonen
3. Der Atem
4. Die großen Energieflüsse
5. Lokale Yin-Yang-Situationen
6. Die Organe/Funktionskreise
7. Die Fünf Wandlungsphasen
8. Körperliches „Umfeld" (Energiebild)

Energie-Störungen

Auf jeder Ebene (bei jeder der acht Manifestationen) unterscheiden wir nun verschiedene Formen von Energie-Störungen:

1. Konstitution: zuviel Yang (Sympathikotoniker), zuviel Yin (Vagotoniker)

2. Die drei funktionalen Zonen: Blockierung einer Zone, Verbindung der drei Zonen gehemmt oder beschleunigt

3. Der Atem: Störungen in Atemrhythmus und Atemtiefe

4. Die großen Energieflüsse: Fülle/Leere und zuviel Yin oder Yang, Blockierungen

5. Lokale Yin-Yang-Situationen: tendentiell Yin- oder Yang-Situation

6. Die Organe/ Funktionskreise: Fülle/Leere und zuviel Yin oder Yang in Bezug auf die Jahreszeiten

7. Die Fünf Wandlungsphasen: Fülle oder Leere in bezug auf die Tageszeiten, Jahreszeiten und Lebensphasen

8. Körperliches „Umfeld" (Energiebild): Die Energie ist zu dünn, zu dicht, zu stark ausgedehnt oder zu stark zusammengezogen.

Befundaufnahme: Zusammenfassung

Auch die Befundaufnahme erfolgt bei den verschiedenen Manifestationen unterschiedlich, und zwar nach den folgenden Prioritätenlisten:
1. Konstitution: Pulsbefund, Testblatt, Augenschein, Anamnese
2. Drei funktionale Zonen: Tastbefund, Pulsbefunde, Messung, Muskeltest, Anamnese
3. Der Atem: Augenschein, Hören, Tastbefund, Pulsbefund, Anamnese
4. Die großen Energieflüsse:
– unten-oben: Anamnese, Tastbefund, Messung, Pulsbefund, Funktionsbefund
– vorn-hinten: Augenschein, Anamnese, Funktionsbefund, Tastbefund
– rechts-links: Augenschein, Anamnese, Pulsbefund, Tastbefund, Funktionsbefund, Messung
5. Lokale Yin-Yang-Situationen: Anamnese, Augenschein, Tastbefund, Funktionsbefund
6. Die Organe/ Funktionskreise: Pulsbefund, Tastbefund, Messung, Muskeltest, Anamnese
7. Die Fünf Wandlungsphasen: Anamnese, Pulsbefund und die Resultate von Punkt 6

8. Körperliches „Umfeld“ (Energiebild): Augenschein, Kommunikation während der Therapie, Anamnese

4.1 Die Konstitution

4.1.1 Befundbild

4.1.1.1 Streß und Konstitution

Die Streßreaktion ist eine natürliche Schutzeinrichtung und ein Verteidigungsmechanismus, der instinktiv alle verfügbaren Energiereserven für eine extreme Muskelleistung mobilisiert und der blitzschnellen Vorbereitung auf Flucht oder Angriff dient. In einer Bildserie hat Frederic Vester den lebenswichtigen Vorgang der Streßreaktion visualisiert, wie er den urzeitlichen Menschen in der Wildnis schützend begleitete.

Die Mechanismen, die sich im menschlichen Organismus bei Streß abspielen, sind gut dokumentiert. Vester hat auch ein Modell der Streßreaktion entworfen und die verschiedenen Streßphasen beschrieben, er spricht – einen Terminus des Streßforschers Siedeck aufnehmend – vom „vegetativen Dreitakt“ (Abb. 16), in welchem das Streßgeschehen gesetzmäßig ablaufe: Vorphase, die vom Vagus beherrscht werde, Alarmphase (Sympathikus) und Erholungsphase (Vagus). Egal, welche Streßform beziehungsweise welcher Stressor auftritt, der Ablauf im Organismus bleibt sich stets gleich – variabel ist hingegen die Heftigkeit der Reaktion; sie hängt auch von der Qualität des Stressors ab, seiner Stärke, der Dauer und Häufigkeit seines Auftretens.

Auch für den modernen Menschen ist Streß in zahlreichen Situationen nützlich (denken wir nur an den Autoverkehr) oder gar lebenswichtig. Streß ist jedoch dann schädlich und kann zu Zivilisationskrankheiten führen, wenn die Anpassungsfähigkeit des Menschen überfordert ist. Es ist der *permanente* Streß unserer Industriegesellschaft, der uns krank macht. Nicht einzelne, massive Aufregungen oder Schrecksituationen, die den Streßmechanismus auslösen, sind schädlich, sondern die chronischen, dauerhaft wirkenden Stressoren, die Reizüberflutung, der wir ausgesetzt sind, der Konfliktstreß, unsere Lebensweise, unsere hektischen Städte. Und das Zusammenwirken von Umweltgiften, Sauerstoffmangel und Bewegungsmangel mit den Streßfaktoren potenziert noch die schädlichen Effekte durch vielfache Wirkung an den gleichen Ansatzpunkten.

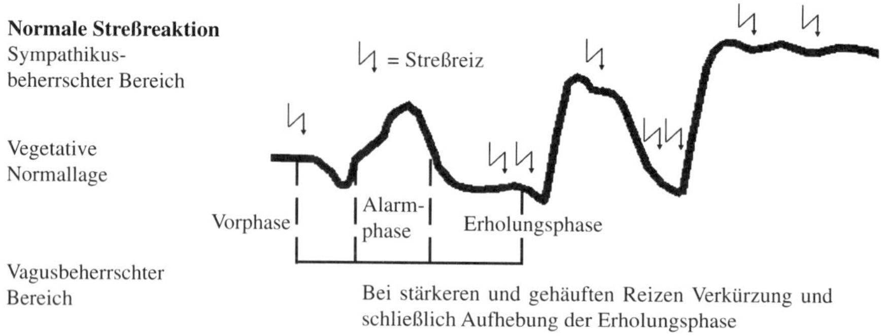

Abb. 16: Der „vegetative Dreiakt“ auf Streß (Vester, Frederic: Phänomen Streß. Deutsche Verlags-Anstalt, Stuttgart 1976).

Kommt hinzu, daß unsere Gesellschaft, unsere Erziehung uns nicht erlauben, Emotionen wie Angst, Wut, Enttäuschung und so weiter natürlich auszuleben. Blockierte Emotionen werden in Form von Spannung in die willkürliche und unwillkürliche Muskulatur transferiert. Chronische Spannung führt jedoch im Äußeren oder im Inneren des Körpers zu jener schon beschriebenen Panzerung – mit gravierenden Langzeitfolgen.

Grundsätzlich sind beim Menschen zwei konträre – eigentlich komplementär-polare – Verhaltens- oder Reaktionsmuster auf Streß festzustellen: Resignation oder Aktivität (Aggression respektive Flucht). In unserer Streß-Gesellschaft haben diese beiden konträren Muster Tendenz zu entgleisen und sich zu verhärten – sie verkommen zu mentalen Grundmustern, zu eigentlichen „Lebenshaltungen". Diese Reaktionsmuster scheinen in antagonistischen Reaktionstypen des vegetativen Nervensystems zu gründen.

Anhand der beiden Reaktionsvarianten auf Streß, deren „Verhärtung" sich beim modernen Menschen beobachten lassen, lassen sich nun die beiden polaren Konstitutionstypen, eher Yin- oder eher Yang-betont, am einfachsten beschreiben. Der *Sympathikotoniker* (S-Typus) ist eher Yang-betont, der *Vagotoniker* (V-Typus) eher Yin-betont. Bei beiden Typen ist das vegetative Gleichgewicht einseitig verschoben und es besteht bei jedem Typus eine Neigung zu bestimmten Krankheiten. Der ausgeglichene „mittlere" Typus ist nach Vester eher selten anzutreffen.

Als aktiver, kontaktfreudiger und leistungsfähiger Typ leidet der *Sympathikotoniker oder S-Typus* („entgleistes Yang", Abb. 17) besonders unter der „biologischen Frustration", der Tatsache, nicht angemessen auf die hormonellen Reize reagieren zu können. Er ist gleichsam ein Dinosaurier in der hochzivilisierten, hochreglementierten Industriegesellschaft, und seine natürliche Kraft und gesunde Aggression richtet er – um überhaupt überleben zu können – gegen sich selbst. Der Heidelberger Sozialmediziner Hans Schaefer konnte nachweisen, daß eine enge Koppelung zwischen Aggression und Bluthochdruck besteht. Darum erkranken Sympathikotoniker öfter am Gefäß- und Kreislaufsystem, sie sind herzinfarktgefährdet und leiden unter Bluthochdruck.

Im physiotherapeutischen Alltag ist festzustellen, daß die willkürliche Muskulatur beim S-Typus gespannter ist als beim V-Typus. Das ließe sich so erklären, daß der S-Typ noch immer „wie der Urmensch auf der Jagd" reagiert – er ist so „programmiert". Dauernd bekommt er Befehl, anzugreifen oder zu fliehen, aber seine aktionsbereite Muskulatur sitzt auf einem Bürostuhl fest – oder hinter einem

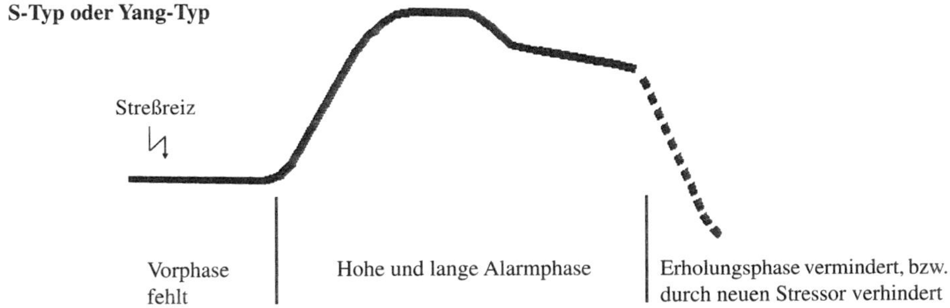

Abb. 17: S-Typ oder Yang-Typ (Vester, Frederic: Phänomen Streß. Deutsche Verlags-Anstalt, Stuttgart 1976).

Schalter, hinter dem Steuer eines Autos, sie kann sich nicht aus-agieren. Das Spannungspotential bleibt hoch oder steigt ständig an, eine Spannungsentladung findet jedoch nicht statt. Die permanente Alarmsituation bewirkt einen chronischen Hypertonus, und daraus entsteht allmählich eine äußere muskuläre Panzerung, eine Yang-Panzerung. Selbst wenn solche Menschen endlich Schlaf finden, wirkt die muskuläre Spannung und Panzerung weiter (malmende Kiefermuskeln).

Der *Vagotoniker oder V-Typus* („entgleistes Yin", Abb. 18) hat einen schwächeren Muskeltonus. Seine Haltung ist eher schlaff, gebeugt, er neigt zu Passivität, ist rasch müde und eher unsportlich. Sein Bindegewebe ist dick und schlecht durchblutet, er braucht viel Wärme, seine Abwehr gegen Infektionen ist schwach, die Krankheitszeichen sind schleichend und chronisch. Sein Blutdruck ist eher niedrig. Dieser Typus neigt zu spastischen Krämpfen des Magens und der Därme, er ist, wie Vester schreibt, ein „Abonnent" auf Magen- und Darmgeschwüre. Vagotoniker neigen nach Vester auch zu Bronchialasthma und Blasenerkrankungen, gegen klimatische Aggressoren, besonders gegen Kälte und Nässe, sind sie besonders schlecht gefeit.

Was den vegetativen Dreitakt der Streßreaktion betrifft, so ist beim V-Typus nach dem Streßreiz die Vorphase übersteigert und zeitlich stark verlängert, die Alarmphase hingegen ist nur schwach vorhanden oder fehlt ganz. Statt dessen macht sich eine nervöse Resignation breit und schlägt auf die inneren Organe. Auf die Dauer entsteht so bei diesem Typus eine Panzerung der inneren, unwillkürlichen Muskulatur, eine „Yin-Panzerung", seine glatte Muskulatur wird spastisch, später atonisch.

4.1.1.2 Erfahrene „Mitte"

Es gibt Körpertechniken, mit denen wir wirkungsvoll in den Dreitakt der Streßreaktion eingreifen können. Die Auswahl dieser Techniken hängt aber von der Konstitution und der individuellen Empfindlichkeit des gestreßten Menschen ab. Eine richtige Entspannungstechnik kann für den S-Typus zum Beispiel lebenserhaltend sein und bringt auch seine Beschwerden zum Verschwinden. Der S-Typus muß zunächst aus seiner starken, meist chronischen Alarmphase herausgeholt werden. Aber wie? Besinnliche, ruhige, autosuggestive Enspannungstechniken machen ihn nur nervös und wütend. Einem solchen Menschen kann man nur helfen, wenn man ihn die Spannung durch eine *Erhöhung* der Spannung erleben läßt. Ich halte mich hier an den Ratschlag von Laotse: „Was du zusammendrücken willst, mußt du erst richtig sich ausdehnen lassen, was du schwächen willst, das mußt du erst richtig stark werden lassen." Feinere, tiefere Techniken können erst dann angewendet werden, wenn der S-Typ geistig

V-Typ oder Yin-Typ

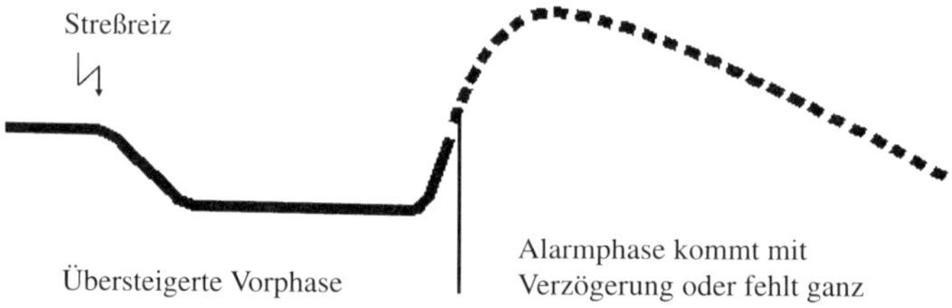

Abb. 18: V-Typ oder Yin-Typ (Vester, Frederic: Phänomen Streß. Deutsche Verlags-Anstalt, Stuttgart 1976).

und emotional in der Lage ist, die andere Polarität des V-Typs aufzunehmen und zu integrieren.

Wenn man Ausgeglichenheit erreichen will, muß zuerst die Frage geklärt werden, welchem Typ jemand zuneigt. Aus den von mir entwickelten Tests läßt sich dies verhältnismäßig leicht erkennen.

Wenn wir nun wissen, zu welchem Konstitutionstypus wir neigen, sollten wir uns nicht fragen, ob das vererbt oder wie es entstanden sei. Vielmehr gilt es, die erkannte Tendenz statt dessen anzunehmen, etwa, wie eine liebende Mutter die Besonderheiten ihres Kindes annimmt und gerade auf diese Besonderheiten stolz ist. Seien wir also stolz, wenn sich ein Typus bei uns so deutlich zeigt.

Nun gehen wir einen Schritt weiter und *verstärken* die Tendenz. S-Typen versuchen, sich noch intensiver durchzusetzen, V-Typen ziehen sich noch mehr zurück. So lernen wir unsere Art noch besser kennen. Wenn wir dies einige Wochen so halten und uns dabei zugleich aufmerksam beobachten, dann können wir den nächsten Schritt wagen.

Wenn wir so richtig im Verhalten unseres Typus engagiert sind, versuchen wir uns auch einmal kurz die Reaktion des Gegenpols vorzustellen. Es ist klar, es handelt sich zunächst nur um ein Gedankenspiel. Wir spielen zum Beispiel mit der Idee, wir wären passiv und schlaff, obwohl wir jetzt gerade explodieren möchten. Wenn ich mich mit dem Gedanken befasse, daß ich auch „der andere" sein könnte, dann sind allerdings die konditionierten Abläufe in meinem körperlichen System noch nicht geändert. Der Gedanke, das Mentale, stellt bloß eine gewisse Voraussetzung dar, damit ich dann durch ein Training die körperliche Dekonditionierung erreichen kann.

In den folgenden Abschnitten werden Übungen beschrieben, mit denen man auch auf der Körperebene, konkret, an der Um-Polung arbeiten kann, Geeignet sind vor allem die Übungen der „Segmentalen Entspannungstechnik" (SET), in der beide Pole, Aktivität und Ruhe, enthalten sind, weiter „Die fünf Übungen der Jahreszeiten", „Hände helfen Heilen" „Die Summ-Meditation" und die „Die Verbindung des Inneren Kanals" (vgl. die folgenden Kapitel).

4.1.2 Befunde

Prioritäten bei der Befundaufnahme: Pulsbefund, Testblatt, Augenschein, Anamnese
Kommentar: Der *Pulsbefund* hat in der Konstitutionsfrage erste Priorität, zum Vergleich wird das *Testblatt* zur Konstitutionslage (vgl. Kapitel zu den Befundmethoden, Seite 92) beigezogen.

Weist das Testblatt, die Lebensführung und der Pulsbefund über die Yin-Yang-Konstitution wesentliche Unterschiede auf, was nicht selten vorkommt, so muß dieses Problem gelöst werden, bevor der eigentliche Yin-Yang-Ausgleich in Angriff genommen wird.

Zeigt das Testblatt und die Lebensführung zu viel Yang, ist das ein Zeichen dafür, daß das Yin-betonte System von autoritären Prägungen gehemmt wird (Kompensation).

Im umgekehrten Fall sind es Glaubenssätze wie „aus dir wird nie etwas", „Müßiggang ist aller Laster Anfang" etc., die die Menschen nicht zu ihrer eigenen Kraft kommen lassen.

1. Maßnahme: Glauben Sie an Ihr biologisches System und arbeiten Sie von Ihrer Ausgangslage zu einem Ausgleich hin.
2. Maßnahme: Werden Sie durch die einkonditionierten Glaubenssätze daran gehindert, so betrachten Sie diese Gedanken wie ein Störfeld (siehe Anhang „Ist ein Glaubenssatz ein Störfeld", Seite 242).

4.1.3 Therapie

4.1.3.1 Akupunkturpunkte

Die Akupunkturpunkte, über die ich den konstitutionellen Ausgleich suche, stammen von

J. Borsarello, sie haben ihre Wirksamkeit in vielen Praxisjahren bewiesen. Bei der Behandlung sollte man bedenken, daß eine Konstitutionskorrektur allein über die Akupunkturpunkte oder andere technische Mittel nicht langfristig zum Erfolg führen kann, wenn nicht auch der mentale Bereich einbezogen wird. Die Auseinandersetzung mit dem eigenen So sein und dem Anders-sein-können hat erste Priorität, die Punkte können dabei nur Hilfe leisten.
Beim *Yin-Typus* (Vagotoniker, V-Typus) werden die folgenden Punkte behandelt:
oben: Di 4 („Talgrund")
Mitte vorn: JM 12 („Fundus ventriculi")
Mitte hinten: Bei Frauen: TM 3 („Yang-Schranke"), bei Männern: TM 4 („Tor des Lebens")
unten: Ma 36 („Drei Entfernungen")

Diese Punkte müssen beim Yin- oder V-Typus *tonisiert* werden. Ich setze dabei allgemein die Moxatherapie oder Elektroakupunktur ein.

Yang-Typus (Sympathikotoniker, S-Typus):
oben: TM 13 („Den Weg bahnen", Abb. 74, Seite 195), vorwiegend zur somatischen Beruhigung, und TM 19 („hinter dem Scheitel"), vorwiegend zur affektiven Beruhigung.
Mitte: JM 12 („Fundus ventriculi")
unten: Bl 62 und Gb 39

Diese Punkte müssen beim Yang- oder S-Typus *sediert* werden. Ich verwende dazu Akupressur mit sanftem Druck in der Einatmungsphase und lasse dann der Ausatmungsphase lange Zeit, verbunden mit *Affirmationen* wie „Sich Zeit lassen", „Spannungen ausatmen" etc. Sehr hilfreich ist auch Farbakupunktur mit der Farbe Blau.

Es fällt vielleicht auf, daß die Dreiteilung des Körpers nach TCM-Auffassung, die im nächsten Abschnitt erläutert wird, auch hier berücksichtigt wurde. Nicht immer müssen indessen alle drei Ebenen – oben, Mitte und unten – gleichzeitig behandelt werden. Es gilt zunächst, die Energieverteilung (das Energieprofil) zu beachten.

4.1.3.2 Genereller Yin-Yang-Ausgleich

Bei der Harmonisierung der beiden Extremtypen halten wir uns an die Gedanken Laotses: „Was du zusammendrücken willst / das mußt du erst richtig sich ausdehnen lassen, / Was du schwächen willst, / das mußt du erst richtig stark werden lassen, / Was du vernichten willst, / das mußt du erst richtig aufblühen lassen, / Wem du nehmen willst, / dem mußt du erst richtig geben." (Tao-te-King, 36, S. 76)

Wir arbeiten also zuerst mit jenem Pol, dem der Patient eher zuneigt – beim Yang-Typ mit dem Yang und beim Yin-Typ mit dem Yin. Wir sind uns dabei stets bewußt, daß der *Ausgleich* letztlich nur gelingen kann, wenn ein Mensch auch bereit ist, Überschüssiges umzuwandeln und Fehlendes sich anzueignen.

4.1.3.3 Der Yang-betonte Mensch

Tagesrhythmus
Yang-betonte Menschen sind den ganzen Tag lang unternehmungslustig und äußerst leistungsfähig – ihr „Motor" läuft und läuft und ist dann auch abends kaum zu stoppen. Solche Menschen laufen Gefahr, daß bei ihnen die Yin-Seite, die Entspannung, zu kurz kommt.

Wir werden ihnen deshalb raten, die wichtigsten Arbeiten schon vormittags auszuführen, am Nachmittag und am Abend sollen sie es etwas gemütlicher nehmen und dem ankommenden Yin eine Chance geben. Ab 18 Uhr sollten sie sogar ganz bewußt entspannen.

Gerade bei Yang-betonten Menschen spielen Ernährungsratschläge eine wichtige Rolle. Ihr Frühstück sollte viel Yang-Nahrung enthalten, das Mittagessen weniger, das Abendessen schließlich sollte in der Hauptsache aus Yin-Nahrung bestehen. So wird ihr Körper entsprechend dem energetischen Zyklus versorgt.

Jahreszeiten
Im Frühling wächst die natürliche Lebensenergie und will sich durchsetzen. Der Yang-betonte Mensch darf dann sein Yang nicht reduzieren, damit er ihm nicht Schaden zufügt. Während des restlichen Jahres darf das Yang hingegen beruhigt werden. Im Sommer sollten sich Yang-betonte Menschen besonders gegen die Hitze schützen.

Der große Lebensrhythmus
Die überlegte Zufuhr von Yin ist für den Yang-betonten Menschen von einiger Bedeutung. Beschauliche, entspannte Phasen, Spaß und Kreativität ohne allzuviel Aktivität, all dies wird sich bei ihm günstig auswirken – der größte Erfolg des Yang-Menschen besteht vielleicht darin, einmal nicht so erfolgreich zu sein.

Krankheiten
Die Abwehr des Yang-betonten Menschen ist mächtig, Krankheitszeichen treten deshalb rasch und stürmisch auf. Zuweilen kommt es zu Muskelverspannungen und Krämpfen und die Gelenke nützen sich schnell ab. Yang-betonte Menschen neigen zu hohem Blutdruck, Folge können Schlaganfälle oder Herzinfarkte sein.

4.1.3.4 Der Yin-betonte Mensch

Tagesrhythmus
Yin-betonte Mensch kommen nur mühsam in Schwung und werden doch schnell wieder müde. Am leistungsfähigsten sind sie von 6 Uhr morgens bis mittags. Wir empfehlen ihnen, extreme Arbeitsbelastungen zu meiden und die Arbeit auf den ganzen Tag zu verteilen.

Ihr Frühstück sollte ausgesprochen Yang-betont sein, das Mittagessen im Yin-Yang-Gleichgewicht. Um 16 Uhr brauchen sie einen kräftigen Yang-Zuschuß, mit dem der Leistungsabfall gebremst werden soll, der etwa um 18 Uhr eintritt, wenn das Yin in der Yin-Zeit des Tagesrhythmus wächst. Das Abendbrot des Yin-betonten Menschen sollte dann wieder ausgeglichen sein. Aber im Ganzen muß ihre Ernährung nach Yang verschoben werden.

Jahreszeiten
Im Winter brauchen Yin-betonte Menschen einen massiven Yang-Zuschuß über die Akupunkturpunkte und über die Nahrung. In der kalten Jahreszeit sollten sie sich auch schonen, nicht mit körperlichen und geistigen Aktivitäten übertreiben. Für solche Aktivitäten sind für sie der Frühling und vor allem der Sommer günstiger. Im Sommer wachse die Lebensenergie, sagten die alten Chinesen, sie steige und sei sieghaft, deshalb sollte man dann das Yang nicht weiter antreiben – aber man wird es zu nützen suchen.

Der große Lebensrhythmus
Mit zunehmendem Alter neigt der Mensch mehr und mehr dem Yang zu. Yin-betonte Menschen werden daher im Alter ausgeglichener, leistungsfähiger und nutzen sich auch weniger ab. Besondere Eingriffe in den „großen Lebensrhythmus“ sind bei ihnen also nicht notwendig.

Krankheiten
Die Abwehr bei Yin-betonten Menschen ist in der Tendenz schwach, die Krankheitszeichen sind schleichend; Heilungsprozesse verlaufen langsam. Ihr Blutdruck ist eher niedrig. Yin-betonte Menschen neigen zu spasti-

schen Krämpfen des Magens und der Därme. Allgemein tendieren sie zu Müdigkeit.

Yin-Menschen sollten sich gegen klimatische Aggressoren gut schützen, besonders gegen Kälte und Nässe. Ist ihre äußere Abwehr schwach, so kann der Aggressor in die Tiefe des Körpers eindringen und die Krankheiten drohen chronisch zu werden.

4.1.3.5 Ernährung

Literaturhinweis:
Bänziger, E./Baule, G.: Kochen mit den fünf Elementen. Midena Verlag, 1996.

4.2 Die drei funktionalen Zonen

4.2.1 Befundbild

Die Vorstellung einer „Dreiteilung des menschlichen Körpers" in „funktionale Zonen" kam in der chinesischen Medizin schon früh auf – wohl in Analogie zur traditionellen Triade Himmel-Mensch-Erde, die sich übrigens auch im chinesischen Schriftzeichen für den Herrscher ≙ *wong* spiegelt (Abb. 19).

Bei den drei funktionalen Zonen handelt es sich um eigentliche Informationszentralen, deren Aufgabe darin besteht, die Energie ungehindert fließen zu lassen. Jede Zone wird von einem bestimmten Organ/Funktionssystem dominiert, durch das wiederum ein bestimmter Aspekt der Lebensenergie reguliert wird. Tritt nun in einer dieser Zonen eine Blockierung auf, so schlägt das System sogleich Alarm und leitet eine entsprechende Gegenmaßnahme im Sinne einer Selbstregulation oder Selbstheilung ein. Die meisten dieser feinen Disharmonien werden ohne unser Wissen reguliert. Wenn es sich aber um starke Blockierungen handelt, so trägt der Körper sie über Schmerz und muskuläre Verspannungen in unser Bewußtsein. Reich hat solche Blockierungen oder Informations- und Reaktionssperren „Biopathien" genannt. (Wenn wir auf solche Alarmzeichen nicht adäquat reagieren, so wird der Körper allmählich „erstarren", die Flußstörung perpetuiert sich.) Zuerst entsteht eine äußere muskuläre Panzerung, nach einer gewissen Zeit oft auch eine innere, in der unwillkürlichen Muskulatur wirkende Blockierung, welche allmählich zu einer Regulationsstarre des gesamten vegetativen Lebens führt und auch das Immunsystem in seiner Funktion einschränkt. Wenn

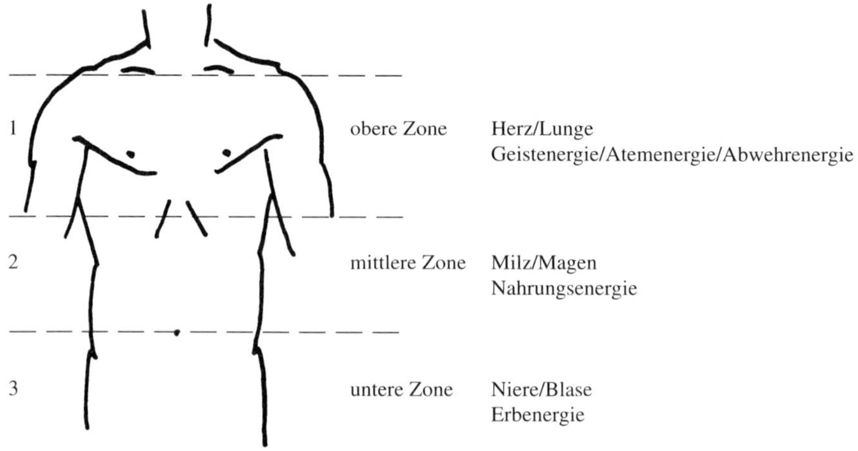

Abb. 19: Die drei funktionalen Zonen.

diese Erstarrung über längere Zeit anhält, so entwickelt sich aus einer verkrampften, verkürzten Muskulatur eine allgemeine Muskelschwäche, begleitet von einer depressiven, resignativen Grundstimmung. Gleichzeitig verstärkt sich auch die Immunschwäche.

4.2.1.1 Die untere Zone

Die untere funktionale Zone wird durch das Organsystem „Niere“ dominiert. In ihr ist die Lebens-Basisenergie des Menschen gespeichert. Wenn sich die „Nierenkraft“ erschöpft hat, wird der Mensch alt und stirbt, die Erhaltung dieser Urkraft und ihr freies Fließen im ganzen Körper wirkt daher als grundlegende Präventionsmaßnahme.

Bei der Zeugung haben unsere Eltern einen Teil ihrer „Nierenenergie“ an uns weitergegeben: Sie haben dabei teilweise unser Aussehen, unsere Konstitution, unsere Begabungen bestimmt. Aus diesem Grund nennt man die „Nierenenergie“ auch „Erbenergie“ oder Nieren-Qi oder auch vorgeburtliche Energie. Diese Erbenergie steht in Kontakt mit Informationsfeldern, die mit Hilfe der Segmentalen Entspannungstechnik erschlossen werden können.

Wenn wir immer wieder versuchen, uns zu entspannen, loszulassen, uns nicht zu sperren, auch wenn Angst aufkommt, dann fließt die Erbenergie, es entsteht Verbindung, Vertrauen und Lebenskraft. Auf der körperlichen Ebene wird das urogenitale System gestärkt und die Ausscheidung verbessert.

Der Schlüssel zu den unbekannten Informationsfeldern ist die existentielle Angst. Wenn es uns gelingt, uns der Entspannung hinzugeben, kann sich diese Angst zeigen und es können auch Bilder, Träume und Visionen aufsteigen. Man wird mit der Zeit und mit viel Übung zwar allmählich offener für diesen Bereich, ob er sich einem aber vollständig offenbart, liegt nicht in unserer Macht. Es braucht dazu Geduld und auch Willen, aber nicht „wild entschlossenen“, sondern elastischen, feinen, alles durchdringenden Willen.

4.2.1.2 Die mittlere Zone

Die mittlere funktionale Zone mit den Organen Milz und Magen ist das Zentrum der Energiegewinnung durch die Nahrung. „Solange Milz und Magen gesund sind, ist jede Krankheit heilbar“, heißt es in alten chinesischen Schriften, und zwar daher, „weil aus den Nahrungsmitteln im Magen zunächst die Nährenergie (Ching) freigesetzt und die unreinen von den reinen Bestandteilen getrennt werden müssen, bevor die mittlere funktionale Zone ihre Energie weitergegeben kann.“

Die Nährenergie ist gleichsam die materielle Substanz und Grundlage unserer Existenz. Sie ist zugleich auch die Basis der Abwehrenergie, die schneller und flinker ist als die Nährenergie.

Bei einer Ernährung nach den Regeln von Yin und Yang kann ein Überschuß an Nährenergie gebildet werden, der als „Vermögen“ in den Nieren eingelagert werden kann. Voraussetzung dafür ist aber eine gut funktionierende Milz.

Milz und Magen repräsentieren in der Traditionellen Chinesischen Medizin das Erdelement, das heißt die Funktion der Mitte. Es geht hier um die Grundfragen des „Daseins“: Haben wir die Füße fest auf dem Boden, sind wir gut in unserem Körper drin? Daß sich solches nicht von selbst versteht, merkt man oft erst, wenn man sich den Fragen ernsthaft stellt. Stabilität, Harmonie, Gelassenheit, balancierte Energien sind selten „einfach vorhanden“ und ungefährdet.

4.2.1.3 Die obere Zone

Die obere funktionale Zone wird von Herz und Lunge dominiert, hier sitzt auch die Abwehrenergie, die den Körper von äußeren schädlichen Einflüssen schützen soll. Diese Schutzfunktion ist besonders wichtig in der Krankheitsprophylaxe.

Die Abwehrenergie (Wei) ist vor allem auf der Körperoberfläche lokalisiert. Sie fließt zwischen Muskulatur, Sehnen, Haut und Außenschichten der Körperhöhlen.

Das Herz gilt in der TCM als Kaiser-Organ und Sitz des Geistes (Shen), als Zentrum aller körperlichen, geistigen und seelischen Aktivitäten des Menschen. Bei extrem unausgewogenem Zustand, Streß, Konfikten usw. wird das Herz gestört und der Geist verwirrt. Das Herz gilt auch als Meister, als „Kaiser" der göttlichen Feinsubstanz. Hier entspringt das Gefühl, daß all unsere Lebensäußerungen ursprünglich aus der Sehnsucht nach Liebe, nach Ganzheit hervorgegangen sind, und ein Gefühl der liebevollen, vorurteilslosen und ungeteilten Aufmerksamkeit für sich und für die anderen. So birgt das Herz auch ein mächtiges Potential der Transformation und Heilung.

4.2.2 Befunde

Prioritäten bei der Befundaufnahme: Tastbefund, Pulsbefunde, Messung, Muskeltest, Anamnese

Kommentar: Am aufschlußreichsten ist in Bezug auf die drei funktionalen Zonen der *Tastbefund*, der anschließend noch ausführlich dargestellt werden soll. Wenn bei den *Oberflächenpulsen* in den Abschnitten I, II oder III ein Teil deutlich überwiegt oder zu schwach ist, so können wir eine energetische Störung in der betreffenden Zone annehmen. Die *Messung* der Terminalpunkte gibt u.a. Auskunft über die einzelnen Organe und damit über ihre Lokalisation in den drei Zonen. Zuweilen liefern auch *Muskeltest* und *Anamnese* weitere Hinweise auf Spannungen, Schmerzen oder Störungen in einer der drei Zonen.

Zum Tastbefund

Der Tastbefund des Oberbauches nach Sun Szun Miao stellt neben der Befundung der Atmung, insbesondere des Atembildes, die einfachste Diagnosemethode der Energetischen Therapie dar (Abb. 20). Er gestattet Aussagen über die wesentlichen Tendenzen des energetischen Flusses im ganzen Körper und liefert uns Informationen einerseits über Störungen von Organfunktionen, andererseits über Blockierungstendenzen, die von „emotionalen Struktivitäten" herrühren.

Der Tastbefund gibt in der oberen funktionalen Zone Auskunft über die Verbindung von Nahrungs- und Abwehrenergie sowie über die Kraft der Atemenergie. Die mittlere funktionale Zone liefert Informationen über Aufnahme und Resorption der Nahrung. Die untere Zone zeigt die Tendenzen der Ausscheidung und Entschlackung des Körpers. Die emotionalen Bezüge der drei funktionalen Zonen wurden bereits erwähnt.

Die Kriterien des Tastbefundes

1. Augenschein: Im Bereich von Xyphoideus bis zum Bauchnabel sind verschiedene „Spannungsbilder" feststellbar. Typisch ist das Bild einer „Schildkröte" in der mittleren funktio-

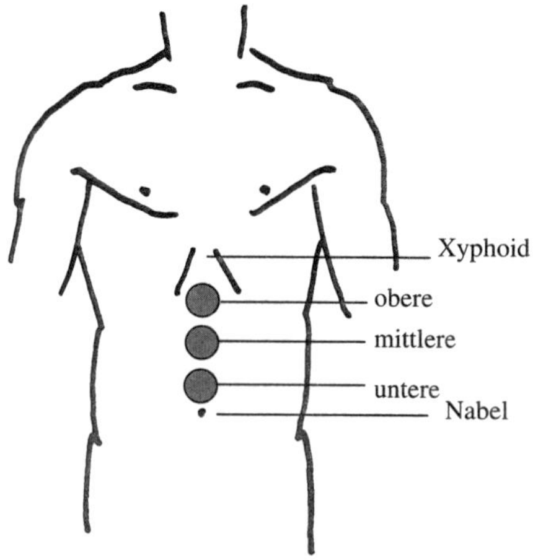

Abb. 20: Tastbefund der drei funktionalen Zonen.

nalen Zone, verursacht durch einen lokalen muskulären Hypertonus der beiden Stränge des M. rectus abdominis.

2. Temperatur: Es lassen sich oft erhebliche Temperaturunterschiede zwischen den drei Arealen feststellen. Überwärmte Zonen (Yang) weisen eher auf einen beschleunigten Stoffwechsel oder sogar auf entzündliche Prozesse hin. Kühlere Zonen (Yin) sind ein Hinweis auf eine „Struktivität", verbunden mit einer Stagnation von Stoffwechselprozessen. Erst der Temperaturvergleich aller drei Zonen liefert allerdings ein klareres Bild über ihre gegenseitige Beziehung.

3. Pulsation: Die Unterschiede der Pulsation der Aorta abdominalis sind in den drei Arealen oft gut wahrzunehmen.

4. Konsistenz: Bei der Prüfung der Konsistenz von Haut, Bindegewebe, Muskulatur und darunter liegenden Organen sollte man sich Zeit lassen und tief in die körperlichen Strukturen hineingehen. Es ist oft erstaunlich, wie sich druckdolente Stellen erst nach einer gewissen Zeit melden. In diesem Zusammenhang können auch die Zonen um den Bauchnabel und unterhalb des Nabels ertastet werden. Dann und wann sind im Bereich des Kolons schmerzhafte, verhärtete Stellen anzutreffen, die man zuerst „aufweichen" muß.

4.2.3 Therapie

4.2.3.1 Akupunkturpunkte für die Öffnung der drei funktionalen Zonen

JM 12 für die mittlere Zone
JM 6 für die untere Zone
JM 17 für die obere Zone

Mit Moxatherapie, Akupressur, Akupunkturmassage, tiefer Bindegewebsmassage, Farbakupunktur, Softlaseranwendung usw. lassen sich die drei Zonen über die angeführten Punkte sanft „öffnen", dabei werden die Zonen energetisch entspannt und die Verbindung *zwischen* ihnen verbessert sich. Es ist zu beachten, daß bei vielen Menschen die drei Bereiche ziemlich scharf voneinander geschieden sind, denken wir nur an die typische Trennung von „Kopf", „Herz" und „Bauch".

Mit den im folgenden beschriebenen Übungen können die positiven Wirkungen energetischer Maßnahmen nachhaltig und langfristig unterstützt werden. Sie führen nicht nur zu mehr „Energieverbindung", sondern auch zu einer Verfeinerung der Energie.

4.2.3.2 Die Beziehung der Organpaare zu den Emotionen

Wir erwähnten im Kapitel zur Traditionellen Chinesischen Medizin, daß die Organpaare/Funktionskreise in der TCM mit den Gemütsbewegungen (Emotionen) korrespondieren. Zu diesem Thema lesen wir in Kapitel 39 des „Huangdi Neijing Suwen" den folgenden Dialog zwischen dem Gelben Kaiser (Huangdi) und dem Arzt Qi Bo: „Ich habe gehört, daß alle Krankheiten energetische Ursachen haben; haben aber die Leidenschaften einen Einfluß auf die Energie? – Und Qi Bo erwidert: „Der Zorn treibt die Energie nach oben, die Freude beruhigt den Energiefluß, die Energie wird friedlich. Die Traurigkeit vermindert die Energie durch Schwächung der Lungenenergie, die Furcht treibt die Energie abwärts, indem sie den Oberen Erwärmer schließt, die Sorgen konzentrieren die Energie, so daß sie nicht mehr zirkuliert, die übermäßige geistige Anstrengung blockiert die Energiezirkulation."

Wird der Mensch äußeren Störungen ausgesetzt, so verändert dies seinen Charakter und seine Seele. Diese von außen bewirkten Veränderungen können jedoch nicht von den

Tab. 4: Schema der drei funktionalen Zonen und der korrespondierenden Grundgefühle.

	Zone	
–		+
Sich ungeliebt fühlen, Sinnlosigkeit	obere	Liebe und Ganzheit
Keinen Platz auf der Welt finden	mittlere	Dasein
Urangst und isolierende Erstarrung	untere	Vertrauen und Wohlsein

(– bedeutet: negative Gefühle / + bedeutet: positive Gefühle)

Auswirkungen der fünf Organpaare geschieden werden. Hierzu noch ein Zitat aus dem „Suwen": „Der Mensch hat fünf Organe, die fünf Energien auslösen, die ihrerseits Freude, Zorn, Sorge, Trauer und Angst auslösen."

Die Anweisungen des Arztes Qi Bo geben uns allgemeine Hinweise, wie die Energie in den drei funktionalen Zonen und in den Zonen untereinander ausgeglichen werden kann. Man muß beachten, daß in den beiden oberen funktionalen Zonen sich die dort beheimateten Gefühle aktiv einmischen, während es in der unteren zu fast keiner Auseinandersetzung kommt, denn die dort sitzende existentielle Angst will die Energie nur für die Aufrechterhaltung der Panzerung und der Erstarrung einsetzen.

4.2.3.3 Die spirituelle Dimension der drei funktionalen Zonen

Um die spirituelle Dimension der drei funktionalen Zonen zu verstehen, müssen wir uns vergegenwärtigen, in welcher Zone sich die einzelnen Gemütsbewegungen manifestieren und deren Bezug zu den Organpaaren bedenken, welche ja leicht den drei Zonen zuzuordnen sind.

Jede der drei Zonen verkörpert, positiv oder negativ, ein eigentliches Lebens-Grundgefühl, das den Weg eines Menschen prägen wird, auch in spiritueller Hinsicht. Die Bedeutung der drei funktionalen Zonen zeigt sich aber erst im Hinblick auf den Zyklus der Wandlungen. Um eine echte Entwicklung, eine dauerhafte Wandlung einzuleiten und abzuschließen, braucht es – als Triebfeder – eine starke negative Komponente in einer der drei Zonen. Das Negativum bildet nämlich die Voraussetzung dafür, daß im biographischen, aber mehr noch im spirituellen Bereich erhebliche Fähigkeiten entstehen können.

Ich stütze mich hier auf eigene Erfahrungen wie auch auf die Beobachtungen von Hiroshi Motoyama, des ehemaligen Vorsitzenden der International Association for Religion and Psychology. Motoyama hat in seinem Laboratorium in Tokyo zahlreiche Heiler und Yogi untersucht. Er gelangte dabei zu folgenden Ergebnissen: Ist die untere funktionale Zone durch ein energetisches Ungleichgewicht belastet, so ist das Angstpotential groß, gleichzeitig sind bei solchen Menschen aber auch hellseherische Fähigkeiten vorhanden, sofern das Angstpotential integriert wurde und sich die Nierenenegie stabilisieren konnte.

Ist die mittlere funktionale Zone durch eine energetische Unausgeglichenheit der Milz belastet, so kann dies Ausgangspunkt für außersinnliche Wahrnehmungsfähigkeiten sein, allerdings auch nur dann, wenn die dauernd wieder aufsteigenden Sorgen um sich und andere integriert und im Fließ-Gleichgewicht gehalten werden können, kurz, wenn der eigene Platz in der Welt gefunden worden ist.

Wenn die obere funktionale Zone durch die Gefühle des Ungeliebtseins, der Sinnlosigkeit und Isoliertheit belastet ist, so ist die mentale Instabilität zwar groß, zugleich aber auch die potentielle Fähigkeit zu heilen, zum Weg des Mitgefühls. Voraussetzung ist wiederum eine Integration der widerstrebenden Gefühle im

Herzen. Die mentale Instabilität ist Voraussetzung für den Aufbau eines heilenden Feldes für sich und damit auch für andere. Zu dieser dritten Gruppe gehörten bei meinen Meßexperimenten viele Ärzte, Psychotherapeuten, Physiotherapeuten und Angehörige anderer Heilberufe. Oft war bei ihnen die Unausgeglichenheit der oberen Zone noch vorhanden, wirkte sich aber auf beruflichem Feld sehr positiv aus.[1]

4.2.3.4 Manuelle Techniken

Die drei funktionalen Zonen haben ihre Entsprechungen in den Wirbelgelenken. Die Zonen sind nur durchgängig, wenn auch die Wirbelgelenke normal beweglich sind und nicht ein Segment (Abschnitt) blockiert ist.

Die Akupunkturpunkte entsprechen den folgenden Wirbelsäulensegmenten:

Mitte: JM 12 zu Th7 bis L2

Unten: JM 6 zu L2 bis S3

Oben: JM 17 zu Th1 bis Th7 und „Himmelsfenster": C0 bis Th4

Voraussetzung für einen guten Energiefluß ist die Mobilität aller Wirbelsäulengelenke. Deshalb darf auch die Traktion der Halswirbelsäule nicht vergessen werden. Sie hilft, die Atmung in den Bauchraum zu vertiefen.

4.2.3.5 Übungen

Segmentale Entspannungstechnik (SET) – die Basistherapie

Die Segmentale Entspannungstechnik ist ein Ensemble einfacher Übungen, mit denen wir Blockierungen in den einzelnen Zonen lösen und den Energiefluß zwischen den Zonen verbessern können. Sie beruhen auf dem einfachen Prinzip des Wechsels von Spannung und Entspannung.

Wo kein rechter Atem sei, da könne auch das Qi nicht frei zirkulieren, sagten die Taoisten. Atemstörungen schwächen die Lungenenergie und behindern den natürlichen Lebensrhythmus. Sie gelten deshalb als eines der augenfälligsten Zeichen einer Abweichung vom „rechten Weg". Der die Atmung umschließende Muskelpanzer muß dann zuerst gedehnt und gelockert, vielfach auch gekräftigt werden. Die drei wichtigsten Muskelgruppen, welche die Atmung behindern können, sind die drei Atembarrieren Hals, Zwerchfell und Beckenboden, auf die ich im Kapitel 4.4.1.3 (Seite 164) noch ausführlicher zu sprechen komme. Durch die Übungen der Segmentalen Entspannungstechnik (SET) werden u.a. diese drei Barrieren geöffnet.

Fleisch sei „verdichteter Geist", sagte der englische Chirurg Richard Selzer vor einigen Jahren in einem Interview – aber in der Verdichtung zu „Fleisch" ist der Geist oft starr geworden, das mußte ich in mehr als dreißig Jahren physiotherapeutischer Praxis erfahren. Die wichtigste Aufgabe der Segmentalen Entspannungstechnik besteht eben darin, diesen erstarrten, blockierten Geist wieder zu verflüssigen. „Fließender Geist" ist nicht allein Ausdruck von leichter ablaufenden *physiologischen* Prozessen, wir wissen ja, daß der menschliche Körper mehr ist als nur Knochen, Sehnen, Muskeln und Organe. Segmentale Entspannungstechnik hilft uns, dieses „Mehr" im Körper auch zu *empfinden* und *wahrzunehmen*.

Am wirkungsvollsten ist die SET, wenn der unter Umständen zu völliger Energieleere führende Schrumpfungsprozeß noch nicht zum Abschluß gelangt ist, wenn die Blockie-

[1] In diesem Zusammenhang ist der buddhistische Begriff des Bodhisattva Skrt., wörtlich „Erleuchtungswesen" von Bedeutung. Ein Bodhisattva leistet tätige Hilfe und ist bereit, das Leiden aller Wesen auf sich zu nehmen. Ihr Erbarmen, Mitgefühl und zärtliche Zuneigung erstreckt sich unterschiedslos auf alle Lebewesen und gründet auf der Erfahrung der Einheit alles Seienden in der Erleuchtung.

rungen noch nicht erstarrt sind, wenn also noch Zeichen von innerer Unruhe, Nervosität, stechende oder krampfartige Schmerzen oder entzündliche Symptome vorhanden sind und auch Gefühle wie Wut oder Ärger.

Die Ziele der SET

• Allgemein der Abbau von innerer und äußerer muskulärer Panzerung, insofern auch Vorbereitung für andere Therapiemaßnahmen wie Akupunktur, Krankengymnastik usw.

• Die Erschließung der drei funktionalen Räume, der Segmente, damit ein ungehinderterer Energiefluß möglich wird.

• Die Anregung und Vertiefung der Atmung und die Unterstützung von Selbstregulation und Selbstheilungstendenzen des Körpers.

• Schließlich auch die Regulation des Yang- (oder S-)Typs bzw. des Yin- (oder V-)Typs zur Ausgeglichenheit (siehe Kapitel zur Konstitution, Seite 120).

Außerdem ist die SET ein technisch anspruchsloses und doch wirkungsvolles Mittel, die Gesundheit zu erhalten, denn fließende Energie ist die wichtigste Voraussetzung für ein gesundes Leben. Deshalb will die SET auch nicht nur eine Methode in der Hand des Therapeuten sein, alle können diese Methode lernen und lehren, der Pfarrer und die Sozialarbeiterin, die Physiotherapeutin und der Sportler, die Allgemeinpraktikerin und der Krankenpfleger. Die SET erschöpft sich im übrigen nicht in den körperlichen Übungen, sie ist in weit höherem Maße auch ein Training der Wahrnehmung – von Spannungen in der Muskulatur und natürlich auch von deren Entspannung. Eine verbesserte Wahrnehmung des Körpers erlaubt es, auch im Alltag zu erkennen, wann eine muskuläre Verkrampfung in das biologische System eintritt und die Energieflüsse blockiert.

Eine dynamische Energiebalance ist nur dann gewährleistet, wenn die Wahrnehmung Blockierungen erkennt und das System trainiert ist, sie wieder abzubauen. Ein praktisches Beispiel soll dies verdeutlichen: Wenn wir unter Streß stehen, wenn wir wütend sind usw., sträuben sich nicht nur die Nackenhaare, sondern die Halsmuskulatur zieht die Schultern nach oben, Hals und Schultergürtel werden energetisch blockiert. Bleibt nun diese Verkrampfung über längere Zeit bestehen – wird sie also nicht abgebaut –, dann verkürzen sich die Muskeln, die Verkrampfung verfestigt sich und die Basis für dauernde Nacken- und Schulterschmerzen, Spannungskopfschmerzen, ja sogar Migräne usw. ist gelegt.

Der Weg der SET

Die SET setzt eine enge Zusammenarbeit zwischen Patient und Therapeut voraus. Die Aufgabe des Therapeuten ist es, die richtige Übung für ein blockiertes Segment auszuwählen und den Patienten durch das Öffnen der entsprechenden Akupunkturpunkte durch die Übung zu begleiten. Später können die meisten Übungen von den Patienten auch zu Hause ausgeführt werden.

Jede SET-Übung enthält ein aktives (Yang) und ein passives Prinzip (Yin), jede fordert zugleich Willensanstrengung wie auch Ruhe und Wahrnehmung. Immer sind die beide polaren Seiten in der Übung untrennbar miteinander verknüpft. Doch das wichtigste ist, daß wir beim Üben *handlungsfähig* bleiben sollten, sowohl in der Aktivität wie beim Loslassen. In jeder Übung verbirgt sich übrigens auch ein Paradox: In den aktiven Phasen, beim Halten, versuchen wir *zugleich,* loszulassen, es geschehen zu lassen, damit Fluß entsteht und die fließende Energie Vibrationen erzeugen kann.

Therapeutisches Begleiten in der SET bedeutet:

• therapeutischen Raum zu schaffen und dem Patienten beizustehen,

• die drei funktionalen Zonen über die Akupunkturpunkte zu öffnen,

• die Frage der Konstitution zu beachten und mitzuhelfen, die Konstitutionslage zu modifizieren,

• den Energiefluß zu beobachten (oben-unten, rechts-links usw., vgl. das Energieprofil der Patienten),

• die Wirbelsäule zu beachten,

• sich stets zu fragen, welche Wandlungsphase sich beim Patienten besonders bemerkbar macht.

• Bei starker äußerer muskulärer Verkrampfung ist der Punkt Gb 34 zu behandeln.

Indikationen der SET

• Alle Krankheiten und Störungen, die den Energiefluß in die Extremitäten hemmen oder blockieren und die Harmonie und Schönheit der Atmung beeinträchtigen.

• Einzelne Übungen können unter bestimmten Voraussetzungen besonders indiziert sein, etwa in der Atemarbeit (vgl. Kapitel Manifestationen/Atem, Seite 148)

Die Zehn Übungen der SET

1. Mittleres Segment

Ausgangsposition: Rückenlage

Wir strecken das eine Bein nach oben, wobei das Knie leicht gebeugt bleibt. Die Ferse zeigt nach oben (Abb. 21).

Erste Übungsphase (aktiv): Wir atmen intensiv in die gespannte Bauchmuskulatur, bis wir eine leichte Vibration spüren.

Zweite Übungsphase (passiv): Während wir uns allmählich zurückgleiten lassen, entspannen wir und nehmen die Körperphänomene und die Atmung wahr.

Gleiche Übung mit dem anderen Bein.

Übung dreimal wiederholen.

2. Unteres Segment

Ausgangsposition: Rückenlage

Wir winkeln die Beine an. Indem wir die Knie nach außen spreizen, werden die Innenseiten der Oberschenkel gedehnt. Dabei ruhig durchatmen (Abb. 22).

Nun führen wir die Knie etwas zusammen (Abb. 23), bis wir eine Vibration in der Muskulatur spüren. In dieser Stellung verharren wir eine Weile, dann kehren wir wieder zur gedehnten Ausgangsstellung zurück.

Übung dreimal wiederholen.

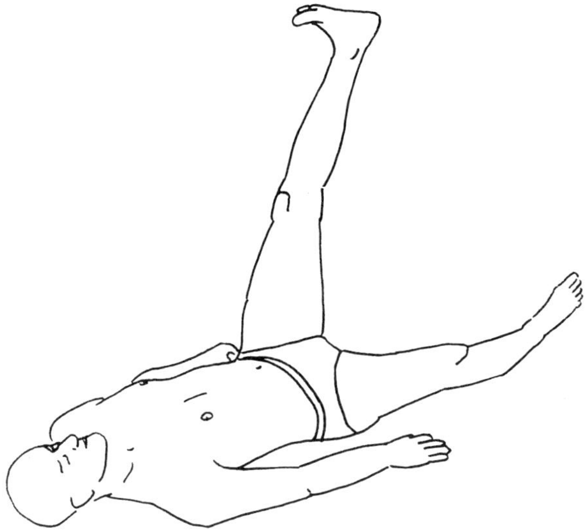

Abb. 21: Segmentale Entspannungstechnik.

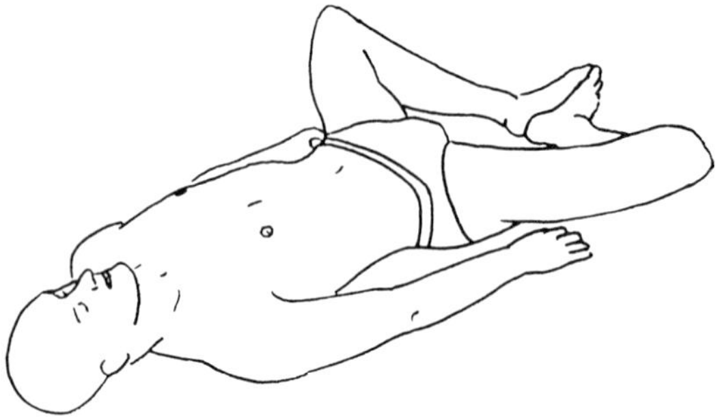

Abb. 22: Segmentale Entspannungstechnik.

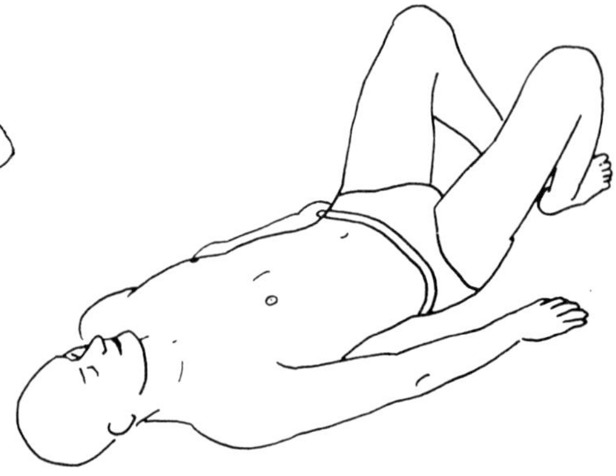

Abb. 23: Segmentale Entspannungstechnik.

3. Oberes Segment
Ausgangsposition: Rückenlage
Wir winkeln die Beine an, wobei die Fußsohlen gut auf dem Boden ruhen.
Wir strecken die Arme nach oben, so, als wollten wir einen Baum umarmen (Abb. 24). Während wir intensiv in den Bauch atmen, spannen wir isometrisch die Arm- und Brustmuskulatur, als wollten wir „den Baum entwurzeln". Dabei achten wir auf die Vibrationen.
Wir legen Arme und Beine flach auf den Boden, entspannen tief und nehmen die körperlichen Reaktionen war.
Übung dreimal wiederholen.

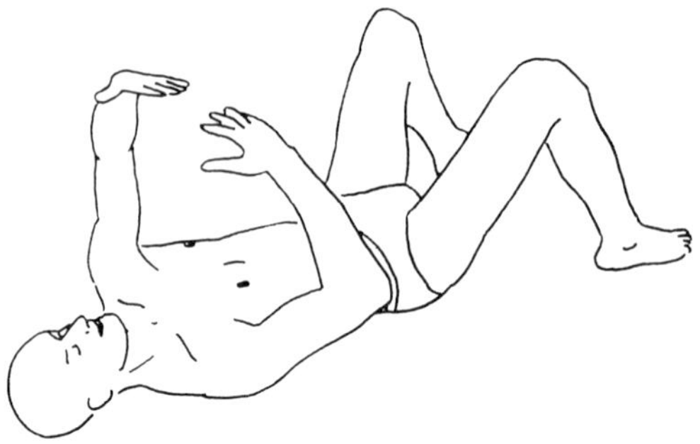

Abb. 24: Segmentale Entspannungstechnik.

4. Oberes Segment
Ausgangsposition: Rückenlage
Diesmal halten wir die Beine gestreckt. Wir heben den Kopf und sehen zu den Fußpitzen hin, dabei atmen wir intensiv in den Bauch (Abb. 25).

Dann legen wir den Kopf vorsichtig wieder zurück und entspannen.

Übung dreimal wiederholen.

Diese Übung ist unter kundiger Begleitung durchzuführen.

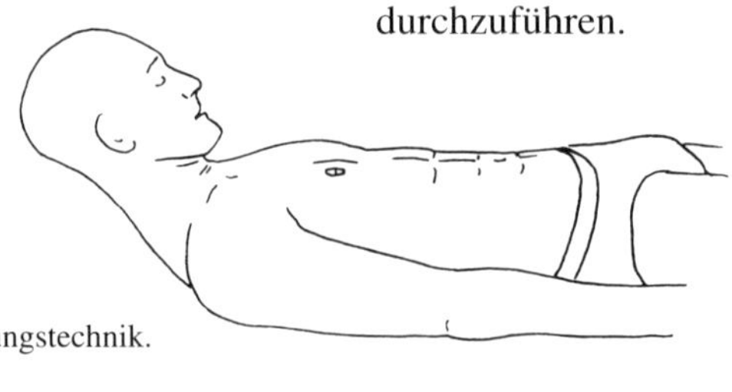

Abb. 25: Segmentale Entspannungstechnik.

5. Oberes Segment
Ausgangsposition: Bauchlage
Die Arme und Hände werden seitwärts gestreckt.
Wir heben den Oberkörper mitsamt den gestrecken Armen und Händen und halten in dieser Stellung etwa 10 Sekunden aus, spüren dabei die Kraft zwischen den Schulterblättern (Abb. 26).

Dann loslassen, entspannen und durchatmen.

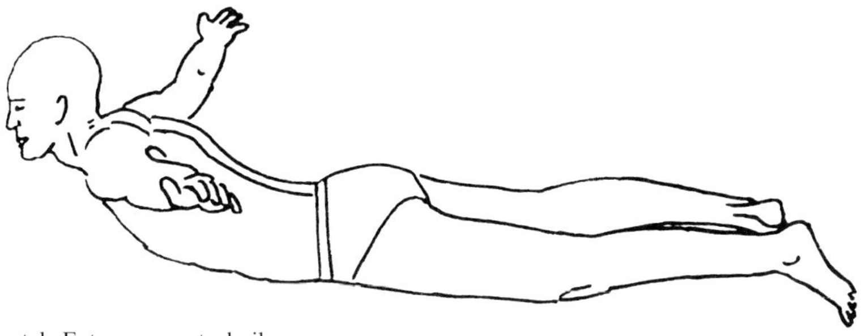

Abb. 26: Segmentale Entspannungstechnik.

6. Unteres Segment
Ausgangsposition: Bauchlage
Wiederum ruht der Bauch auf einem Kissen, die Arme sind nach oben ausgestreckt. Die Beine bleiben während der ganzen Übung gestreckt (Abb. 27).

Wir heben nun beide Beine gleichzeitig, halten in dieser Stellung etwa 10 Sekunden lang aus.

Dann loslassen, entspannen und durchatmen.

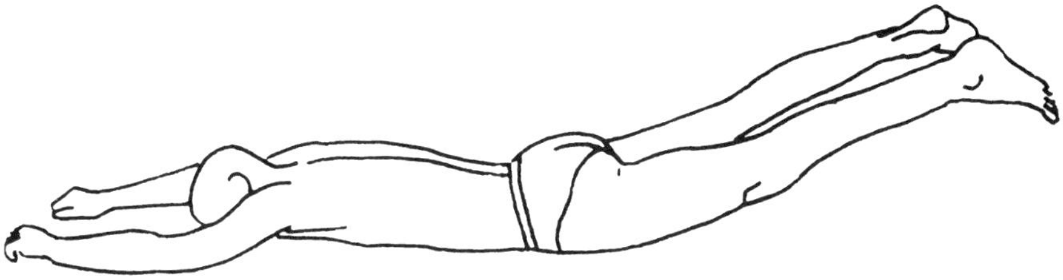

Abb. 27: Segmentale Entspannungstechnik.

7. Mittleres Segment
Hände stützen sich auf die gebeugten Knie ab, die Wirbelsäule ist gestreckt (Abb. 28).
Wir atmen einige Male ruhig in den Bauch, dann wird die Luft vollständig ausgeatmet. In diesem Zustand spannen wir mehrmals und schnell die Bauchmuskeln.
Die Kehle bleibt entspannt offen.

Wenn Atemnot entsteht, ist die Übung beendet und es wird wieder ruhig durchgeatmet. Drei Wiederholungen und anschließend 10 Minuten Ruhe (Vorsicht: Schwindel).

Das Übungsziel ist erreicht, wenn das Zwerchfell intensiv bewegt wird und mit der Zeit „Rülpslaute“ entstehen.

Abb. 28: Segmentale Entspannungstechnik.

8. Integration aller drei Segmente
Ausgangsposition: Bauchlage
Beine und Arme sind gestreckt. Nun heben wir Arme und Beine gleichzeitig an und harren etwa 10 Sekunden in dieser Stellung aus (Abb. 29).
Loslassen, entspannen und durchatmen.

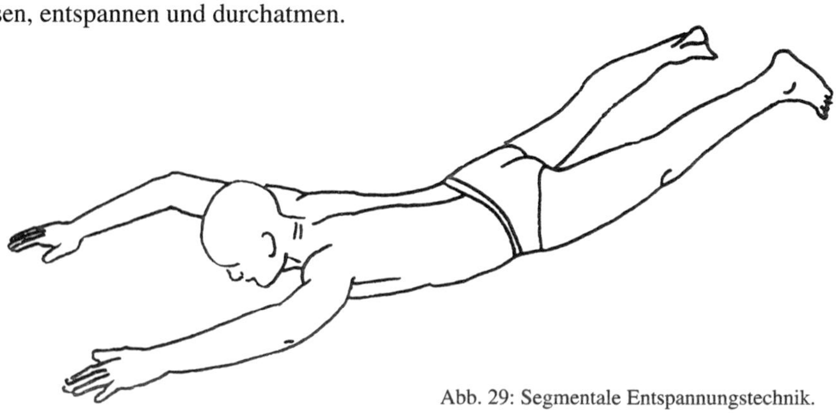

Abb. 29: Segmentale Entspannungstechnik.

9. Integration aller drei Segmente
Ausgangsposition: im Stand
Wir grätschen die Beine, die Fußsohlen ruhen fest auf dem Boden, die Knie sind gebeugt.
Wir lehnen zurück, dehnen die Arme, beugen die Hände rückwärts. Der Blick geht zur Decke, dabei atmen wir intensiv in den Bauch (Abb. 30). Wir warten die Vibrationen ab, beugen uns dann vor, lassen Rücken, Arme und Kopf los. In dieser Stellung die Vibrationen in den Beinen abwarten und durchatmen (Abb. 31).
Übung dreimal wiederholen

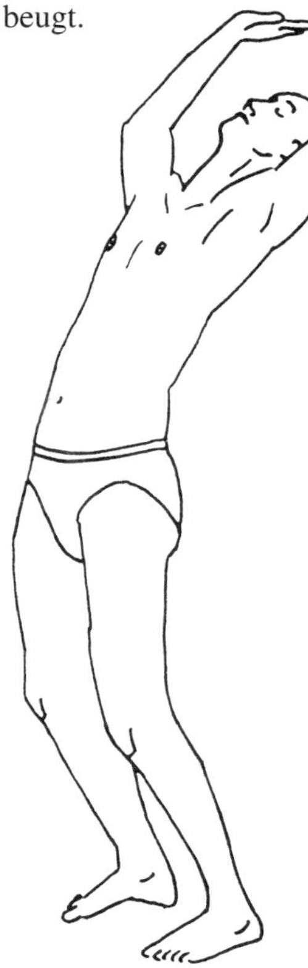
Abb. 30: Segmentale Entspannungstechnik.

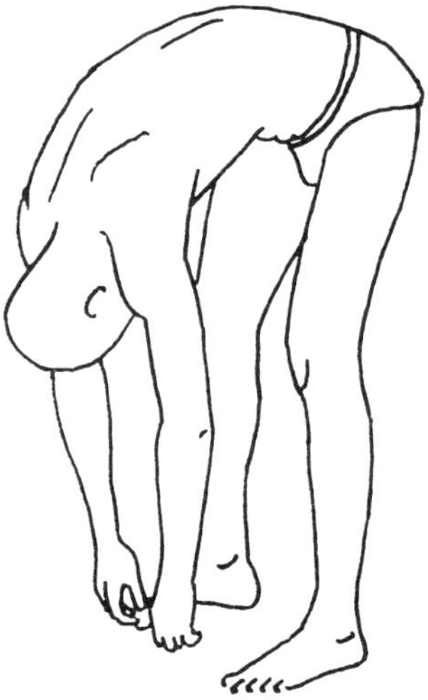
Abb. 31: Segmentale Entspannungstechnik.

10. Integration aller drei Segmente
Ausgangsposition: aus der Rückenlage
Wir winkeln die Beine an, die Füße ruhen auf den Fersen. Die Arme liegen längs des Rumpfs.
Jetzt schieben wir Arme, Oberkörper und Kopf Richtung Knie. In dieser Stellung harren wir aus, wobei wir intensiv in den Bauch atmen (Abb. 32).
Wir lassen Arme, Oberkörper und Kopf zurückgleiten, entspannen und lassen den Atem kommen und gehen. Den Körper passiv wahrnehmen.
Übung dreimal wiederholen.

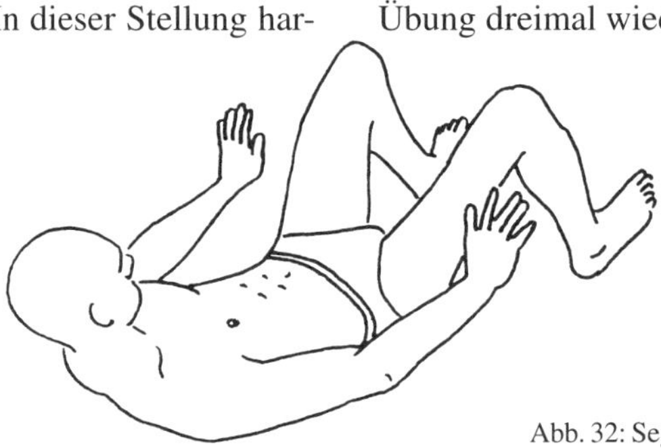
Abb. 32: Segmentale Entspannungstechnik.

Helferübungen

Zusätzlich zu obigen Übungen dienen uns **zwei** kleine Übungen, denen wir in der Atemarbeit noch einmal begegnen werden, als „Helfer", dann und wann – zwischendurch – auszuführen:

„Das Umrühren des Meeres"
Die Zunge wird am äußeren Zahnfleisch kreisförmig hin- und herbewegt. Dadurch wird die Speichelproduktion angeregt, und der Speichel wird in der Mundhöhle gesammelt.

„Das Schlucken des Speichels"
Die Fortsetzung des „Umrührens des Meeres": Der Speichel wird in kleinen Mengen geschluckt, dabei wird sein Weg bis zum Punkt JM 6 (Tantien) verfolgt, der uns ebenfalls schon bestens bekannt ist. Nach einigem Üben vernimmt man im Bauch so etwas wie den Klang eines Gongs.

Das Ziel der beiden „Helfer"-Übungen besteht darin, das eigene Innere besser wahrzunehmen, das Zahnfleisch zu stärken und schließlich durch eine vermehrte Speichelabsonderung auch die Verdauung zu aktivieren und zu harmonisieren. Beide Übungen lassen sich ausgezeichnet in den Alltag integrieren.

Die Feuerübung

Ausgangsstellung: Stand oder Sitz auf dem Hocker (Abb. 33).
Die Aufmerksamkeit ist auf den Weg der Energieatmung gerichtet. Wir beginnen beim Punkt JM 6 mit der Einatmung, gehen dann in Richtung Sexualorgane, Damm, Anus, Steißbein bis auf die Höhe von TM 6 (Th11). Das Einatmen wird sehr aufmerksam und langsam durchgeführt. Die Ausatmung geht vom TM 6 durch die Wirbelsäule und den Bauchraum bis zur Bauchoberfläche beim JM 6. Sie geschieht sanft und dosiert, als wollten wir ein glühendes Holzstück im Kamin wieder neu entflammen. Aus diesem Grund nenne ich diese Übung „Feuerübung" – aber vor allem deshalb, weil einem dabei schnell heiß wird.

Ergänzende Informationen
Eingeatmet wird durch die Nase, wobei der Mund geschlossen bleibt. Bei der Ausatmung soll der Mund etwas geöffnet werden, wie beim Blasen, die Zunge ist entspannt.

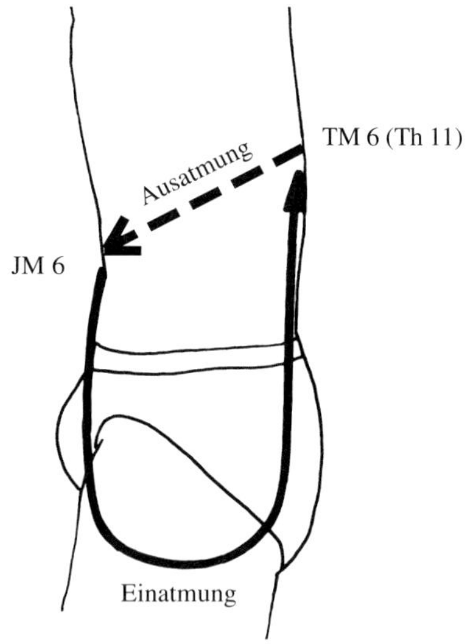

Abb. 33: Feuerübung.

Indikationsbereiche
Die „Feuerübung" ist nützlich:

- zur Aktivierung der unteren funktionalen Zone: Das urogenitale System wird sanft ins Bewußtsein gerückt.
- zur Regeneration bei Erschöpfungszuständen,
- zur Aufhellung der Stimmung bei resignativen und depressiven Zuständen,
- zur Verminderung von Schmerzen und Schwäche in der Lendenwirbelsäule,
- zur Verminderung von Spannungen im Kopf und im Schultergürtelbereich, bei Spannungskopfschmerzen, Migräne und Schulterschmerzen.

• Sie vertreibt Kältegefühle in Beinen und Füßen (zusatzliches Massieren von Ni 1 erhöht diesen Effekt).

Die „Feuerübung ist schließlich auch eine ideale Vorübung für den „Großen Kreislauf“ und den „Inneren Kanal“.

Der Innere Kanal

Mit der folgenden Übung (Abb. 34) wird ein mächtiger psychophysischer Kanal erschlossen, der „Tschong-Mo“ (oder Ch'ung-mai, das „Strategische Gefäß“), ein tiefliegender, von der Niere ausgehender Meridian, der die Energie aus Haupt- und Nebenmeridianen sammelt und alle drei Zonen umfaßt: Brustkorb, Bauchregion und Beine. Der Tschong-Mo verbindet die drei funktionalen Zonen (unten-Mitte-oben), also Erbenergie, Nährenergie und Abwehrenergie. Er ist der energetische „Fahrstuhl“, der die Energie nach oben und nach außen fließen läßt. Damit reguliert er auch die Homöostase und versorgt die Gewebe mit Körpersäften.

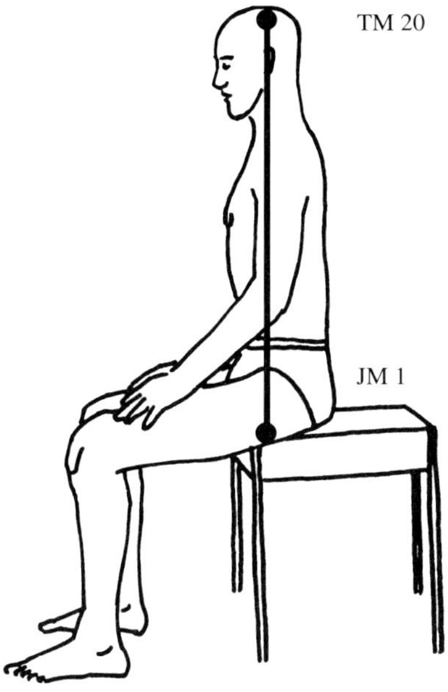

Abb. 34: Der Innere Kanal.

Voraussetzung für ein wirkungsvolles Üben des inneren Energiekanals sind die Beweglichkeit der Wirbelsäule (vgl. Übungen für die Wirbelsäule, Kapitel 4.4.2.3, Seite 176) und ein guter Fluß der Energie vom Zentrum in die Peripherie (vgl. Segmentale Entspannungstechnik, Seite 131).

Zur „Öffnung des Inneren Kanals“ wird zunächst die Energie in der Mitte des Bauchs, im Tantien (JM 6) zentriert. Wir lassen die Energie in der Vorstellung zum Beckenboden fließen, wo wir die Stelle zwischen Anus und Genitalien suchen, und ziehen sie nun die Wirbelsäule empor. Dieses Hochziehen geschieht durch ein Hochatmen (Einatmen). Dabei wird der Beckenboden leicht angespannt, die Spannung wird gehalten, bis die Energie im Kopf angekommen ist. Die Energieleitung durchbricht das Okziput, geht durch den Kopf bis unter das Schädeldach.

• Dann atmen wir langsam aus und lassen die Energie wieder nach unten fließen. Während der ganzen Phase des Ausatmens bzw. während die Energie hinunterfließt, entspannen wir langsam den Beckenboden.

Unser Steuerinstrument sind die geschlossenen Augen, beim Hochatmen gehen sie nach oben und umgekehrt. Es entsteht dabei ein Gefühl, als wäre in unserer Wirbelsäule ein Rohr. Beim Abwärtsfließen läßt sich die Energie teilen, je einen für das rechte und das linke Bein. Sie fließt dann vom Dammpunkt JM 1 durch beide Beine, Füße und tritt bei Ni 1 etwa zwanzig Zentimeter in den Boden ein. So wird die Erdenergie aufgenommen.

• Im Anschluß zentrieren wir die Energie durch die Atmung und durch Selbstmassage rund um den Nabel wieder im Bauch, in der „Mitte“.

Die Übungsdauer beträgt zuerst fünf, später bis zu fünfzehn Minuten.

Diese heikle Übung sollte nicht ohne genaue Instruktion und Begleitung ausgeführt werden.

Die Energiearbeit im Inneren Kanal ist therapeutisch außerordentlich wirkungsvoll. Voraussetzung ist freilich, daß die innere und äußere muskuläre Panzerung bereits reduziert wurde. Die Atmung muß harmonisiert, die Energie im Bauch zentriert sein.

„Die Perle" oder „Sonnen-Übung" im Inneren Kanal

Das chinesische Schriftzeichen „Chung"(= Mitte) symbolisiert die Weltachse, das „Reich der Mitte" und auch die Leibesmitte, die Wirbelsäule. Die durchströmte ovale Figur stellt zugleich das dritte oder „himmlische Auge" dar. Am unteren Ende der senkrechten Linie ist ein kleiner weißer Raum freigelassen, die „Keimperle".

Das chinesische Schriftzeichen „Chung" liefert unser Leitbild für die Energiearbeit im Inneren Kanal. Im Perineum, der Weichteilbrücke zwischen After und äußeren Geschlechtsteilen (JM 1), bilden wir in der Vorstellung eine weiße, kühle Perle. Beim Einatmen ziehen wir diese Perle den Rückenmarkkanal hoch bis unter die Fontanelle (TM 20, Scheitelpunkt) – beim Ausatmen lassen wir die Perle wieder zum Damm oder Perineum sinken.

Die „Perle" wird bei allen entzündlichen Prozessen, bei Hitze im oberen Teil des Körpers eingesetzt. Bei Kältekrankheiten, besonders bei Störungen im Zentralnervensystem, lassen wir statt einer kühlen Perle eine warme, kleine Sonne wandern, die den ganzen Kanal wärmt. Diese kleine Sonne wird von vielen meiner Patienten besonders geschätzt.

Ausgangsstellungen

Für Anfänger ist die Rückenlage zu empfehlen. Füße und sämtliche Zehen müssen dabei guten Kontakt mit der Unterlage haben. Gelingt dies schlecht, massieren wir die eigenen Füße und Zehen, einschließlich den Punkt Ni 1. Besser noch ist es, sich die Füße massieren zu lassen. Die Rückenlage ist zu Beginn deshalb vorzuziehen, weil dabei ein Hochziehen der Schultern nicht möglich ist.

Fortgeschrittene führen die Übung aus dem Schneider- oder aus dem Lotus-Sitz aus. Die Wirbelsäule sollte stets gerade sein, die Schultern dürfen nicht hochgezogen werden.

Die Übung

Ich bewege die Energie auf- und abwärts. Beim Einatmen bewege ich die Energie – Bewegung ist hier im Sinne einer kinetischen Visualisierung gemeint – vom Steißbein zum Okziput, beim Ausatmen in die andere Richtung. Die Bewegung nimmt ihren Anfang und findet ihr Ende am Steißbein.

Dabei fragen wir uns:

- Spüre ich, wie die Energie beim Einatmen steigt?
- Spüre ich, wie sich die Schultern ganz leicht anspannen?
- Spüre ich, wie die Energie beim Ausatmen sinkt?
- Spüre ich, wie sich Hals und Schultergürtel entspannen?

Zudem achten wir darauf, ob wir die Energie in einer Bewegung hochziehen können, ob wir den Fluß verlieren, ob Blockierungen zu spüren sind. Störfaktoren können mit den Übungen für die Wirbelsäule beseitigt werden.

Schwierigkeiten

Am Anfang begegnen wir oft der Schwierigkeit, daß wir bei der Visualisierung auf dem Weg entlang der Wirbelsäule auf einer bestimmten Ebene steckenbleiben. Das ist immer ein Zeichen dafür, daß entweder eine energetische Blockierung oder die Blockierung eines Facettengelenks eines bestimmten Wirbels vorliegt. Im ersten Falle erhöhen wir die Wärmeintensität in unserem Zentrum und im Damm mit der „Feuerübung" und durch Wärmezufuhr von außen. Es braucht aber auch Geduld und Zeit. Bleibt die Blockierung bestehen, muß der Rücken fachgerecht massiert und die Wirbelsäule von Niveau zu Niveau mobilisiert werden.

Indikationsbereiche

• Zwei Indikationen wurden bereits genannt: Entzündungserscheinungen im Körper und struktive Prozesse, sogenannte Kältekrankheiten.

• Alle Wirbelsäulenerkrankungen, sowohl degenerative wie entzündliche Prozesse.

• Ein Komplex von äußerlichen Symptomen – rote, heiße Haut, Ekzeme, Heuschnupfen, Probleme mit den Schleimhäuten, Sinnesorganen, Hyperästhesien, Muskelkrämpfe, Haarausfall usw. –, der in der Traditionellen Chinesischen Medizin mit dem Ausdruck „Das Äußere ist beschleunigt" umschrieben und ebenfalls über das „strategische Gefäß", den Tschong-Mo behandelt wird.

• Stärkung des Beckenbodens und Funktionserhaltung des urogenitalen Systems.

• Die wichtigste Indikation ist die Verbindung der drei Hauptenergien, der Erbenergie, der Nährenergie und der Abwehrenergie, zur Erhaltung von Gesundheit und Lebenskraft und zur Erweiterung des eigenen Lebensraumes und der Lebensfreude.

Akupunkturpunkte zur Unterstützung des Energieflusses im Inneren Kanal

In der Energetischen Therapie – wie übrigens in vielen Meditationstechniken – spielt der Innere Kanal als Achse zwischen Himmel und Erde eine entscheidende Rolle. In ihr muß die Energie ohne großen Widerstand fließen können. Die Aufgabe des Therapeuten besteht darin, mitzuhelfen, daß sich der Widerstand auf allen Ebenen reduziert. Ein Mittel ist die Druckmassage, die immer in Verbindung mit der Atmung einzusetzen ist. Die im folgenden aufgelisteten Punkte zeigen dabei den deutlichsten Effekt: Bl 30, TM 5, Bl 17 und TM 13 (von unten nach oben), Abb. 35 und 36, Seite 142.

Eine weitere gute Methode ist – sofern man genügend Zeit hat – das Ertasten von leicht schmerzenden Punkten im Bereich des Os sacrum und der Iliosakralgelenke. Findet man einen solchen Punkt, so kann es geschehen, daß es einem „durch und durch geht" und die Energie plötzlich zu fließen beginnt. Therapeutische Begleitung ist für solche Augenblikke wichtig, denn die Atmung muß die plötzliche Energiezunahme dann wieder ins Gesamtsystem integrieren. Eine tiefe Entspannung im Beckenbodenbereich wird durch beidseitiges Massieren des Le 3 und Bl 30 bewirkt.

Zusammen mit MP 4 wirken diese Punkte auch bei prämenstruellen Beschwerden entspannend.

Die Summ-Meditation

Die Summ-Meditation stellt in gewisser Weite eine Verfeinerung der Segmentalen Entspannungstechnik (SET) dar. Wir können mit dieser Meditation bewußt bestimmte Körpersegmente erreichen und in die Tiefe des Organismus hineinwirken. Sie entfaltet dann am meisten Wirkung, wenn die muskuläre Panzerung schon weitgehend reduziert werden konnte. Beste Voraussetzung zum Meditieren ist ein anhaltend gutes Körpergefühl – wir sollten uns in unserem Körper wirklich wohl fühlen. Auch sollten wir in der Lage sein, die Energie zu zentrieren und in die Peripherie fließen zu lassen. Vorausgesetzt ist auch die Bereitschaft, die verbliebenen feinen, aber zähen Blockierungen in den drei Barrieren (siehe S. 165) und in den Körpersegmenten mit Geduld und Sanftheit anzugehen.

Ausgangsstellung

Wir beginnen zunächst in Rückenlage. Die Beine sind angewinkelt, die Füße stehen gut auf dem Boden, die Arme ruhen längs neben dem Körper.

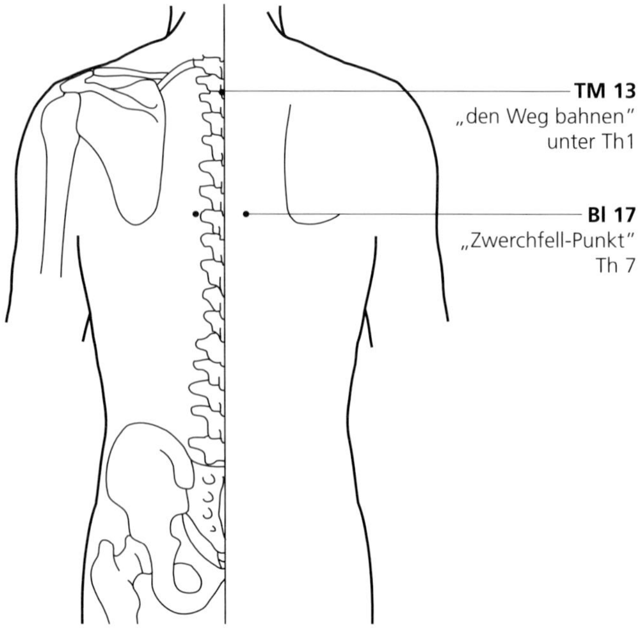

Abb. 35: Die Unterstützungspunkte TM 13 und Bl 17.

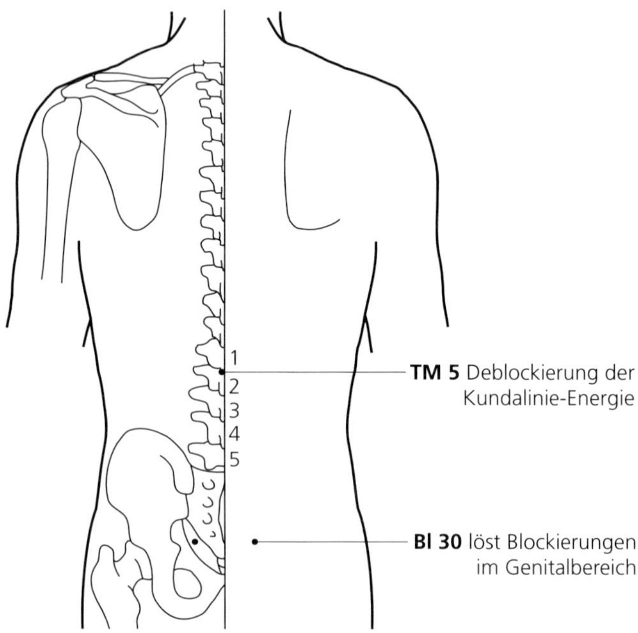

Abb. 36: Die Unterstützungspunkte TM 5 und Bl 30.

Später läßt sich so auch in einer guten Sitzhaltung meditieren, auf dem Hocker oder im Meditationssitz (Lotus oder Halblotus).

Beim Summen lassen wir den Atem leicht ausströmen. Wir pressen den Ton nicht heraus und versuchen ihn auch nicht zu lange zu halten, im Gegenteil: Wir summen nur etwa zwei Drittel der möglichen Ausatmungszeit und lassen die restliche Atemluft frei und entspannt ausströmen.

Nun experimentieren wir mit den entstehenden Tönen, bis wir das Gefühl haben, am gewünschten Ort entstehe eine Schwingung. Allmählich werden wir Töne finden, die alle unsere körperlichen Räume zum Vibrieren und Schwingen bringen.

Zu Beginn sollte man nicht länger als etwa fünf bis zehn Minuten täglich üben. Aber wenn man das Bedürfnis spürt, länger zu üben, darf man dies ohne weiteres tun.

Ausführungsweg
Wir beginnen die Meditation auf der Höhe von JM 12 und suchen einen Summton, der das Gebiet des Magens und des Plexus solaris in Vibration versetzt. Dann lassen wir das Summen in den Bereich unterhalb des Bauchnabels (JM 6) sinken und suchen wiederum einen Ton, der den Bauch, den Plexus epicastrus zum Vibrieren bringt (Abb. 37).
Dann versuchen wir einen Ton zu finden, der den ganzen Beckenboden und den Genitalbereich (JM 1) in Vibration versetzt. Wenn wir auch nur einen Hauch von Vibration in diesem Körperteil spüren, geben wir uns schon zufrieden.
Am Ende gehen Sie nun zum JM 17 und versuchen, das Brustbein, die Brust, die darunterliegenden Organe wie Herz und Lungen zum Schwingen zu bringen. Zur Unterstützung können wir die gestreckten Arme zur Seite oder nach oben legen, so daß eine leichte Dehnung über dem Brustkorb spürbar wird. Endlich versuchen wir, einen subtilen Summton zu finden, der auch unseren Hals und den Nacken in Schwingung versetzt.

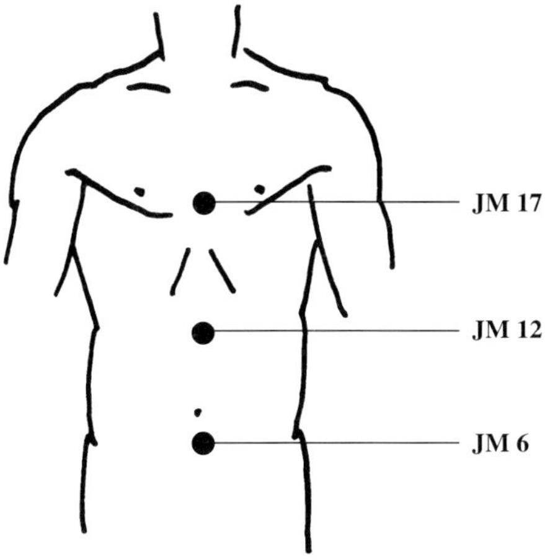

Abb. 37

Indikationsbereiche
• Die Summ-Meditation kann sehr alte energetische Blockierungen sanft lösen, ohne daß dramatische Folgen entstünden.

• Das Summen im oberen Teil des Körpers kühlt den Organismus bei Hitzezeichen ab.

• Die Summ-Meditation kann bei sehr vielen Krankheiten und bei längeren Leiden wesentliche Erleichterung bringen.

• Sie kann einen chronischen, zentralen Schmerz für eine gewisse Zeit verstummen lassen.

• Zusammen mit unwillkürlichen Bewegungen im Bereich der Halswirbelsäule mobilisiert und entspannt die Summ-Meditation den ganzen Hals.

Hände helfen heilen

Ziel der folgenden Übung ist eine dynamische Energiebalance in allen drei Zonen. Sowohl bei der Selbstbehandlung wie bei der Partnerbehandlung wird die aktive Integration von Fülle und Leere der Wandlungsphasen dabei wesentlich unterstützt.

Selbstbehandlung
Ausgangsstellung
Bequeme Rückenlage, die Arme ruhen auf einem Kissen. Die Übung kann auch in einer Meditationsstellung ausgeführt werden. Um das Entspannen zu erleichtern, empfiehlt es sich aber, die Selbstbehandlung in Rückenlage durchzuführen (Abb. 38).

• Wir legen den Mittelfinger der rechten Hand auf den Akupunkturpunkt „Hundert Vereinigungen" (TM 20), in dem sich die Meridianlinie des Kopfes und die Verbindungslinie zwischen den höchstgelegenen Punkten der Ohrmuscheln schneiden.

• Wir legen den Mittelfinger der linken Hand auf den Akupunkturpunkt „Fundus ventriculi" (JM 12). Dieser Punkt liegt in der Mitte zwischen Nabel und Spitze des Processus Xiphoideus, es handelt sich um den Vereinigungspunkt von Yin und Yang. In ihm gleichen sich die beiden Kräfte, die aktiven und die passiven, aus und halten die „Organe" Magen, Milz und Leber, das heißt die „Organe der Mitte", in einem energetischen Gleichgewicht. Über diesen Punkt läßt sich auch das Zwerchfell entspannen und die Atmung befreien, er bildet einen Zugangskanal zu Emotionen wie versteckte Wut, chronischem Ärger oder dauernder Sorge.

• *Behandlung 1*: Wir lassen die beiden Fingerspitzen mit wenig Druck so lange auf den beiden Punkten liegen, bis ein deutliches Pulsieren an beiden Stellen zu spüren ist. So kann die energetische Selbstbehandlung spielen, unabhängig von der Umgebung und der Qualität der eigenen Konzentration. Am Anfang ist das Pulsieren noch nicht deutlich spürbar, später stellt es sich rascher ein. Während dieser Behandlung atmen wir mit einer „verbundenen Atmung" (vgl. Kapitel Atem, S. 161) zur Stelle des Mittelfingers der linken Hand. Die Atmung wird bewußt geführt, Ein- und Ausatmung werden ohne Pause miteinander verbunden. Es ist aber in keinem Falle eine forcierte Atmung, sondern sie ist weich, sanft und verschmilzt mit dem Pulsieren.

• *Behandlung 2*: Wenn der „Punkt der Mitte" (JM 12) ausgeglichen ist, wenden wir uns dem nächst tiefer gelegenen Punkt „Meer der Energie" (JM 6) zu. Der JM 6 befindet sich zwei Fingerbreit unterhalb des Nabels, seinem chinesischen Namen entsprechend läßt sich über ihn eine außerordentliche Konzentration von regenerierender Yin-Energie erreichen. Auf diesen Punkt legen wir nun wiederum den Mittelfinger der linken Hand, während der Mittelfinger der rechten Hand auf dem Scheitel bleibt. So werden die erschöpften Energien wieder aufgeladen, die Regeneration in den Zellen gefördert und die „eingefrorene" Emotion „Angst" erwärmt und aufgeweicht. Nguyen Van Nghi schreibt dem Jen-Mo 6 auch eine beachtliche Wirkung bei Depressionen zu, was sich vielleicht aus der Tatsache erklären läßt, daß sich Resignation oder gar eine Depression einstellen muß, wenn die Energie in der „Mitte" des Menschen erschöpft ist. Ist aber diese Energie stark, kann sie dem ganzen Organismus zur Verfügung gestellt werden.

• *Behandlung 3*: Wenn die Zone des „Meer des Yin" geöffnet ist, wenn also die Energie ungehindert fließen kann, so wenden wir uns schließlich dem Punkt „Mitte der Brust" zu. Er liegt auf dem Brustbein auf der Höhe der Brustwarzen. Nach chinesischer Vorstellung dominiert dieser Punkt die gesamte Energie. Er reguliert sowohl die Nähr- wie auch die Abwehrenergie, harmonisiert und besänftigt emotionale Instabilitäten, Unruhe und Haßgefühle. Herzschmerzen, Rhythmußtörungen, Stiche im Herzen, Engegefühl, kurzer Atem usw. können über diesen Punkt wieder harmonisiert werden.

Wenn die drei Zonen in dieser Reihenfolge behandelt werden, kommt es zu einer geheimnisvollen energetischen Verbindung von Bauch und Herz.

Die Übungen für die drei Zonen können auch in angekleidetem Zustand ausgeführt werden. Die Punkte werden so lange behandelt, bis man ein deutliches Pulsieren spürt. Dieses Pulsieren wird eine Zeitlang gehalten – mit der entsprechenden Atmung –, dann entspannt man sich noch längere Zeit und bleibt zugedeckt liegen. So kann sich der positive Effekt voll entfalten.

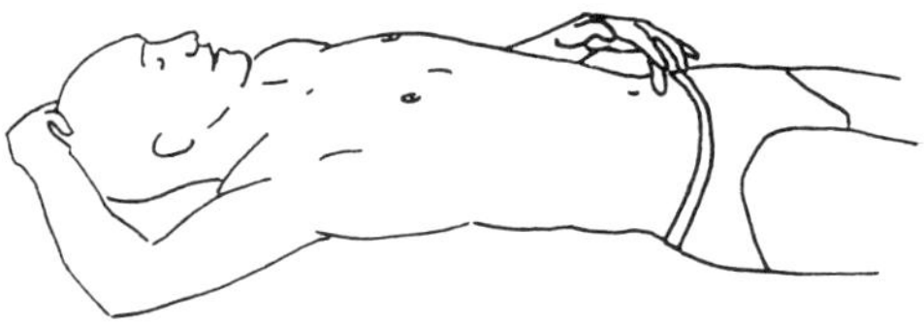

Abb. 38: Selbstbehandlung.

Partnerbehandlung
Die Partnerbehandlung erfolgt grundsätzlich auf die gleiche Weise und an den gleichen Stellen wie die Selbstbehandlung. Der Partner sitzt auf der linken Seite des zu Behandelnden. Seine rechte Hand liegt auf dem Scheitel, die linke auf einer der drei Zonen (Abb. 39). Auch hier wartet man ruhig ab, bis ein leichtes Pulsieren spürbar wird, bevor man mit der linken Hand die entsprechenden Punkte sanft massiert. Will man den Zonen mehr Energie zuführen, wird in Uhrzeigerrichtung sanft massiert. Will man entspannen und beruhigen, so wird gegen den Uhrzeigersinn massiert.

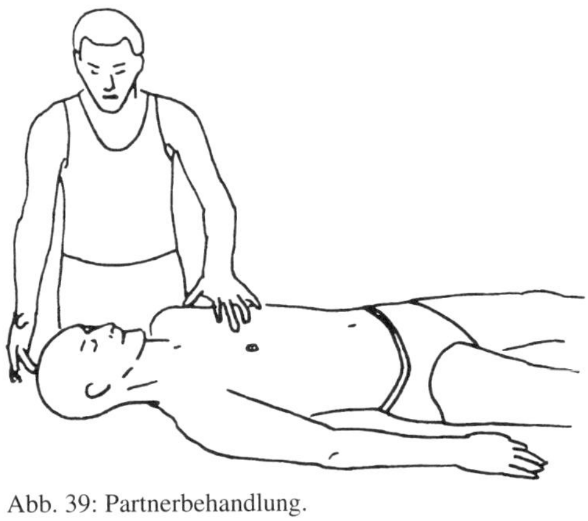

Abb. 39: Partnerbehandlung.

Sind Behandelter und Behandelnder in einen entspannten Zustand eingetreten und besteht keine Absicht zu helfen, zu heilen, auszugleichen, so kann bei beiden eine tiefe Wirkung eintreten: Geben und nehmen fließen dann ineinander.

4.3 Der Atem

4.3.1 Atembilder

Wenn von Störungen der Atmung die Rede ist, so sind in unserem Zusammenhang nicht in erster Linie pathologische Zustände gemeint – paradoxe Atmung, Emphyseme oder etwa Asthma –, sondern allgemeiner das „Bild" der Atemphasen, Ein- und Ausatmung in der Zeit. Die Medizin des Ostens stellte stets einen direkten Bezug zwischen Lebensenergie, Atmung und Atemrhythmus her. Anhand des Atembildes machte sie sich ein Bild über die Grundenergie eines Menschen. Erst in zweiter Linie wurden gewisse krankhafte Zustände untersucht.
Das „Atembild" besteht zunächst aus einer Beschreibung des Atemrhythmus – ist er kurz oder lang, stockend oder fein und gleitend?

Dann stellen wir uns die folgenden Fragen:

- Verläuft die Einatmungsphase etwa gleich wie die Ausatmungsphase?
- Sind die Übergänge von Ein- zu Ausatmung und von Aus- zu Einatmung harmonisch, ist vielleicht die eine Phase deutlich länger?
- Sind weitere charakteristische Eigenschaften der Atmung zu erkennen?

Die Einatmungsphase nenne ich den „Frühling der Atmung", den Übergang von der Ein- zur Ausatmung ihren „Sommer", die Ausatmungsphase „Herbst" und den Übergang von der Aus- in die Einatmung „Winter". „Mitte" bezeichnet das Zentrum des ganzen Prozesses, seine Steuerung. Mit den jahreszeitlichen Bezeichnungen sind auch die Bezüge der Atem- zu den Wandlungsphasen angedeutet.

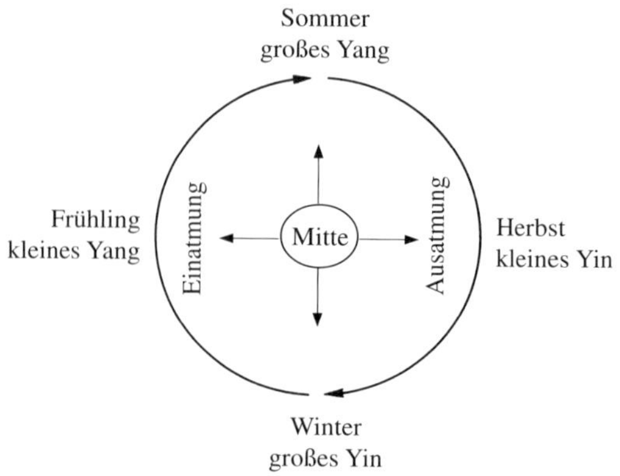

Abb. 40: Kreismodell der Atmung.

Auch während der Therapie wird das „Atembild“ fortlaufend beobachtet, es liefert uns rasch Informationen, wie die Therapie vom biologischen System beantwortet wird. Man begibt sich als Therapeut gleichsam in den Atemfluß des Patienten hinein. Der Atembefund ist stets zugleich auch Energiebefund.

4.3.1.1 Die fünf Phasen der Atmung (Abb. 40)

❶ Die Frühlings-Phase

Das Einatmen ist ein Akt der Enschlossenheit, des Vertrauens und der Sanftheit. Es ist ein Akt der „Aggression“ im guten Sinne.

Das Atemholen kann zu heftig, mit zuviel Kraft geschehen, oder im Gegenteil zu lau, zu unentschlossen, zu schwach, zu *stockend*. Das stockende Bild der Einatmung ist häufig anzutreffen. Während des kräftigen Einatmens wird die Phase kurz unterbrochen oder gehemmt und erst dann wieder fortgesetzt.

Solch unharmonische Formen des Einatmens verhindern, daß die Lebensenergie sich über den ganzen Körper verteilen kann. Sie bilden latente Blockaden im Organismus mit der Folge, daß solche Menschen ihre Kraft nicht richtig entwickeln können.

Ihre Beziehungen zu den Mitmenschen sind belastet durch den unterschwelligen Ärger, nicht das sagen und tun zu können, was sie eigentlich möchten. Diese Phase kann also blockiert sein durch viel gestaute „Wut im Bauch“.

❷ Die Sommer-Phase

Der Übergang von der Ein- zur Ausatmung kann ein Quell der Freude, der Ekstase sein. Hier spürt man sich ganz, hier gelangt man zur eigenen Kraft und zur vollen Ausdehnung. Hier ist nicht nur Vitalität, Kreativität und Geistesklarheit, sondern auch Freude, Glück und universelle Liebe.

Leider scheint uns die Zivilisationsgeschichte unsere Freude an der Sommerphase gründlich ausgetrieben zu haben. Anstelle des „Hochgefühls“ am Gipfel der Atmung entstehen Schuldgefühle oder der krampfhafte Versuch festzuhalten, auf keinen Fall loszulassen. Solche Schuldgefühle zeigen sich in der Atmung in einem müden Übergang von der Ein- zur Ausatmung oder durch ein verkrampftes Steckenbleiben, eine Aufblähen in der Einatemstellung. Das Festhalten verzögert nicht nur die Ausatmung, sondern verkrampft auch die Atemhilfsmuskulatur und den Hals. Halswirbelsäulenveränderungen können die Folge sein.

Die Sommer-Phase kann belastet sein durch einen emotionellen Schock, durch blockierte Panik.

❸ Die Mitte-Phase

Diese Phase ist Wahrnehmung, Motor und Korrektor der gesamten Atmung. Sie nimmt sowohl Übergänge wie auch Ein- und Ausatmung wahr. Sind mehrere Phasen der Atmung beeinträchtigt, so ist immer auch die Mitte-Phase betroffen.

Sie ist dafür verantwortlich, daß ein reibungsloses, rhythmisches System sich bilden kann. Ist die „Mitte" in Ordnung, so kommt auch die Atmung in Ordnung. Ist die „Mitte"-Phase – durch einen gestörten Rhythmus – beeinträchtigt, muß immer an eine unbewußte emotionale Belastung des energetischen Systems gedacht werden.

Die Mitte-Phase kann belastet sein durch dauernde Sorge um etwas oder um jemanden und durch chronisches Zweifeln an sich und den anderen.

❹ Die Herbst-Phase

Hier gilt es auf sanfte Weise loszulassen im Vertrauen, daß man gehalten und getragen wird. Derart loszulassen, daß man sich zum Ausatmen soviel Zeit läßt, bis diese Phase ganz abgeschlossen ist. Das ist der wichtigste Punkt in dieser Phase: *sich Zeit zu lassen.*

Zögerndes, stockendes Ausatmen ist immer ein Zeichen von Druck, Streß, von Sich-nicht-hingeben-Wollen oder -Können. Das Ausatmen ist ja im weitesten Sinne auch ein Vorbote des Sterbens.

Die Herbst-Phase kann belastet sein durch versteckte Gefühle der Trauer und Angst.

❺ Die Winter-Phase

Viele Menschen bleiben in der Winter-Phase stecken, ein deutliches Zeichen dafür, daß ihre Gesamtenergie blockiert ist und dadurch nicht in ausreichendem Maße zur freien Verfügung steht. Es kann auf eine ausgedehnte muskuläre Panzerung geschlossen werden mit den begleitenden depressiven und resignativen Gefühlen: „Es hat doch keinen Sinn" (wieder einzuatmen). Hinter solchen Gefühlen verbergen sich die Ambivalenzen der existentiellen Angst: Sterbe ich im Winter? Will ich überhaupt im Frühling wieder hervorkommen, und: Ich fühle mich so kraftlos. – Aber immer auch: Ich fühle mich so verlassen und verloren. Hilft mir jemand?

Diese Phase kann gekennzeichnet sein durch eine langjährige schleichende emotionale Belastung, durch Angst, die das energetische System schon nachhaltig geschädigt hat.

4.3.1.2 Das Bild der Paradoxen Atmung

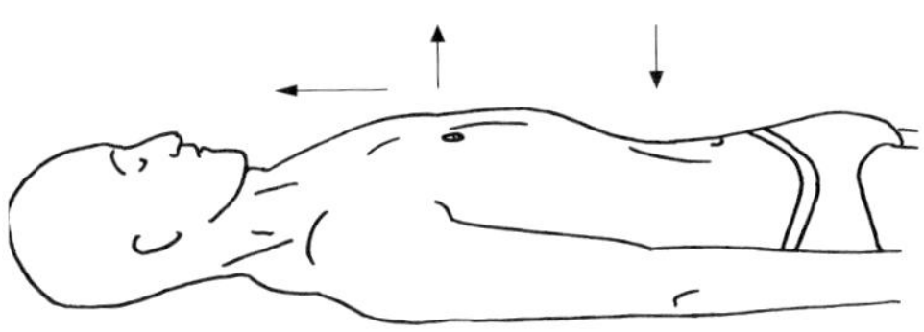

Abb. 41: Paradoxe Atmung.

Im Liegen ist das Bild dieser Fehlatmung sehr leicht zu erkennen. Anstatt daß sich beim Einatmen der Bauch nach oben wölbt, zieht er sich ein und der Brustkorb wird durch die Atemhilfsmuskeln kopfwärts bewegt (Abb. 41). Aus diesem Grund führt die paradoxe Atmung langfristig immer zu massiven Verkrampfungen der Nacken- und Schultergürtelmuskulatur. Eine Degeneration der Halswirbel ist vorprogrammiert.

Auch im Sitzen ist eine beginnende paradoxe Atmung schon im Anfangsstadium zu erkennen. Bewegt sich das Schlüsselbein, das sich bei einer normalen Atmung nicht rührt, so ist eine Fehlatmung im Entstehen begriffen. Das Schlüsselbein wird schon bei der geringsten Teilnahme der Schultermuskulatur, also bei minimaler Fehlatmung, beim Einatmen gehoben. Mit der Zeit werden auch Brustbein, Rippenbögen und Schultergelenke kopfwärts bewegt.

Die fehlerhafte Atembewegung verkrampft und verkürzt die Muskeln des Schultergürtels (M. pectoralis, insbesondere M. pectoralis minor), die Halsmuskeln und die oberen Rückenmuskeln nachhaltig (Energieflußstörung oben – unten, vgl. Kapitel: Die großen Energieflüsse, S.162).

4.3.2 Befunde

Prioritätenliste bei der Befundaufnahme: Augenschein, Hören, Tastbefund, Pulsbefund, Anamnese

Kommentar: Das Atem*bild* – also der *Augenschein* – ist das einfachste Mittel bei der Beurteilung der Atmung, es gibt zugleich Auskunft über die gesamte Energiesituation eines Menschen; das Gehör kann dabei Hilfe leisten. Wichtig ist selbstverständlich auch der Tastbefund, das Ertasten von hypertonen, verkürzten Atemhilfemuskeln in Hals und Brust. Die tiefsitzenden Verkrampfungen im Mundboden und in den Kiefermuskeln weisen den richtigen Weg für eine wirksame Therapie. Eine gute Anamnese rundet die Befundarbeit ab.

4.3.3 Therapien

4.3.3.1 Arbeit mit dem Atem

Atmung ist der Inbegriff (menschlicher) Vitalität und ihr Sinnbild. Atmung ist zugleich ein Mittel, Leiden erträglicher zu machen – wenn auch vielleicht nur für Augenblicke. Über dieses Wissen verfügen Menschen seit vielen Jahrtausenden; davon zeugen zum Beispiel zwölf Jadeplättchen aus dem China des 6. Jahrhunderts vor unserer Zeitrechnung, auf denen der folgende Text eingraviert ist: „Beim Atmen muß man so vorgehen: Man behält ihn, und er sammelt sich. Wenn er sich gesammelt hat, dehnt er sich aus. Wenn er sich ausdehnt, geht er nach unten. Wenn er nach unten geht, wird er ruhig. Wenn er ruhig geworden ist, wird er fest. Wenn er fest geworden ist, beginnt er zu keimen. Wenn er ausgekeimt ist, wächst er." (Helmut Wilhelm: Eine Zhou-Inschrift über Atemtechnik. Zitiert bei Pálos, Stephan: Atem und Meditation. Scherz Verlag, Bern 1974).

Therapeutisch können Atemübungen bei vielen Erkrankungen und in der Prävention eingesetzt werden. Indiziert sind sie besonders bei inneren Erkrankungen wie Atem-, Herz- und Kreislauf-, Magen- und Darmerkrankungen; ein weiterer Indikationsbereich ist die vegetative Dystonie. Im Sinne von Prävention hilft rhythmisches, tiefes Atmen, zu einem ausgeglicheneren und zentrierteren Zustand zu gelangen.

In jedem Fall muß zuerst abgeklärt werden, ob eine Krankheit dem Patienten überhaupt noch gestattet, eine therapeutische Atemmethode anzuwenden. Atemtherapie selbst besteht aus mehreren Schritten: Zunächst gilt es die Voraussetzungen zu schaffen.

Voraussetzungen schaffen

Die Taoisten waren der Auffassung, daß ohne die „Zuwendung zur Mitte" (Stiefvater, Erich W. und Ilse R.: Chinesische Atemlehre und Gymnastik. Karl F. Haug Verlag, Heidelberg 1962, S. 38) und ohne Harmonie kein rechter Atem und keine freie Zirkulation des Qi möglich sei. Jede Atemstörung stört den naturgegebenen Lebensrhythmus, Atemstörungen andererseits sind eines der augenfälligsten Zeichen einer Abweichung vom „rechten Weg".

Übung der „Mitte" über den Atem erscheint dagegen als Voraussetzung eines fest im Hier und Jetzt wie im „All" verwurzelten Da-Seins. Erste Ausgangsstellung bei der Atemarbeit ist stets die Rückenlage. Physiotherapeuten verfügen über eine Reihe von Weichteiltechniken, mit denen sie den Bauch und den Thoraxraum weicher, beweglicher und „durchlässiger" machen können. Sanfte, aber beharrliche Weichteilarbeit im Bauchraum führt das Bewußtsein des Patienten in diese Körperregion, eine wichtige Voraussetzung für die tiefe Atmung.

Bewußtheit im Bauchraum ist ebenfalls nötig für eine gute Atmung, genauso wie eine gute Beckenbalance, die es der Wirbelsäule gestattet, sich aufzurichten. Die Muskelstränge der Bauchmuskulatur, der M. iliopsoas auf der Vorderseite und der M. piriformis, die ganze paravertebrale Muskulatur einschließlich der M. quadratus lumborum auf der Rückseite sollten kontrolliert und wenn nötig mit einer tiefen Bindegewebstechnik gedehnt werden. Wird im Becken-Lendenwirbelsäulen-Bereich mehr Raum geschaffen, so ist auch die Lordosierung der Lendenwirbelsäule im Sitzen besser möglich, zugleich wird das Zwerchfell funktionstüchtiger und auch die Atmung leichter.

Selbstverständlich erstreckt sich die Behandlung der ganzen Wirbelsäule und auch den Schultergürtel entlang. Ein nach ventral eingezogener Brustkasten ist keine ideale Voraussetzung für eine freie Atmung.

Der Abschluß geschieht dann im zervikalen Bereich. In der Halsregion gibt es ja einige Muskeln, die bei Fehlatmungen hyperton und verkürzt sind, hier kann also durch gezielte physiotherapeutische Eingriffe mit anschließender manueller Extension ebenfalls Raum für eine vertiefte Atmung geschaffen werden, ohne daß bereits von Üben der Atmung die Rede wäre.

In seinem grundlegenden Werk über „Funktionelle Atmungstherapie" hat Julius Parow eine Reihe von Atmungsstörungen und taugliche „Gegenmittel" beschrieben:

• Der Atemapparat wird bei der Klangbildung falsch gehandhabt, was sich in gepreßtem oder gehauchtem Sprechen äußert. Dagegen wirken natürliche *Kraftübungen* für den Atemapparat, wie etwa Schnüffeln, Gähnen, Stöhnen, Summen und Singen.

• Verspannungen der Gesichtsmuskulatur, insbesondere der Kiefermuskeln, Hypertonus der Zunge, der Kehle, ja, des ganzen Rachenraumes sind entscheidende Hindernisse für eine tiefe Atmung (siehe Abb. 42, „Die zu dehnenden Gesichtsmuskeln". Aus: Parow, J.: Funktionelle Atmungstherapie. Thieme Verlag, Stuttgart 1963). Für solche Fälle stehen uns lockernde Techniken zur Verfügung.

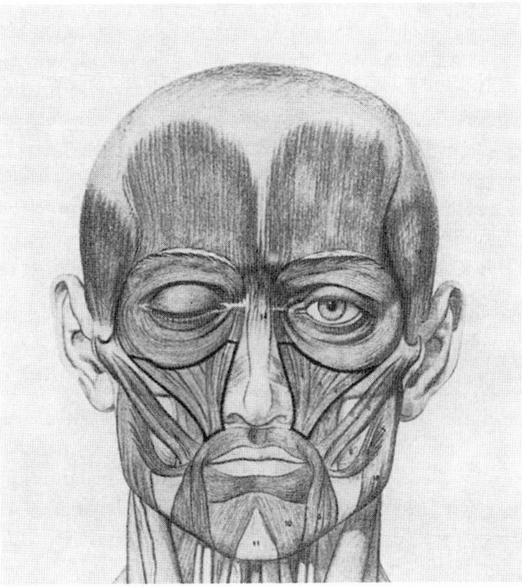

Abb. 42: Die zu dehnenden Gesichtsmuskeln.

Schließlich gibt es auch einige Akupunkturpunkte, über deren Behandlung die Atmung direkt *angeregt* werden kann. Die bildhaften alten Bezeichnungen dieser Punkte weisen auf ihre Beziehung zum Atemgeschehen hin („Atem-Hütte", „Atem-Tür" usw. All diese Punkte können im tonisierenden Sinne massiert, gedrückt oder mit Moxibustion gewärmt werden. Zur *Atemanregung* werden die Punkte Bl 24 und Jen-Mo 6 behandelt (Abb. 43 und 44).

Zur *Detonisierung* des Hals- und Schulterbereiches sind die Punkte Ma 11 und Ma 13 nützlich. Tiefe Atmung im Bauchraum erzielt man über die Punkte Ni 11, Ni 13 und Ma 30.

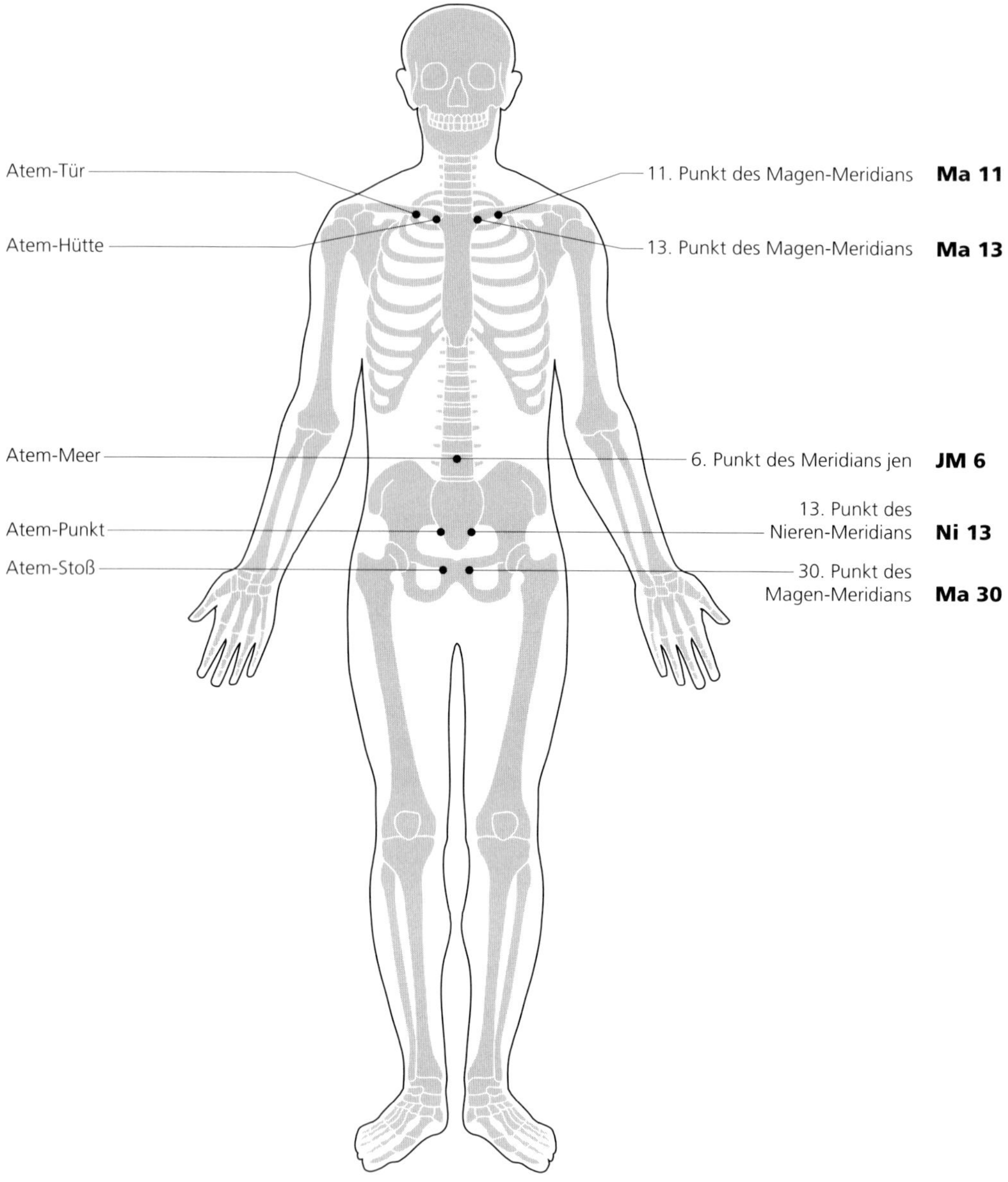
Atem-Tür
Atem-Hütte
Atem-Meer
Atem-Punkt
Atem-Stoß
11. Punkt des Magen-Meridians
Ma 11
13. Punkt des Magen-Meridians
Ma 13
6. Punkt des Meridians jen
JM 6
13. Punkt des Nieren-Meridians
Ni 13
30. Punkt des Magen-Meridians
Ma 30

Abb. 43

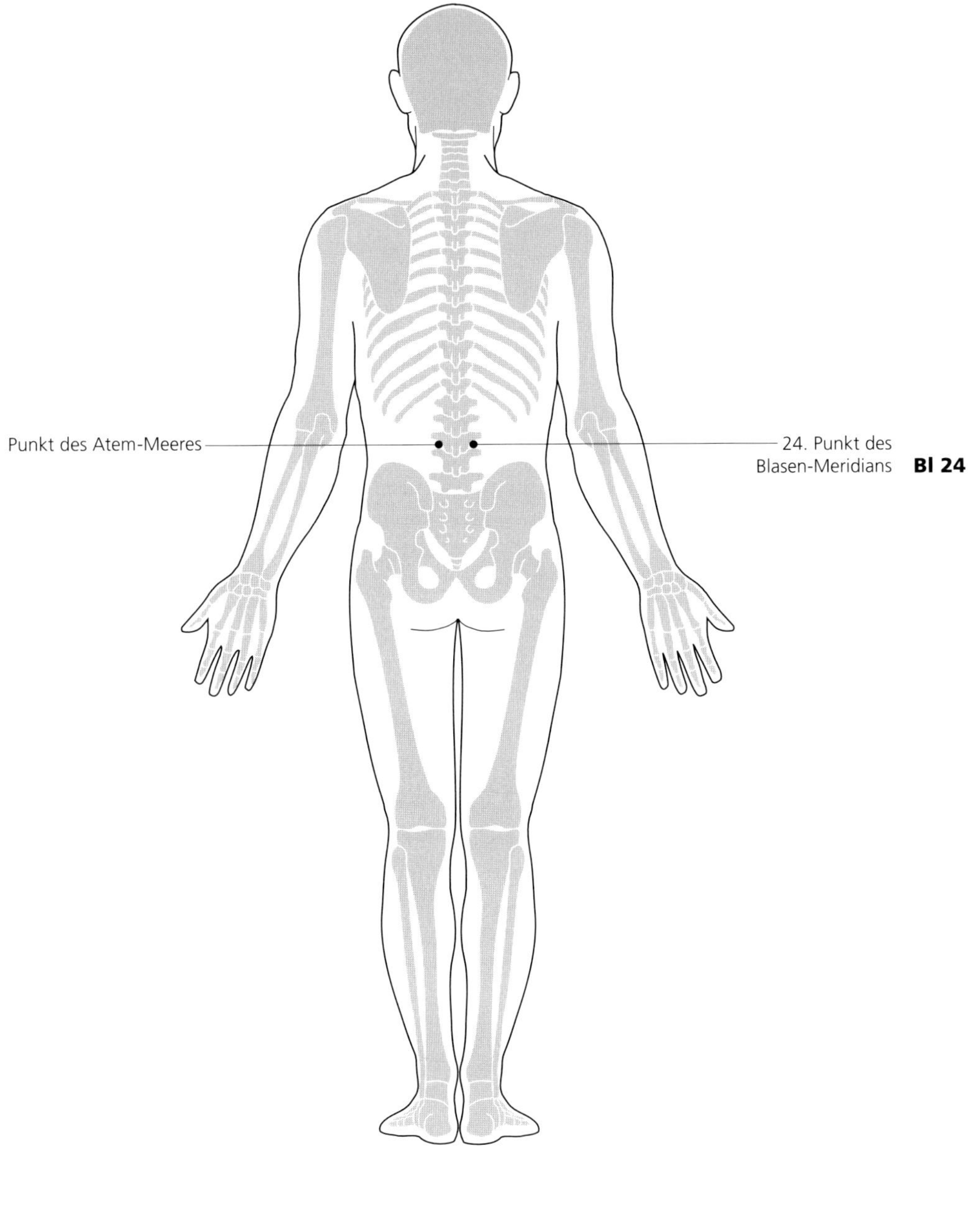

Abb. 44

Vielleicht die wichtigste Voraussetzung einer tiefen Atmung ist aber die Öffnung der drei „Barrieren", mächtiger Blockaden oder Hindernisse im Beckenboden-, im Zwerchfell- und im Halsbereich, die den Energiefluß in der Vertikalen massiv stören können. Die Öffnung der drei Barrieren wird im Kapitel 4.4.1.3, Seite 165 behandelt. – Eine weitere Voraussetzung für den späteren Verlauf ist – sofern für den Patienten möglich – das Üben im Sitz auf dem Hocker. Die normale Einatmung geschieht ja durch die Kontraktion des Diaphragmas. Der Bauchinhalt wird dabei nach unten bewegt und der Bauch dehnt sich nach vorn und zur Seite hin aus. Es ergibt sich also ein koordiniertes Zusammenspiel von Diaphragmakontraktion, Expansion des unteren Thoraxes, Elevation des ganzen Brustkorbes durch vermehrte Längsspannung der Rückenstrecker und Entspannung der abdominalen Muskulatur. Aus der Beschreibung dieses Vorgangs wird klar, daß nur eine freie, aufrechte Sitzhaltung (ohne Anlehnen) eine wirklich gute Atmung erlaubt.

Zur Vorbereitung des Übenden

Der Übende selbst kann durch einige leicht auszuführende vorbereitende Maßnahmen den Atem wesentlich vertiefen und harmonisieren. Diese Vorbereitung erfordert etwa fünf bis zehn Minuten:

• **Die „Zungenübung":** In alten Werken wird diese Übung das „Umrühren des Meeres" genannt (Pálos). Die Zunge muß am äußeren Zahnfleisch kreisförmig bewegt werden. Der erzeugte Speichel bleibt zuerst in der Mundhöhle und wird dann in einzelnen kleinen Portionen geschluckt.

• **Das „Nasenreiben":** Die beiden Nasenflügel werden mit den äußeren Seiten der Daumen leicht gerieben. So wird die wichtige Funktion der Nasenflügel und der Nase bei der „Methode des Stillatmens" bewußt gemacht und die Lungenfunktion angeregt.

• **Die „Nierenmassage":** Zuerst reibt man sich die Handinnenflächen warm, dann streicht man sich in der Lumbalgegend in gerader Richtung, mit der einen Hand von oben nach unten und mit der anderen Hand in entgegengesetzter Richtung, bis Rücken und Kreuz schön warm sind.

• **Die „Massage des Bauches":** Mit einer Hand wird der Bauch mit kreisförmigen Bewegungen rund um den Nabel weichmassiert.

• **Die „Massage und das Klopfen der Fußsohlen":** Traditionellen chinesischen Ärzte dient diese Methode zur Regulation unregelmäßiger Herztätigkeit und zur Beseitigung von Schwindelgefühlen. Besonders günstig ist die Massage eines Punkts in der Nähe des Mittelfußknochens, zwischen dem distalen Ende des zweiten und dritten Metatarsalknochens (Ni 1). Im übrigen erzeugt die Massage und das Klopfen der Füße das Gefühl, „fest auf dem Boden zu stehen".

Segmentale Entspannung im Bereich des unteren Segments führt in kürzester Zeit zu einer reflektorischen Aktivierung der Bauchatmung. Diese Entspannungstechnik stellt, gemessen am Zeitaufwand und an der Wirkung, die effektivste Vorbereitung für eine vertiefte Bauchatmung dar (ausführlich vgl. Kapitel 4.2.3.5, Seite 131). Wir führen sie hier nur noch einmal an einer Übung vor:

Ein Bein wird senkrecht in die Höhe gestreckt, bis ein Zug- oder Halteschmerz entsteht und ein leichter Muskeltremor spürbar wird. Dann läßt man das erhobene Bein langsam wieder hinabgleiten und lenkt die Aufmerksamkeit (passiv) auf die Atmung. Es zeigt sich, daß sich durch solch eine einfache Stimulation die Atmung vertieft hat und zugleich besser zu beobachten ist. Ein leichtes Gewicht auf dem Bauch – ein Buch oder die Fingerspitzen – kann den Einstieg erleichtern.

Treten kleine Störungen auf, richte man die Aufmerksamkeit auf das Liegen – „Ich spüre die Druckempfindungen an den Fersen, Oberschenkeln, an Gesäß, Rücken, an den Schulterblättern und am Kopf" – und kehre dann wieder zum Atem zurück.

Zuerst ist das Heben und Senken eine Bewegung ohne große Aussagekraft. Später wird man besser spüren, daß diese beiden Bewegungen ein „Kontinuum" bilden. Vielleicht wird auch die eine Bewegung als dominant wahrgenommen. Spannend sind stets die Übergänge von der Ein- in die Ausatmung und umgekehrt. Diese Übergänge können verschiedene Qualitäten annehmen – schleichend, zögernd, stockend, abrupt und so weiter.

Wenn wir in der reinen Beobachtung des Atmens im Liegen schon einige Fortschritte gemacht haben, werden wir sie auch auf das Sitzen, Stehen und Gehen ausdehnen. Die Achtsamkeit auf die eigene Atmung wird im Alltag immer mehr zum Kommunikator mit dem eigenen Leib. Auch dabei (wie beim Betrachten der Atembewegung in der Übung) wird man zwei Seiten wahrnehmen können, mehr Nähe zu sich selbst und auch mehr Distanz.

4.3.3.2 Methoden

Je nach Stand des therapeutischen Prozesses können auch verschiedene Atemmethoden gewählt werden. Es sind dies:

- Die Methode der „flachen" Atmung
- Die Methode des „Stillatmens"
- Die Methode der „tiefen Atmung"
- Die „Energie-Atmung"

Die Methode der „Flachen Atmung"

Es mag erstaunen, daß die Methode der „flachen Atmung" hier als Mittel der Therapie aufgeführt wird, gilt sie doch meist als Inbegriff einer schlechten, reduzierten, blockierten Atmung (vgl. die Abschnitte „Weltachse und Wirbelsäule", „Schreckreflexmuster" in diesem Buch).

Viele Körpertherapeuten betrachten in der Tat die chronisch flache Atmung als Zeichen dafür, daß Menschen ihre Emotionen – Schreck und Haß, Angst oder Liebe – durch Luftanhalten und Anspannen der Bauchmuskulatur unterdrücken, oder gar dafür, daß unverarbeitete, im Verlauf des intrauterinen Lebens, während der Geburt oder in den ersten Lebensjahren erlittene Traumen sie schwer belasten, deren Folgen nun im Körper sichtbar, spürbar, tastbar sind. Der ganze Schultergürtel, die Nackenmuskulatur ist angespannt; die Muskeln sind meistens verkürzt und weisen sogenannte Triggerpunkte auf; die Kehle ist zusammengezogen, Zähneknirschen ist sehr häufig, die Patienten erklären, sie spürten ein dumpfes Gefühl in der Magengegend.

Schon Wilhelm Reich hat darauf hingewiesen, daß der ganze Symptomenkomplex mit dem Magen zu tun hat. Der Verlauf des Magenmeridians der TCM macht diesen Zusammenhang offensichtlich.

Nun heißt es aber auch, das Zusammenziehen der Magenmuskulatur und der abdominalen Muskulatur sei so etwas wie „der innere Schmerztöter" (Albery). Daraus ergibt sich, daß bei akuten Schmerzen, in Schrecksituationen, bei aufsteigenden drängenden Emotionen, die nicht ausgelebt werden können, oder wenn die Luft derart schlecht ist, daß man nur noch eine minimale Atmung aufrecht erhalten kann, die Methode der flachen Atmung kein „Krankheitszeichen", sondern geradezu indiziert ist.

Im Alltag kommt die flache Atmung in vergleichbaren Situationen ständig zum Einsatz, sie muß als Methode also nicht besonders geübt werden. Trainiert wird nur, daß die eigene Wahrnehmung erkennt, wenn der Körper die flache Atmung eingeschaltet hat. Wichtig ist ferner, daß wir wieder zu einer volleren Atmung zurückkehren können, wenn sich Schreck, Schmerz oder Gestank verzogen haben. Dazu bedienen wir uns einiger Techniken, wie sie in diesem Buch an anderer Stelle beschrieben werden oder wurden. Mit der SET zum Beispiel oder mit der Methode der „Tiefen Atmung“ wird die flache Atmung gelöst, so daß sie sich im System nicht weiter verfestigen kann.

Übungsziele und Ausführung:

- flache Atmung im Körper erkennen
- flache Atmung gezielt einsetzen
- flache Atmung loslassen

Ausgangsstellung
Alle alltäglichen Stellungen.

Indikationsbereiche
Schmerz, Schock, starke Emotionen, schlechte Luft.

Die Methode des „Stillatmens“

„Es muß ganz natürlich und still und ‚glatt‘ durch die Nase aus- und eingeatmet werden, wobei darauf zu achten ist, daß die Zeit der Aus- und Einatmung die gleiche ist. Eine Atempause wird dabei nicht gemacht. Dadurch soll die Atmung ruhig, langsam, tief und ohne besondere Kraftanstrengung vor sich gehen. Die Zunge wird zum Gaumen aufgehoben und soll während der Übungen ihre Lage nicht verändern.

Diese Methode wird auch als ‚alltägliche Methode‘ bezeichnet. Weil sie sehr leicht zu erlernen ist, empfehlen sie die Ärzte besonders für die Anfangszeit der Übungen. Wegen ihrer kräftigenden Eigenschaft wird diese Übung besonders bei älteren Menschen und solchen mit einem schwachen Organismus angewendet.“ (Pálos, S. 73)

Unsere „Beobachtungsposten“ bei dieser Methode sind die Nasenflügel. Hier kann der Rhythmus am besten erkannt und, wenn nötig, korrigiert werden. Der Therapeut achtet in der Vorbereitungsphase darauf, daß eine etwaige Fehlatmung behoben und Kontakt mit dem Bauch aufgenommen wird. Wenn die Rhythmisierung der Atmung Fortschritte gemacht hat, können wir zur nächsten Methode übergehen.

Ausgangsstellungen
Liegen, Seiten- oder Rückenlage, Sitz oder Stand.

Indikationsbereiche
Erschöpfungszustände, chronische Krankheiten, als Einstieg in eine Atemtherapie.

Die Methode der „Tiefen Atmung“

„Die Atmungsform muß still, gut, tief und lang sein – so sagen es die atemtherapeutischen Vorschriften. Während die vorherige Übung eine stille und gute Atmungsform erzielen sollte, ist hier der Zweck, eine möglichst tiefe, gleichmäßige, durch die Nase ausgeführte Atmung zu erlernen: also eine entsprechend tiefe Bauchatmung reflektorisch zu machen“ (Pálos).

Tiefe Atmung geschieht in zwei Schritten: Damit Bauchatmung und Brustatmung reflektorisch arbeiten und miteinander verbunden sind, braucht es gute therapeutische Vorarbeit. Intensive Vorarbeit auch mit der SET, auf alle drei Segmente angewandt, setzt diese Methode voraus – der Atem soll alle drei funktionalen Zonen erschließen.

1. Zuerst wird vollständig ausgeatmet, wir lassen die Atmung ganz gehen. Die Hände können helfen, damit wir die Atmungsbewegungen besser spüren. Wir müssen uns für die Ausatmung die Zeit lassen, die sie braucht, und die Wahrnehmung auf sie richten. In dieser Phase werden auch Widerstand und Verspannungen des Zwerchfelles bereits etwas gelockert.

2. Nach der Ausatmung beginnt tief im Bauch die Einatmung zu keimen, sie erschließt dann ganz allmählich den Unterbauch, den Oberbauch und die Brust.
Die beginnende Einatmung ist immer ein besonderes Erlebnis – es kann ein Gefühl ent-

stehen, als beginne das Leben gerade erst. Sorgfältig nehmen wir wahr, wo sich noch Widerstände, Hindernisse beim Erschließen der drei funktionalen Zonen bemerkbar machen. Diese Widerstände sollten therapeutisch anschließend „besänftigt" und allmählich abgetragen werden.

Nach längerem Üben atmen wir „nicht mehr selbst", sondern werden gleichsam geatmet, in dem Sinne, daß der Atem tief im Bauch reflektorisch, wie eine Welle aufsteigt. Oder, wie es auf den eingangs zitierten chinesischen Jadeplättchen hieß: „Wenn der Atem ruhig geworden ist, wird er fest. Wenn er fest geworden ist, beginnt er zu keimen. Wenn er ausgekeimt ist, wächst er …"

Ausgangsstellungen
Zuerst Rückenlage, dann Seitenlage, dann Sitz auf einem Hocker oder im Halblotussitz. Die effektivste Position ist der Sitz. Er muß auf drei Positionen gut verankert sein (Gesäß oder beide Knie beim Halblotussitz; Gesäß und beide Füße beim Sitz auf dem Hocker). Die Wirbelsäule ist aufrecht, die Lendenlordose ist leicht angedeutet, den Kopf haben wir etwas zurückversetzt, der Blick geht halbschräg nach vorn und unten. Die Hände ruhen auf den Oberschenkeln oder sind in einer Form gefaltet. Der Mund steht leicht offen, die Zunge liegt am oberen Gaumen.

Indikationsbereiche
Bei den meisten Fehlformen und Fehlatmungen, als allgemeines Therapeutikum.
Im besonderen bei häufiger paradoxer Atmung, blockierter Ein- oder Ausatmung, bei Rhythmußtörungen der Atmung bis hin zu den Asthmaformen, besonders spastischen und katarrhalischen Asthmaformen.
Ateminsuffizienz bei Brustkorb- und Bauchoperationen.
Kreislauferkrankungen, ganz generell bei längeren Krankheiten und damit verbundenen Erschöpfungszuständen.
Schwangerschaft und Geburt.

Atmung als großer Reinigungsprozeß im mentalen, emotionalen Bereich, aber auch im Bereich des Stoffwechsels und der Verdauung als automatische Eingeweidemassage.

Die „Energie-Atmung"

Diese Art von Atmung erschließt in kürzester Zeit ein großes Energiepotential, es werden dabei alle Kräfte des Organismus mobilisiert: Nach langsamem, vollständigem Ausatmen wird durch die Nase eingeatmet, zugleich spannen wir den Bauch bzw. die Bauchmuskulatur leicht isometrisch an und schließen den Beckenboden. Beim Ausatmen durch den Mund wölbt sich der Bauch vor, und der Beckenboden wird entspannt.

Voraussetzung für die Anwendung dieser Technik ist, daß die anderen Atemtechniken schon über längere Zeit trainiert wurden und daß in keiner Weise eine paradoxe Atmung vorliegt. Die Technik ist eigentlich einfach, verlangt aber große Konzentration. Es sollten darum nicht mehr als zehn Atemperioden auf diese Weise durchgeatmet werden, dann kehren wir wieder zur Methode des Stillatmens zurück.

Hinweise zur langfristigen Begleitung des Patienten im Atemprozeß

Die Begleitung des Patienten im Atemprozeß ist nur möglich, wenn der Therapeut selbst die beschriebenen Atemmethoden über längere Zeit geübt hat. Es ist nicht so wichtig, welche Methode wir anwenden, die Grundstruktur der Phänomene, die auftreten können, ist bei allen dieselbe:

• Das Bewußtsein der Atmung (an den Nasenflügeln oder im Bauch) wird durch dauerndes Aufsteigen von Gedanken gestört. Hier hilft das Zählen der Atemzüge, um das Denken ans Zählen zu binden und die Atmung dadurch zu harmonisieren. Entweder zählen wir 1, 2, 3 … bei der Einatmung und 1, 2, 3, … bei der Ausatmung, oder wir zählen die ganze Atemperiode durch und beginnen bei der nächsten wieder neu mit Zählen. Mir selbst fällt die Trennung von Ein- und Ausatmung leichter, auch der Übergang von der einen zur anderen Phase erweist sich stets als spannend.

Für Patienten, die Zählen störend oder mühsam finden, gibt es eine zweite Möglichkeit: Die Gedanken können über den physiologischen Atemprozeß selbst integriert werden. Man versucht etwa, die Aufmerksamkeit auf den Bauch zu lenken. Er hebt sich beim Einatmen, senkt sich beim Ausatmen. Erkennender Gedanke und Vorgang decken sich. Am Anfang wird die Aufmerksamkeit nicht lange bei der Atmung verweilen können: Schnell schieben sich wieder andere Gedanken dazwischen. Das ist normal, die Gedanken kommen ja stetig. Wichtig ist nur, daß man den ankommenden Gedanken kein wertendes Etikett aufklebt: gut, schlecht, das muß ich noch beenden, das ist wichtig, daran muß ich morgen denken usw. Man läßt die Gedanken wandern, ohne sich an sie zu heften, und kehrt wieder zur Atmung zurück, immer wieder. So werden die Gedanken langsam immer weniger.

• Man sollte bei einer Atemsitzung nicht schläfrig und müde werden oder gar einschlafen. Darum soll die Sitzung nur fünf oder zehn Minuten dauern.

Die Methode der „verbundenen Atmung" ist dabei eine Ausnahme. Die einzelnen Sitzungen dauern bei dieser Methode wesentlich länger. Eine gute Vorbereitung regt die Energie an und unterstützt die Aufmerksamkeit. Überdies ist ein stiller, nicht zu warmer Raum nötig und die Zufuhr von möglichst viel frischer Luft.

• Wie die Flut der Gedanken können auch körperliche Phänomene die Atemsitzung beeinflussen. Bei den Patienten treten vielleicht vermehrt Schmerzen auf, der Krankheitszustand kann sich verschlimmern, oder es geschieht eine Symptomverschiebung. Während der Übung kann es vorkommen, daß der Patient einen Juckreiz, ein Gefühl von Erstarren, ein Zittern oder plötzliche Hitzegefühle empfindet. Lachen, Weinen, Husten und andere körperliche Reaktionen können sich zeigen.

Alle diese körperlichen Reaktionen sind jedoch willkommen. Sie zeigen, daß Körper und Geist des Patienten vom Atem erfaßt wurden und reagieren. Es ist auch nicht wichtig, ob wir diese Phänomene als Widerstand oder als Ausdruck der Vitalkraft interpretieren. Entscheidend ist, daß der Therapeut dem Patienten den Raum gibt, wo all dies geschehen kann. Der Übende wird sich daran gewöhnen, und die Erscheinungen werden nach einer Weile ebenso plötzlich verschwinden, wie sie gekommen sind. Dies gilt ebenso für die angenehmen wie die unangenehmen Erscheinungen.

Nach einer längeren Zeit des Atmens kann sich beim Übenden ein helles und subtiles Gefühl einstellen – ein Gefühl von „Mitte".

4.3.3.3 Die verbundene Atmung

Hinführung

Ich darf mich so annehmen, wie ich bin, mit allen meinen Ideen, Gefühlen und Handlungen, es ist dies auch die Voraussetzung dafür, andere annehmen zu können. Ich bin andererseits darauf angewiesen, von anderen angenommen zu werden, als Therapeut zum Beispiel von meinen Patienten. Ich brauche weiter einen *inneren Kreis* von Menschen, die mir Halt geben. Meine Frustrationen, Enttäuschungen, meine Hilflosigkeit, mein Ärger und so weiter brauchen einen Ort, wo ich sie zum Ausdruck bringen kann und wo sie durch menschliche Wärme gereinigt werden. Schließlich bin ich auf eine in gewissem Sinne „metakommunikative" Verbindung zum Kosmos angewiesen, wo Dualität weniger wird, Ganzheit und Wissen zunehmen.

Diese verschiedenen Ebenen von Verbundenheit, Angenommensein, Kommunikation können durch eine besondere Methode der Atmung vertieft werden. Im Gegensatz zur oben beschriebenen passiven Atem-Beobachtung werden jetzt Ein- und Ausatmung *willentlich* verbunden, der eigene Wille wird als Atem-Schrittmacher benützt. Diese Art des Atmens nennen wir „verbundenes“ oder, nach Stanislav Grof, „holotropes“ Atmen.

Wirkung und Bedeutung dieser Form von Atmung, auch für die Therapie, ist äußerst schwierig in Worte zu fassen. Die Botschaften, die sie uns zukommen läßt, geben allenfalls Auskunft über Tendenzen. Man bewegt sich immer wieder in Paradoxien, wenn man mit dieser Atmungsform trainiert.

Für die Haltung, die der Übende einnehmen sollte, verwende ich den Ausdruck „zügeln“. Das Wort stammt aus dem Altgermanischen und bedeutet „durch das Straffen der Zügel zurückhalten“, beruhigen. Damit sind wir dem schon nahe, was bei der „verbundenen Atmung“ geübt wird. Die eigene Willenshaltung im Atemprozeß „zügelt“ das eigene Bewußtsein so lange, bis dieses die eigene Willenshaltung oder Willenskraft modifiziert. So „beißt sich die Schlange in den Schwanz“ – die Schlange, der Ouroboros, ist Symbol der Vereinigung der Gegensätze. In diesem (anderen) Zustand müssen die Projektionen des eigenen Geistes angenommen werden (Training des Annehmens).

Die Technik der „verbundenen Atmung“ schult die Entscheidungsfähigkeit im therapeutischen Handeln. Durch das „Zügeln“ wird auf dem schmalen Grat von Kontrolle und Loslassen gearbeitet. Beobachten, Annehmen, Seinlassen bilden Vorübungen zum Haupttraining des „Zügelns“. Die beim „Zügeln“ auftauchenden Phänomene haben aber ihre eigenen Gesetze und Strukturen, sie sind auch stark abhängig von der individuellen Konstitution (Sympathikotoniker, Vagotoniker).

Es ist klar, daß ein solches Atemtraining einer kompetenten Begleitung bedarf, wie man für das Erklettern eines schwierigen Berggipfels einen kundigen Führer braucht. Es gibt ausgebildete Atemtherapeuten, welche die bei dieser Technik auftauchenden Phänomene aus eigener Erfahrung gut kennen.

Für die Energetische Therapie ist die „verbundene Atmung“ deshalb so wichtig, weil man in dem außerordentlichen Zustand, der über diese Atemmethode erreicht wird, am eigenen Leibe erfahren kann – öfter auch unter Schmerzen –, wo die Lebensenergie blokkiert ist. Wir können aber auch erfahren, wie Barrieren, Grenzen sich öffnen und die Energie wieder zu strömen beginnt.

Voraussetzungen für eine verbundene Atmung

1. Gravierende Atemfehlformen müssen zuerst therapeutisch behandelt werden. Ein Klient mit einer paradoxen Atmung oder anderen Fehlformen wie Asthma ist für das Training der verbundenen Atmung noch nicht geeignet. Der ganze Muskelpanzer, der sich rund um die Atmungsorgane angelegt hat, muß zunächst gedehnt und gelockert, vielfach auch gekräftigt werden. Wenn diese Vorarbeit nicht geleistet wurde, so fixiert sich eine Fehlatmung in der verbundenen Atmung noch mehr; statt einer Befreiung tritt eine größere Blockierung ein. Vergleichbares gilt für verschiedene Meditationsformen, bei denen mit dem Atem gearbeitet wird, zum Beispiel Zen-Meditation.

2. Pulsbefunde und Körperstruktur haben uns Auskunft gegeben, ob eine ausgeglichene Konstitutionslage vorliegt oder ob die Konstitution nach Yang (Sympathikotoniker) oder Yin (Vagotoniker) hin verschoben ist. Der Yang-Typus wird während der Atemsitzung meist ein extrovertiertes Verhalten zeigen, mit viel körperlichem und verbalem Einsatz (die motorische Aktivität wirkt der Verminderung des Kohlendioxidspiegels im Blut entgegen). Der Yin-Typus ist eher nach innen gerichtet,

introvertiert und hat die Tendenz, bewußtseinsmäßig zu vereisen". Es ist bei diesem Typus eher die Möglichkeit gegeben, daß es zu Krämpfen kommt. Damit die verbundene Atmung weich, entspannt und gleichmäßig wird und in der Körpermitte – im Bauchraum – gehalten werden kann, ist es von Vorteil, wenn die beiden extremen Konstitutionstypen zuerst ausgeglichen werden (vgl. Kapitel 4.1, Seite 120).

3. Die drei funktionalen Zonen: Die Beachtung der drei funktionalen Zonen in der verbundenen Atmung kann energetisch reinigend und emotional sehr befreiend wirken. Eine forcierte Steigerung der Schnelligkeit der Atmung wirkt blockierend und hemmt die Selbstregulation des Körpers.

4. In den Atmungssitzungen tauchen emotionale Muster auf, die uns an das Grundmodell der Fünf Wandlungsphasen in der TCM erinnern (vgl. Kapitel 4.7, Seite 198). In der verbundenen Atmung kann an der Integration der Gegensätze aktiv gearbeitet werden. Die Emotionen, die Phasen der Wandlung werden sich dann, wie Yin und Yang im dynamisch-polaren Modell Granets, „bei der Arbeit ablösen oder wechselseitig in den Vordergrund treten".

5. Die verbundene Atmung ist ein gutes Training der Eigenverantwortung und der Fähigkeit des „Zügelns". Stanislav Grof schreibt über die Entwicklung des Gefühls, Herr über sich selber zu sein, es sei „ein wesentliches Nebenprodukt" dieser Art Atemtherapie. Die Klienten würden sehr rasch erkennen, „daß sie sich selber helfen können und daß sie eigentlich die einzigen sind, die dies vermögen. Dadurch schrumpft bei ihnen auch gewaltig der Glaube, daß nur eine magische Intervention seitens des Therapeuten, eine brillante Interpretation, erhellende intellektuelle oder emotionale Einsichten, Ratschläge oder Anleitungen von Nutzen sein könnten." (Geburt, Tod und Transzendenz, S. 467)

Wir stehen während des Atmens immer wieder vor Entscheidungen, ob wir uns weiter vorwagen wollen oder ob wir den Prozeß zum Beispiel durch eine Lageänderung stoppen sollen. Sollen wir in eine Angriffshaltung oder in einen Totstellreflex gehen oder weiter weich, entspannt und verbunden atmen?

6. Es gibt immer wieder Situationen, wo die Energie blockiert wird, wo es, scheinbar, nicht mehr weiter geht. Hier können die Begleitpersonen gezielt Akupunkturpunkte, je nach Energieflußstörung, einsetzen. Über diese Techniken wird die muskuläre Panzerung gelöst, zugleich aber auch eine Entspannung auf der emotionalen und auf der geistigen Ebene erzielt. Denken wir daran, daß Akupunkturpunkte immer auf allen Ebenen Wirkung zeigen. Klient und Therapeut verfügen so über ein Instrumentarium, sehr spielerisch mit mannigfaltigen Widerständen umzugehen und damit neue Informationsfelder zu erschließen. Das einzige, was der Therapeut nicht geschehen lassen darf, ist, daß die Verbindung abreißt. Geschieht es trotzdem einmal, daß die Leine reißt, soll die Sitzung abgebrochen und die Entzweiung thematisiert werden.

7. Irgendwann im Laufe des Trainings können wir alle therapeutischen Techniken, Bemühungen und Manipulationen hinter uns lassen. Dann wird die Energie selbst das Kommando übernehmen, es beginnt die Selbstregulation, die Selbstheilung, es entsteht Vertrauen und Liebe, wir wissen: „Ich muß nicht anders werden, alles ist gut so, wie es ist."

4.3.3.4 Formen verbundener Atmung

Aufgrund meiner Erfahrung mit gesunden und kranken Menschen habe ich verschiedene Formen der verbundenen Atmung entwikkelt, mit einem gemeinsamen Grundgedanken: Der erste Anteil der Atemform hat Struktur (Yin), der zweite Anteil der Atemform ist strukturfrei (Yang). Auch der Kreislauf der verbundenen Atmung ist ein Kräftekreislauf, der durch den Halbkreis der Einatmung und den Halbkreis der Ausatmung gebildet wird. In diesen Kreislauf können Strukturen – Gedanken, Affirmationen oder Visualisierungen – eingewoben werden, oder man läßt die Atmung frei, indem das Bewußtsein sich ausschließlich mit dem körperlichen Atemvorgang verbunden fühlt, ihn gleichsam nachvollzieht.

Verbundene Atmung und Affirmationen

Ausgangsstellung
Verschiedene Formen des Sitzens, auch rechte Seitenlage möglich

Ausführung
Bauchatmung

Indikationsstruktur
Aktive Integration von Gegensätzen

Beispiel Wut und Ärger
In die Einatmung wird das Wort „Empörung" eingewoben, in die Ausatmung das Wort „Friede".

Beispiel Sorgen
In die Einatmung wird das Wort „Sorgen" gegeben, in die Ausatmung das Wort „sorglos".

Beispiel von akuten Schmerzen
In die Einatmung wird das Wort „Schmerzen", in die Ausatmung das Wort „schmerzlos" gegeben. Anschließend legen wir uns wieder hin, spüren, wie wir uns entspannen, und kehren mit der Wahrnehmung spielerisch zum Atem zurück.

Indikationsbereich
Bei dieser Form der verbundenen Atmung geht es darum, emotional vorherrschende, immer wiederkehrende Gefühle anzunehmen und sie mit dem Gegenpol zu verbinden.

Das Prinzip ist das gleiche wie bei der Integrationsarbeit der Fünf Wandlungsphasen (Kapitel 4.7, Seite 198). Die Atmung kann so die Verbindung und Verminderung eines drängenden Gefühls besser unterstützen.

Akute Schmerzen – ohne Medikamente – unter Kontrolle zu bringen ist sehr schwierig. Die Methode funktioniert nur dann, wenn zwischen dem Ein- und Ausatmen und zwischen dem Denken von „Schmerz" und „schmerzlos" keine auch nur haarbreite Pause entsteht.

Verbundene Atmung und die Visualisierung von Akupunkturpunkten

Ausgangsstellungen
Siehe Abb. 45 bis 48 und entsprechende Akupunkturpunkte.

Ausführung
Die Atmung wird in die entsprechenden Punkte visualisiert. Sie bleibt weich, enspannt,

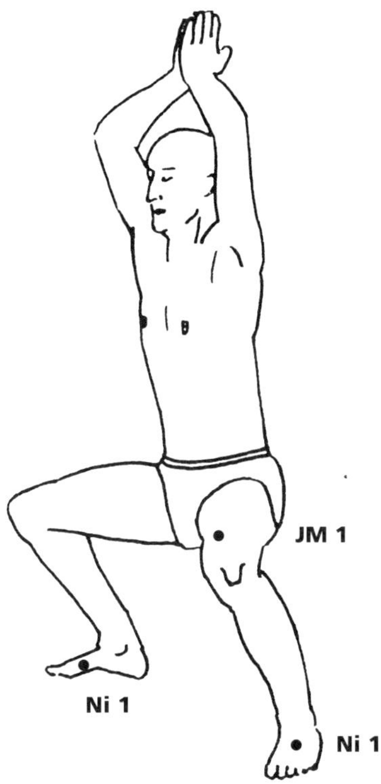

Abb. 45: Von der Quelle zum Scheitel.

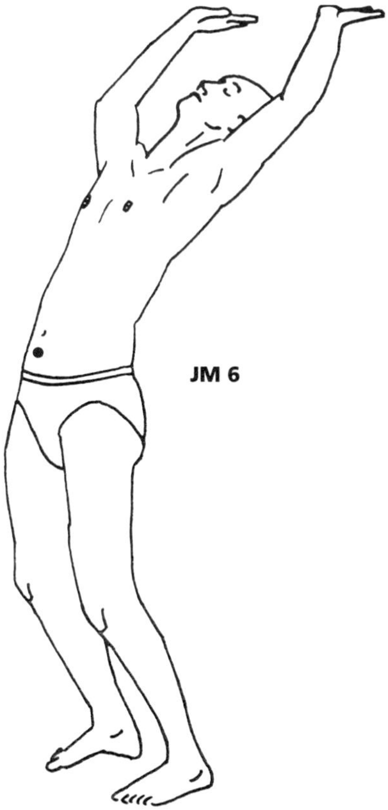

Abb. 46: Die „Mitte".

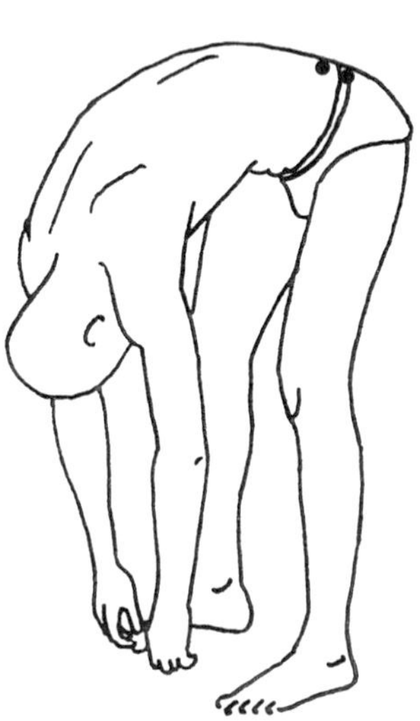

Abb. 47: Das Kreuz als Anker.

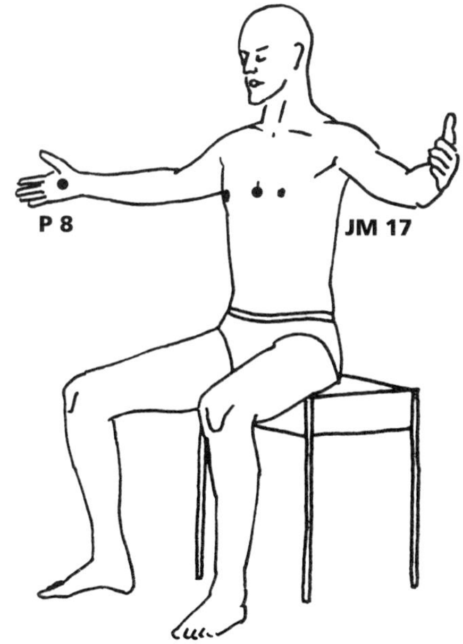

Abb. 48: Herz und Hand.

gleichmäßig und verbunden. Man bekommt mit der Zeit das Gefühl, daß man tatsächlich durch diese Punkte atmet. Die Dauer dieser Atmung beträgt je nach Trainingsstand zehn bis zwanzig Minuten. Wenn die Muskeln in einer Stellung zu vibrieren oder zu schütteln beginnen, beachte man dies nicht, sondern fahre mit der Atmung ruhig weiter. Anschließend legt man sich auf den Rücken, entspannt sich ganz und gleitet dann über in eine frei verbundene Atmung.

Indikationsstruktur
Wie bei der SET wird mit dem Paradox „Standhalten und zugleich loslassen" gearbeitet. Zusätzlich muß aber das Bewußtsein sich mit der Atmung und dem Akupunkturpunkt beschäftigen. Hier wird die Lebensenergie sowohl auf körperlicher wie auf geistiger Ebene wesentlich gestärkt.

Verbundene Atmung mit Massage oder Akupressur

Aus einer gewöhnlichen Massage oder einer Akupressurbehandlung kann sich eine ganz tiefe Atemsitzung ergeben. Es ist eine der schönsten und zugleich eine der wirksamsten Möglichkeiten, die sich leider selten realisiert, weil sie an einige Bedingungen geknüpft ist:

• Man muß viel Zeit haben, damit sich etwas entwickeln kann.

• Zwischen Therapeut und Klient muß eine sehr tragfähige Beziehung bestehen. Beide müssen in der Lage sein, ihre Arbeit gänzlich dem Rhythmus der Atmung zu unterwerfen. Es wird eine radikale Form von Hingabe von beiden verlangt, in dem Sinne, daß sie in dieser Nähe und Verbindung nichts mehr zum Ereignis beitragen können. Das Absolute einer solchen Verbindung hat eine erschreckende und zugleiche befreiende Dimension.

• Auch der Raum spielt eine Rolle. Er muß uns schon längere Zeit vertraut sein, wir müssen uns darin sehr wohl und geborgen fühlen.

Die frei verbundene Atmung

Zur frei verbundenen Atmung ist wenig anzufügen. Die Klienten können zum Beispiel die Stellungen einnehmen, nach denen ihnen gerade zumute ist. Sie können auch die Atmung im Prinzip frei fließen lassen, nach dem Motto „Ich atme nicht, ich *werde* geatmet." Sie können sich einer Bewegung, einem Ton, einem Bild, einem Gefühl oder auch der Leerheit hingeben. Sie könnne sich von Musik begleiten lassen oder auch nicht, sie können ihre Begleiter auffordern, ihnen durch Massage oder andere Tätigkeiten Hilfestellung zu leisten. In einer solche Sitzung löst sich alles in einer spielerische Selbstverantwortung auf, die aber tiefe Gefühle oder Erkenntnisse nicht ausschließt.

4.3.3.5 Hyperventilation und verbundene Atmung

Bei der verbundenen Atmung kann jener Zustand eintreten, den wir als Hyperventilation bezeichnen, die Folge einer Überbeatmung der Lunge. Körperliche Symptome für eine Hyperventilation sind Gähnen, intensive Brustatmung, unvermitteltes Husten und häufiges Befeuchten der Lippen, trockene Kehle und ein intensives Kribbeln in den Händen.

Charakteristisch für eine akute Hyperventilation ist ein Absinken des Kohlendioxidspiegels im Blut, weil beim intensiven Atmen übermäßig Kohlendioxid ausgestoßen wird. Die Abnahme der Blut-Kohlensäure führt zu einer Alkalose, der pH-Wert des Blutplasmas steigt. Die bei Hyperventilation häufig zu beobachtende Tetanie, ein Krampfzustand in Händen („Pfötchenstellung") und Füßen, der sich auch auf die Extremitäten und den Rumpf ausbreiten kann, ist wahrscheinlich eine direkte Folge der Alkalose, die ihre größte Wirkung auf das Nervensystem und nicht so sehr auf die Muskulatur hat (vgl. hierzu N. Albery).

Die Ansichten der Schulmediziner und Körpertherapeuten über Gefährlichkeit oder Ungefährlichkeit der Hyperventilation gehen weit auseinander. Nach meiner Erfahrung tritt Hyperventilation bei der verbundenen Atmung ohnehin nur selten und in geringem Maße auf, vor allem, wenn man die energetischen Voraussetzungen schafft und wenn die Begleitung nach energetischen Prinzipien geschieht. Ich habe persönlich zahlreiche Atemsitzungen begleitet, ohne jemals medizinische Komplikationen zu beobachten, und selbst ungefähr zweihundert Atemsitzungen erlebt – ohne in nennenswerte Hyperventilationszustände zu verfallen. Nach den Sitzungen fühlte ich mich immer frisch, energiegeladen und auch entspannt.

4.3.3.6 Indikationen

Verbundene Atmung ist vor allem bei gesunden Menschen indiziert, bei Menschen insbesondere, die im therapeutischen, sozialen, politischen und wirtschaftlichen Bereich tätig sind und viel Verantwortung tragen. Besonders geeignet scheint mir das Training der verbundenen Atmung für ärztlich, therapeutisch oder pflegerisch Tätige. Die Zustände außerordentlichen Bewußtseins, die bei dieser Atemform auftreten, können zur individuellen Klärung der schwierigen Fragen im Umkreis von Krankheit, Leid, Tod beitragen. Arbeit mit dem verbundenen Atem ist eine Art von Selbsterfahrung, mit ihrer Hilfe können wir auch dem Burn-out-Syndrom, das therapeutisch Tätigen droht, entgegenwirken. Erlebnisse von Schönheit, Liebe und überraschender Kreativität sind in solchen Sitzungen nicht selten, aus ihnen strömt uns Energie zu, Lebensenergie, die wir auch für unsere Berufsarbeit so nötig brauchen.

Ein weiteres Indikationsfeld sehe ich bei Menschen mit einer chronischen Krankheit; gerade bei einer solchen Krankheit ist ja die Sinnfrage oft sehr präsent. Atemsitzungen können bei der Suche nach einer persönlichen Antwort auf diese Sinnfrage helfen, sie bringen zudem Energie in den Körper und erlauben, die Auseinandersetzung mit einer chronischen Krankheit aktiver zu führen.

Einen weiteren Indikationsbereich sehe ich – wenn der Schwerpunkt ständig auf der Innenschau liegt – im Ankoppeln an Informationsfelder, die noch im Biographischen liegen und auch beim Anschließen an Informationsfelder, die sich in einer höheren Ebene befinden. Dadurch wird auf natürliche Art die eigene energetische Kommunikation wesentlich ausgeweitet, sei es nur insofern die Fähigkeit wächst, die eigene zweite Wahrnehmung so zu entwickeln, daß energetische Gegenwartsphänomene erspürt werden können.

4.3.3.7 Gegenindikationen

In einer Reihe von Fällen ist die „verbundene Atmung" ausdrücklich kontraindiziert:

• Bei pathologischen Atemstörungen, zum Beispiel bei Emphysemen, chronischer Bronchitis usw.

• Bei allen korrigierbaren Atemfehlformen (paradoxe Atmung etc.), solange die Korrektur nicht erfolgt ist.

• Bei Herz- und Kreislauferkrankungen, inkl. Hypertonie. Nach operativen Eingriffen an Herz, Gefäßen oder nach Organoperationen und -tranplantationen, ebenso bei schweren inneren Erkrankungen. In all diesen Fällen bietet sich als Alternative die Methode des „Stillatmens" an.

• Bei gewissen neurologischen Erkrankungen, Epilepsie oder bei Status nach Hirntraumata

• Bei Patienten, die regelmäßig Medikamente einnehmen müssen, kann die Atemwirkung die medikamentöse Behandlung destabilisieren.

• Bei einer Schwangerschaft ist genau abzuklären, ob eine verbundene Atmung kontraindiziert ist.

• Bei Klienten bzw. Patienten, die in psychiatrischer Behandlung sind, sollte keine intensive Körper- und Atemtherapie durchgeführt werden. Ausgenommen sind solche Patienten, denen von einem Psychiater ausdrücklich Körper- und Atemtherapie verordnet wurde.

Im Zweifelsfalle ist immer der behandelnde Arzt beizuziehen, um die Frage abzuklären, ob bei einem Klienten eine Indikation oder eine Gegenindikation vorliegt.

4.4 Die großen Energieflüsse

Die muskuläre Panzerung

Wird die Lebensenergie durch Stressoren und/oder innere Fehlsteuerungen immer mehr blockiert, so materialisiert sich die Energie allmählich und es entsteht ein muskulärer Panzer.

Die konventionelle Physiotherapie hat es seit jeher mit den Formen und Folgen dieser Panzerung zu tun: Erhöhter Muskeltonus, Muskelverkürzungen, Triggerpunkte, Sehnenentzündungen, Gelenkblockierungen usw. Hingegen kann konventionelle Physiotherapie nur partielle Lösungen anbieten, Lockerung, Kräftigung usw., während das Grundproblem, die generelle Panzerung als Folge einer Energieflußstörung, ihren Methoden nicht zugänglich ist.

„Die Grundhaltung des gepanzerten Körpers ist nicht willkürlich hergestellt, sondern autonom", schreibt dazu Wilhelm Reich, „der gepanzerte Mensch fühlt die Haltung der Panzerung als solche nicht. Versucht man sie mit Worten zu beschreiben, so versteht er meist nicht, worüber man spricht. Er spürt nicht die Panzerung selbst, sondern nur die Verzerrung seiner inneren Lebensempfindung. Hat die Panzerung sehr lange bestanden, so kommt der Kranke zu uns wegen Rheumatismus" usw.

Eine weitere Schwierigkeit besteht darin, daß alles, was die Panzerung lockern würde, vom Patienten oft als Bedrohung empfunden wird.

Wenn wir nun verschiedene Formen von Energieblockierungen unterscheiden, so handelt es sich selbstverständlich nur um eine methodische Trennung; wir behandeln die Energieflüsse unten – oben, vorn – hinten , rechts – links zwar gesondert, aber werden dabei nicht vergessen, daß Störungen niemals in „Reinform" auftreten, sondern sich zu einem Gesamtbild, eben einem „Panzer" kombinieren.

Anmerkung: Die Segmentale Entspannungstechnik dient auch hier als Basistherapie, um blockierte Energieflüsse zu reaktivieren (vgl. Kapitel 4.2.3.5, Seite 131)

4.4.1 Energetischer Ausgleich oben – unten

Abb. 49: Energetischer Ausgleich oben – unten.

4.4.1.1 Befundbild

Eine Hemmung des Energieflusses oben – unten macht es einem Menschen unmöglich, zwischen den Energien des Himmels und der Erde eine Position der „Mitte" einzunehmen. Die mentale Gestimmtheit bestimmt die Energieladung, sie läßt vielfach zuwenig oder auch zuviel Energie zu. Die Energieladung, die wir antreffen, hat einen direkten Bezug zu den Phänomenen des Sympathikotonikers oder des Vagotonikers.

Ein weiterer Hemmungsfaktor besteht in einer unharmonischen Atmung. Besonders eine paradoxe Atmung kann die Energie blockieren. Fixierte Atemstellungen stauen auch die Energie, blähen sie auf oder lassen sie absinken.

Der vertikale Energiefluß wird oft durch die drei muskulären Barrieren am Hals beim Zwerchfell und am Beckenboden gehemmt.

Oft zeigt sich ein altes, gleichsam eingefrorenes Schreckmuster darin, daß sich ein Mensch gleichsam zusammenzieht, es zeigt sich dann als Störung des vertikalen Energieflusses.

4.4.1.2 Befunde

Prioritäten bei der Befundaufnahme: Anamnese, Tastbefund, Messung, Pulsbefund, Funktionsbefund

Kommentar: Zu Beginn einer Behandlung gehemmter vertikaler Energieflüsse spielt die *Anamnese* eine gewichtige Rolle. Das Hauptaugenmerk liegt auf dem Ist-Zustand, wir fragen aber immer auch nach der Vergangenheit. Schon aus der Anamnese wird sich meist ergeben, welche Störungen in den Energieflüssen bei einem Menschen besonders ausgeprägt sind. Dabei sollten wir uns überlegen, ob die Störungen vielleicht von innen kommen (segmental) oder ob ein Herdgeschehen vorliegt.

Beim *Tastbefund* werden Physiotherapeuten, Masseure, Sportärzte und Rheumatologen sich im Element fühlen: hypertone, hypotone, verkürzte Muskeln, Triggerpunkte, Kettenendinosen, Disbalance von Muskelgruppen – alles Antworten, die nur der Tastbefund liefert. *Messungen* und *Pulsbefund* können auf Störfelder in den Zähnen und inneren Organen oder auf Geopathien hindeuten. Als Quick-Tests liefern die *Funktionsbefunde*, die hier nicht weiter beschrieben werden – ich verweise auf die Arbeiten von Maitland, Cyriax u.a. –, die beste Kontrolle, ob eine therapeutische Maßnahme greift oder nicht.

4.4.1.3 Therapien

Akupunkturpunkte, über die sich die Energie nach unten bzw. nach oben ziehen läßt

Eine Behandlung der Punkte Ma 37 („Große Leere der oberen Region“) und JM 3 („Pol der Mitte“) zieht die Energiefülle im oberen Teil des Körpers *nach unten*. Über die Punkte Ma 39 („Große Leere der unteren Region“) und MP 7 („Aussickerndes Tal“) läßt sich eine Energiefülle im unteren Teil des Körpers *nach oben* bringen.

Allgemeine nützliche Punkte

Eine Behandlung der Punkte MP 7 (dieser Punkt darf bei Schwangeren nicht behandelt werden) und MP 21 („Großer Verwalter“) – nach Van Nghi ein sehr wichtiger Punkt, der bei der Ernährung aller Körperabschnitte eine große Rolle spielt – läßt blockierte Energie in der Vertikalen wieder besser fließen, ebenfalls die Arbeit am JM 14 („Mangel an Widerstand“), dem Punkt des Herzens. Über den JM 14 läßt sich unmittelbar die Herzenergie öffnen, verfeinern und verteilen. Hervorragend geeignet ist er zur Behandlung bei Angstzuständen, Verwirrung, Herzschmerzen, Gedächtnisstörungen und Beklemmungsgefühlen im Bereich des Plexus solaris. Er ist auch ein wichtiger Kontaktpunkt, wenn wir Personen begleiten, die sich in außerordentlichen Bewußtseinszuständen befinden, wie im übrigen auch der JM 17 (Mitte der Brust“). Der Punkt MP 6 („Vereinigung der drei Yin“) ist der wichtigste Punkt, um eine vollständige Inkarnierung des Bewußtseins im Körper zu bewirken. Diese beiden Punkte werden dann behandelt, wenn der Übende bei einer Atemsitzung, bei einer Meditation, bei einer Qi-Übung das Gefühl hat, er habe die Füße nicht richtig am Boden. Beide Punkte werden dann gleichzeitig so lange gedrückt, bis die Energie in die Füße einströmt.

Der Akupunkturpunkt Ni 11 („Waagrechter Knochen“) am oberen Schambeinrand und der Ma 30 („Ansturm der Energie“) sind sehr effizient, wenn man Störungen des Energieflusses in die Beine mildern oder ganz beheben will. Die positive Wirkung zeigt sich nicht nur bei einem allgemeinen Hypo- oder Hypertonus der Muskulatur, sondern auch bei spastischen Zuständen.

Auf der Rückseite der Beine sind die beiden Punkte Bl 40 („Vollkommener Ausgleich“) in der Mitte der Kniekehle und Bl 58 („Das Yang entflieht“) im Bereich der Waden sehr wirksam. Ich nenne den Bl 58 auch den „Anti-Aggressionspunkt“. Er hilft, stark aggressiv motivierte Spannungen aus dem System zu lösen. Die Behandlung erfolgt – in der Ausatmungsphase – gleichzeitig an beiden Beinen mit Akupressurdruck.

Anmerkung: Mit Ausnahme der Punkte auf der Mittellinie werden alle anderen Akupunkturpunkte immer rechts und links mit einer geeigneten Tonisierungsmethode behandelt. Bei den meisten dieser Punkte empfiehlt es sich, sie gleichzeitig mit starkem Fingerdruck in Verbindung mit der Atmung zu behandeln.

Störungen des Energieflusses in die Arme

Die Arme sind etwas weniger häufig von Energiefluß-Störungen betroffen als die Beine. Wenn solche Störungen aber auftreten, so sind sie sehr hartnäckig. Betroffen sind vor allem die Schultern („frouzen shoulder“), die Ellbogen („Tennisellbogen“) und Finger. Die Behandlung erfordert viel Geduld.

Über die beiden Magenpunkte Ma 11 („Sitz der Energie“) auf der Höhe des Sternoklavikulargelenkes und Ma 13 („Eintrittstelle der Energie“) unter dem Schlüsselbein und den Ni 27 („Yu Punkte des Palastes“), der in einem Grübchen unterhalb der Klavikula liegt, ist die Energieblockierung mit kräftiger Druckmassage (auch mit einem japanischen Massagestäbchen) zu lösen.

Dem MP 21 („Großer Verwalter“) sind wir bereits begegnet. Zirkelnde Massage an diesem Punkt, sei es mit den Fingerspitzen, sei es mit der Faust, bewirkt, daß sich der Knoten öffnet und die Verkrampfungen der Schultern und des Brustkorbes löst. Der MP 21 gehört zu jeder Schulterbehandlung. Über den Punkt He 1 („Höchste Quelle), in der Tiefe der Axilla gelegen, läßt sich die Arbeit am MP 21 unterstützen.

Di 11 („Teich am Ellbogen“) und Pe 3 („See am Ellbogen“) sind die beiden Punkte für die Ellbogen. Der Di 11 kann kräftig bearbeitet werden, der Pe 3 verlangt hingegen sanfte Therapie.

Der Pe 8 („Palast der Mühsal“) und viele lokale Punkte sind schließlich zuständig für die Behandlung der Finger.

Die drei Barrieren und ihre Öffnung

Die drei „funktionalen Zonen“ des Körpers, auf denen mein System der segmentalen Entspannungstechnik basiert, entsprechen gewissermaßen den drei Teilen eines Baumes: Das „mittlere Segment“ repräsentiert den **„Stamm“, das untere die „Wurzeln“ und das obere die „Krone“**.

Wenn ich nun im Bereich der drei funktionalen Zonen übe, stoße ich meist bald auf bestimmte, mächtige Hindernisse, ich nenne sie die „drei Barrieren“, die den vertikalen Energiefluß massiv stören. Die eine Barriere, im Beckenbereich gelegen, sperrt den Energiefluß zwischen „Wurzeln“ und „Stamm“, eine andere, im Halsbereich, steht zwischen „Stamm“ und „Krone“. Dazwischen trennt, im Zentrum des Stammes, das Zwerchfell „oben“ und „unten“. Nach meiner Erfahrung handelt es sich dabei um die entscheidende Sperre: Der ganze Mensch wird ja vom „Stamm“ aus innerviert – dies gilt für die Motorik ebenso wie für das vegetative Nervensystem – und auch mit Energie versorgt. Deswegen ist der Fluß der Energie in der Vertikalen und besonders die Versorgung des

Stamms mit Energie, entscheidend auf dem Weg zur „Mitte“. Um die gestörte Verbindung zwischen oben und unten wiederherzustellen, setzt man erfahrungsgemäß am besten und einfachsten bei der mittleren Barriere an.

Diese *mittlere* Sperre wird also durch das Zwerchfell gebildet, sie hemmt die ganze Brustzone. Damit eine tiefe, gesunde Bauchatmung möglich wird, darf das Zwerchfell auf keinen Fall verkrampft sein. Wir können seine Funktion mit Wärmeanwendung (Moxibustion) und Fingerdrucktechnik verbessern. Die Taoisten wußten wohl, daß der „wahre“ Atem die Zwerchfell-Barriere durchbrechen muß (Stiefvater). Der Atem muß zum Tantien (JM 6) gelangen, zum „Atem-Meer“. Erst von diesem Raum ausgehend, können dann die anderen Räume erschlossen werden.

Zwei Akupunkturpunkte sind für die Öffnung der mittleren Barriere von größter Bedeutung.

Vorn

JM 12, in der Mitte zwischen Nabel und Spitze des Processus xiphoideus gelegen. Dieser Punkt stimuliert die mittlere funktionale Zone, das digestive System, und entspannt das Zwerchfell.

Hinten

Bl 17, auf der Höhe von Th 7 gelegen, der Zustimmungspunkt des Zwerchfells und der Speiseröhre. Der Bl 17 ist der Punkt, über den die Yang-Energie in Zwerchfell und Speiseröhre sediert wird (Abb. 74, Seite 195).

Die untere Barriere wird durch das Kreuz, den Beckenring und den ganzen muskulären Beckenboden gebildet, sie hemmt die Bauchzone und den freien Energiefluß in die Beine.

Um den tiefen Raum im Becken energetisch zu erschließen, muß die Atemschwingung sich nach unten fortsetzen können. Dies kann nur geschehen, wenn die Muskulatur des Beckenbodens kräftig und zugleich elastisch ist. So können die stärksten menschlichen Energien durch die Atmung erschlossen werden.

Zur Öffnung der unteren Barriere werden die folgenden Punkte behandelt:

- Über den JM 6, ein Cun unterhalb des Nabels gelegen, wird die untere funktionale Zone (das elementative und das reproduktive System) stimuliert.
- Bei Männern außerdem: TM 4. Dieser Punkt liegt in einem Grübchen unterhalb der Dornfortsatzspitze des zweiten Lendenwirbels.
- Und bei Frauen: TM 3: In einem Grübchen unterhalb der Dornfortsatzspitze des 4. Lendenwirbels.

Nacken und Schultergürtel schließlich bilden die *obere Barriere*, durch welche die Kopfzone gehemmt wird. Es handelt sich um eine sehr heikle Zone, wo „uralte“ Verkrampfungen gelöst werden müssen. Das Öffnen der oberen Barriere ist wohl das schwierigste in der Energetischen Therapie, alle beteiligten Muskeln zeigen nämlich eine starke Tendenz, sich zu verkrampfen und zu verkürzen. Im Halsbereich ist auch die stärkste Position der Ich-Struktur, ihre letzte Bastion gleichsam, dort sitzt die tiefste existentielle Angst.

Zur Öffnung dieser Sperre behandeln wir zunächst die allgemeine Verkrampfung und die Gelosen, pathologische, knotenförmige Gewebsveränderungen[1], mit physikalischer Therapie und Massage. Dann wenden wir uns den sogenannten „Himmelsfenstern“ der Traditionellen Chinesischen Medizin zu. In den Vorstellungen der Chinesen wurde der Kopf ja dem Himmel zugerechnet und der Rumpf der Erde, dazwischen aber, im Halsbereich, befand sich das „Fenster zum Himmel“. Diese Region öffnet und entspannt man nun mit einer besonderen Massagetechnik – es handelt sich um den heikelsten und gefährlichsten Teil der Energetischen Therapie. Man sollte diese Methode nur nach gründlichster Instruktion einsetzen.

---

[1] Etwa Myogelosen, Muskelfasern, die sich zusammengeballt und sich in geloseartige Substanz verwandelt haben.

Das Öffnen der oberen Barriere – am Hals – geschieht in zwei Schritten:

• Die obere funktionale Zone, das Fundament der oberen Barriere, wird über bestimmte Akupunkturpunkte entspannt.

• Erst dann wird über die Himmelsfensterpunkte die obere Barriere geöffnet.

Zur Entspannung der oberen funktionalen Zone werden die folgenden Punkte behandelt:

Vorn
JM 17, in einem Grübchen zwischen den Brustwarzen auf dem Sternum gelegen. Über diesen Punkt läßt sich die obere funktionale Zone stimulieren, das kardiovaskuläre und das respiratorische System unterstützen.
Hinten
Bl 14, auf der Höhe von Th 4 – der Zustimmungspunkt des Perikards.
Bl 15, auf der Höhe von Th 5, der Zustimmungspunkt des Herzens.
Über beide Punkte wird die Yang-Energie sediert, was zu einer Entspannung im Brustraum beiträgt.

Die Himmelsfenster

Die Punkte des Himmelsfenster sind bandförmig rings um den Hals angeordnet. Ihre Behandlung stimuliert den Energiefluß an dieser heiklen Stelle und bringt Yin und Yang in Harmonie. Mit gewissen Übungen und über die Atmung kann man tiefe, teilweise bis auf den Geburtsvorgang zurückgehende Traumen lösen, die sich in dieser Region verfestigt haben.

Bei der Öffnung der „Himmelsfenster" liegt das Augenmerk auf den folgenden Punkten:
Ma 9: „Empfang der menschlichen Würde" Dieser Punkt befindet sich am vorderen Rand des M. sternocleidomastoideus, auf der Arteria carotis externa.
Di 18: seitlicher, stützender Vorsprung. Der Punkt befindet sich auf dem M. sternocleidomastoideus, auf der Höhe des oberen Randes des Kehlkopfknorpels, 3 Cun lateral von diesem.
3E 16: An der Außenseite des Halses, 1 Cun unterhalb von Gb 20.
Bl 10: „Himmelssäule". Dieser Punkt befindet sich im Nacken, in einem Grübchen unterhalb der Protuberantia occipitalis externa, 0,7 Cun lateral von der Meridianlinie.
Lu 1: 1,2 Cun unter der Clavicula lateral von der 2. Rippe.

Das Gürtelgefäß (Tae-Mo oder Taimai-Meridian)

Der Tae-mo-Meridian umschließt wie ein Gürtel eine Reihe anderer Meridiane, die in der Längsrichtung des Körpers, der Vertikalen angelegt sind. Eine Störung des Tae-mo wirkt sich unheilvoll auf all jene Meridiane aus, die „unter seinem Kommando" stehen („Neijing", Kapitel 44).

Charakteristische Anzeichen einer Störung des Gürtelgefäßes sind eine Schwäche der Beine und ein Gefühl der Blockierung am Becken, in der Kreuzgegend. Man fühlt sich, als wäre ein Leibgurt zu eng angezogen. Der Druck kann bis in den Bauch hinein wirken.

Die Behandlung dieser Störung geschieht über den Ausgleich des Magen- und des Gallenblasenmeridians, unter Umständen über den Milz-Pankreas- oder den Nierenmeridian, den Jen-Mo und den Tou-Mo. Auch eine Meditation im „Inneren Kanal" (oder Tschong-Mo) wirkt oft ausgleichend.

Nach meiner Erfahrung läßt sich das Gürtelgefäß am besten durch eine Massage der folgenden Punkte und Beckenmuskeln „öffnen":

Punkte
• Gb 26 (Gürtelgefäß), zwischen unterster Rippe und Crista iliaca
• Gb 28 (Verbindungsweg), im Bereich der Crista iliaca
(Die Behandlung hat auf der rechten und linken Seite zu erfolgen.)

Muskeln
• M. quadratus lumborum

- Paravertebrale Muskulatur der Lendenwirbelsäule
- M. iliopsoas
- M. glutaeus inkl. M. piriformis

Weichteiltechniken

Unter Weichteiltechniken verstehe ich Massagetechniken, Bindegewebstechniken und tiefe Bindegewebstechnik, Akupressurtechniken und Techniken, bei denen mit japanischen Massagestäbchen auf das Gewebe eingewirkt wird. Zu den Weichteiltechniken rechne ich aber auch Saugmassagen, großflächig oder punktuell ausgeführt.

Die meisten Weichteiltechniken entfalten ihre volle Wirkung nur dann, wenn zunächst ein genauer Tastbefund erhoben wird, wenn also das „Störfeld“ bzw. die „Störfelder“ erkannt wurden. Ein Störfeld oder „Herd“ ist im Sinne der Neuraltherapie eine subchronische, oligosymptomatische Entzündung, die eine permanente Reizquelle im Körper darstellt. Jede Stelle des menschlichen Körpers kann zum Störfeld werden, zum Beispiel durch Entzündung, Ablagerungen, Narben, Triggerpunkte, Implantate. Solche Störfelder hemmen oder blockieren sehr häufig den vertikalen Energiefluß, sie destabilisieren dabei auch das vegetative Regelsystem, was zur Folge hat, daß pathologische, aber auch gewöhnliche Reize überschießend beantwortet werden. Typisches Beispiel ist die Tortikollis nach leichtem Luftzug bei vorangegangener Labilisierung durch einen Zahninfekt.

Derartige Störfelder, Herde oder eben Blokkierungen erzeugen immer latenten leichten Hypertonus der Muskulatur. Diese Überspannung einzelner Muskeln oder ganzer Muskelgruppen führt einerseits zu einer Disbalance anderer antagonistischer Gruppen und zu Ischämie im Bereich der Funktionsstörung oder eines Segmentes (Abb. 50). Der Vorgang verläuft solange „stumm“, bis ein neues, weiteres Ereignis das labile System kippt und die Blockierung manifest und aktiv wird. Die initiale Blockierung vergrößert – sofern sie nicht

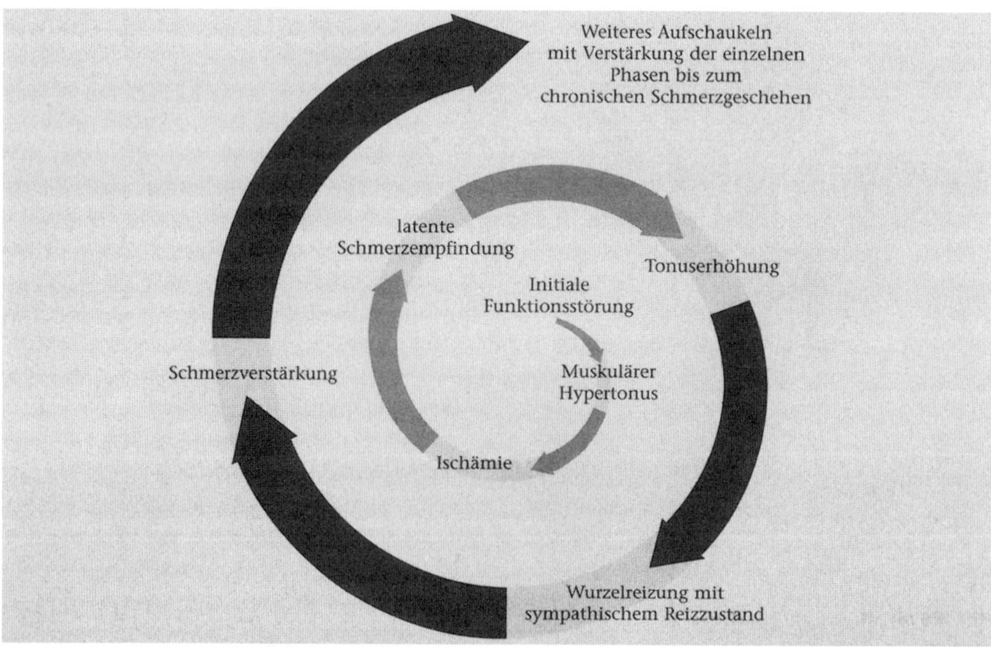

Abb. 50: Der Circulus vitiosus des Schmerzes.

gänzlich behoben wurde – ihren Wirkungsradius und der muskuläre Hypertonus steigt an, die Durchblutung nimmt ab, Schmerz und Immobilität vergrößern sich, die Gewebsveränderungen können irreversibel werden.

Eine der naheliegendendsten Präventivmaßnahmen besteht darin, die verklebten, veränderten Zonen (auch wenn sie „stumm" sind) in der Subkutis und die Ablagerungen in der Muskulatur aufzufinden und zu behandeln. Dies gilt im ganzen Energieflußgebiet, insbesondere aber im Bereich des ganzen Blasen-Meridians, Gallenblasen-Meridians und des Magen- und Nierenmeridians. In diesen vier Energiebahnen finden wir am häufigsten Störfelder und versteckte, inaktive Herde, die es durch geeignete Maßnahmen unschädlich, das heißt störfrei zu machen gilt. Die Tastsensibilität des Therapeuten ist hier aufs äußerste gefordert.

Energetische Therapie kann nur dann ihre volle Wirkung entfalten, wenn auf der materiellen Ebene möglichst alle hemmenden Faktoren neutralisiert wurden. Auch verkürzte Muskeln, Muskelstränge, die bereits durch Verklebungen und Verhärtungen fixiert sind, müssen zuerst mit einer tiefen Bindegewebstechnik gelöst und verlängert werden. Dabei wird die Struktur des Körpers durch die Dehnung der Muskelfaszien gleichsam neu geformt. Eine solche Behandlung läßt sich gleichzeitig mit der Arbeit an energetisch wirksamen Punkten verbinden.

Die Suche nach Störfeldern, Herden, Myogelosen, Triggerpunkten, Verklebungen usw. gleicht der Suche nach der sprichwörtlichen Nadel im Heuhaufen. Wir haben dabei aber wirksame Helfer, die tendino-muskulären Meridiane. Sie verlaufen anders als die Hauptmeridiane, ziehen zu den Gelenken, Richtung Thorax, Rücken und Kopf, sie berühren die inneren Organe nicht, sondern verlaufen an der Körperoberfläche, in der Haut, Unterhaut, in Sehnen und Muskeln (Muskelfaszien). Die tendino-muskulären Meridiane unterliegen nicht dem Gesetz der Wandlung von Yin und Yang, die Verbindung mit den Hauptmeridianen läuft über die Ting-Punkte, die End- oder Terminalpunkte. Daß diese Hilfsmeridiane dennoch mit den Hauptmeridianen energetisch vernetzt sind, ist offensichtlich. In der Akupunktur wird dieser Tatsache denn auch Rechnung getragen.

Die Verbindungslinien der Triggerpunkte (siehe J.G. Travell und D. Simons) verlaufen übrigens ganz ähnlich wie die tendino-muskulären Meridiane, die Assoziierten- oder Satelliten-Punkte zum Beispiel liegen alle auf diesen Oberflächen-Leitbahnen der TCM. Masseure, Physiotherapeuten, Rheuma- und Sportärzte haben also allen Grund, sich intensiver mit ihnen zu beschäftigen.

Die Atem-Druck-Arbeit auf Gb 21

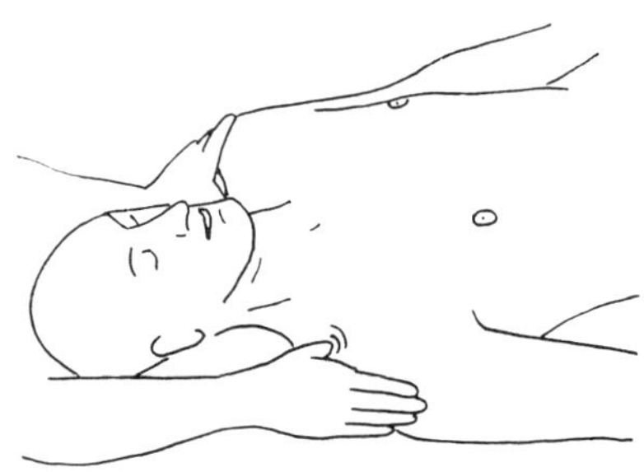

Abb. 51: Die Atem-Druck-Arbeit auf Gb 21.

Ausführung

Der Patient liegt bequem auf dem Rücken, der Therapeut sitzt hinter ihm. Der Therapeut sitzt am Kopfende des Patienten und schleicht sich mit seinem Fingerdruck auf den Punkt Gb 21 („Brunnen der Schulter") in dessen Atmung ein (Abb. 51).

Fingerdruck auf diesen Punkt in der Ausatmungsphase läßt die aufgeblähte Energie im Brustkorb und im Schultergürtel wieder abfließen. Diese gemeinsame Arbeit von Therapeut und Patient wird für beide zum erleichternden und befreienden Erlebnis.

Die Dauer der Atem-Druck-Arbeit beträgt 10-15 Minuten, dann braucht der Patient einige Erholungszeit.

Den Gb 21 findet man wie folgt: Man hebt den Arm bis zur Horizonalen, wobei der Ellbogen gebeugt und die Hand auf den M. trapezius gelegt wird. Der „Brunnen der Schulter“ befindet sich nun in einem Grübchen unter der Fingerkuppe des Mittelfingers.

Indikationsbereiche
Gestaute Energie im Brust- und Schultergürtelbereich. Erhöhte Spannungen und Schmerzen in den Schultern.
Unzureichende Ausatmung mit entsprechenden Sensationen im Lungen- und Herzbereich, Kopfschmerzen- und Migräneformen, die aus dem Nackenbereich stammen. Dauerndes leichtes Schulterhochziehen in Streßsituationen

Die Energie in die Beine ziehen
Ausführung
Der Patient liegt auf dem Rücken. Der Therapeut sitzt am Fußende des Patienten und hält seine Füße um den Calcaneus fest, wobei er zugleich beidseitig auf den Punkt Ni 3 drückt (Abb. 52). Die Beine werden dabei nach unten gezogen (leichte Extension) und langsam nach innen und außen rotiert. Auf diese Weise wird verfahren, bis wir spüren, wie sich eine tiefe Entspannung aus dem Becken und in den Beinen bemerkbar macht. Dieser Entspannung voraus gehen vielfach muskuläre Vibrationen und eine Intensivierung der Atmung.
Seitens des Therapeuten sind entspannte Haltung und fließendes Gewahrsein wichtige Voraussetzungen für solches Arbeiten.

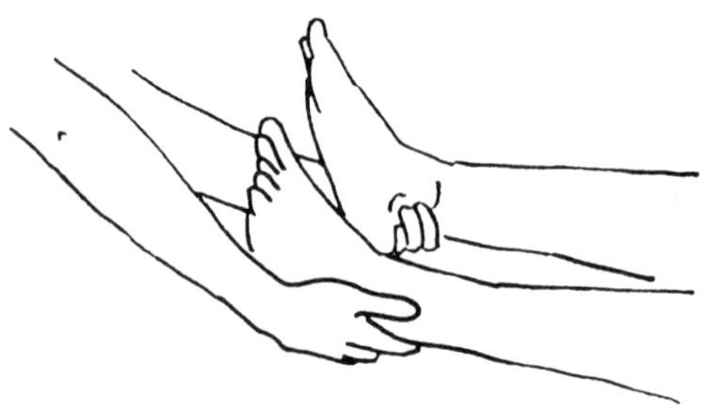

Abb. 52: Die Energie in die Beine ziehen.

Indikationsbereiche
Muskuläre Spannungszustände im Becken und in den Beinen.
Bessere Verteilung der Energeflüsse unten – oben und rechts – links.
Abschlußbehandlung nach konventioneller Physiotherapie oder Massagebehandlung.
Ausgleich zwischen dem Willens- und Herzensaspekt durch die zusätzliche Behandung von Ni 10.

Tiefe Bindegewebsmassage des M. iliopsoas
Vorbereitung
Der Patient liegt in Rückenlage, wobei die Beine gestreckt sind.
Zuerst achtet man darauf, daß die Atmung tief in den Bauch geht und einen langsame Rhythmus hat. Wenn sich die Atmung ungenügend beruhigt, so werden die Punkte JM 6 und JM 3 je ca. 5 Minuten lang mit Moxa behandelt. Die tiefe Bindegewebsmassage auf dem M. iliopsoas major ist erst im Laufe einer Behandlungsserie durchzuführen. Vorausgesetzt ist ein gutes Vertrauensverhältnis zwischen Patient und Therapeut.

Ausführung
Die Finger der unteren Hand liegen an, Finger und Handgelenk sind gestreckt. Sie sind für das Tasten, die Finger der oberen Hand für den Druck zuständig. Es wird nur etwa 1-2 Sekunden lang Druck ausgeübt, wobei gleichzeitig die Muskelfaszie leicht verschoben wird.

Etwa auf der Höhe des Bauchnabels, ca. 2-2,5 cm entfernt, versucht man den M. psoas major zu ertasten. Er wird sich wie ein Seil anfühlen, ist er doch bis zu 4 cm dick. Die Finger müssen sich durch Bauchdecke, Bauchmuskeln und Darmschlingen hindurchtasten, bis wir sicher sind, uns auf dem Muskel zu befinden. Wenn wir den Muskel gefunden haben und der Patient „bereit“ ist, können wir in der Ausatmungsphase einen kurzen tiefen

Bindegewebsstrich in Längsrichtung des Muskels ausführen. Bekommt man den Muskel (den man meist rechts und links behandelt) nicht richtig unter die Fingerkuppen, so läßt man den Patienten das Bein auf der zu behandelnden Seite etwas anbiegen und in dieser Stellung verharren, bis der Muskel aus der Tiefe des Bauchraumes hervortritt.
Behandlung nur einmal wiederholen.

(Diese Behandlung läßt sich im Grund nur durch gute Instruktion vermitteln und setzt zudem genaue Kenntnisse der Anatomie des Bauchraumes voraus.)

Erholung
Der M. psoas major ist eng mit dem Grenzstrang des Sympathikus verbunden, deshalb wahrscheinlich die tiefe vegetative Reaktion, welche diese Behandlung auslöst. Meist führt sie nicht nur zu vegetativen, in vielen Fällen auch zu starken emotionalen Reaktionen. Solche Reaktionen müssen durch eine gute Begleitung des Patienten aufgefangen und integriert werden. Der Patient muß genügend Zeit zur Erholung haben, seine Atmung muß sich vollständig beruhigen können.

Bei all ihren Schwierigkeiten ist diese Behandlung eine der wirkungsvollsten Weichteiltechnik in der Energetischen Therapie, vorausgesetzt, daß sie richtig ausgeführt wird. Ihre Wirkung ist in keiner Weise mit den mechanischen Einwirkungen zu erklären, sie beruht wohl auf komplexen vegetativ-energetischen Regelkreisen.

Indikationsbereiche
Bei tiefen Blockierungen in den Energieflüssen unten – oben, rechts – links und vorn – hinten.
Bei rheumatischen Erkrankungen im Bereich des Rückens, der Hüft- und der Iliosakralgelenke.
Bei vielen Haltungsproblemen wie auch bei der Rehabilitation von Diskushernien.
Bei einigen Gehstörungen im neurologischen Bereich.

Diese Behandlung schafft auch einen verbesserten Kontakt mit dem eigenen Bauch und dem ganzen Vegetativum.

Manuelle Techniken

Manuelle Technik sorgt dafür, daß auf der materiellen und funktionalen Ebene des Körpers keine Blockierungen entstehen können. Das Testen aller Körpergelenke wäre eine sehr sinnvolle Präventionsmaßnahme. So könnten zum Beispiel beginnende Gelenkarthrosen gestoppt werden.

Freies Strömen der Energie in allen Flußrichtungen heißt nicht nur, daß störende, blokkierende Herde eliminiert wurden, sondern auch daß die Gelenke frei beweglich sind. Inbezug auf den vertikalen Energiefluß sollten hauptsächlich Wirbelsäule, Hüft-, Knie- und Fußgelenke in ihrer Funktion geprüft und bei Blockierungen sanft mobilisiert werden.

Übungen
SET (vgl. Kapitel 4.2.3.5, Seite 131)

Die Baumübung
Diese Übung stammt ursprünglich aus dem „Heilenden Tao“ von Mantak Chia, wurde aber von mir wesentlich modifiziert, um sie für meine Patienten praktikabel zu machen. Die Baumübung ist nicht nur eine wichtige Übung für den Oben-unten-Ausgleich, sondern sie fördert auch den Innen-außen-Ausgleich stark, weil sie zugleich Stabilität verleiht und den Körper und die Körpergrenzen spüren läßt. „Der Baum“ enthält die selbstbewußte Botschaft: „Hier stehe ich, hier bin ich.“

Ausgangsstellung ist der Stand, wobei die Füße schulterbreit auseinanderstehen. Die Füße, auch alle Zehen, ruhen fest am Boden, die Knie werden leicht gebeugt. Die Wirbelsäule ist gerade aufgerichtet, auch den Kopf halten wir aufrecht, Kreuz und Brust bleiben

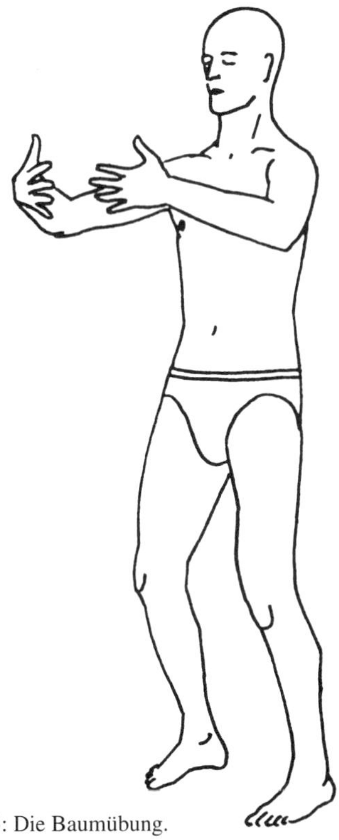

Abb. 53: Die Baumübung.

aber entspannt. Arme und Hände „umfassen einen Baumstamm", wobei Brust und Arme einen Kreis bilden (Abb. 53).

Vorübung
Wir versuchen zunächst, unser Stehen wahrzunehmen:

• Belasten wir rechtes und linkes Bein gleich?

• Belasten wir Vor- und Rückfuß gleich?

• Belasten wir Innen- und Außenfuß gleich?

Wir lassen zu, daß sich der Körper seine „Mitte" durch leichtes Pendeln selbst sucht. Diese Stand-Wahrnehmungsübung wiederholen wir dreimal, wobei wir jeweils für einen Augenblick die Position verlassen und etwas umhergehen, um dann wieder „Mitte" zu suchen.

Die Hauptübung
besteht aus folgenden Schritten:

• Zehnmal Tiefatmung.

• Dann zweimal ausatmen, Bauchdecke abflachen, leicht Druck nach unten erzeugen.

• Kurzes, scharfes Einatmen durch die Nase, im selbem Augenblick After und Schließmuskel anspannen. Es entsteht nur ein Druck von oben und ein Druck von unten, dazwischen stellen wir uns einen Tennisball vor, den wir festhalten.

• Diese Spannung im ganzen Beckenbodenbereich halten wir und atmen kurz wieder ein, wobei wir uns vorstellen, wir schraubten die Fußsohlen in den Boden. Dann nochmals einatmen (ohne zuvor auszuatmen) und die Spannung den ganzen Körper aufwärts wirken lassen, in die Arme, bis in die Fingerspitzen hinaus, und am Nacken aufwärts bis zum Kopf.

• Dann Ausatmen und die Atmung wieder beruhigen.

Diese Hauptübung wird ebenfalls dreimal wiederholt. Bei hohem Blutdruck nicht zu lange in der Einatemstellung verharren.

Zwischen den drei Übungswiederholungen legen wir eine Pause ein und gehen etwas umher.

Variation
Nach dem Druck, den wir im Beckenboden erzeugt haben, atmen wir nicht auf einmal hoch, sondern in sechs Abschnitten (denken wir daran, daß wir bis oben nie ausatmen).

1. Druck im Beckenboden erzeugen
2. Hochatmen zum Os sacrum
3. Hochatmen zu Th 11
4. Hochatmen zum C 7
5. Durchatmen durchs Okzipitalloch
6. Hochatmen zum TM 20

Das Hochatmen geschieht mit kurzen Einatemstößen, dann legen wir eine kurze Pause ein und atmen sogleich zur nächsten Ebene hoch. Wenn wir beim Scheitelpunkt TM 20 angelangt sind, so lassen wir die hochgeatmete Energie wie einen sanften Wasserfall an der Vorderseite des Körpers hinunterfließen, dabei wird sich auch die Atmung beruhigen.

Nachübung
Zum Abschluß legen wir uns bequem hin und entspannen. Alle Körperreaktionen sind jetzt willkommen, wir entspannen uns so, daß wir diese Reaktionen wahrnehmen, ohne sie zu beurteilen (geschweige denn zu verurteilen). Auf diesem Weg gelangen wir in eine tiefe Entspannung oder einen tranceähnlichen Zustand. Jede Zelle des Körpers kann regenerieren. Stoffwechselgifte werden ausgeschieden, ein Gefühl, eins zu sein mit sich und der Welt, kann sich einstellen.

Indikationsbereiche
• „Der Baum“ verleiht persönliche Stabilität und Selbstvertrauen. Indikationen sind daher Labilität, mangelndes Selbstvertrauen (ein gestörtes „Urvertrauen“).

• Durch die starke isometrische Spannung, die bei der Baumübung erzeugt wird, vermindern sich Hypermobilitäten der Gelenke. Insbesondere gilt dies für die Iliosakralgelenke, die Kniegelenke, die Wirbelgelenke und die Schultergelenke.

• Überdehnte Sehnen und kraftlose Muskeln sind weitere wichtige Indikationen. Bekanntlich versetzt ja isometrische Muskelarbeit einen atonischen Muskeln am schnellsten wieder in den Normalzustand.

• Kraftvolles Anspannen und Loslassen der Beckenmuskulatur und der Schließmuskeln, wie es mit der Baumübung trainiert wird, ist selbstverständlich auch bei zahlreichen Leiden oder Schwächen im urogenitalen Bereich indiziert.

• Der isometrische Druck stimuliert auch die inneren Organe und die Drüsen und aktiviert ihre Funktionen.

Zur Unterstützung können das Os sacrum und die Punkte Bl 30 und Ni 1 massiert werden.

4.4.2 Energetischer Ausgleich „vorne – hinten“

Abb. 54: Energetischer Ausgleich vorne – hinten.

4.4.2.1 Befundbild

Unser Ausgangspunkt ist hier die Frage nach der Haltung: Bin ich im Lot? Lasse ich mich niederdrücken? Blähe ich mich auf? Schwinge ich um eine Mitte?

Vier Aspekte, denen wir schon früher begegnet sind, müssen in diesem Zusammenhang in Erinnerung gerufen werden:

• Die aufrechte Haltung des Menschen ist, wie wir sahen, nicht vollständig genetisch verankert, insofern ist auch die gesellschaftliche Haltung zum Leben, der „Zeitgeist“, Resultat einer Auseinandersetzung, Ausdruck davon, wie eine Gesellschaft sich energetisch mit Fragen der inneren und äußeren Haltung beschäftigt.

• Jedes Ungleichgewicht vorne – hinten hat seinen Ursprung in einer individuellen Geschichte. Haltungsarbeit ist im weitesten Sinne Ergänzungsarbeit am Ich.

• Störungen vorne (Yin) – hinten (Yang) drükken auch die Desintegration von weiblichen und männlichen Persönlichkeitsanteilen aus.

• Die Haltung sagt stets auch viel über den augenblicklichen energetischen Zustand eines Menschen aus: Ich bin erschöpft ... Ich bin immer müde. Oder: Ich könnte Bäume ausreißen. – Solche Gestimmtheiten zeigen sich an der Haltung.

4.4.2.2 Befunde

Prioritäten bei der Befundaufnahme: Augenschein, Anamnese, Funktionsbefund, Tastbefund
Kommentar: Der Augenschein gibt uns Auskunft darüber, ob bei einem Patienten ein verfestigtes Schreckmuster vorliegt, ob sich jemand zu groß oder zu klein fühlt, ob er es nicht wagt, seinen Platz in der Welt einzunehmen usw. Der Patient wird dabei nicht gezielt ins Auge gefaßt, der Blick ist beinahe „flüchtig", wir verlassen uns zunächst vollständig auf unsere Intuition.

Die Anamnese wird selbstverständlich weitere wichtige Aufschlüsse liefern, aber auch jetzt werden wir nicht allzu viele Fragen stellen, sondern den Patienten erzählen lassen, zuhören, versuchen, in die Tiefe zu sehen und die Formulierungen wieder zurückzugeben wie ein Spiegel.

Funktionsbefunde und Tastbefunde liefern dann ein solides Fundament. Hier ist saubere materielle Abklärung notwendig, natürlich in enger Zusammenarbeit mit dem Patienten. Wichtig ist, nicht über den Patienten zu reden wie über ein Objekt, sondern gemeinsam mit ihm die Befunde zu erheben.

4.4.2.3 Therapien

Akupunkturpunkte

Der Punkt JM 17 („Mitte der Brust") ist zuständig für die obere funktionale Zone. Wird diese stimuliert, dann kann sich der ganze Mensch aufrichten, weil sich die Herzenergie entwickeln kann. Wenn die Herzenergie kräftig fließen darf, wird man kaum gebeugt durch die Welt gehen.

Die Stimulation des JM 17 kann auf verschiedene Weisen geschehen. Wir können ihn mit einer Moxa 10 Minuten lang sanft aufwärmen, und der Patient wird versuchen, sich mit dem Atem der Wärme zu nähern und wieder etwas zu entfernen. Mit der Technik „Hände helfen heilen" können wir den Punkt mit dem Mittelfinger der linken Hand (die Rechte ruht auf dem TM 20) im Uhrzeigersinn bewegen oder in der Einatmungsphase den Punkt antippen, im Sinne einer Atemstimulation.

Bei großer Müdigkeit ist es sehr wirksam, den Punkt ca. 10 Minuten lang mit roter oder violetter Farbe zu bestrahlen. Bei großer Nervosität oder Unkonzentriertheit setzt man zuerst eine blaue Farbe ein und geht dann zu Violett über.

Als Kurztherapie verwende ich hin und wieder einen Softlaser mit einer Wellenlänge von etwa 600 Nanometer.

Weichteiltechniken

Eine einfühlsame Rückenmassage und Weichteiltechniken im Thorax- und Bauchraum erlauben dem Patienten, in die wichtige „Regressionsphase" richtig einzutauchen. Tiefe Bindegewebstechniken verändern die Körperstruktur im Sinne einer Erweiterung des Raumes. Wärme, Wasser, Fango oder Kräuterwikkel werden die Wirkung dieser Maßnahmen noch vertiefen.

Das ventrale Öffnen

Das ventrale Öffnen ist eine Bindesgewebstechnik, mit welcher der Thorax- und der ventrale Schultergürtelbereich gedehnt und erweitert wird.

Der Druck in diesem Bereich sinkt, die Atmung wird freier und die Haltung wieder aufrechter. Durch sanften, aber tiefen Druck mit den Fingerspitzen werden alte Verhärtungen gelöst und tiefsitzende Triggerpunkte erkannt. Ein tiefsitzender Schmerz im Bereich des Brustbeines ist vielfach ein Zeichen von Resignation und depressiven Stimmungen.

Ausführung
Ausgangsstellung
Bequeme Rückenlage.
Die Technik selbst ist einfach, der Therapeut sitzt an der Seite des Patienten. Während der Ausatmung zieht er seine Striche, dann läßt er die Einatmung aufblühen und setzt seine Arbeit während der Ausatmungsphase fort.

Strichführung
Start bei den Rippenbögen, entlang des Brustbeins zum Pectoralis. Den M. pectoralis streicht man so aus, daß man zugleich mit der anderen Hand den Arm des Patienten in eine Außenrotation bringt.

Die Striche werden zuerst mit den Fingerkuppen (bei gestreckten Fingern) und im Pectoralisbereich mit der Faust ausgeführt (Abb. 55).

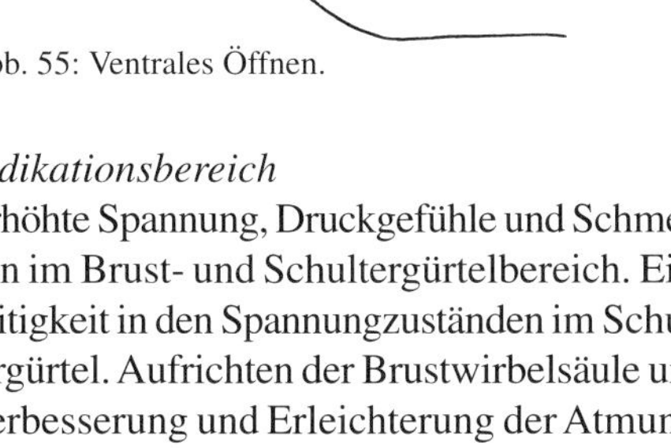

Abb. 55: Ventrales Öffnen.

Indikationsbereich
Erhöhte Spannung, Druckgefühle und Schmerzen im Brust- und Schultergürtelbereich. Einseitigkeit in den Spannungzuständen im Schultergürtel. Aufrichten der Brustwirbelsäule und Verbesserung und Erleichterung der Atmung. Deblockierungshilfe für das Zwerchfell.

Hinweis: Die Behandlung von Gb 21 und das ventrale Öffnen können auch kombiniert werden. Wichtig ist bloss, daß der Patient kräftemässig nicht überfordert wird.

Das dorsale Öffnen
Ausführung
Ausgangslage
Rückenlage
Der Therapeut sitzt an der Seite des Patienten. Die Fingerspitzen einer Hand haken sich am inneren Schulterblattrand fest, die andere Hand liegt im Bereich des M. pectoralis. Bei jeder Einatmung versucht der Therapeut nun, die Seite etwas aufzudehnen, so daß mehr Platz entsteht. Es ist eine sehr sanfte meditative Arbeit. Wenn eine Seite gut gedehnt worden ist, kommt die andere an die Reihe.

Indikationsbereich
Öffnen des Energieflusses im oberen Rücken, Unterstützung der Wirkung des ventralen Öffnens. Es entsteht ein sehr befreiendes Gefühl, die Herzenergie beginnt besser zu fließen.

Manuelle Techniken

Bei einer gründlichen Befundaufnahme können Blockierungen in der Wirbelsäule und in den Rumpfgelenken erkannt werden, die wir anschließend mit manuellen Techniken zu vermindern suchen.

Die manuelle Arbeit führt allmählich in eine tiefe, meditative Begegnung zwischen Patient und Therapeut, die Atemrhythmen beider gleichen sich an, feine therapeutische Impulse entstehen unmittelbar und wie von selbst aus der Ausatmung. Es ist zuletzt kaum mehr zu unterscheiden, wer bewegt, Therapeut oder Patient, und wer bewegt wird. Tiefe Energie-Übertragungen können dabei zustande kommen. Diese Idealvorstellung manueller Arbeit setzt, gerade auch seitens der Therapeutin, des Therapeuten, einiges voraus – Absichtslosigkeit, Loslassenkönnen, sich öffnen, sich bewegen lassen.

Übungen

Fünf Übungen für die Wirbelsäule

Die Übungen sind jeweils am Morgen, gleich nach dem Aufstehen auszuführen. Sie vertreiben die Steife der Gelenke, machen die Muskulatur geschmeidig und vertiefen die Atmung. Die beiden ersten Übungen sind Aufstehbewegungen von Katzen oder Hunden nachempfunden.

Jede Übung wird fünfmal wiederholt.

Übung 1

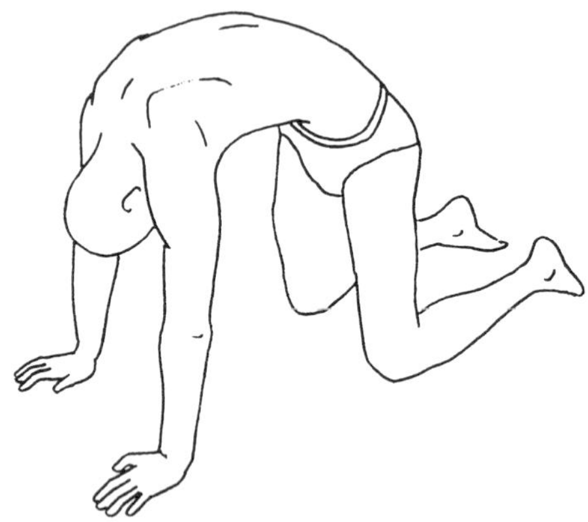

Abb. 56: „Katzenbuckel".

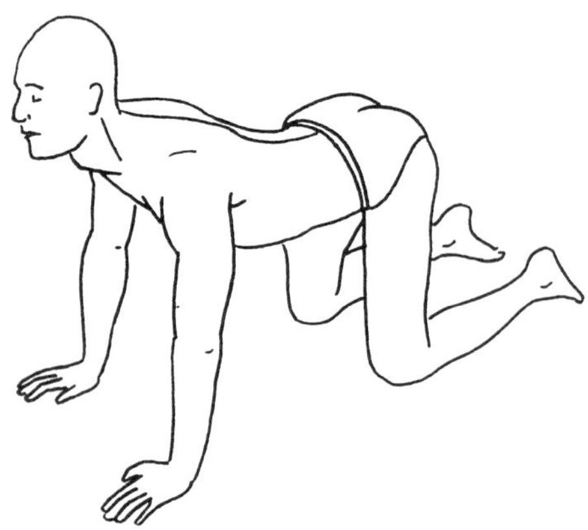

Abb. 57: Rücken sinkt ein.

Ausgangsstellung
Vierfüßlerstand, „Katzenbuckel" (Abb. 56).

- Der Körper wird auf den gestreckten Armen und auf den Knien abgestützt. Arme und Beine sind wie vier Säulen. Der Rumpf ist das Dach, der Kopf ist die Verlängerung der Wirbelsäule.
- Rücken einsinken lassen (Abb. 57).

Übung 2

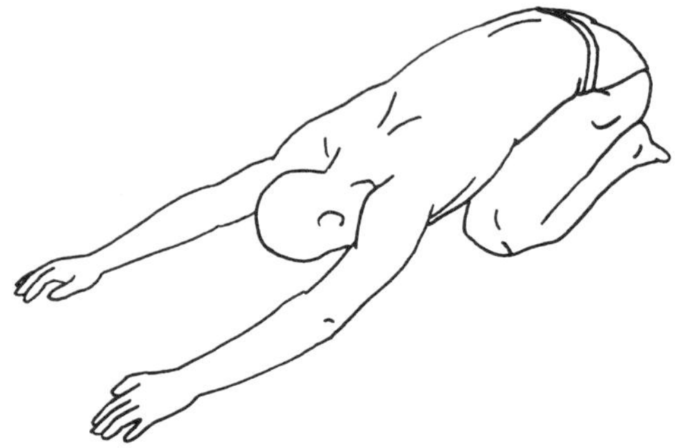

Abb. 58: „Tief am Boden".

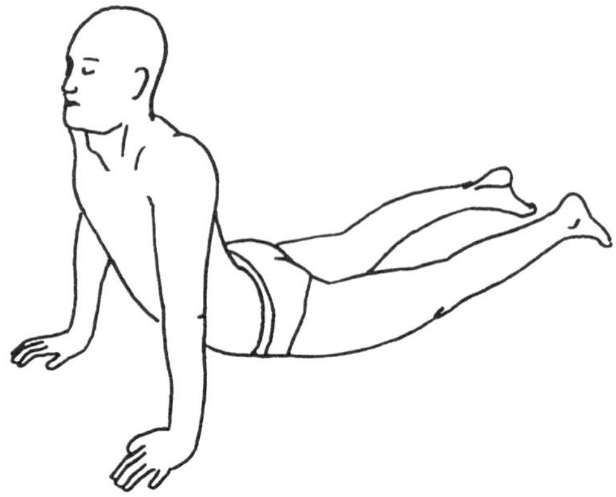

Abb. 59: „Kobra"-Stellung

Ausgangsstellung
Vierfüßlerstand

- Auf den Fersen sitzen und Arme ausstrekken (Abb. 58).
- Danach den Rumpf nach vorn gleiten lassen, strecken und in die „Kobra"-Stellung (Abb. 59) gehen (das heißt den Kopf hoch halten wie eine Kobra).

Übung 3

Abb. 60: Schultergürtel aufdrehen.

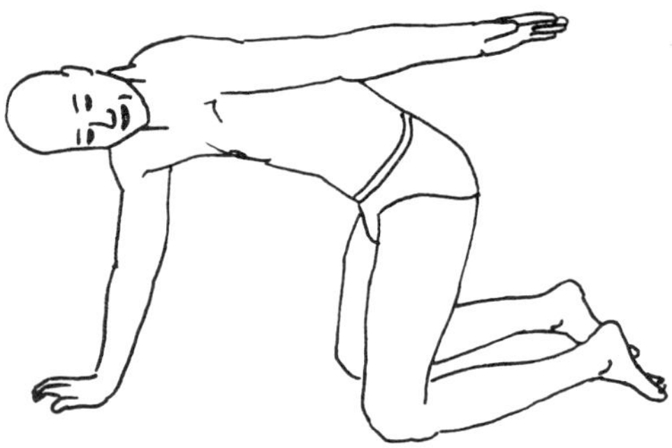

Abb. 61: Schultergürtel aufdrehen.

Ausgangsstellung
Vierfüßlerstand
• Abwechslungsweise rechten und linken Arm in gestreckter Haltung vorwärts-hoch-kreisen lassen, wobei man sich auf die andere Hand abstützt, bei gestrecktem Arm (Abb. 60 und 61).

Übung 4

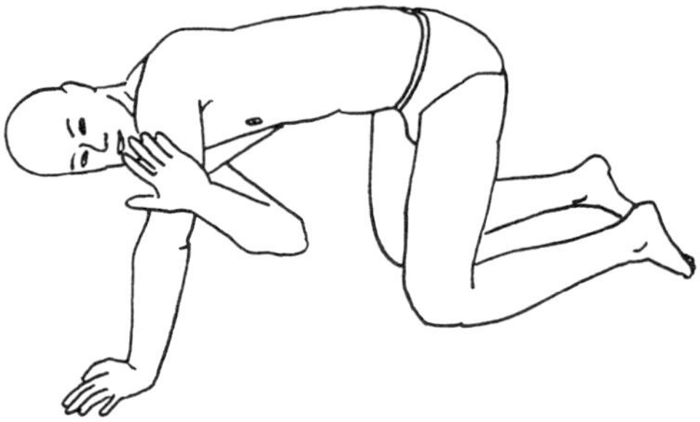

Abb. 62: Wirbelsäulendrehung.

Abb. 63: Wirbelsäulendrehung.

Ausgangsstellung
Vierfüßlerstand
• Den linken und rechten Arm abwechslungsweise nach innen führen, dabei den Blick auf der Handinnenfläche fixieren.
• Gestreckten Arm nach außen in die Höhe führen, dabei den Blick auf der Handaußenfläche fixieren. Kurz in der Spannung verharren (Abb. 62 und 63).

Übung 5

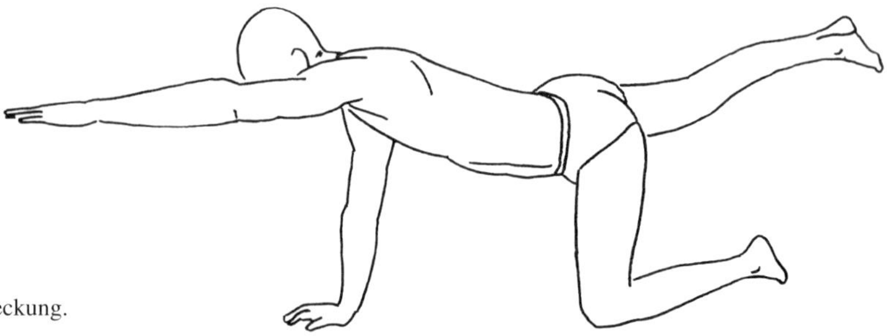

Abb. 64: Wirbelsäulenstreckung.

Ausgangsstellung
Vierfüßlerstand
• Zuerst den linken Arm und das rechte Bein strecken, wobei in der Wirbelsäule ein Ziehen deutlich spürbar werden soll. Kopf, Rükken, Arme und Beine bilden eine annähernd waagrechte Linie (Abb. 64).
• Dann Seiten wechseln.

SET (vgl. Kapitel 4.2.3.5, Seite 131)
Die Orang-Utan-Übung

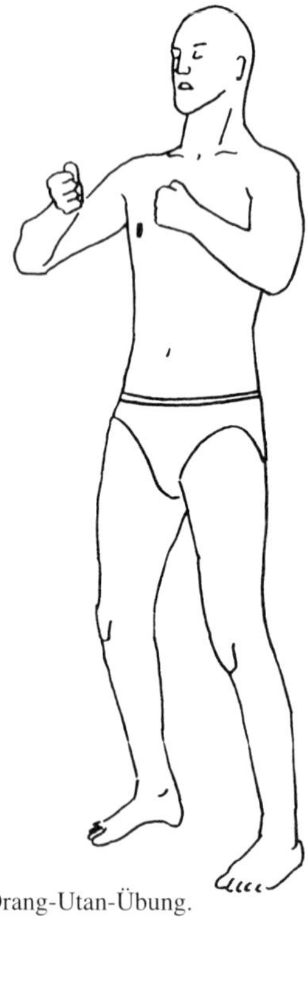

Abb. 65: Orang-Utan-Übung.

Diese Übung ist den Droh- und Mutgebärden der großen Menschenaffen nachempfunden. Wenn Orang-Utans Eindruck machen wollen, richten sie sich in ihrer ganzen Größe auf, hämmern mit den Fäusten auf ihren Brustkorb und brüllen (Abb. 65).

Genau dies tun wir bei dieser Übung. Sie erfrischt, läßt die Herzenergie besser fließen und macht uns so wieder aktionsfähiger.

Der Große Kreislauf

Mit dieser Übung bewegen wir uns entschieden an der Grenzlinie zwischen Kontrolle und Loslassen. Wir begeben uns in eine Haltung, die Kontrolle voraussetzt, damit wir aufrecht bleiben, aber zugleich überlassen wir uns der Kraft, der Energie der Schwere. Allmählich werden wir lernen, mit beiden „Zügeln" gleichzeitig umzugehen. Diese Arbeit wird uns auch weiterhin beschäftigen, später noch intensiver. Denn nur die subtile Balance zwischen Kontrolle und Fahrenlassen befähigt uns dazu beizutragen, daß unsere Energie leichter und intensiver fließen kann.

Ausgangsstellung
Schneidersitz oder Sitz auf dem Stuhl, die Füße werden breit aufgesetzt, der Rücken ist gerade, der Kopf steht in der Verlängerung der Wirbelsäule, der Mund wird leicht geöffnet, wobei die Zungenspitze am oberen Gaumen liegt. Die Hände ruhen auf den Oberschenkeln (Abb. 66).
Nun werden das Gesicht, die Muskeln rund um die Augen, Stirne, Kiefer, Hals, Schultern,

Brustkorb, Bauch, Becken, Beine und Füße entspannt. Schließlich sind alle Muskeln, die nicht für das Aufrechtsein verantwortlich sind, entspannt!
Die Atmung geht tief in den Bauch, der sich ruhig hebt und senkt.

Meditation: Ich überlasse mich der Schwerkraft. Ich spüre die Kraft, der ich ausgesetzt bin. Ich empfinde die Wirkung der Schwerkraft auf meinen Körper. Ich spüre die leichte Bewegung, das Balancieren meines Körpers um die Mitte.

Wenn wir uns nun in dieser meditativen Stimmung befinden, ziehen wir die Energie bei der Einatmung vom Steiß der Wirbelsäule entlang hoch bis zum Scheitel. Beim Ausatmen lassen wir die Energie passiv, wie einen sanften Wasserfall, an der Vorderseite des Körpers herunterrieseln.

Gelingt es Ihnen zu Beginn nicht, die Energie vollständig hochzuziehen, setzen Sie auf keinen Fall Kraft ein. Haben Sie Geduld, später wird es wie von allein geschehen. Achten Sie nur darauf, daß Sie den Körper aufrecht halten (kein Hohlkreuz), daß die Zunge am oberen Gaumen liegt und die Füße gut am Boden ruhen. Wenn das Hochziehen trotz großer Geduld nicht gelingen will, dann braucht der Patient manuelle Therapie.

Indikationsbereiche
Das Üben des „Der Großen Kreislaufes" (Abb. 66).

- hilft, alle funktionalen Zonen miteinander zu verbinden (darum der Name „Der große Kreislauf),
- führt den Energiefluß in die Zeit zurück,
- reduziert die energetische Leere einer Wandlungsphase,
- verbessert die Körperhaltung, indem die Verbindungen vorn – hinten und unten – oben gestärkt werden,
- bringt Erleichterung bei lebensbedrohenden und chronischen Krankheiten wie Krebs, Multiple Sklerose usw.
- Der „Große Kreislauf" bedeutet Ergänzungsarbeit am Ich – indem er uns hilft, uns von kompensatorischen Bemühungen, einem notorisch energieschädigenden Faktor, loszulösen – er verhilft also zu mehr eigenem Halt und eigener Kraft
- Er bedeutet Integrationsarbeit von unterschiedlichen hemmenden Faktoren.
- Er erhöht die Sensiblität für die eigenen weiblichen und männlichen Energien.

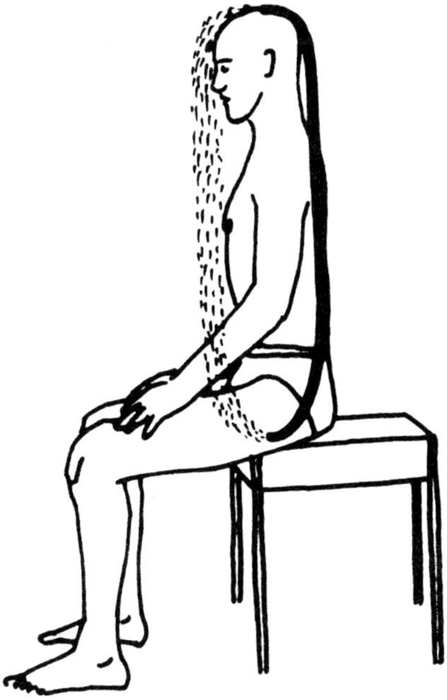

Abb. 66: Der Große Kreislauf.

Weitere Übungen

- „Innerer Kanal" im Sitzen (siehe Kapitel 4.2.3.5, Seite 139)
- „Baumübung" (siehe Kapitel 4.4.1.3, Seite 171)

4.4.3 Energetischer Ausgleich „rechts – links"

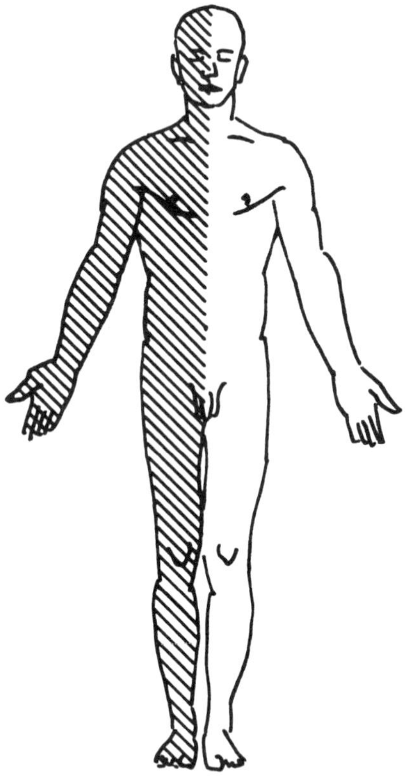

Abb. 67: Energetischer Ausgleich „rechts-links".

4.4.3.1 Befundbild

Es ist augenfällig, daß unser Körper nicht genau symmetrisch gebaut ist. Die beiden Körperhälften werden auch unterschiedlich innerviert. Frühere Anatomen sahen die rechte und die linke Körperhälfte als Zwillinge, das heißt als „zweimal von derselben biologischen Substanz aufgebaute Körperteile" (Petersen) an. Die Traditionelle Chinesische Medizin sowie Yoga- und Meditationssysteme teilen diese Auffassung.
In meiner Praxis habe ich vor allem fünf Gründe für eine laterale Unausgeglichenheit feststellen können:

• Dominanz einer Gehirnhälfte durch Streßfaktoren

• Unterschiedliches Sehen von rechts und links

• Genetische Asymmetrien des Bewegungsapparates

• Asymmetrien durch Traumata und degenerative Erkrankungen

• Ein unilaterales Herdgeschehen betrifft das rechts-links-Bild als Ganzes. Auf die Seitenkonkordanz von Störstellen und Fernstörungen hat schon Eder mit Nachdruck hingewiesen. Voraussetzung einer erfolgreichen Prävention ist die Eliminierung dieser Störfelder.

4.4.3.2 Befunde

Prioritäten bei der Befundaufnahme: Augenschein, Anamnese, Pulsbefund, Tastbefund, Funktionsbefund, Messung
Kommentar: Die Befundung einer lateralen Energiestörung ist ziemlich schwierig. Der Augenschein liefert zwar rasch eine Diagnose wie „erhöhte Schulter" oder „Beckenschiefstand". Andere laterale Störungen sind indessen viel schwieriger zu fassen. Deshalb ist eine sorgfältige Anamnese entscheidend, dabei geht es darum, alte Herde, Störfelder, geopathische Störungen, alte Traumata, extreme Dominanz einer Gehirnhälfte zu erspüren. Pulsbefunde, Tastbefunde und Funktionsbefunde können eine Tendenz bestätigen oder auch widerlegen. Entscheidende Hinweise liefert uns oft auch die elektrische Messung der Terminalpunkte.

4.4.3.3 Therapien

Akupunkturpunkte
Mit den folgenden Punkten wird immer beidseitig gearbeitet:

• Gb 14 („Helles Yang"), 1 Cun über der Mitte der Augenbraue, senkrecht über der Pupille.

Der Therapeut sitzt am Kopfende des Patienten und hält die Daumen auf beide Punkte Gb 14. Die Hand umschließt leicht den Kopf und kann so die Fluktuation und den Ausgleich der Energie in beiden Punkten spüren. Der Therapeut hält sich während der Behandlung aufrecht, er atmet ruhig und gleichmäßig, seine Gedanken sind „leer".

Nach fünf bis zehn Minuten tritt Entspannung und Ausgleich ein.

Die Unausgeglichenheit läßt sich auch mit Farbakupunktur ausgleichen. Im Abstand von etwa 5 cm bestrahlt man die beiden Punkte Gb 14 mit einem roten Lämpchen. Die Bestrahlung dauert 10 Minuten. Die Reaktion des Qi auf die Farbbestrahlung ist erstaunlich: Die Atmung beruhigt sich, die unterschiedlichen Körpergefühle rechts und links werden ausgeglichen. Es entsteht eine wohlige Wärme und ein Kribbeln in Händen und Füßen. Nach der Behandlung soll der Patient gut zugedeckt weitere 15 Minuten ruhen. So kann sich der Rest der unausgeglichenen Energie weiter harmonisieren.

• Dem Punkt Ni 3 („Höchstes kleines Tal"), hinter dem Malleolus internus, in einem Grübchen oberhalb des Calcaneus gelegen, sind wir bereits beim vertikalen Energieausgleich begegnet (vgl. „Die Energie in die Beine ziehen", Seite 170).

In der Literatur wird zuweilen der rechts-links-Ausgleich über die sogenannten Lo-Verbindungen empfohlen, Verbindungsbahnen, die längs oder quer verlaufen und die Hauptmeridiane verbinden. Die Lo-Verbindungen werden, wenn die Körperenergie schon geschwächt ist, durch die pathogene bioklimatische Energie geschädigt. Wenn die Energetische Therapie zum Einsatz kommt, sind aber schädigende Energien oft bereits in die Inneren Organe/Funktionskreise eingedrungen und haben sich dort verfestigt, deshalb kommt den Lo-Verbindungen beim Energieausgleich nur eine marginale Rolle zu. Im allgemeinen verzichte ich ganz bewußt auf die Arbeit mit ihnen, weil sie nach meiner Erfahrung häufig nur zu einer Verschiebung der Symptome führt. Meine eigene Methode läßt der Energie mehr Zeit, um Ausgleich zu finden, und nützt die Eigendynamik, die Selbstregulationstendenzen des Körpers.

Weichteiltechniken

Das Massieren beider Punkte Ni 1

Ausgangsstellung

Der Patient liegt bequem auf dem Rücken, eine Rolle unter den Knien, der Körper ist gut zugedeckt, nur der eine Fuß bleibt frei.

Ausführung

Ni 1 befindet sich in der Mitte der Fußsohle, an der Spitze des Winkels, der durch die Vereinigung der Muskulatur der Großzehe und der übrigen Zehen gebildet wird. In diesen Winkel hinein massiert man mit einem Daumen und mit viel Druck. Die Punktmassage darf ruhig etwas schmerzhaft sein.

Indikationsbereiche

Der Ni 1 ist einer der wirksamesten Dringlichkeitspunkte (vgl. Anhang, Seite 241). Er bringt im wahrsten Sinne des Wortes die Füße wieder auf den Boden. Der Ni 1 wird auch „Sprudelnde Quelle" genannt – durch seine Stimulation wird der ganze Beckenboden entspannt, verhaltener Harndrang kann sich lösen.

Bei kalten Füßen kann die Wirkung des Punktens durch Einmassieren von Tiger-Balsam und das Zuziehen von Ni 4 („Große Glokke") und von MP 6 („Vereinigung der drei Yin") wesentlich gesteigert werden.

Über die beiden Punkte Ni 1 läßt sich die Energie lateral und vertikal hervorragend ausgleichen. Der Ni 1 ist auch der beste Punkt, wenn bei einer Atem-, Meditations- oder Körpertherapiesitzung ein Energieleck entsteht, wie es sich etwa durch Ohnmachts- oder Schwindelgefühle oder leichte Verwirrung äußern kann. In all diesen Fällen sollten beide Ni 1-Punkte kurz aber heftig (schmerzhaft) gedrückt werden, immer beidseitig. Die Punkte eignen sich auch für die Selbstbehandlung.

Tiefe Bindegewebsmassage in den tendinomuskulären Meridianen
Mit der tiefen Bindegewebsmassage kann eine verkürzte Körperseite aufgedehnt und verlängert werden. Was die Strichrichtung angeht, so bieten sich da drei Meridiane an, der Gallenblasen der Blasen- und der Magenmeridian – gemeint sind hier immer die tendino-muskulären Meridiane, nicht die Hauptmeridiane.

Zunächst wird das Längsgewölbe des Fußes behandelt. Sobald eine leichte Korrektur erfolgt ist, lassen wir die Selbstregulation des Körpers arbeiten. Ist keine Korrektur sichtbar, so bearbeitet man den Gallenblasen-Meridian auf der verkürzten Seite aufwärts. Man bleibt dabei immer tief in den Muskelfaszien und im Sehnenbereich. Später arbeite ich auf beiden Seiten gleichzeitig oder wechsle auf den Blasen- oder Magenmeridian über.

Manuelle Techniken

Die Bedeutung einer manuellen Abklärung des Steuerelementes C0/C1 und der Iliosakralgelenke für die statisch-dynamische Regulation liegt auf der Hand. Wenn keine der übrigen Maßnahmen zum Ziel führt, so kann die letzte Zuflucht in einer Beinlängenkorrektur durch eine Fersenerhöhung liegen.

Übungen
SET (siehe Kapitel 4.2.3.5, Seite 131)

Massage beider Ohren

Ausgangsstellung
Sitz auf dem Hocker, Schneider- oder Lotussitz

Ausführung
Mit einem oder zwei Fingerspitzen massiert man in einer enger werdenden Zirkelbewegung beide Ohren zugleich. Man beginnt außen und beendet die Massage in den Ohrenmuscheln.

Indikationsbereiche
Diese Massage reguliert die Energie und bringt mehr Bewußtheit in die Ohren. Dabei werden zugleich die Hörnerven angeregt und allgemein die Herztätigkeit und die Atmung verbessert.
Weitere Indikationen sind Kopfschmerzen, Schwindelgefühl, Ohrensausen, beginnende Schwerhörigkeit.
Eine laterale Energie-Unausgeglichenheit wird harmonisiert, es entsteht eine allgemeine Entspannung (Vagotonie).

Der himmlische Trommelschlag

Ausgangsstellung
wie zuvor

Ausführung
Der „himmlische Trommelschlag" soll erst nach dem Massieren der Ohren ausgeführt werden. Beide Ohren werden mit den Handflächen geschlossen. Die Mittelfinger berühren sich am Hinterkopf. Man läßt nun einen Mittelfinger auf dem anderen abrutschen, so daß ein Ton entsteht, der einem Trommelschlag ähnelt. Die Übung wird zehnmal ausgeführt.

Indikationen
Gleiche Wirkung wie beim Massieren der Ohren. Der „himmlische Trommelschlag" kann die Wirkung der Ohrmassage noch wesentlich verstärken. Deshalb ist es geboten, nach den beiden Übungen im Liegen mindestens 15 Minuten auszuruhen. Man achte darauf, daß sich die körperlichen Reaktionen voll entfalten können.

Nasenreiben

Ausgangsstellung
wie zuvor

Ausführung
Zuerst werden die äußeren Daumenseiten gegeneinander gerieben, bis sie warm werden. Dann werden die Daumengrundgelenke gebeugt und damit die beiden Nasenflügel massiert. Besonders stimuliert wird der Punkt Di 20, der zugleich Verbindungspunkt zum Magenmeridian der Gegenseite ist (Abb. 68).

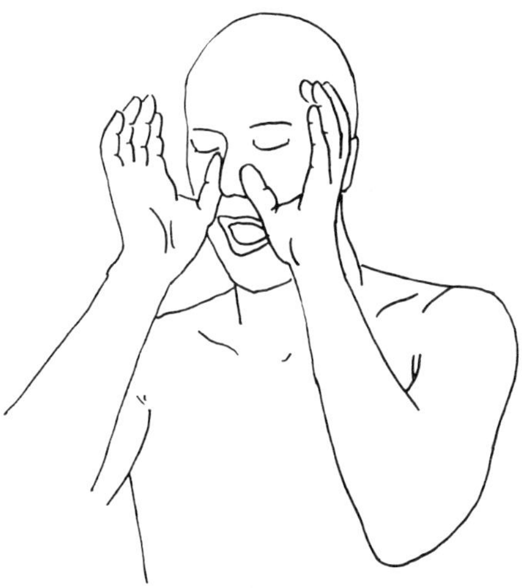

Abb. 68: Nasenreiben.

Indikationen
Diese Massage hat vorbeugende Wirkung gegen Erkältungserkrankungen. Bei verstopfter Nase können die Luftwege wieder geöffnet werden. Der rechts-links-Ausgleich ist nur vollständig, wenn beide Nasenöffnungen durchgängig sind.

Gesichtreiben

Ausgangsstellung
wie zuvor

Ausführung
Die gestreckten Hände werden aneinander gerieben, bis sie warm werden. Dann massieren wir rechts und links mit der flachen Hand das Gesicht, von der Stirn über das Kinn. Eine Hand geht hoch, die andere fährt abwärts. Die ganze Übung wird 10-20mal ausgeführt.

Indikationen
Mit dieser Gesichtsmassage wird die Energie in das Gesicht gebracht – die Energie folgt dem Bewußtsein. Nach chinesischer Vorstellung soll man dank dieser Massage jung bleiben, weniger Falten bekommen und eine rosige Haut behalten. Die Wirkung dieser Behandlung ist nach meiner Erfahrung nach Meditationen oder einer energetischen Übung am größten.

Koordinationsübung

Ein Standtest zur Schulung der Wahrnehmung, der auch bei der Befundaufnahme eingesetzt werden kann.

Ausgangsstellung
Lockerer, aufrechter Stand, Füße schulterbreit auseinander, die Knie sind leicht gebeugt, alle Muskeln, die nicht für den aufrechten Stand verantwortlich sind, bleiben entspannt. In dieser Stellung verharrend stelle sich der Patient die folgenden Fragen:
• Stehe ich auf beiden Füßen gleich (rechts-links)?
• Stehe ich mehr auf dem Vorfuß oder auf der Ferse (vorn-hinten)?
• Stehe ich mehr auf der Innen- oder auf der Außenseite des Fußes?
Durch weitere Entspannung überläßt er es dann seinem „inneren Gleichgewicht“, die Feinabstimmung durchzuführen und läßt die Energie in Fluß kommen. Fließende Energie macht sich darin bemerkbar, daß der Körper in leichten Schwingungen oder Fluktuationen „Mitte“ sucht.

Ausführung
Marschieren auf der Stelle, dabei berührt die rechte Hand das linke Knie und umgekehrt (Abb. 69).

Indikationsbereich
Integration von links und rechts.

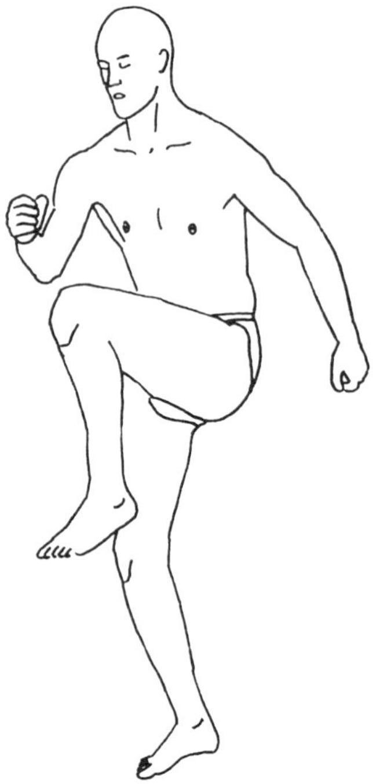

Abb. 69: Koordinationsübung.

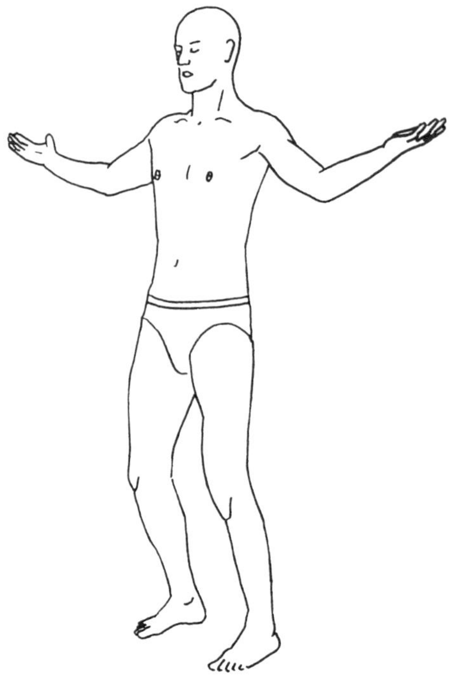

Abb. 70: „Den Himmel mit ausgestreckten Armen halten".

„Den Himmel mit ausgestreckten Armen halten"

Ausgangsstellung

Stand auf der Stelle, Knie leicht gebeugt, Arme seitwärts nach unten, so daß man in der Achselhöhle ein Ei verstecken könnte (Abb. 70).

Ausführung

Die Atmung wird ins Tantien (JM 6) gelenkt, dann heben wir langsam die Arme bis in die Horizonale. Die Handinnenflächen sind gegen oben gerichtet, die Ellbogen bleiben ganz leicht gebeugt.

In dieser Stellung verbleiben wir eine gewisse Zeit und lassen die Atmung aus der Mitte geschehen. Dann drehen wir die Arme (die Handinnenflächen sind jetzt zum Boden gerichtet), führen sie langsam nach unten und kehren in die Grundstellung zurück.
Die ganze Übung wird viermal wiederholt.

Indikationsbereich

Koordination von rechts und links.

Der seitliche Brustkorb wird energetisch geöffnet, das Gefühl für Vertikal und Horizontal entwickelt, ebenso das Gefühl, wie sich das energetische Feld über den eigentlichen Körper ausdehnt.

„Wie ein Goldfasan auf einem Bein stehen"

Ausgangsstellung

Stand, die Arme werden seitwärts ausgestreckt, die Handinnenflächen schauen aufwärts (Abb. 71).

Ausführung

Ein Fuß wird auf Kniehöhe gebracht und dort abgestützt. Das Knie des angehobenen Beines wird gut seitwärts abgewinkelt. So bleiben wir stehen, halten das Gleichgewicht und atmen zur Mitte. Nach etwa 10 Sekunden wird das Bein gewechselt.
Die ganze Übung fünfmal wiederholen.

Abb. 71: „Wie ein Goldfasan auf einem Bein stehen“.

Indikationsbereich
Die Übung verbessert das Gleichgewicht wesentlich.
In einer Gruppe kann man diese Übung zuerst mit koordiniertem Halten durchführen.

Tennisball an die Wand werfen

Ausgangsstellung
Stand vor einer Wand, zuerst mit wenig, später mit mehr Distanz.

Ausführung
Wir werfen den Tennisball mit der rechten Hand gegen die Wand und fangen ihn mit der linken auf. Dann werfen wir mit der linken Hand und fangen ihn mit der rechten und so fort.
Das Tempo ist zuerst langsam, wird erst allmählich schneller.
Wichtig ist, bei dieser Übung „nichts zu denken“, es ist auch vollkommen gleichgültig, ob der Ball auf den Boden fällt oder nicht.

Indikationsbereich
Rechts-links-Integration.

4.5 Lokale Yin-Yang-Situationen

Nach chinesischer Auffassung sind – wie schon mehrfach betont wurde –, Yin und Yang „immer und überall“ auch im Körper anwesend. Anwesend in dem Sinne, daß jeder Körperteil aufs Ganze gesehen und in Relation zum polaren Körperteil Yin oder Yang verkörpert – der Rücken etwa wäre Yang in Bezug auf den Bauch, und der wiederum in Bezug auf den Rücken Yin –, daß aber zugleich jede Körperpartie wiederum stets einen Yin- und einen Yang-Aspekt aufweist usw. (Abb. 72).

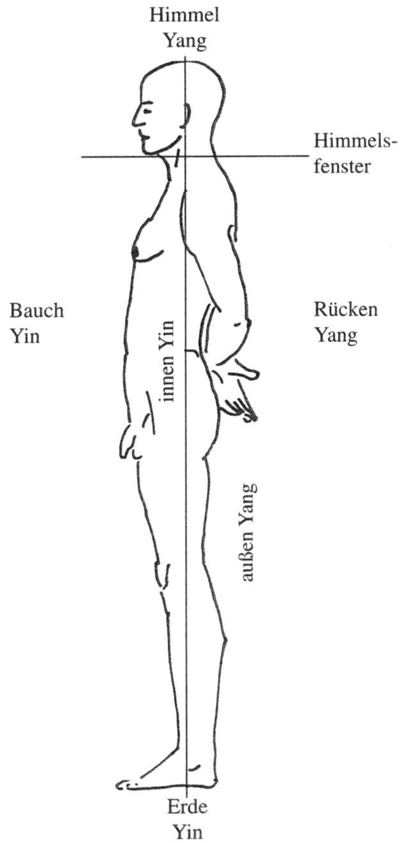

Abb. 72: Yin-Yang im menschlichen Körper.

Wenn wir also sagen, das Yin befinde sich im Inneren des Körpers und helfe dem Yang, das außen sei, oder Yin (Materie, Blut, Körpersäfte, Fleisch) unterstütze Yang, die Energie – so sind das gleichsam mechanistische Vereinfachungen komplexer Vorstellungen der TCM.

Entscheidend ist, daß Yin und Yang sich im Gleichgewicht befinden sollen und daß – wenn und wo dieses Gleichgewicht gestört ist – „Krankheit" entsteht.

4.5.1 Das Bild einer lokalen Yin-Yang-Störung

Um sich ein erstes Bild von einer lokalen Yin- bzw. Yang-Störung zu machen, betrachtet man zunächst die Haut auf Yin- oder Yang-Zeichen:

Yin	**Yang**
kalt	warm
feucht	trocken
blaß-bläulich	rot
Ödeme	schuppig

Es ist das Allgemeine, welches das Lokale hervorbringt – ohne eine generell gestörte Verbindung von Yin und Yang gibt es keine lokalen Störungen, es sei denn, sie wären durch Traumata entstanden.

Wir unterscheiden drei Varianten einer lokalen Störung:

• Energieverlagerung von einem Yin- zu einem Yang-Körperteil, zum Beispiel vom Rükken (Yang) zum Bauch (Yin) oder vom Inneren des Körpers (Yin) ins Äußere (Yang) usw.

• Unausgeglichenheit von Energie (Yang) und Blut (Yin). Aufgrund ihrer Wechselwirkung führt ein Überschuß an Energie (Vasokonstriktion) zu einem Mangel an Blut (Ischämie), und umgekehrt ein Mangel an Energie (Vasodilatation) zu einem Übermaß von gestautem Blut (venöse Stauung, Ödeme).

• Schließlich liegt vielleicht eine Störung der Vasomotorik, das heißt der Innervation der Gefäße vor. Die lokalen Lebensvorgänge entgleisen in Richtung Yang- oder Yin-Zustand. Im ersten Fall, wenn die Yin-Bremswirkung nachläßt, kommt es zu einer gesteigerten Aktivität. Wir sprechen dann von einer Yang-Fülle mit den klassischen Entzündungszeichen Rubor (Rötung), Tumor (Schwellung), Calor (Hitze) und Dolor (Schmerz). Wenn die Yang-Stimulation aber fehlt, so überwiegt auch im lokalen Bereich eine Tendenz zur Passivität. Wir beobachten ödematöse Schwellungen, Kapillar- und Venenerweiterungen, anämische Hautfarbe, livide Lippen und Fingernägel, Kälte der unteren Körperhälfte und eine allgemeine Gewebserschlaffung.

Nach Heribert Schmidt entsprechen diese komplementären Vorstellungen etwa dem, was die moderne Medizin als Ergotropie und Trophotropie oder als Sympathikotonie und Vagotonie bezeichnet. Krankheitserscheinungen aufgrund einer gesteigerten Yang-Aktivität erkennt man demnach an ihrem ergotropen Charakter und solche infolge einer passiven Yin-Verhaltensweise an ihrem trophotropen Charakter.

4.5.2 Befunde

Prioritätenliste bei der Befundaufnahme: Anamnese, Augenschein, Tastbefund, Funktionsbefund
Kommentar: Bei der Beurteilung der lokalen Yin-Yang-Situation spielt die Anamnese die entscheidende Rolle. Sie gibt oft Aufschluß über die Situation, besonders über den Zustand des Yin-Aspekts. Es ist allerdings notwendig, genau nach der Art des Schmerzes zu fragen. Der Augenschein liefert weitere Informationen (Hautfarbe usw.). Der Tastbefund fragt nach dem Zustand der Musku-

latur, der Bänder, der Sehnen. Ein Funktionsbefund, passiver oder aktiver Art, kann das Bild abrunden.

Bei der Anamnese spielt das gezielte Befragen des Patienten eine wichtige Rolle (vgl. Teil Befundmethoden: Erzählen und Befragen).

Im Sinne einer Repetition hier noch einmal ganz generell mein Anamnese-Schema:

- Konstitution?
- Wann trat der Schmerz auf?
- Was für ein Schmerz trat auf?
- Wie?
  - plötzlich oder schleichend?
- Wie ist der Schmerz jetzt?
  - akut oder chronisch?
  - Zunahme intermittierend oder konstant?
  - an der Oberfläche oder in der Tiefe?
  - vor allem in Bewegung oder in Ruhe?
  - schlimmer bei Wärme oder bei Kälte?
  - schlimmer bei Trockenheit oder Feuchtigkeit?
- Zeitpunkt der Schmerzspitzen?
  - am Tag oder in der Nacht?
  - am Morgen oder am Abend?
- Wo?
  - vorne oder hinten?
  - oben, in der Mitte oder unten?
  - außen oder innen?
  - links oder rechts?
- Die Funktionstests werden nach den Methoden von Maitland und Cyriax durchgeführt.

Befundung einer lokalen Yin-Yang-Störung – Ein Beispiel

Der Kranke hat eine Lumbalgie auf der Ebene des Os sacrum, nach rechts ausstrahlend. Beim Vorbeugen besteht oder entsteht ein Schmerz. Die Schmerzstelle ist auf der Yang-Seite des Körpers (am Rücken). Der Schmerz ist neu (Yang) und intensiv (Yang). Es findet sich auch ein leichtes Ödem über dem Os sacrum (Yin). Der Schmerz wird bei Bewegung stärker (Yang). Es entsteht eine leichte Besserung durch Wärmezufuhr (Yin), günstig wirkt aber nicht trockene, sonderne feuchte Wärme in Form von Wickeln (Yang).

Der Kranke hat auch Schmerzen in der Nacht (Yin), die Form des Schmerzes ist intermittierend (Yang) und hat einen spitzen Abgang (Yang). Die Schmerzen befinden sich immer an der gleichen Stelle (Yin). Druck und Massage erhöhen die Schmerzempfindlichkeit (Yang).

Wir zählen 8 Yang- und 4 Yin-Zeichen, die Tendenz in Richtung Yang wird noch deutlicher durch die neuen, starken Schmerzen und die Schmerzen in Bewegung. Schlußfolgerung: es handelt sich um eine lokale Yang-Störung.

4.5.3 Therapien

4.5.3.1 Hinweis

Ich beschränke mich in unserem Zusammenhang auf ein paar wenige Anmerkungen zur Bedeutung der Schlüsselpunkte und zu den mit ihnen verbundenen „Außerordentlichen Meridianen“ (auch „Wundermeridiane“ genannt). Für ausführlichere Informationen konsultiere man die umfangreiche Literatur zur Akupunktur.

Diese Punkte erfüllen eine Koordinationsfunktion im Energiesystem, sie fungieren außerdem als Sicherheitsventil für gestaute Yin- oder Yang-Energie, sie spielen aber auch eine wichtige Rolle beim Transport der Erbenergie und unterstützen die Nähr- und Abwehrenergie.

Zusammen mit den Durchgangs- oder Kreuzungspunkten (den „Helfern“, wie ich sie nenne) werden die Schlüsselpunkte eingesetzt, wenn wir die Körperenergie bei Störungen im lokalen Energiehaushalt regulieren wollen.

Die Behandlung erfolgt in zwei Schritten: Zuerst werden die Schlüsselpunkte des gestörten außerordentlichen Meridians sediert, um seine Energie in den mit ihm verbundenen Hauptmeridian zu leiten.
In einem zweiten Schritt werden die Durchgangspunkte (oder „Helfer") sediert.

Mit dem Ausgleich einer lokalen Yin- oder Yang-Störung kann auch die generelle Regulation eines Yin- oder Yang-Typs zur Ausgeglichenheit kombiniert werden.

Vor der Behandlung sind die folgenden Fragen zu beantworten:

- Art der Störung: Yin- oder Yang-Störung?
- Lokalisation der Störung: rechts oder links, vorne oder hinten usw.

Wenn zum Beispiel eine Störung rechts oder links im Bein zu lokalisieren ist, wird der Punkt Bl 62 (Yang-Störung) bzw. Ni 6 (Yin-Störung) behandelt (sediert).

Liegt eine Störung im rechten oder linken Arm vor, werden die Punkte 3E 5 (Yang-Störung) oder Pe 6 (Yin-Störung) eingesetzt.

Ist die Erkrankung in der Haut, in den Sehnen oder in den oberflächlichen Muskeln lokalisiert, also im Yang-Gebiet des Körpers, dann werden bei Yang-Störungen beide Punkte Gb 41 behandelt.

Liegt die Störung hingegen in der Tiefe des Körpers, im Bauch, in der Lunge usw., also im Yin-Gebiet des Körpers, werden bei Yin-Störungen die Punkte MP 4 (für den unteren Teil des Körpers) und Lu 7 (für den oberen Teil) behandelt.

Befindet sich die Störung im Rücken (Yang-Gebiet des Körpers), werden die Punkte Dü 3 (rechts und links) bei Yang-Störungen eingesetzt.

Die aufgelisteten Durchgangs- oder Helferpunkte können die Wirkung der Schlüsselpunkte unterstützen. Sie werden ebenfalls sediert, meist mit den Händen (Massage, Druck, Kratzen).

4.5.3.2 Übersicht über die Schlüssel- (S) und Durchgangspunkte (D, Helfer)

Lokalisation	**Art der Störung**	**Punkt** (S= Schlüssel-/ D= Durchgangspunkt)	**Lage der Störung**
unten links-rechts	Yang	Bl 62 (S)	„Meridian der Nierenstunde" In einem Grübchen, 0,5 Cun distalvom Malleolus externus am Übergang von der „roten" zur „weißen" Haut (d.h. am Übergang von der Haut des Fußrückens in die der Fußsohle.
		Gb 39 (D)	„Hängende Glocke" 3 Cun proximal vom Malleolusexternus.
	Yin	Ni 6 (S)	„Leuchtendes Meer" 0,4 Cun unterhalb des Malleolus internus.
		Ni 8 (D)	„Seinen Gefährten Kreuzen" Auf der Margo tibialis tibiae, 2 Cun proximal vom Malleolus internus
oben links-rechts	Yang	3E 5 (S)	„Äußere Schranke" Auf der Dorsalseite des Unterarms, zwischen Radius und Ulna, 2 Cun prox. der dorsalen Handgelenksfalte.

Fortsetzung: Übersicht über die Schlüssel- (S) und Durchgangspunkte (D, Helfer).

Lokalisation	**Art der Störung**	**Punkt** (S= Schlüssel-/ D= Durchgangspunkt)	**Lage der Störung**
		Dü 10 (D)	„Beweglichkeit des Oberarms" In der Verlängerung der hinteren Achselfalte, unterhalb des Akromions, in einem Grübchen auf der Dorsalseite des Humeroscapulargelenks (druckempfindlicher Punkt).
		Gb 20 (D)	„Teich des Winds" Hinter dem Ohr, in einem Grübchen im Bereich des Haaransatzes, am hinteren Rand des Processus mastoideus.
	Yin	Pe 6 (S)	„Innere Schranke" Auf der Volarseite des Unterarmes, 2 Cun von der Mitte der Beugefalte des Handgelenks entfernt.
oberflächlich	Yang	Gb 41 (S)	„Neigt zu Tränen" Zwischen den Ossa Metatarsalia IV (Mitte, Gürtelgefäss) und V, 1,5 Cun prox. vom Winkel zwischen 4. und 5. Zehe.
		Gb 27 (D)	„Fünf Scharniere" Auf der Außenfläche des Darmbeins, dicht unter der Crista iliaca.
		Gb 28 (D)	0,5 cun unterhalb Gb 27.
Tiefe	Yin	MP 4 (S)	„Abzweigende Verbindung" bzw. „Großvater und Enkel" Am medialen Fußrand, in einem Grübchen 1 Cun prox. vom Metatarsophalangealgelenk der großen Zehe
		Ni 11 bis 21 (D)	alle 0,5 Cun lateral der ventralen Meridianlinie, sie werden nicht separat aufgeführt.
		Ni 11	am oberen Schambeinrand
		Ni 12	1 Cun proximal von Ni 11
		Ni 13	2 Cun proximal von Ni 11
		Ni 14	3 Cun proximal von Ni 11
		Ni 15 (D)	4 Cun proximal von Ni 11
		Ni 16	auf Nabelhöhe
		Ni 17	2 Cun proximal von Ni 16

Fortsetzung: Übersicht über die Schlüssel- (S) und Durchgangspunkte (D, Helfer).

Lokalisation	**Art der Störung**	**Punkt** (S= Schlüssel-/ D= Durchgangspunkt)	**Lage der Störung**
		Ni 18	3 Cun proximal von Ni 16
		Ni 19	4 Cun proximal von Ni 16
		Ni 20	5 Cun proximal von Ni 16
		Ni 21	6 Cun proximal von Ni 16
hinten	Yang	Dü 3 (S)	„Hinteres kleines Tal" Am Ulnarrand des Handrückens, proximal vom Metacarpophalangealgelenk des 5. Fingers, in einem Grübchen am Übergang der „weißen" zur pigmentierten Haut.
vorn	Yin	Lu 7 (S)	„Engpaß" 2 Cun proximal von der Handgelenksfalte in der Verlängerung der Radialisrinne; beim Ineinanderkreuzen der Hände findet sich der Punkt am Ende des Zeigefingers.

4.5.3.3 Beispiele für Störungen an einzelnen Gelenken

Schultergelenk

Yin-Yang-Ausgleich: Schlüsselpunkte/Durchgangspunkte

Yin-Störung	*Yang-Störung*
Pe 6	3E 5
Lu 7	
	Dü 10
	Gb 20

Ellbogengelenk, Handgelenk, Finger

Yin-Yang-Ausgleich: Schlüssel- und Kreuzungspunkte

Yin-Störung	*Yang-Störung*
Pe 6	3E 5
	Dü 10
	Gb 20

Hüftgelenk

Yin-Yang-Ausgleich: Schlüssel- und Durchgangspunkte

Yin-Störung	*Yang-Störung*
Ni 6	Bl 62
	Gb 41
Ni 8	Gb 39
	Gb 27
	Gb 28

Kniegelenk, Fußgelenk, Zehen

Yin-Yang-Ausgleich: Schlüssel- und Durchgangspunkte

Yin-Störung	*Yang-Störung*
Ni 6	Bl 62
Ni 8	Gb 39

4.5.3.4 Wiederherstellung der Yin-Yang-Verbindung

Die Verbindung von Yin und Yang ist entscheidend von der Konstitution – also auch dem Streßverhalten – und dem Urvertrauen eines Menschen abhängig. Bei der Wiederherstellung einer gestörten Yin-Yang-Verbindung ist das „Erwecken der Inneren Kanäle" aus dem Tao-Yoga sehr hilfreich, zur Unterstützung der Behandlung ebenso die Arbeit an den Sondermeridianen Tschong Mo (Innerer Kanal, vgl. Kapitel 4.2.3.5, Seite 139) und Tae-Mo (Gürtelgefäß, vgl. Kapitel 4.4.1.3, Seite 167). Auch eine Erwärmung des TM 25 (auf der Nasenspitze) ist eine Unterstützung.

4.5.3.5 Die Energie in die Zeit zurückführen

Geht die *Energie vor*, so lasse ich den Patienten sämtliche Übungen der SET in Rückenlage zwei Wochen lang täglich ausführen. Ich unterstütze die Arbeit des Patienten mit einem Entspannungsprogramm über die Akupunkturpunkte Ma 36, JM 12, JM 6 und Le 3. Diese Punkte werden im sedierenden Sinne massiert.

Geht die *Energie nach*, wird der JM 14 als Alarmpunkt des Herzens behandelt, um die Energie und den Kreislauf zu beschleunigen. Wird nämlich dem Punkt JM 14 („Mangel an Widerstand") mittels Moxibustion, Infrarot oder Farbakupunktur (rot, orange) Wärme zugeführt, so erhöht sich der Energiefluß im Körper.

Als Übungen empfehlen sich die „Feuer-Übung" (vgl. Kapitel 4.2.3.5, Seite 138) und „der Große Kreislauf" (vgl. Kapitel 4.4.2.3, Seite 178), ebenfalls zwei Wochen lang täglich auszuführen.

4.6 Die Organe/Funktionskreise

4.6.1 Hinweis

Auf die im Vergleich zu den westlichen Konzepten erweiterte Bedeutung der „Organe" in der Traditionellen Chinesischen Medizin haben wir bereits im entsprechenden Kapitel (siehe Seite 22) hingewiesen. Ich möchte hier lediglich daran erinnern, daß im energetischen Zusammenhang mit „Organen" nicht unsere materiellen Organe zu verstehen sind, sondern Funktions- und Energiesysteme, die über die Meridiane miteinander verbunden sind und die in engem Bezug zu den Wandlungsphasen und den Emotionen stehen.

4.6.2 Befunde

Prioritätenliste bei der Befundaufnahme: Pulsbefund, Tastbefund, Messung, Muskeltest, Anamnese
Kommentar: Der Pulsbefund liefert uns die wichtigsten Daten zur Beurteilung von Fülle oder Leere in den Organen in Bezug auf die Wandlungsphasen/Jahreszeiten.

Der Tastbefund am Rücken im Bindegewebe oder in der Muskulatur kann uns weitere Hinweise über „sensible" Organe liefern (vor allem die Zustimmungspunkte, ebenso etwa vermehrte Druckdolenz der Alarmpunkte der Organe). Auch eine gewöhnliche Rückenmassage gibt zuweilen schon Aufschluß über den energetischen Zustand der Organe.

Die Messung der Terminalpunkte der Meridiane ist ein weiteres recht aussagekräftiges Hilfsmittel bei der Befundung, sie kann jedoch lediglich anzeigen, *daß* eine Organstörung vorliegt, erst der Pulsbefund sagt uns, ob ein Organ in Fülle oder Leere ist. Der Muskeltest ist der schwächste Indikator bei der Organ-Befundung. Er hat indessen den Vorteil, daß meist – wenn überhaupt – nur jene Organe sich „melden", bei denen eine massive Störung (nicht im Sinne der Schulmedizin, sondern der Energielehre) vorliegt.

Über die Anamnese lassen sich Art und Zeitpunkt einer energetischen Organstörung weniger gut feststellen, sie liefert uns aber Informationen darüber, welche emotionalen und mentalen Störungen vielleicht eine Belastung des Organismus bewirkt haben. Sie gestattet uns eine erste noch rudimentäre Annäherung an die großen, alten Störungen und ist daher nicht zu vernachlässigen.

4.6.3 Therapien

4.6.3.1 Die Behandlung der endokrinen Insuffizienz

Die Niere ist nach Auffassung der TCM die „Wurzel aller Funktionen“. Wie alle Organe hat auch sie einen Yin- und einen Yang-Aspekt: Der eine Nieren-Pol ist die Yang- oder Feuer-Niere, der andere Pol die Yin- oder Wasser-Niere. Wenn die Yang-Niere zu schwach geworden ist, wird die Yin-Niere ebenfalls schwach.

Nach G. Fisch ist die Yang-Niere für die gesamte vegetative Energetik verantwortlich. Wie die Autobatterie dem Stromkreis Energie entnimmt, um sie in Form von „Feinstteilen“ zu speichern, so entnimmt die Yang-Niere den verschiedenen Strömungen des Mikrokosmos Feinstteile, um sie zu speichern. Ist nun die Yin-Niere schwach, was einem Kältegefühl unten (an den Füßen) entspricht, dann kann das Yang des Kreislaufes oben aus seiner Fülle nicht mehr heraus, was zu einer allmählichen Trennung von Yin und Yang führt. Die Trennung von Yin und Yang führt zu einer Dipolbildung im Mikrokosmos. Das Yin sinkt nach unten ab, da es durch das in den oberen Körperabschnitten gestaute Yang-Feuer nicht mehr in Bewegung gehalten wird. Das Yang-Feuer seinerseits wird nicht mehr gekühlt und drängt immer mehr nach oben und außen. Extremfall einer solchen Trennung ist der Tod, wobei sich die „Seele“ (Yang) vom „Körper“ (Yin) löst.

Es ist vor allem unser hektisches Leben und verschiedene Stressoren, welche die Feuer-Niere schädigen, aber auch eine falsche Ernährung kann bewirken, daß die „Batterien“ nicht wieder richtig aufgeladen werden. Meditierende, die nur den oberen Segmenten des Organismus Beachtung schenken (Herz-Chakra-Meditationen ohne Kühlung), laufen ebenfalls Gefahr, daß bei ihnen das Nierenfeuer sich nach oben bewegt, mit entsprechenden sehr unangenehmen Begleitsymptomen.

Ist die Yang-Niere erschöpft, so sind aber auch alle übrigen Organe in Gefahr. In den Pulsbildern kommt dies in sehr verwirrenden Befunden zum Ausdruck. Die Auskünfte aus der Anamnese können dieses Bild bestätigen. Wenn nicht dieser Erschöpfungszustand in einem ersten Schritt behandelt wird, dann hat jeder Versuch, einzelne Organe energetisch auszugleichen, wenig Sinn.

4.6.3.2 Endokrine Insuffizienz und Feuer-Niere

Erinnern wir uns daran, was wir in anderem Zusammenhang über die Anpassung eines Organismus an Reize schrieben. Diese Adaptation verläuft im allgemeinen in drei Phasen. Am Anfang steht eine Alarmreaktion des Organismus, mit Schocksymptomen. Daran schließt sich eine „Gegenschockphase“ an, in der sich die Symptome teilweise zurückbilden, sobald die Adaptation einsetzt. Schließlich folgt das Stadium der Resistenz als Abwehrreaktion mit voller Adaptation.

Die Alarmreaktion wird vom Sympathikus gesteuert, sie wird eingeleitet durch das Zwischenhirn-Hypophysen-System, das vermehrt „adaptative“ Hormone ausschüttet. Man spricht auch von einer Hypophysen-Nebennieren-Achse.

In der „Gegenschockphase“ tritt der Vagus in Aktion, und in den meisten Fällen gewöhnt sich der Organismus an die Reize.

Unter bestimmten Umständen kann nun aber der Adaptationsvorgang durch das Versagen der Nebennierenrinde zusammenbrechen, es kommt dann zu einem allgemeinen Erschöpfungszustand, oft begleitet von muskulärer Haltungsinsuffizienz und akuter Lumbalgie. Diese sogenannte „endokrine Insuffizienz“ tritt etwa bei permanentem persönlichem und beruflichem Streß auf, wenn die

Erholungsmöglichkeiten nicht ausreichen, oder etwa bei langer Lärmbelastung, oft auch bei Dauerschmerz und chronischen Krankheiten, zum Beispiel Rheuma, und allgemein bei ausgeprägter muskulärer Panzerung.

Endokrine Insuffizienz ist ein Zustand energetischer Leere; der Kranke ist müde, hat kalte, zuweilen eiskalte Gliedmaßen, sein Puls schlägt langsam und schwach, das Immunsystem ist träge. Der ganze Zustand entspricht also ungefähr dem, was in der TCM als Schädigung der Yang- oder Feuer-Niere bezeichnet wird.

Einem Menschen, der sich in diesem Erschöpfungszustand befindet, muß zunächst von außen Energie zugeführt werden, mit warmen Bädern, Wickeln oder durch Moxibustion über bestimmten Akupunkturpunkten. Bei der Moxa-Behandlung soll beim Patienten kein Hitzegefühl entstehen, lediglich die Empfindung angenehmer Wärme. Entsprechend regeln wir die Distanz der Moxa zur Haut. Die Behandlungsdauer beträgt ungefähr fünf bis zehn Minuten.

Die folgenden Punkte werden behandelt:

dorsal

1. Bl 23: 1,5 Cun lateral von der dorsalen Medianlinie des TM (Dornfortsatzlinie), d.h. in der Höhe des Grübchens unter der Dornfortsatzspitze L2 (beidseitig)

2. Bei Männern: TM 4 („Tor des Lebens"), in einem Grübchen unterhalb der Dornfortsatzspitze des L2.
   Bei Frauen: TM 3.

3. Bl 11, ein wichtiger Punkt bei der Behandlung von Rheuma im Nacken, im Schultergürtel und oberen Rücken. Ich bezeichne ihn deshalb auch als den „Rheumapunkt".

ventral

4. JM 12

5. JM 6

4.6.3.3 Ausgleich von Fülle und Leere in den Organen

Der Ausgleich von Energie-Fülle oder -Leere der Organe geschieht über die Alarm- und Zustimmungspunkte. Diese Methode ist nach meiner Erfahrung die wirksamste Art, blokkierte Organenergie wieder zum Fließen zu bringen und die Quantität der Energien auszugleichen, sie entspricht im übrigen der westlichen Segment-Therapie.

Wenn sich ein Organ oder mehrere in **Leere** befinden, behandeln wir besondere Konzentrationspunkte der Organenergie im Bereich der Brust und des Bauches, die sogenannten Alarmpunkte, denen wir bereits bei der „Befundaufnahme" begegnet sind. Wir tonisieren diese Punkte mit Elektroakupunktur, Moxibustion oder Farbakupunktur. Im Gegensatz zum Befund behandle ich auch Leber- und Milz-Pankreas-Meridian beidseitig.

Wenn sich ein Organ oder mehrere in **Fülle** befinden, werden die Zustimmungspunkte eingesetzt, über welche die Energie der Organe an die Oberfläche steigt und sich zerstreut. Wir sedieren diese Punkte mit Massage, tiefen Bindesgewebsstrichen, Klopfmassage, milder Moxibustion, dosierter Elektroakupunktur und Farbakupunktur (mit sedierenden Farben).

Die Pulsbefunde und die Symptomatik geben nicht immer klar Auskunft, ob sich ein Organ in Fülle oder Leere befindet. In solchen Fällen verwende ich die „Bratspießmethode" nach Penzel, das heißt, ich behandle sowohl die Zustimmungs- wie die Alarmpunkte in sedierendem Sinne.

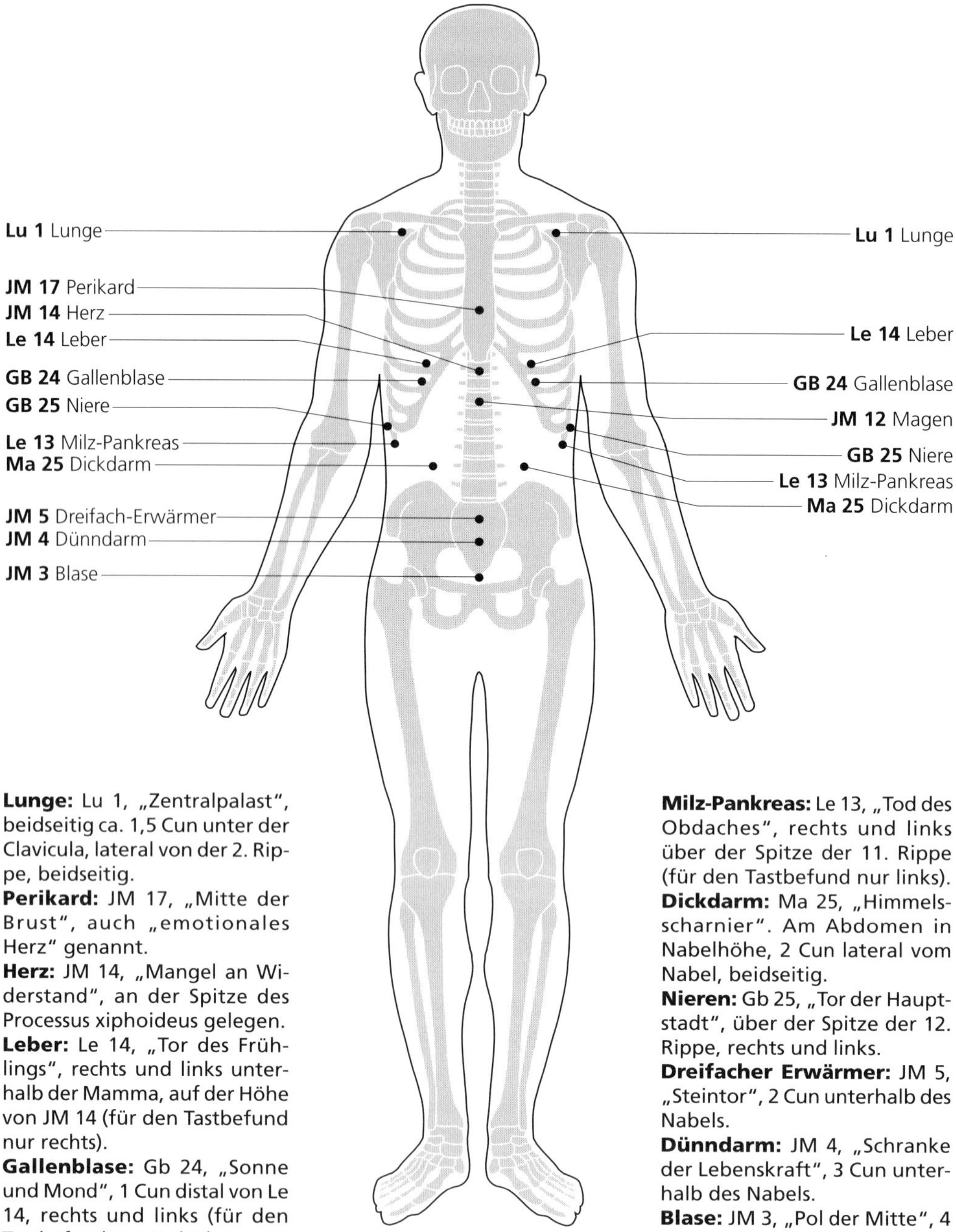

Lunge: Lu 1, „Zentralpalast", beidseitig ca. 1,5 Cun unter der Clavicula, lateral von der 2. Rippe, beidseitig.
Perikard: JM 17, „Mitte der Brust", auch „emotionales Herz" genannt.
Herz: JM 14, „Mangel an Widerstand", an der Spitze des Processus xiphoideus gelegen.
Leber: Le 14, „Tor des Frühlings", rechts und links unterhalb der Mamma, auf der Höhe von JM 14 (für den Tastbefund nur rechts).
Gallenblase: Gb 24, „Sonne und Mond", 1 Cun distal von Le 14, rechts und links (für den Tastbefund nur rechts).
Magen: JM 12, „Fundus ventriculi", in der Mitte zwischen Nabel und Spitze des Processus xiphoideus.
Milz-Pankreas: Le 13, „Tod des Obdaches", rechts und links über der Spitze der 11. Rippe (für den Tastbefund nur links).
Dickdarm: Ma 25, „Himmelsscharnier". Am Abdomen in Nabelhöhe, 2 Cun lateral vom Nabel, beidseitig.
Nieren: Gb 25, „Tor der Hauptstadt", über der Spitze der 12. Rippe, rechts und links.
Dreifacher Erwärmer: JM 5, „Steintor", 2 Cun unterhalb des Nabels.
Dünndarm: JM 4, „Schranke der Lebenskraft", 3 Cun unterhalb des Nabels.
Blase: JM 3, „Pol der Mitte", 4 Cun unterhalb des Nabels.

Abb. 73: Die Alarmpunkte der Organe.

Bl 13 Zustimmungspunkt der Lunge; 1,5 Cun lateral vom unteren Ende des Dornfortsatzes des 3. Brustwirbels
Bl 14 Zustimmungspunkt des Perikards; 1,5 Cun lateral vom unteren Ende des Dornfortsatzes des 4. Brustwirbels
Bl 15 Zustimmungspunkt des Herzens; 1,5 Cun lateral vom unteren Ende des Dornfortsatzes des 5. Brustwirbels
Bl 18 Zustimmungspunkt der Leber; 1,5 Cun lateral vom unteren Ende des Dornfortsatzes des 9. Brustwirbels
Bl 19 Zustimmungspunkt der Gallenblase; 1,5 Cun lateral vom unteren Ende des Dornfortsatzes des 10. Brustwirbels
Bl 20 Zustimmungspunkt von Milz und Pankreas; 1,5 Cun lateral vom unteren Ende des Dornfortsatzes des 11. Brustwirbels
Bl 21 Zustimmungspunkt des Magens; 1,5 Cun lateral vom unteren Ende des Dornfortsatzes des 12. Brustwirbels

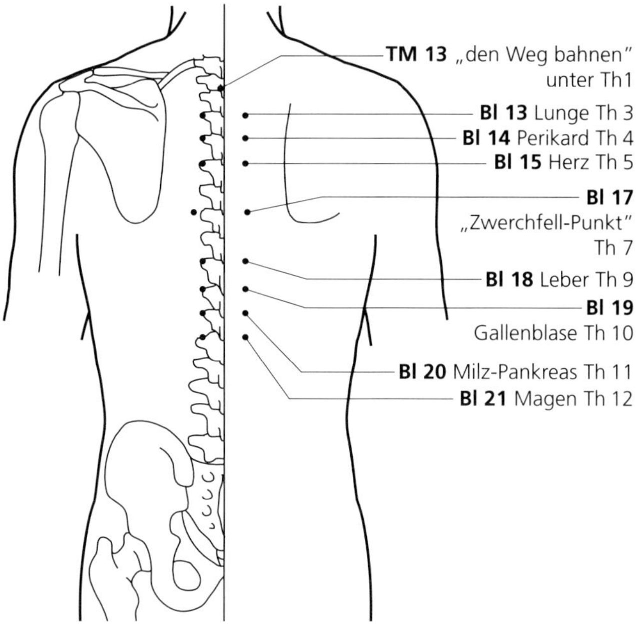

Abb. 74: Die Zustimmungspunkte der Organe.

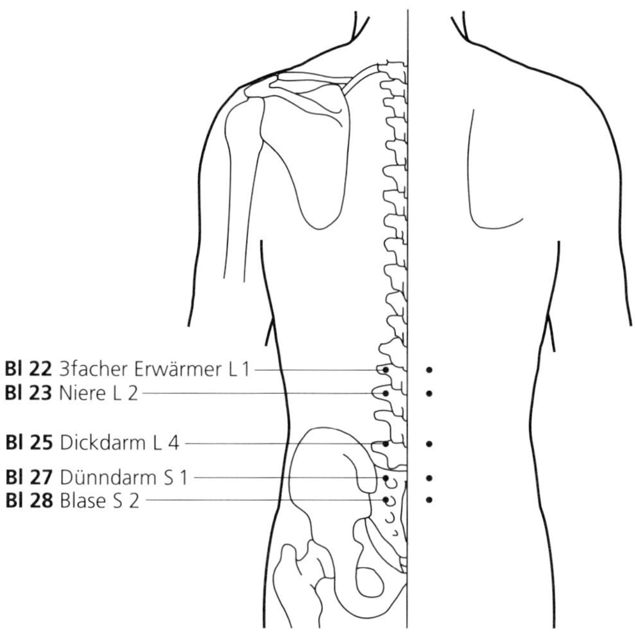

Abb. 75: Die Zustimmungspunkte der Organe.

Bl 22 Zustimmungspunkt des Dreifachen Erwärmers; 1,5 Cun lateral vom unteren Ende des Dornfortsatzes des 1. Lendenwirbels
Bl 23 Zustimmungspunkt der Niere; 1,5 Cun lateral vom unteren Ende des Dornfortsatzes des 2. Lendenwirbels
Bl 25 Zustimmungspunkt des Dickdarms; 1,5 Cun lateral vom unteren Ende des Dornfortsatzes des 4. Lendenwirbels
Bl 27 Zustimmungspunkt des Dünndarms; 1,5 Cun lateral der hinteren Medianlinie auf der Höhe des 1. Sakralloches in der Vertiefung zwischen dem medialen Rand der Spina posterior superior und dem Os sacrum
Bl 28 Zustimmungspunkt der Blase; 1,5 Cun lateral der hinteren Medianlinie auf der Höhe des 2. Sakralloches

Die Zustimmungspunkte der Emotionen (immer rechts und links) (Abb. 76 und 77)

Bl 42 „Tor der Lebenskraft"

Auf der Höhe von Th 3, beidseitig 1,5 Cun lateral von Bl 13, dem Zustimmungspunkt der Lunge.
Diese beiden Punkte behandeln wir mit Massage, Klopfmassage, Moxibustion oder Farbakupunktur (Violett oder Weiss).

Therapeutische Wirkungen

- Integration der Gefühle von Traurigkeit, Verlassenheit, Resignation
- Ausgleich von Fülle oder Leere der Wandlungsphase Metall
- Unterstützung der Wirkung der Herbstübung (siehe nächstes Kapitel)
- Über diese beiden Punkte läßt sich auch das „Tor der Lebenskraft" öffnen, Ausdauer, Mut und Mitgefühl werden gestärkt und verfeinert.

Bl 44 „Palast der Lebenskraft"

Auf der Höhe von Th 5, beidseitig 1,5 Cun lateral von Bl 15, dem Zustimmungspunkt des Herzens.
Behandelt wird gleich wie beim Punkt Bl 42, nur bei der Farbakupunktur werden andere Farben eingesetzt. Rot wirkt stark, Violett sanfter, Blau schließlich hat ausgesprochen sedierende Wirkung.

Therapeutische Wirkungen

- Beruhigung starker Emotionen von Freude und Ekstase, Besänftigung von Gefühlen wie Schuld, Scham und Schreck. Das „Hinüberkippen" von manischen in depressive Stimmungen kann gemildert werden.
- Unterstützung der aktiven Integration der Gegensätze von Leere/Fülle der WP Feuer.
- Unterstützung der Wirkung der Sommer-Übung.
- Über diesen Punkt können wir uns Eingang in den „Palast der Lebenkraft" verschaffen. Die Behandlung des Punktes aktiviert die Geistesklarheit, das Gefühl von Einheit und Verbundenheit.

Bl 47 „Tor der Seele"

Auf der Höhe von Th 9, beidseitig 1,5 Cun lateral von Bl 18, dem Zustimmungspunkt der Leber.
Behandlung wie oben, bei Farbakupunktur wird Grün eingesetzt.

Therapeutische Wirkungen

- Leichte Beruhigung der Emotion von überschießender Wut, Milderung von Dauerärger.
- Unterstützung der aktiven Integration der Gegensätze von Fülle/Leere der WP Holz.
- Steigerung der Wirkung der Frühlings-Übung
- Über den Punkt verschafft man sich einen leichteren Zugang zur eigenen Seele, man erkennt besser deren Botschaften und kann sie planmäßiger und entschlossener in die Tat umsetzen.

Bl 49 „Sitz der Gedanken"

Auf der Höhe von Th 11, beidseitig 1,5 Cun lateral von Bl 20, dem Zustimmungspunkt von Milz/Pankreas.
Behandlung wie oben, diesmal wird bei Farbakupunktur Gelb oder Orange eingesetzt.

Therapeutische Wirkungen

- Beruhigung von dauernden Sorgen und Zweifeln.
- Unterstützung der aktiven Integration von Leere/Fülle der WP Erde.
- Stützung der Wirkung der Mitte-Übung.
- Über diesen Punkt können wir Einfluß auf unsere Gedanken nehmen.

Bl 52 „Sitz des Willens"

Auf der Höhe von L 2, beidseitig 1,5 Cun lateral von Bl 23, dem Zustimmungspunkt der Niere.

Behandlung wie oben. Bei der Massage sollte tief in die paravertebrale Lendenmuskulatur eingedrungen werden und auch Punkt Bl 23 berücksichtigt werden. Bei Farbakupunktur wird Dunkelblau eingesetzt.

Therapeutische Wirkungen
• Beruhigung existentieller Ängste.
• Unterstützung der aktiven Integration von Leere/Fülle der WP Wasser.
• Stützung der Wirkung der Winter-Übung.
• Über diesen Punkt können wir Einfluß auf unseren Willen nehmen. Wenn wir hin und wieder damit aufhören können, etwas anderes sein zu wollen als das, was wir sind, wenn wir so sein dürfen, wie wir sind, dann brauchen wir weniger Kraft. Über diesen Punkt läßt sich das „Aushalten-Können" des So-Seins aktivieren, wir werden unerschrockener.

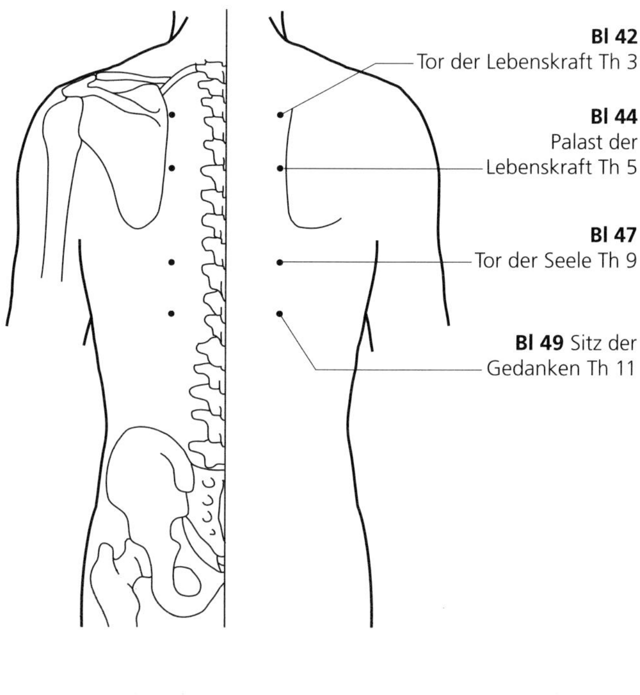

Abb. 76: Die Zustimmungspunkte der Emotionen.

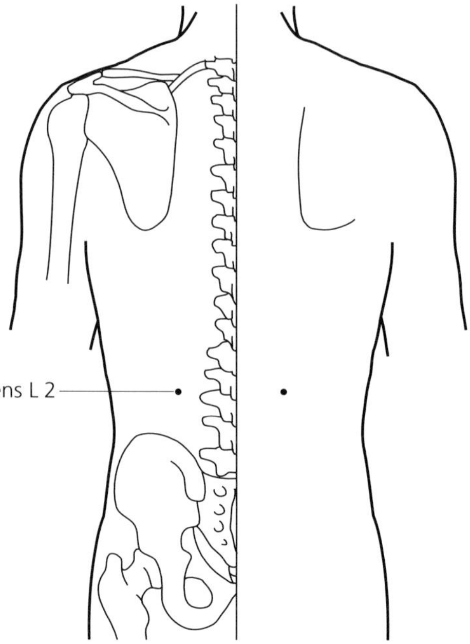

Abb. 77: Die Zustimmungspunkte der Emotionen.

4.7 Die Fünf Wandlungsphasen (WP)

4.7.1 Einleitung

Zu Begriff und Hintergrund dessen, was im chinesischen Denken als Wandlungsphasen bezeichnet wird, verweise ich auf das Kapitel zur Traditionellen Chinesischen Medizin, Seite 22. In unserem Zusammenhang ist aber noch einmal daran zu erinnern, wie eng die Phasen des Wandlungszyklus mit allen früher erläuterten Aspekten der Energie zusammenhängen, insbesondere mit den Organen/Funktionskreisen und den Emotionen.

Der „natürliche" Weg durch die Wandlungsphasen – von denen jede ihr spezifisches Thema hat – verläuft grundsätzlich parallel zum Gang der Jahreszeiten. Ausgangspunkt ist indessen immer das Zentrum (1), die Wandlungsphase „Erde", die von allen anderen Phasen umschlossen wird und sie gleichzeitig in sich birgt (Abb. 78).
Im Laufe des normalen Zyklus geht der Weg nun nach Norden (2), in den Winter, in die WP Wasser. In dieser dunklen, kalten Zeit sind wir mit den eigenen Ängsten konfrontiert, mit dem Schatten, mit der Unterwelt in uns selbst. Aber zugleich kündigt sich schon das Neue an: der Morgen, der Frühling, das Licht, die frischen Kräfte der WP Holz (3), in der sich die chaotischen Triebe regen. Weiter führt die Bewegung in den Sommer (4), den Süden, zu Freude und Ekstase, wir genießen die Fülle des Lebens, werden eins mit dem eigenen Körper und dem ganzen Kosmos. Wir spüren Lust, lassen uns im Feuer schmelzen. Etwas bedauernd verlassen wir diesen Zustand und tauchen ab in den Herbst (5), in die WP „Me-

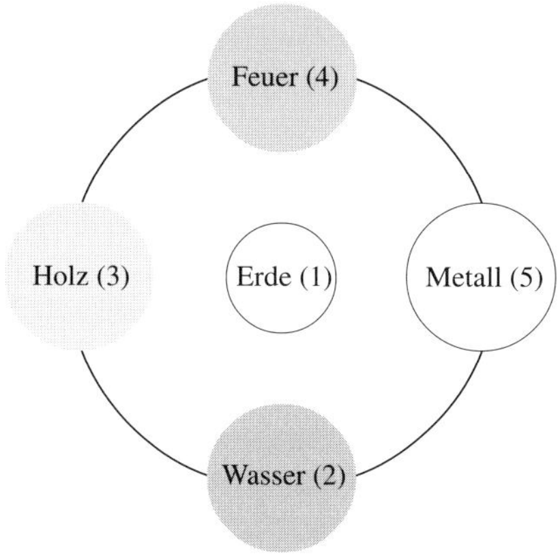

Abb. 78: Kreismodell.

tall", in der nach chinesischer Auffassung die Wesen vollendet werden. Der Herbst ist die Zeit der Ernte, auch der Lebensernte, aber auch der Trauer, denn die Bewegung senkt sich nun weiter, wir geraten erneut in den Strudel der Ängste, in den Winter, bis der ganze Zyklus von neuem beginnt. Immer wieder werden wir auch ins Zentrum gelangen, zu Stille, Ganzheit und hellem Licht, in die Wandlungsphase Erde.

Befindet sich ein Mensch im Gleichgewicht, so wird sein energetischer Zustand diesem natürlichen Zyklus folgen. Ist aber die Lebensenergie eines Menschen auf irgendeiner Ebene blockiert, so ist auch die Chance groß, daß er in einer für ihn charakteristischen Phase des Kreislaufs gleichsam steckenbleibt. Der ganze Zyklus ist unterbrochen – und genau da setzt nun die Energetische Arbeit mit den WP an. Ihr Ziel ist es, den Patienten wieder an den Wandlungskreis heranzuführen.

Auch in der Energetischen Therapie werden wir stets vom Zentrum ausgehen. Archimedes, der griechische Mathematiker und Philosoph, soll einst gesagt haben: „Gib mir einen Ort, wo ich stehen kann, und ich werde die Welt bewegen." Erstes Ziel ist die „Erdung", wir wollen uns einen festen Stand verschaffen, das ist die Basis für alles weitere.

In einem zweiten Schritt arbeiten wir indessen zunächst mit der *blockierten* Phase des Wandlungszyklus. Um welche Phase es sich bei einem Patienten handelt, zeigt sich beim Befunden, an den Pulsen, an körperlichen Symptomen, am Verhalten, an geäußerten Gefühlen, erzählten Träumen. Es kommt vor, daß ein Patient das Thema „seiner" Wandlungsphase selbst aufnimmt und annimmt, dann kann es in der Therapie vertieft werden, durch die Behandlung von Akupunkturpunkten, durch Massagen oder durch eine geeignete Übung, je nachdem, ob sich die Phase in Energie-Fülle oder -Leere befindet. Wenn jedoch das Thema – egal, aus welchen Gründen – noch nicht ins Bewußtsein treten kann, obwohl es sich durch bestimmte Störungen im Funktionsbild oder an den Pulsen eigentlich deutlich zeigt, so muß die Zeit das Therapieren übernehmen – erst wenn sie reif ist, kann der Faden aufgenommen werden.

Ziel bleibt aber, daß der Patient sich wieder an den ganzen Zyklus der Wandlungen anzukoppeln vermag, so werden wir also in einem weiteren Schritt gemeinsam mit ihm den *Pfad durch alle fünf Phasen* suchen.

4.7.2 Befunde

Prioritäten bei der Befundaufnahme: Anamnese, Pulsbefund, Resultate von Kapitel 4.6.2, Seite 191 (Organe)

4.7.3 Therapien

In den nächsten Abschnitten wird zunächst jede Wandlungsphase mit ihren Entsprechungen kurz vorgestellt. Die beiden Ungleichgewichtstypen jeder WP, Fülle und Leere, werden anschließend genauer charakterisiert und beschrieben. Die Hinweise am Ende jedes Abschnitts stellen den Bezug zu den übrigen Manifestationen der Energie her und enthalten gewisse therapeutische Hilfen. Oberste therapeutische Priorität haben aber die fünf

Jahreszeiten-Übungen, die zum Abschluß des Kapitels vorgestellt werden. Ihre Hauptfunktion besteht darin, Fülle und Leere einer WP zur Integration zu bringen.

Die Arbeit mit den Gegensätzen in „unserer“ Wandlungsphase leisten wir aber nicht nur beim gezielten Üben, sondern auch durch eine geschärfte Wahrnehmung im Alltag. Das ist zwar mühsam, verspricht aber auf Dauer allein den Erfolg. Durch die Arbeit mit der Methode der „verbundenen Atmung“ (vgl. Kapitel 4.3.3.3, Seite 156) stärken wir die Selbstregulation des Körpers und leiten die „Versöhnung der Gegensätze“ ein.

4.7.3.1 Wandlungsphase „Erde“

Wichtigste Entsprechungen der WP „Erde“

- Organpaar Milz-Pankreas und Magen
- Jahreszeit: Fünfte Saison (Spätsommer)
- Emotionen: dauernde Sorge und Zweifel
- Körpergewebe: Bindegewebe
- Sinnesfunktion als „Öffner“: Lippen im Sinne von begreifen und verschmelzen

Emotionale Typologie von Leere oder Fülle der WP „Erde“

Leere der WP „Erde“: Ich selbst bin das Zentrum. Es ist aber nicht ein Gefühl des ungezwungen Daseins, des Genügens, nein, ich muß mich an mir festhalten, ich brauche ständig mehr Platz, mehr Aufmerksamkeit, ich muß mehr wissen, mehr können usw. Alles braucht sehr viel Energie – nie reicht sie aus.

Fülle der WP „Erde“: Die anderen sind das Zentrum. Ich werde durch die anderen manipuliert und ausgenutzt. Ich muß immer für die anderen sorgen und arbeiten. Die anderen (der Sohn, die Tochter, der Ehemann usw.) bedeuten mir viel, ja, sie bedeuten mir alles. Ich mache alles für sie, aber sie sind nie ganz zufrieden mit mir, ich ja auch nicht. Ich muß und werde mir noch mehr Mühe geben.

Weitere Hinweise auf Fülle oder Leere der WP „Erde“ und entsprechende Krankheitsanfälligkeiten

Leere der WP „Erde“: Typische Symptome sind Gedächtnisschwäche, Konzentrationsmangel, Verdauungsstörungen mit Blähungen und Durchfall, Druck- und Schmerzgefühle im Oberbauch, Schwere und plötzliche Kraftlosigkeit der Beine. Weitere Anzeichen sind etwa Knöchelödeme nach längerem Stehen und Unruhe in den Beinen, besonders nachts. Es besteht eine Abneigung gegen Kälte und kalte Speisen und Getränke. Typisch ist eine Vorliebe für Süßes. Charakteristisch für diesen Typ ist eine Schwellung der Unterlieder, die sogenannten „Augensäcke“.

Fülle der WP „Erde“: Typischer Vertreter ist der wohlbeleibte Gourmand. Solche Menschen sind gutmütig und aufrichtig, aber willensschwach. Sie essen und trinken viel, meist zuviel, und leiden unter Verdauungsbeschwerden. Die Wasserausscheidung ist ungenügend. Häufig sind Beschwerden wie Schweregefühl in den Beinen, nächtliche Wadenkrämpfe, Parästhesien, Neuralgien und Gelenkschmerzen.

Arbeit an der aktiven Integration der Gegensätze Leere/Fülle in der WP „Erde“

bedeutet, das Gefühl „Ich stehe fest mit den Füßen auf der Erde“ und „Ich bin die sorgende Mutter für mich selbst“ zu aktivieren. Dadurch entsteht die Möglichkeit, zunächst Kontakt mit mir selbst aufzunehmen, als Grundlage für den Kontakt mit anderen.

Akupunkturpunkte

Die Massage des Punkes Bl 49 beidseitig kann mithelfen, Leere und Fülle auszugleichen. Unterstützender Punkt in der mittleren funktionalen Zone ist JM 12.

Weitere therapeutische Hinweise

• zur Konstitution

Die WP „Erde“ wirkt in der Mitte der vier Jahreszeiten, am Ende des Sommers, dann, wenn sich das Yang abschwächt und das Yin wächst. Indem sie ihren Platz in der Mitte einnimmt, wird sie von den vier übrigen Wandlungsphasen eingefaßt. Darum sollte die Konstitution in dieser WP ausgeglichen sein. Fülle und Leere einer WP sind die beiden Seiten der gleichen Medaille; indem wir uns mit der jeweils anderen Seite auseinandersetzen, erreichen wir in dieser WP leicht eine Ausgeglichenheit und bleiben im Fluß der Jahreszeiten. Denn nach der alten chinesischen Vorstellung umfaßt die Erde alle vier anderen Kräfte, Holz, Feuer, Metall und Wasser, daher vermag ihre Substanz Leere und Fülle auszugleichen. Ist aber die WP „Erde“ blokkiert, so ist das ganze Dasein in Frage gestellt. Um den eigenen Platz in der Welt zu spüren, benötigen wir Mut, Ausdauer, Halt und Kraft. Damit sich diese Qualitäten entwickeln können, braucht es therapeutische Zuwendung, durch welche die Hauptängste – vor Verlassenheit, vor dem Zuwenig-Kontakt-Haben – gemildert und die Körper-Ich-Struktur gestärkt wird.

• zur mittleren funktionalen Zone

Das Zwerchfell als Barriere zwischen oben und unten ist blockiert, darum besteht eine unerfüllte Sehnsucht nach Verbindung, nach „Erdung“. Kontakt „hat“ man bekanntlich nicht, Kontakt schafft man. Hier liegt nun genau die Schwierigkeit von Menschen, die in der WP „Erde“ blockiert sind. Sie wirken irgendwie hilflos, ratlos, kraftlos und lassen Probleme lieber von anderen Menschen lösen. Ihr ungestillter Hunger blockiert passiv oder aktiv auch die Muskulatur an Hals, Mund und Kiefer. Bei ihnen geht oft wie ein verspanntes Rohr vom Mund zum Magen, das zusammengezogen und fixiert ist. „Ich bekomme nie genug, ich habe nie genug bekommen“ ist ein typischer Gedanke solcher Menschen. Um ihren Hunger zu stillen, um bei ihnen mehr Verbindung zu schaffen, eignen sich besonders Weichteiltechniken, von der mittleren Zone Richtung Hals und Mund angewandt. Der Therapeut soll wie eine empathische Mutter agieren, bis der Patient selbst für sich die „Mutterrolle“ übernehmen kann. Zur Kräftigung geeignet sind auch die „Baumübung“ (vgl. Kapitel 4.4.1.3, Seite 171) oder östliche Kampfsportarten. Die Summ-Meditation (vgl. Kapitel 4.2.3.5, Seite 141) bringt auf einer subtileren Ebene das „verkrampfte Rohr“ wieder zum Schwingen. Als Einstieg sehr tauglich ist selbstverständlich auch eine SET-Übung zum Öffnen der Mitte.

• zum Atem

Erste Wahl ist die Methode des Stillatmens. Von Zeit zu Zeit kann man auch die Energieatmung und die Feuerübung einschalten. Später können die verschiedenen Formen verbundener Atmung geübt werden. Ziel ist, die Atmung zu rhythmisieren und die Übergänge fließend geschehen zu lassen. Empfehlenswert sind schließlich die folgenden Übungen, häufig auszuführen: Zungenübung, Nasenreiben, Massage des Bauches, Massage und Klopfen der Fußohlen, Schnüffeln, Gähnen, Stöhnen, Summen und Singen.

• zu den Energieflüssen

Im Zentrum steht die Arbeit am vertikalen Energiefluß (unten – oben)

Wir beginnen bei den Zehen, lösen dort die Spannung und bringen durch Massage und Bewegen aller Gelenke Bewußtheit in die Zehen und Füße. Dann arbeiten wir uns weiter nach oben zur Peroneusgruppe bis hin zum Knie, entlang dem lateralen Rand des M. Quadriceps und bis zur Leiste. Weitere Stationen sind der Bauch, der äußere Rand der beiden M. rectus abdominis, die Magengegend, entlang des Brustbeins zum Schlüsselbein, weiter zum M. sternocleidomastoideus, zum Mundboden, über das Kinn zu den Kiefermuskeln und schließlich zum M. temporalis.

Wir folgen also dem Verlauf der beiden Magenmeridiane, die mit Weichteiltechniken durchlässiger gemacht werden können. Hilfreich sind dabei einige Akupunkturpunkte, die tief und über längere Zeit massiert werden sollten:

Ma 44, „Innere Wohnung“

Ma 40, „Überfluß“

Ma 39, „Große Leere der unteren Region“

Ma 36, „Drei Entfernungen“

Ma 30, „Ansturm der Energie“

Ma 13, „Eintrittsstelle der Energie“ oder „Atem-Tür“

Ma 11, „Sitz der Energie“ oder „Atem-Hütte“

Ma 8, „Vereinigung am Kopf“

Für die aktive Arbeit sind die SET-Übungen in allen Segmenten und aus allen Ausgangsstellungen wichtig.

Die SET-Übung für das Obere Segment (aus der Rückenlage, 2. Übung, Kopf abheben usw.) gestattet eine intensive gemeinsame Arbeit von Patient und Therapeut. In der aktiven Phase stützt der Therapeut den Kopf des Patienten ein wenig, in der Enspannungsphase zieht er den Hals lang, massiert und bewegt.

• zur lokalen Yin-Yang-Situation
Durch die ausgeglichene konstitutionelle Situation bevorzugt die WP „Erde“ weder Yin noch Yang.

• zu den Organen
Eine gründliche Prüfung (vgl. Befundaufnahme) der Milzenergie wird vorausgesetzt. Von deren Schwäche bzw. Stärke hängt die Behandlung über die Zustimmungs- oder Alarmpunkte Bl 20 (Milz/Pankreas) und Bl 21 (Magen) sowie Le 13 (Milz/Pankreas) und JM 12 (Magen) ab.

Die Öffnung des Punktes MP 6 („Vereinigung der drei Yin“) verbessert den Kontakt zur Erde. Es ist, als ließe dieser Punkt die Inkarnation im Körper erst zu.

• zum körperlichen „Umfeld“
Menschen in einer blockierten WP „Erde“ können grundsätzlich sowohl Energie verdünnen wie auch ausdehnen. Wenn sie Konflikte mit anderen Menschen auszutragen haben, müssen sie nicht körperlich die Flucht ergreifen, sie verdünnen ihre Energie so stark, daß sie eigentlich gar nicht mehr wirklich da sind. Dadurch werden sie zwar wehrlos, sind zugleich aber auch nicht mehr angreifbar. Auch ihr häufiges Klagen ist begleitet durch ein „Verdünnen“ der Energie. Jede Zuwendung, jeder Ratschlag, jede Hilfestellung greift dann ins Leere. Ihre grenzenlose Sehnsucht, „endlich genug zu bekommen“, wird wieder nicht gestillt. Bekommt dieser Typus doch einmal genügend Lob und Beachtung, dann lädt er sich energetisch wieder auf und verdichtet sich – bis zum nächsten Eklat.

Die energetische Wende ist dann vollzogen, wenn solche Menschen mehr körperliche Kräfte und einen muskulären inneren Halt entwickeln können. Dann sind sie energetisch da und bleiben es auch.

4.7.3.2 Wandlungsphase „Wasser“

Wichtigste Entsprechungen der WP „Wasser“

- Organpaar: Niere und Blase
- Jahreszeit: Winter
- Emotion: existentielle Angst
- Körpergewebe: Knochen: „Die Angst ist mir in die Knochen gefahren“.
- Sinnesfunktion: Gehör, im Sinne von Horchen: „Hat man etwas über mich gesagt?“

Emotionale Typologie von Leere oder Fülle der WP „Wasser“

Leere der WP „Wasser“: Dieser Typus kann vor Angst wie gelähmt sein, er verliert die Möglichkeit zu reagieren und die Bewegungsfähigkeit (Totstellreflex).

Fülle der WP „Wasser“: Es besteht eine Spannung aus Angst. Diese Angst macht aber nicht blind, sondern wachsam und mißtrauisch. Man plant immer mehr zu tun, als man tatsächlich zu leisten vermag. So versucht man, die Spannung der Angst in Aktion (Angriff/Flucht) und Bewegung aufzulösen.

Weitere Hinweise auf Fülle oder Leere der WP „Wasser" und entsprechende Krankheitsanfälligkeiten

Leere der WP „Wasser“: Das Konstitutionsbild hat Ähnlichkeit mit der Symptomatik der chronischen Nebenniereninsuffizienz: Dunkle Pigmentierung der Haut, allgemeine Körperschwäche, leichte Ermüdbarkeit, niedriger Blutdruck, große Kälteempfindlichkeit, Appetitlosigkeit, Gewichtsabnahme, Neigung zu Ohnmacht, Übelkeit usw. Dieser Typ verfügt über wenig Kraftreserven und erholt sich von Anstrengungen oder Krankheiten nur sehr langsam. Oft klagen solche Menschen über Nachtschweiß, Durchfall, Harndrang, Harnzwang, Impotenz, Parästhesien und Ödeme an den Füßen.

Fülle der WP „Wasser“: Im Larynx besteht Trockenheits-, Krampf-, Fremdkörper- oder Kloßgefühl. Angina tritt häufig auf. Der Nakken-Schulterbereich ist häufig sehr verkrampft, auch Kreuzschmerzen sind verbreitet, besonders beim Aufrichten und am Anfang einer Bewegung. Weitere mögliche Symptome: brennend heiße oder schmerzhafte Fußsohlen, ganz oder teilweise hart gespannter Unterbauch, dauernde innere Unruhe und generelle Verspannung. Die Unterlider der Augen können angeschwollen sein und weisen vielfach eine dunkle Farbe auf.

Arbeit an der aktiven Integration der Gegensätze von Leere/Fülle der WP „Wasser"

bedeutet eine Aktivierung der Qualitäten des Aushaltenkönnens, der Unerschrockenheit.

Akupunkturpunkte

Die Massage des Bl 52 kann mithelfen, Leere und Fülle der WP „Wasser“ auszugleichen. Unterstützende Punkte in der unteren funktionalen Zone sind JM 6, bei Frauen außerdem TM 3, bei Männern TM 4 (Massage des Os sacrum).

Weitere therapeutische Hinweise

• zur Konstitution

Meist ist eine ausgesprochene Yin-Situation anzutreffen, mit einer eigentlichen Erstarrung des vitalen Energieflusses. Die spontane, lebendige, die Yang-Seite ist schwer zu spüren und noch schwieriger zu integrieren. Berührung, Bewegung, Bewegtheit sind die Tore, durch die eine Struktivität dieser WP gelöst werden kann.

• zur unteren funktionalen Zone

Die untere funktionale Zone kann nur über die mittlere Zone erschlossen werden. Das Zentrum, der Bauch, ist bei diesem Typus gleichsam eingefroren, verkrampft, blockiert. Hier muß zuerst durch Atmung und Bauchmassage Bewußtheit geschaffen werden, alle anderen Techniken treten eine Weile in den Hintergrund. Denn die Menschen, die sich stark in dieser WP befinden, werden durch die eigene Innenwelt bedroht und müssen sich ständig muskulär schützen. Dort – im Bauch – sind tiefe Wunden, dort sitzt heftiger Haß. Existentielle Angst vor dem plötzlichen Aufbrechen der eingekapselten, eingekerkerten Energie läßt eine friedliche Koexistenz in diesem Bereich nur schwer zu. Darum ist therapeutische Geduld und Weichheit gefordert, bis eine Verbindung zum Bauch, zur Angst, zur Wut möglich wird. Erst wenn dies geglückt ist, kann man den therapeutischen Weg weiterverfolgen.

Die „Feuerübung“ (vgl. Kapitel 4.2.3.5, Seite 138) bringt auch Wärme in diese Gegend (meist auch eine Kälte-Situation), der „Große Kreislauf“ versucht, die drei funktionalen Zonen miteinander zu verbinden. Der

„Innere Kanal“ erhöht die Verbindung in den drei funktionalen Zonen weiter.

• zum Atem
Die Atmung hat bei diesem Typus den Auftrag, die „Mitte“ zu erschließen, ferner, „die Endlosigkeit des Schreckens“ zu mildern und abzutragen.

Sie wird zunächst genauso eingesetzt wie in der Arbeit mit chronischem Schmerz oder mit den Emotionen. Der Therapeut hilft dabei, indem er schmerzhafte Stellen im Bauch oder am Rücken, in der Nierengegend sucht und beim Einatmen leicht dagegen Druck ausübt – einen Führungswiderstand, einen Führungsschmerz produziert. Bei der Ausatmung wird die Stelle gelockert und Spannung zerstreut. Mit dieser Art zu arbeiten wird der Schmerz im Körper konkretisiert.

Beim Typ der blockierten WP „Wasser“ gibt es mit Sicherheit noch andere schmerzende Stellen im Körper, sie können mit derselben Methode behandelt werden. Immer ist Berührung, Massage, eine helfende Hand dabei, die in keiner Weise bedrohlich, manipulativ (keine manuellen Techniken!), aber auch nicht zu zärtlich sein darf.

Die Atmung folgt bei diesem Menschentypus meist dem Muster einer tief in der Vergangenheit entstandenen Schreckatmung. Sie ist in der gesamten Atemperiode zu kurz und bleibt nach der Ausatmung (Winter-Phase der Atmung) lange Zeit stecken. Sie erreicht nicht den Bauch; die drei Barrieren sind alle verkrampft.
Behandlungsvorschläge: Es gilt zunächst die Voraussetzungen zur richtigen Atmung zu schaffen, insbesondere die Methode der tiefen Atmung sollte während sehr langer Zeit geübt werden.

Verbundene Atmung wird dann eingesetzt, wenn ein gesichertes Fundament, wenn „Mitte“ vorhanden ist. Ich empfehle hier eine verbundene Atmung mit Struktur. Atmung mit Affirmation oder Atmung unterstützt über Akupunkturpunkte.

• zu den Energieflüssen
Bevor die Energieflüsse geöffnet werden, sollte die „Mitte“ stabil sein. Die Problematik der WP „Wasser“ ist es ja, daß sich diese Menschen ständig zusammennehmen, ja, zusammenreißen; dadurch kann die Energie nur mangelhaft in die Peripherie fließen. Jedes Nachlassen dieser Anstrengung löst aber Panik aus. Es ist ein Zusammenziehen der Muskulatur bis „in die Knochen“ festzustellen (von daher kommt die Analogie von Wasser-Winter-Kälte und Angst-Knochen in der TCM). Diese tiefe Angst, diese Panik begleitet auch die therapeutischen Bemühungen beim Öffnen der Energieflüsse. Die Behandlung selbst muß deshalb vorsichtig und auf einfache Art geschehen. Die Segmentale Entspannungstechnik mit ihrer simplen Struktur bietet sich da förmlich an. Dann können auch verschiedene Techniken eingesetzt werden, wie sie im Kapitel „Energieflüsse“ beschrieben wurden. Wichtig scheint mir, daß sehr viel Gewicht auf Erdung und Koordination gelegt wird.

Wenn zwischen Therapeut und Patient eine tragfähige Beziehung besteht, kann auch mit massiven Widerstandsübungen gearbeitet werden. Die extreme körperliche Anstrengung verstärkt zuerst zwar die Struktivität, in der Entspannungsphase kann dann aber Weichheit und mehr Ganzheit enstehen. Wichtig ist auch der Einsatz von Weichteiltechniken, und gegen kalte Hände, Füße und Kreuz kann Wärme appliziert werden.

Akupunkturpunkte für die Unterstützung dieser Arbeit: Ni 1, Ni 3, Ni 4, Ni 13 und Ni 27.

• zur lokalen Yin-Yang-Situation
Viele lokale Störungen im Körper sind Yin-Störungen. Auch im lokalen Bereich ist ein Festhalten, Stauen (venöse und lymphatische Stauungen) und Zerstören von Gelenkstrukturen festzustellen. Die Patienten klagen, sie „frören aus ihrem Inneren heraus“. Außerdem besteht ein starkes Kältegefühl in der unteren Körperhälfte.

Auch diese lokalen Störungen haben ihren Sinn, sie dokumentieren, daß ein Mensch in der WP „Wasser" festsitzt, sozusagen durch diese Störung lebt. Die lokale Störung ist ein Aufruf des Patienten-Leibs, ihn zu behandeln. Man soll ihm körperliche Anstrengung und Schmerzen abverlangen.

Solche lokalen Yin-Störungen kippen nur selten in die Yang-Situation, also in die Entzündung.

• zu den Organen
Es muß besonders auf die Energie von Niere und Blase geachtet werden. Auch die Beziehung zwischen den beiden Organen ist wichtig. Der Ausgleich wird über die Zustimmungs- und Alarmpunkte hergestellt: Bl 23 (Niere) / Bl 28 (Blase) und Gb 25 (Niere) / JM 3 (Blase).

Ferner sollte unbedingt der allgemeinen Erschöpfung durch die Behandlung der endokrinen Insuffizienz durch Moxibustion entgegengewirkt werden.

• zum körperlichen „Umfeld"
Das vorherrschende Merkmal der WP „Wasser" ist, daß diese Menschen „gar nicht ganz da" sind; sie sind anwesend, aber nicht da, sie können lautlos verschwinden, ohne daß man es richtig bemerkt. Sie haben keinen rechten Boden unter den Füßen. Selbst in der Füllephase der WP ist zu spüren, daß Aktivität und Managertum diesen Menschen sehr viel Willensanstrengung abverlangt, der Aktivismus eigentlich eine Kompensation darstellt, wobei ständig Gefahr besteht, daß solche Menschen in die Gegenrichtung kippen. Entsprechend ist ihr Energiefeld verdünnt und erst noch zusammengezogen. Bevor man mit den Übungen der energetischen Kommunikation beginnt, kann man diese Menschen beispielsweise zum Wandern in den Wald oder in die Berge schicken. Sie sollten zuerst vermehrt Kontakt mit der Natur suchen und dabei ihre Beziehung zum eigenen Bauch nicht vergessen.

Vorschlag: Gehmeditation (siehe Kapitel 3.1.4, Seite 108).

Ni 1 und Ni 4 werden intensiv mit Akupressur behandelt, diese Behandlung unterstützt solche Bemühungen und reduziert Angstgefühle.

4.7.3.3 Wandlungsphase „Holz"

Wichtigste Entsprechungen der WP „Holz"

• Organpaar: Leber und Gallenblase

• Jahreszeit: Frühling

• Emotion: Gesunde Aggression bis hin zu Wut oder Dauerärger

• Sinnesfunktion: Auge: Am Tag ist die Unterscheidungskraft im Auge, nachts ist sie „in der Leber", wo nach chinesischer Auffassung die Träume ihren Ort haben.

Emotionale Typologie von Fülle oder Leere der WP „Holz"

Leere der WP „Holz": Leicht depressive Grundstimmung. Die Gefühlshaltung der „Holz"-Leere ist sehr häufig. Man ärgert sich aus winzigstem Anlaß. Viele Menschen können ihren Ärger aber nicht ausdrücken, so daß eine „lächelnde Depression" entsteht, die das Qi dauerhaft schädigt.

Fülle der WP „Holz": Das psychische Leitsymptom ist die Neigung zu Zornausbrüchen, ein unausgeglichenes Temperament, Ungeduld und fehlende Ausdauer.

Weitere Hinweise auf Fülle oder Leere der WP „Wasser" und entsprechende Krankheitsanfälligkeiten

Leere der Wandlungsphase „Holz": Dieser Konstitutionsform liegt eine allgemeine Venösität zugrunde, aus der die „Leber-Symptome" verständlich werden. Das Gesicht ist von bläulicher Farbe und weist, wie auch die übrige Haut, blaurote Kapillarzeichnungen auf.

Die venöse Stauung im kleine Becken begünstigt die Entwicklung von Erkrankungen der Urogenitalorgane. Durch die Stauung im Pfortadergebiet kommt es zu Störungen der Verdauung und zu Druckgefühlen im Hypochondrium (die Organe des Unterleibes) und in den seitlichen Bauchpartien. Häufig klagen solche Menschen über Schlaflosigkeit, Schwindel, Benommenheit, Schweregefühl im Kopf, Kopfschmerzen, Ermüdbarkeit der Augen, Sehstörungen, Muskelschwäche, Impotenz, Schmerzen im Unterleib, Kreuzschmerzen, Lumbalgien, Knieschmerzen, die kommen und gehen, Obstipation, helle Stuhlfarbe und schlechten Körpergeruch.

Fülle der Wandlungsphase „Holz“: Typische Anzeichen sind hoher Blutdruck, Neigung zu Emphysem und Apoplexie, Bauchspannungen im Inneren und Druckgefühle im Thorax. Weitere Charakteristika sind die blaurote Gesichtsfarbe, großes Schlafbedürfnis, Schmerzhaftigkeit und Steifheit der Gelenke, Tortikollis, Lumbalgien, Kreuzschmerzen, Schweregefühl im ganzen Körper.

Arbeit an der aktiven Integration von Fülle und Leere der WP „Holz"

bedeutet, daß die eigene Kraft aktiviert, die Planungs- und Entschlußkraft verbessert, schließlich eine sanfte, ruhige Ausdauer erworben werden soll. Die Frühlings-Übung verbessert u.a. auch die Sehkaft und reguliert den Muskeltonus.

Akupunkturpunkte

Die Massage der Punkte Bl 47 hilft mit, Leere und Fülle der WP „Holz“ auszugleichen. Unterstützender Punkt in der mittleren funktionalen Zone: JM 12.

Weitere therapeutische Hinweise

• zur Konstitution

Die Leber ist die Beherrscherin dieser Wandlungsphase. Sie ist der General aller Wandlungsphasen, damit steht ihr Entscheidung und Entschlußkraft zu.

Dieser General hat jedoch noch viele andere Eigenschaften: ein hohes Energiepotential, latente Aggressionsbereitschaft, Launenhaftigkeit und emotionale Unbeständigkeit. Die Menschen, die in der WP „Holz“ blokkiert sind, versuchen sich unbesiegbar zu machen, und aus Angst, manipuliert zu werden, manipulieren sie häufig selbst. Begegnen sie dem Gegendruck anderer, so kommen sie erst richtig in Fahrt, ihre Eile, Betriebsamkeit und ihr Einsatz fegen alles hinweg.

Grenzenlose Ausbeutung des eigenen Körpers, der eigenen Energien ist die konstitutionelle Grundproblematik dieser Wandlungsphase.

Therapeutisches Vorgehen: Einem General kann man nicht einfach einen Befehl erteilen. Man muß ihn zum eigenen Führer auf dem Weg zu seinem Inneren erküren, muß ihn die Schätze im eigenen Inneren – Weisheit, Weichheit, Liebe und Wohlwollen – selbst finden lassen. Man kann ihm auf diesem Weg mit sedierender Behandlung bestimmter Akupunkturpunkte etwas Unterstützung leisten (siehe Regulation des Yang-Typs zur Ausgeglichenheit). Wirkungsvoll ist eine sanfte, aber andauernde Massage des Punktes TM 19 („Hinter dem Scheitel“) zur affektiven Beruhigung. Bei tief sitzender blockierter Wut ist eine Behandlung der Punkte Ni 11 und Ni 27 zu empfehlen, mit starkem Druck oder Laser-Akupunktur, gepaart mit verbundener Atmung. Am meisten geeignet ist der Punkt Bl 58, der in der Ausatmungsphase kräftig gedrückt werden soll.

• zur Atmung

In der Einatmungsphase zeigt sich, daß dieser Typ seinen Aktivismus selbst unterdrückt, wahrscheinlich aus Angst, daß sich die ganze Energie explosionsartig gegen ihn oder gegen andere richten könnte. Daraus entsteht eine verkrampfte Einatmung, wobei sich der Oberkörper aufbläht, mit einem entsprechenden Schultergürtel- und Brustpanzer.

Eigentlich sollte man mit solchen Menschen die Methode des „Stillatmens" üben, aber alle stillen, eher meditativen Übungen bringen sie noch mehr „auf die Palme". Darum wenden wir bei ihnen die schlaue Strategie an, das Falsche zu tun, um das Richtige zu bewirken: Wir setzen sie massiven körperlichen Belastungen aus, auch mit SET, und verbessern dann die Einatmung in den Ruhephasen klammheimlich mit Berührung. Mit verbaler Begleitung versuchen wir zu erreichen, daß auch die Ausatmungsphase mehr Zeit bekommt, damit sich das „Aufgeblähte" langsam zurückbilden kann. Wenn die Atemfehlformen korrigiert sind und der muskuläre Panzer reduziert ist, dann kann eine gut strukturierte, körperliche, belastende und verbundene Atmung (Seite 158) mit der entsprechenden Erholungsphase folgen, zum Beispiel stehend im Reitersitz.

• zur mittleren funktionalen Zone
Die mittlere Zone ist betroffen, weil bei diesem Typus das Zwerchfell massiv verspannt ist und die Verbindung nach oben und unten hemmt. Nach oben entsteht ein starker Druck, und die Verbindung nach unten Richtung Bauch, Becken, Beckenboden und Beine, die alle hyperton sind, ist ebenfalls mangelhaft. Bei einigen dieser Menschen sieht man, daß ihre Schrittbreite, als Folge verkrampfter Beine, wesentlich reduziert ist. Ein individuelles Dehnungsprogramm für den ganzen Körper kann etwas Luft schaffen. Als Anschlußprogramm ist etwa der „Große Kreislauf" zur Verbindung der drei Zonen geeignet.

• zu den Energieflüssen
Angezeigt ist nicht nur die vertikale Öffnung, sondern auch die laterale Öffnung und die Öffnung vorne – hinten. Die laterale Unausgeglichenheit signalisiert auch ein „Verrückt-Sein" auf emotionaler und mentaler Ebene. Um das Ganze wieder zurechtzurücken, brauchen wir – wenn der Patient es zuläßt – alle Weichteiltechniken, die aufdehnen und weit machen. Sinnvoll ist, diese Arbeit mit der Atmung zu koordinieren: Aufdehnen – einatmen; loslassen – ausatmen.

• zur lokalen Yin-Yang-Situation
Der starke Yang-Anteil der WP „Holz" läßt darauf schließen, daß entzündliche Prozesse im Vordergrund stehen, also wiederum eine Yang-Situation.

• zu den Organen
Es wird über die Zustimmungs- oder Alarmpunkte behandelt, je nachdem, ob Fülle oder Leere vorliegt: Bl 18 (Leber)/Bl 19 (Gallenblase) und Le 14 (Leber)/Gb 24 (Gallenblase). Bei Verkrampfung der unteren Körperregion ist die Massage von Le 3 („Äußerster Ansturm"), Gb 39 („Hängende Glocke") und Ma 39 („Große Leere der unteren Region") angebracht.

• zum körperlichen „Umfeld"
Wenn dieser Konstitutionstyp in Fülle ist, so ist er in der Lage, seine Energie auszudehnen und verdichtet zu halten. Es sind Menschen, die man im politischen Jargon als „Populisten" bezeichnen würde. Aber auch in Beziehungen werden solche Menschen „das Steuer führen", besonders dann, wenn sie einen „Verdünner" zum Partner haben (was meist auch der Fall ist). Die Problematik dieses Typs ist, daß man ihnen gar nicht zu nahe treten kann, deshalb sind sie gefühlsmäßig einsam, gefangen in der eigenen Energie. Der falsche Weg wäre, sie zum Training des Verdünnens anzuhalten, damit sie weniger Widerstand produzieren. Sie wären zu einem solchen Training zwar in der Lage, aber es wäre nicht authentisch. Intensive „verbundene" Atemsitzungen – und vor allem das Leben selbst – kann sie zu mehr Gelassenheit und Bescheidenheit führen und in Verbindung mit der eigenen Faulheit bringen. Ihr innerer Kern, ihr innerer Führer ist ja ruhend, kreativ und schön. Therapeut und Patient können „auf

dem Weg zur Mitte" immer – was auch geschieht – mit diesem Kern in Verbindung treten.

4.7.3.4 Wandlungsphase „Feuer"

Wichtigste Entsprechungen der WP „Feuer"

• Organpaar: Herz und Dünndarm, Dreifacher Erwärmer und Perikard

• Jahreszeit: Sommer

• Emotion: Freude, Ekstase, Schuldgefühle, Scham und Schreck – also Emotionen von „himmelhoch jauchzend" bis „zu Tode betrübt". Werden diese Emotionen integriert, so kann das Kippen von manischen in depressive Stimmungen gemildert oder aufgehoben werden.

• Sinnesfunktion: die Zunge als Mittel der Kommunikation und der eigenen Offenbarung („Er trägt das Herz auf der Zunge")

Emotionale Typologie der Gegensätze von Leere/Fülle der WP „Feuer"

Leere der WP „Feuer": Diese Konstitutionsform äußert sich in Hemmungen, Ängstlichkeit und geringem Selbstvertrauen.
Fülle der WP „Feuer": Dieser Typus ist ein ungeduldiger Intellektueller, der seine Überlegungen mit Logik, rhetorischer Brillanz und System anbringt. Seine Ausführungen lassen keinen Raum für Zweifel, sie sind getragen von großem Optimismus und Überzeugungskraft. Bei genauerem Hinhören spürt man, daß seine „Herzensangelegenheiten" durch Logik und Systemgebundenheit oft etwas Starres, Unbewegliches bekommen – aber starre Bäume sind ja stets in Gefahr, im Wind zu brechen.

Weitere Hinweise auf Fülle oder Leere der WP „Feuer" und mögliche Krankheitsanfälligkeiten

Leere der WP „Feuer": Häufig wird über mit Angst verbundene nervöse Herz- und Kreislaufbeschwerden geklagt, über Herzklopfen, Herzjagen, Druck- und Bangigkeitsgefühle, Schlafstörungen. Das Gefühlsleben ist zyklothym, „himmelhoch jauchzend, zu Tode betrübt". Die Leere der WP „Feuer" unterscheidet sich nicht wesentlich von der Fülle. In der Energieleere entsteht aus einem guten Zustand plötzlich eine hysterische Reaktion.
Fülle der WP „Feuer": Hauptgefahren sind Herzinfarkt, Schlaganfall oder eine extrem manische Stimmungslage. Alles geht reibungslos, mit viel Leistung und Effizienz, aber plötzlich kommt es zu einem Zusammenbruch. Bei Leere sind die Zusammenbrüche viel häufiger, dafür auch harmloser als bei Fülle.

Arbeit an der aktiven Integration der Gegensätze Fülle/Leere der WP „Feuer"

bedeutet, daß die Geistesklarheit und das Gefühl von Einheit und Verbundenheit aktiviert werden.

Akupunkturpunkte

Eine Massage der Punkte Bl 44 hilft, Leere und Fülle der WP „Feuer" auszugleichen.
Um den Energiefluß des Herz-Meridians anzuregen, kann der Punkt He 7 behandelt werden.
Unterstützende Punkte in der oberen funktionalen Zone sind JM 14, JM 17.

Weitere therapeutische Hinweise

• zur Konstitution
Das Feuer nimmt den Platz des großen Yang ein. Als Aufflammendes erscheint es hell und leuchtend. Daher ist das Feuer als Substanz das Helle und Heiße und seine Eigenschaft das Aufflammende.

Das Herz ist das Herrscherorgan, die Geistesklarheit geht aus ihm hervor. Ist der Herr klar, dann ist unten Frieden, ist der Herr nicht klar, dann geraten die zwölf Organe in Gefahr.

Die Konstitution ist in dieser WP stark und leistungsfähig. Das Problem liegt darin, daß das Herz als Herrscherorgan (der Kaiser) zu stark gepanzert, dadurch isoliert ist. Es besteht ein Kommunikationsproblem: Die tiefe Weisheit des Kaisers gelangt gar nicht zu seinen Ministern (Perikard und Dreifacher Erwärmer). Wohl versucht er hin und wieder, seine sorgenden Ratschläge dem ganzen Land mitzutelen, aber entweder dringt er nicht durch die Panzerung hindurch, oder die Minister hören nicht auf ihn.

Therapeutisches Ziel ist, daß die guten, wirkungsvollen Kräfte und Informationen, die von innen kommen, durch die Minister aufgenommen und umgesetzt werden. Das ist nicht so einfach, die Minister sind mit allen Mitteln bestrebt, daß dem Kaiser nie wieder das Schreckliche widerfahre, als er vorbehaltlos liebte und vertraute und dann doch schmählich im Stich gelassen wurde. Der Kaiser braucht jedoch solchen Schutz nicht, er ist im Grunde unverletzlich. Die Minister können und wollen dies nur nicht zur Kenntnis nehmen. Es ist ihr eigenes Schutzbedürfnis, das sie zwingt, die Mauern aufzurichten und den Kaiser von seinen Untertanen zu isolieren.

Was ist da zu tun? Es empfiehlt sich, beim Berühren und Behandeln behutsam vorzugehen und Ziele und Strategien der Behandlung gemeinsam mit dem Patienten zu entwickeln. Er kann in dieser partnerschaftlichen Arbeit viel Positives beitragen. Er verhilft dem Therapeuten zu mehr Demut, Geduld und Gelassenheit. Er kann auch klar, knapp und schonungslos die therapeutischen Unzulänglichkeiten entlarven.

• zur Atmung

In der Sommerphase, im Übergang von der Ein- zur Ausatmung, kann die Quelle der Freude, der Ekstase und der orgiastischen Sexualität liegen. Leider wird dieser Sommer- oder „Hoch-Zeit" viel zuwenig Beachtung geschenkt. Dort wäre ein Ausdehnen, ohne sich aufzublähen, ein Kommen und Gehen, ein Geben und Nehmen möglich. Angesprochen ist die Wahrnehmung bei der Atmung; die Methode des „Stillatmens" und die Methode der tiefen Atmung. Aus einer SET-Übung heraus kann sich auch eine freie verbundene Atmung entwickeln.

Auch wenn dieser Konstitutionstyp sehr leistungsfähig ist, braucht er eine schonende therapeutische Begleitung, die sanft ist dazu.

• zur oberen funktionalen Zone

Hier besteht ein tiefer, unsichtbarer innerer Panzer. Die Enge wirkt sich auch auf den Halsbereich aus, die Verbindung nach unten, zu Bauch und Becken, ist auch nicht besonders gut.

Was dem ganzen Körper fehlt, ist die feine energetische Pulsation, die eine spontane, freudige Lebendigkeit erzeugt. Es ist zweifelhaft, ob es klug ist, direkt auf die obere Zone loszusteuern, oder ob man eher von unten herauf einen Zugang zu ihr suchen soll. Wie sind Bauch und Herz miteinander zu verbinden?

Mein Vorschlag: Mit rhythmisierenden Bewegungen beginnen, anschließend Dehnungen, besonders auch der oberen Extremitäten. Später folgt die Summ-Meditation als Mittel, in allen Segmenten eine Vibration und Pulsation zu erzeugen (JM 6 / JM 12 / JM 17 und dann der Hals). Der Patient kann mit den Tönen experimentieren, man kann ihn anschließend fragen, welches Körpergefühl sich bei dem oder jenem Ton eingestellt hat. Diese Verbindungshilfe, die von allen wichtigen Energiezentren geleistet werden kann, mildert den alten „Verrat am Herzen" etwas.

Später, viel später kann man auch durch das sanfte Berühren des TM 20 („Hundert Vereinigungen") das Tor des Palastes noch weiter öffnen.

• zu den Energieflüssen
Dieser Typ hat Muskelkraft, eine gute Haltung, einen ausgewogenen Körperbau und eine gute Beweglichkeit. Von Zeit zu Zeit kommt aber etwas Rigides, Schablonenhaftes auf. Spontan würde ich bei diesem Typ zunächst am ehesten mit Weichteiltechniken arbeiten – ventrales und dorsales Öffnen – und dann überprüfen, wie Energie und Atmung reagieren. Mit Sicherheit muß auch intensiv am vertikalen Energiefluß gearbeitet werden.

• zur lokalen Yin-Yang-Situation
Wenn die Behandlung der Schlüsselpunkte bei einer Entzündung nicht anschlägt und die Konstitution sehr Yang-lastig ist, müssen auch die sedierenden Yang-Konstitutionspunkte behandelt werden.

• zu den Organen
Das Hauptproblem des Herzens ist die Gefahr eines plötzlichen Zusammenbruchs auf der körperlichen, emotionalen oder mentalen Ebene. Wenn die Minister entspannt und gut gelaunt sind, können sie auch besser auf die Ratschläge des Kaisers hören.

Konkret: die Zustimmungspunkte des Dünndarms Bl 27 (S 1), des Perikards Bl 15, des Dreifachen Erwärmers Bl 22, des Zwerchfells Bl 17 werden sediert.

Erst anschließend kann die Fülle oder Leere des Herzens über die Zustimmungs- und Alarmpunkte ausgeglichen werden: Bl 15 (Herz) / Bl 27 (Dünndarm) und JM 14 (Herz) / JM 4 (Dünndarm).

• zum körperlichen „Umfeld“
Diese Menschen sind je nach Bedarf in der Lage, ihre Energie zu verdünnen oder zu verdichten, auszudehnen oder wieder zurückzuziehen. Bei einem Zusammenbruch wird hingegen die Energie entweder ganz dicht und starr (die Bewegungen werden vollkommen mechanisch), oder sie wird so dünn, daß sie energetisch fast nicht mehr vorhanden sind.

Diese Zusammenbrüche sind nicht zwingend, wenn man einen Weg findet, der direkt in die Emotion des „Herzensverrates“ geht und ihn auf- und annimmt. Dann würde sich das Tor zum Palast öffnen, der Kaiser würde sich als weiser alter Mann zeigen, der sich liebevoll um sein Land sorgt.

4.7.3.5 Wandlungsphase „Metall“

Entsprechungen zur WP „Metall“

• Organpaar: Lunge und Dickdarm

• Jahreszeit: Herbst

• Emotion: Die Gefühle der Trauer, der grenzenlosen Verlassenheit

• Sinnesfunktion: Nase, Wittern, „die Nase im Wind halten“

Emotionale Typologie der Gegensätze Leere/Fülle der WP „Metall“

Leere der WP „Metall“: Dieser Typus ist beunruhigt, unsicher, zaghaft, sieht überall Schwierigkeiten, kann sich anderen nicht anvertrauen und nörgelt gerne. Wenn nötig, kann er aber sehr tapfer und ausdauernd sein.
Fülle der WP „Metall“: Die meisten Vertreter dieses Typus sind geistig aktiv, leutselig und gesellig. Plötzlich ist aber „die Luft draußen“, sie „kippen“, werden plötzlich traurig, kraftlos und sehr instabil.

Weitere Hinweise auf Fülle oder Leere der WP „Metall“ und entsprechende Krankheitsanfälligkeiten

Leere der WP „Metall“: Charakteristisch ist die helle Haut- und Gesichtsfarbe. Weitere Merkmale sind starkes Schwitzen, Abneigung gegen Luftzug, aus Furcht, sich zu erkälten. Ferner besteht eine Anfälligkeit für Erkrankungen der oberen und unteren Luftwege: Rhinitis, Laryngitis, Bronchitis, Asthma, Pneumonie. Häufige Begleitsymptome sind Husten, Druckgefühle in der Brust, Schmerzen in den Schultern, zwischen den Schulterblättern und Schwergefühle in den Armen. Der Husten ist nicht so heftig wie beim Fülle-Typus, eher ein Hüsteln. Die Haut ist trocken, schlecht durchblutet, und es besteht eine Neigung zu langwierigen Hauterkrankungen. Weder Kälte noch Hitze werden gut vertragen. Mund und Rachen können trocken sein und es können auch nervöse Herzbeschwerden auftreten. Verdauungsstörungen und Hämorrhoiden sind auch in dieser WP anzutreffen.

Fülle der WP „Metall“: Dieser Typ schwitzt leicht, hat eine rote Gesichtsfarbe und verträgt keine Wärme. Auch bei ihm besteht dieselbe Anfälligkeit für Erkrankungen der Atemorgane, Bronchitits, Bronchialasthma mit starker Schleimbildung. Der heftige und anhaltende Husten verursacht zusätzlich Schulter-, Rücken- und Brustschmerzen. Auch die Anfälligkeit für Hauterkrankungen ist vorhanden.

Arbeit an der aktiven Integration der Gegensätze von Fülle/Leere der WP „Metall“

heißt, das Gefühl des Sich-öffnen-und-wieder-zurücknehmen-Könnens zu aktivieren. Die Herbst-Übung verfeinert die Qualitäten Ausdauer, Mut und Mitgefühl.

Akupunkturpunkte

Die Massage der Punkte Bl 42 hilft mit, Leere und Fülle der WP „Metall“ auszugleichen. Unterstützende Punkte in der oberen und unteren funktonalen Zone: Lunge – JM 17, Dickdarm – JM 6

Weitere therapeutische Hinweise

• zur Konstitution

Die Konstitution der WP „Metall“ ist vom Yin geprägt. Sie hat etwas Gebeugtes, Gestauchtes, Niedergedrücktes. Man hört es oft schon an der dünnen Stimme. Es ist, als bekämen diese Menschen durch einen dauernden Druck nicht genügend Luft, als wären sie nur da, um unglaubliche Belastungen und Schmerzen zu ertragen. Ihre Konstitution ist aber, je mehr der Druck zunimmt, desto zäher und widerstandsfähiger.

Diese Menschen haben andererseits aber auch etwas Aristokratisches, Sensibles, Schüchternes, Differenziertes und eine unglaublich feine Witterung für Echtes oder Unechtes. Beide Aspekte therapeutisch sinnvoll in Verbindung zu bringen ist nicht leicht. Eine therapeutische Botschaft könnte darin bestehen, daß ein solcher Mensch, wenn Druck und Widerstand groß sind, wenn gekämpft und gerungen werden soll, „einfach ruhig bleiben“ soll, „in den Widerstand weich hineingehen“ oder eben „warten, bis er wieder Luft bekommt“.

Die andere Botschaft wäre, aus der Weichheit und Enge mehr Stabilität und innere Kraft zu schöpfen, nicht nur aus der körperlichen, sondern auch und ganz besonders aus der mentalen Kraft heraus. Das Mentale kann Weite, Durchsetzungsfähigkeit und Präzision verleihen, wenn es im Kern abgesichert ist. Also ist eine Stabilität anzustreben, die zuläßt, daß alle feinen Lebensvorgänge rhythmisch pulsieren können – dazu, meine ich, haben die Menschen dieser WP besonders gute Voraussetzungen.

• zur oberen funktionalen Zone

Die Lunge liegt zwar in der oberen, ihr Partner, der Dickdarm, aber in der unteren funktionalen Zone. Wir müssen also in zwei Zonen arbeiten und zugleich in zwei Dosierungen, „grob“ und „fein“.

Beginnen wir mit dem Dickdarm: Eine tiefe Bauchmassage bringt Energie in diese Zone. Dann folgen die Lungen: Wir erweitern den Thorax vorn und dehnen auch die Brustmuskeln und in der Verlängerung die inneren Armmuskeln, damit mehr Platz zum Atmen entsteht. Alles geschieht immer in Verbindung mit der Atmung. Soviel zur „groben“ Arbeitsweise.

Die „feine" Dosierung benützt die Summ-Meditation, um tiefere Schwingungen in den Bauch (JM 6) und den Brustkorb (JM 17) zu bringen. Der „Große Kreislauf" verbindet dann beide bzw. alle drei Zonen zu einer Einheit.

Anschließend folgt die wirkungsvollste Therapie, der „Innere Kanal". Eines der vielen Geheimnisse des „Inneren Kanals" besteht darin, daß die anale Phase bei dieser Übung rekapituliert werden kann. Beim Hochziehen der Energie durch den Kanal wird der Anus etwas angespannt, dadurch übt man das Sammeln und Zurückhalten, beim Richtungswechsel am Scheitel übt man das vollständige Loslassen des Beckenbodens.

• zur Atmung
Loslassen in der Ausatmung und Sich-Zeit-Lassen in der Ausatmung ist das wichtigste. Dafür stehen uns ja nun eine ganze Reihe von Atemformen zur Verfügung.

• zu den Energieflüssen
Ausgangspunkt sind die zwei Fragen: „Bin ich im Lot?" und „Lasse ich mich niederdrükken?"

Die energetische Störung hinten – vorne sollte radikal attackiert werden, mit mehr Yang (Kraft = Stabilität) im Rücken und weniger Yin (Aufdehnen = Weite) auf der Vorderseite. Durch die Steigerung von Yang hinten und die Verminderung von Yin vorne können sich beide Pole in einem labilen Gleichgewicht einpendeln, so daß sich das „Gebeugte" der WP aufrichten kann.

• zur lokalen Yin-Yang-Situation
Dazu ist bei dieser WP wenig zu sagen, höchstens, daß die lokalen chronischen Störungen etwas mühevoller zu behandeln sind.

• zu den Organen
Der Dickdarm wird über den Punkt Bl 25 sediert, auch bei Durchfall. Anschließend wird eine tiefgreifende Bauchmassage in Kombination mit der Atmung durchgeführt. Das therapeutische Ziel besteht darin, die vagotone Yin-Verkrampfung der unwillkürlichen Darmmuskulatur zu lösen. In einem zweiten Schritt kann man feststellen, wie es bezüglich Leere oder Fülle im Dickdarm steht. Besteht eine Leere, so kann über die Alarmpunkte tonisiert werden.

Die Lungenenergie ist bei den meisten dieser Menschen, besonders bei den Älteren, reduziert. Eine Aktivierung des Lungen-Qi zu Beginn einer Körpertherapie ist hilfreich. Die geschieht über die Zustimmungs- und Alarmpunkte: Bl 13 (Lunge) / Bl 25 (Dickdarm) und Lu 1 (Lunge) / Ma 25 (Dickdarm)

Der folgende Hinweis gilt zwar für alle Wandlungsphasen, aber besonders für die WP „Metall": Seit Jahrtausenden unterziehen sich Menschen aus guten Gründen periodischen Fasten- und Reinigungskuren. In der Tat verlangt die Verschlackung und Vergiftung des Stoffwechsels von Zeit zu Zeit nach einer Reinigung, denn die „Degeneration" von Leben kommt aus dem Darm.

• zum körperlichen „Umfeld"
Menschen in dieser WP sind starke Verdünner und Ausdehner der Energie. Für diese energetische Situation stellen die Übungen der Energetischen Kommunikation eine echte Hilfe dar. Sie schaffen energetische Stabilität, lösen bis zu einem gewissen Grade die Abgrenzungsprobleme und lehren diese Menschen, auch einmal „nein" sagen zu können.

4.7.4 Die fünf Jahreszeiten-Übungen

Die folgenden WP-Übungen stellen nicht nur einen Weg zur aktiven „Öffnung" einer blockierten Phase dar, sie sind zugleich auch symbolische Handlungen. Wir behandeln dabei stets ein bestimmtes Thema, aber jedesmal nur solange, bis wir das Gefühl bekommen, es schiebe sich ein anderes Thema in den Vordergrund. Am selben Tag führen wir immer nur eine Übung aus.

Wenn die Zeit oder die Möglichkeit fehlt, eine Übung physisch durchzuführen, so stellen wir sie uns im Geist vor. Beim mechanischen Üben andererseits sollten wir nie den Kontakt zum geistigen Inhalt der Übung verlieren.

Erde/Mitte-Übung

Ausgangsstellung

Wir stehen ungezwungen aufrecht mit hängenden Armen und spannen gleichzeitig leicht die beiden M. deltoidei. Die Füße sind eine Spur nach außen gerichtet, bei geschlossenen Fersen, die Knie werden leicht gebeugt, damit die Energie besser fließen kann.

Ausführung

Phase 1: Nun beginnen wir, den linken Arm seitlich ausgestreckt hochzuführen. Die Innenseite der linken Hand wird dabei fließend nach oben und außen gedreht. Während dessen lassen wir den rechten Arm weiterhin nach unten hängen. Die rechte Hand wird zu Beginn der Übung möglichst rechtwinklig nach oben gebogen (dorsalflektiert) und bleibt so, bis der linke, sich bewegende Arm in seine Ausgangsstellung zurückgekehrt ist.

Phase 2 und 3: Wir haben die Linke bis ins Lot hochgeführt und halten sie locker und leicht gebeugt wie ein Dach über unseren Scheitel. Nun wird – ohne Unterbrechung der Bewegung – die Hand im Handgelenk geschmeidig in sich so gedreht, daß bei gleichzeitiger Streckung des Armes die Handinnenfläche in der Endstellung (Abb. 79) nach oben zum Himmel zeigt. Wir können uns dabei vorstellen, wir stemmten mit dem Handballen der Linken den Himmel hoch und drückten gleichzeitig mit der rechten Handfläche die Erde nach unten.

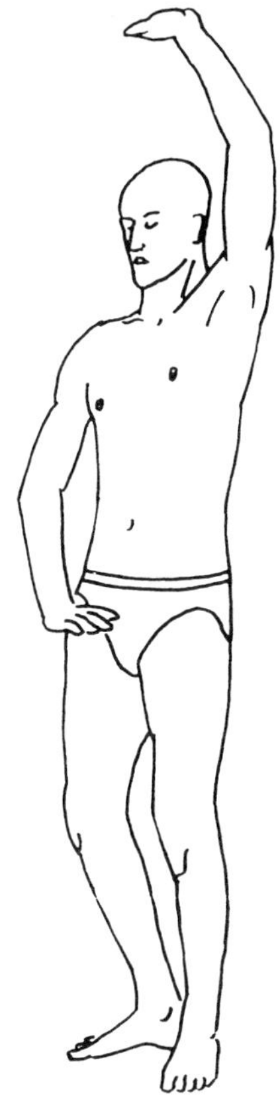

Abb. 79

Im fließenden Übergang wird nun der linke Arm entspannt und im halben Bogen wieder in die ursprüngliche Stellung zurückgeführt. Anschließend werden die Seiten gewechselt. Die ganze Übung wird zweimal wiederholt.

Kommentar: In der Wandlungsphase „Erde“ ist das Thema das Da-Sein in der Welt, das Auf-der-Erde-verkörpert-Sein, dies ist der geistige Inhalt der „Mitte“-Übung. Wir dürfen uns erlauben, den Raum einzunehmen, den wir brauchen. Dann erst ist man offen für Veränderungen und Wandlungen.

Winter-Übung I

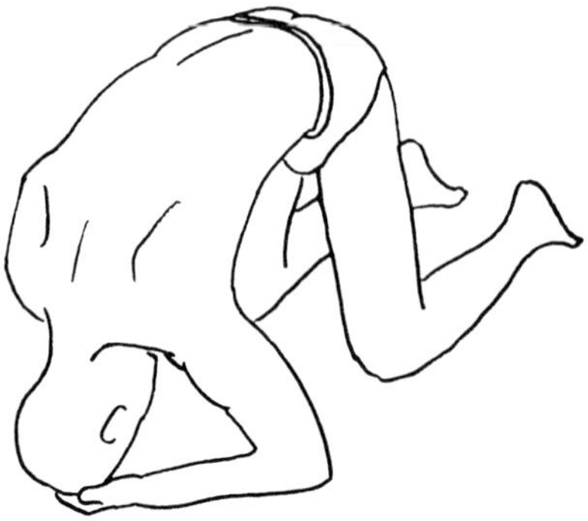

Abb. 80

Ausgangsstellung
Wir beginnen im modifizierten Vierfüßlerstand, die Stirn ruht auf den Händen, die Ellbogen sind aufgestützt (Abb. 80).
Ausführung
In dieser Stellung wiegen wir Kopf und Oberkörper hin und her, wobei wir beim Ausatmen leicht stöhnen. Es geht darum, einen eigenen Rhythmus zu finden, es soll eine stereotype Bewegung entstehen, die mühelos über längere Zeit durchgehalten werden kann: „Ich bewege mich nicht, ich werde bewegt."

Winter-Übung II

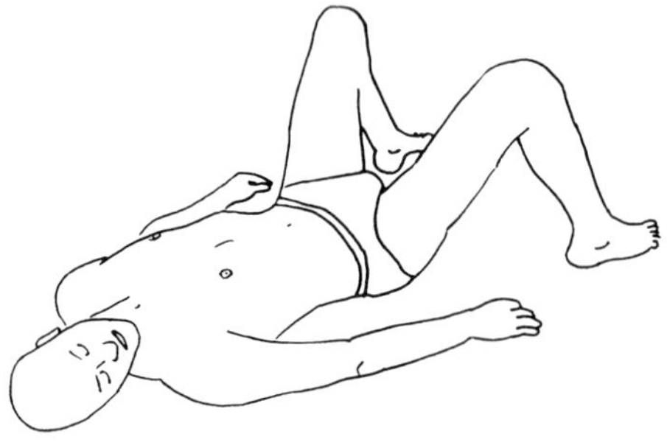

Abb. 81

Wenn sich die Störung der WP „Wasser" im Hals manifestiert, in Form muskulärer Halsbeschwerden (Tortikollis), von Verkrampfungen im Schultergürtel oder von gewöhnlichen Halschmerzen und Angina, ist diese zweite Winter-Übung angezeigt.

Ausgangsstellung
Rückenlage, die Beine sind angewinkelt, die Füße ruhen gut auf dem Boden (Abb. 81).
Ausführung
Der Kopf wird so bewegt, daß nicht ich mich bewege, sondern gleichsam der Hals selbst über die Geschehnisse bestimmt. Vielleicht will er bestimmte Bewegungen ausführen, vielleicht verharrt er auch in bestimmten Stellungen. Wir lassen die Halsmuskulatur agieren, achten nur darauf, daß wir bei geöffnetem Mund stets guten Kontakt mit der Bauchatmung haben. Vielleicht stellen wir uns zur Unterstützung ein Rohr vor, das vom Mund zum Bauch reicht und die Atemverbindung gewährleistet.

Kommentar: Aufgabe ist es, Kontakt mit der eigenen existentiellen Angst, gleichsam Kontakt „mit dem Tod" aufzunehmen, hinabzutauchen auf den Grund, immer wieder, um dann endlich nach langer Zeit mit neuer Kraft aufzutauchen. Wenn die Angst auftaucht, ist sie so schmerzhaft, so grauenvoll, daß man sich möglichst rasch aus ihren Fesseln lösen möchte. Erst allmählich kann ich für Augenblicke mit ihr leben, dann kommt ein eigenartiges, befreiendes Gefühl auf, als könnte ich den eigenen Tod annehmen. Zugleich begreife ich, wie schön das Leben wäre ohne diese Angst. In diesen Augenblicken strömt die Quelle der inneren Kraft.

Frühlings-Übung

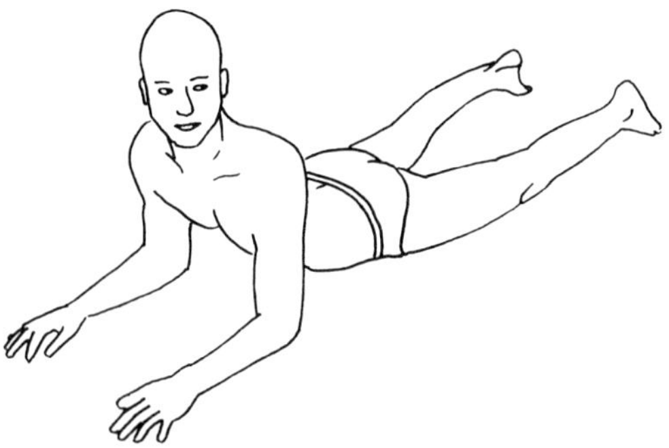

Abb. 82

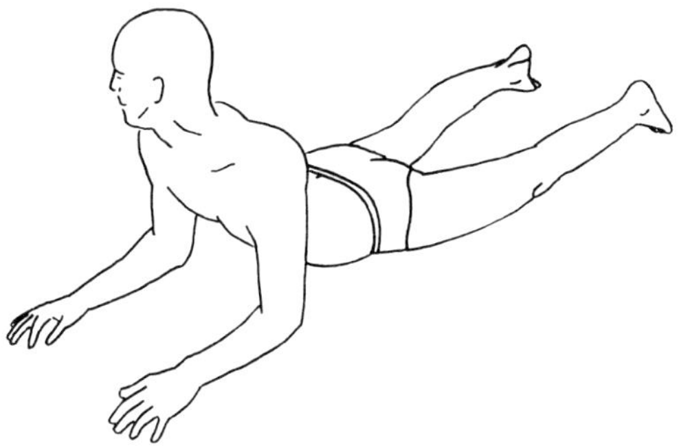

Abb. 83

Ausgangsstellung
Kobrastellung, das heißt Bauchlage, bei aufgestützten Ellbogen (Abb. 82 und 83).
Ausführung
In dieser Stellung drehen wir nun den Kopf langsam nach links und atmen gleichzeitig ein. Langsam kehrt der Kopf zur Mitte zurück, während wir ausatmen. Dann dieselbe Bewegung zur rechten Seite. Wichtig ist, daß die Augen die Kopfbewegung führen, als folgten wir dem Horizont.

Kommentar: Es geht darum, für sich und auch für andere ein Ziel entschlossen zu verfolgen. Es wächst die Energie der eigenen Handlungsfähigkeit, der eigenen Entfaltung und Kreativität des Lebens.

Sommer-Übung

Ausgangsstellung
Der Übende sitzt im Schneidersitz auf dem Boden oder auf einem Hocker, mit waagrecht ausgestreckten Armen, wobei die Handflächen nach vorne zeigen (Abb. 84).
Ausführung
Nun führen wir die Arme langsam nach hinten und atmen gleichzeitig ein. Beim Ausatmen bleiben die Arme in der gleichen Stellung. Wir richten dabei unsere Aufmerksamkeit auf den Punkt JM 17 (in der Leibmitte in der Diagonale zwischen den Brustwarzen gelegen), auf die Dehnung der Brustmuskulatur, die Öffnung im Brustraum. Zwischen den Armen und dem Brustbein entsteht ein Spannungsfeld, besonders dann, wenn nach dem Einatmen der Übergang zum Ausatmen etwas verzögert wird. Dieses Spannungsfeld, dieser Raum wird erspürt. Wir versuchen ganz sanft, ihn auszudehnen. Es ist der Raum der Kommunikation, wo Verbindungen entstehen – zu anderen Menschen, zur Natur –, der Raum, wo man seine „eigene Botschaft", seine Herzensangelegenheit, das, was man der Welt geben möchte, hineinfließen lassen kann.

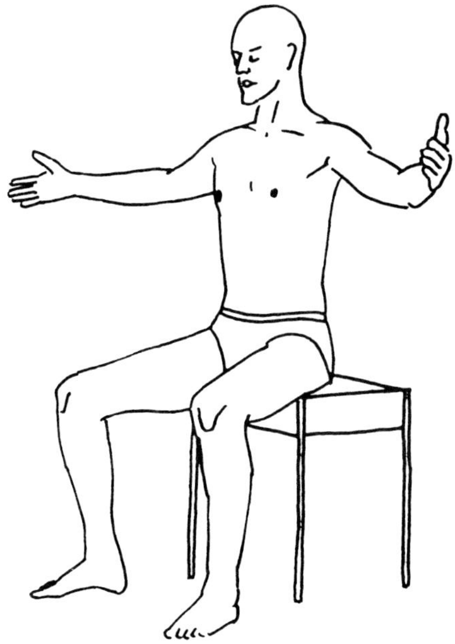

Abb. 84

Diese Übung wird viermal wiederholt. Dann legen wir die Hände mit den Handinnenflächen nach unten auf die Oberschenkel und überlassen uns der Kreativität der eigenen Energie.

Kommentar: Ling Ting schrieb um 1600 zum „Herz": „Es gibt das Herz aus Blut und Fleisch, und es gibt das Herz der Geistesklarheit; der Geist ist der Grund, wodurch Lebensodem und Blut gewandelt werden, er waltet über allen Angelegenheiten und allen Dingen, und er ist die leere Vitalität, die niemals dumpf ist. Indes bedingen sich immerfort Gestalt und Geist. Jede Krankheit wird bedingt durch Trauer und Trachten.“ Und ein Zitat des katholischen Kosmologen und Theologen Teilhard de Chardin: „Freude ist das untrügliche Zeichen der Nähe Gottes.“

Herbst-Übung

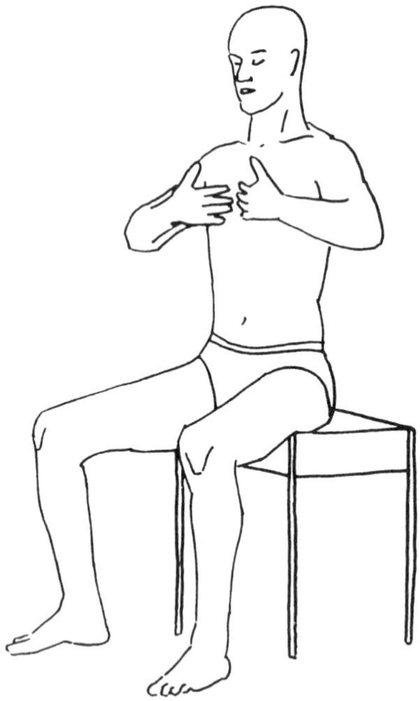

Abb. 85

Ausgangsstellung
Stand oder Sitz. Die Arme sind waagrecht ausgestreckt.
Ausführung
Nun werden die Unterarme in der Einatemphase zur Brust (Abb. 85) geführt und bei der Ausatemphase wieder waagrecht gestreckt. Es ist der Atem, der das Tempo des Öffnens und Schließens der Arme bestimmt, nicht umgekehrt. Die Bewegungsbahn der Hände und Unterarme kann am Anfang nur klein sein, mit der Zeit wird sie größer.

Am Ende der Übung legen wir die Hände mit der Handinnenfläche nach unten auf die Oberschenkel und spüren den Veränderungen nach.

Wenn die Aufmerksamkeit genügend lange auf Atmung und Bewegung der Arme gerichtet war, können wir uns subtileren Phänomenen zuwenden. Wir üben das Öffnen und Schließen gegenüber unseren Mitmenschen, d.h. Nähe und Distanz, wir üben das Aufnehmen und Abgeben – das Nehmen und Geben.

Durch Verlangsamung der Atmung und der Bewegung kann die dosierte Energie geübt werden. Im Prozeß der Verfeinerung ist auch ein Prozeß der Verlangsamung enthalten, dabei entsteht allmählich das Gefühl, als gäbe es keine Zeit.

Dann wiederum die Hände mit den Handinnenflächen nach unten auf die Oberschenkel legen und den subtilen Veränderungen nachspüren.

Im Laufe der Jahre und an den Übenden hat sich gezeigt, daß sich diese Übung auch ausgezeichnet für die Harmonisierung des körperlichen Umfeldes eignet:

Verdichter des Energiefeldes können durch die oben beschriebene Ausführung ihr Energiefeld auflockern, verdünnen.

Verdünner des Energiefeldes kehren die Ausführung um, d.h. bei der Ausatmung öffnen sich die Arme, in der Einatmung schließen sie sich. Es entsteht nach einer Weile ein Gefühl, wie wenn man sich Energie zuschaufeln könnte. Diese Umkehrung erhöht für die „Energieverdünner“ die Stabilität in markanter Art und Weise.

Kommentar: In der WP „Metall“ wollen sich die subtilen Energien im Menschen entfalten, Kreativität, Inspiration und vor allem Intuition. Es entsteht ein Gefühl des Ausdehnens, des Sich-Verfeinerns. Man merkt, irgendwie wird man ein anderer und bleibt doch der gleiche.

Abschluß

Nach jeder WP-Übung legen wir uns auf den Rücken und atmen ruhig und entspannt in den Bauch: Mit der Zeit werden wir spüren, daß nicht mehr wir es sind, die atmen – wir werden geatmet. Wir spüren auch, wie eine leichte Schwingung durch den ganzen Körper fließt, ein Zeichen dafür, daß er regeneriert, jede seiner Zellen wird nun mit frischer Energie versorgt. Ein leichtes Kribbeln in Händen und Füßen verrät uns, daß auch die Durchblutung der Peripherie sich verbessert hat und alte Schlackenstoffe aus dem Organismus hinausbefördert werden.

Der Abschluß ist dann vollbracht, wenn wir unsere Hände auf den Bauch legen und uns wieder für den Alltag zentrieren.

4.8 Körperliches „Umfeld"

4.8.1 Das Energie-Bild

Um den Energiefluß Innen–Außen und die Bedeutung von entsprechenden Energieblokkierungen besser zu verstehen, stellen wir uns zunächst folgende Fragen:

- Wer bin ich? Wer sind die anderen?
- Bin ich überhaupt da? Bin ich im Körper?
- Wo sind meine Grenzen?
- Verteidige ich meine Grenzen starr oder elastisch?
- Kann meine innere Energie nach außen fließen?
- Kann Energie von außen in mein Inneres fließen?

All diese Fragen kreisen um die Kommunikation, nicht allein mit den Mitmenschen und der Umwelt, sondern auch mit dem eigenen Inneren. Die Chinesen vertraten die Vorstellung, daß die Nährenergie in Kanälen im Inneren des Körpers fließt, die Abwehrenergie hingegen frei im Äußeren des Körpers. Sie dachten, daß das menschliche Leben hauptsächlich vom Innern, von den fünf Speicherorganen abhängt, und glaubten, daß sowohl Nährstoffe, Blut, die Yin-Energie und der Geist darin gespeichert seien, aus diesem Grund ist auch der Energieausgleich in den Organen so wichtig.

Wenn Inneres und Äußeres ausgeglichen sind, wenn eine einheitliche Struktur erkennbar wird, so deutet dies auf lange Lebensdauer hin. Dies ist ein Grundprinzip der Natur. Das bedeutet, daß die Durchmischung von Nähr- und Abwehrenergie und gutes, freies Fließen dieser Energie die Fähigkeit verleiht, die eigene Kraft zu erfahren. Das Fließen der Energie in der Richtung Innen–Außen liefert uns die Kraft, die eigene Vision, die eigne Botschaft zu erkennen. – Unausgeglichenheit Innen-aussen bedeutet hingegen, daß die Verbindung mit der Tiefe des eigenen Seins unterbrochen ist, daß die eigene Kraft nach außen nicht ungehindert strömen und sich ausdehnen kann.

4.8.1.1 Sicht- und fühlbare Energiequalität

„Vom energetischen Standpunkt aus sind Grenzen etwas Willkürliches und Erlerntes", hat Julie Henderson einst zu Recht bemerkt. Abgesehen von unserer Körpergrenze, der Haut, haben wir auch eine energetische Begrenzung, deren Ausdehnung jedoch sehr variabel ist. Die Grenze des „Energiekörpers", der „soziale Abstand", beträgt etwa einen halben bis einen Meter. Wir spüren diese Grenzen zum Beispiel, wenn wir in ein Gedränge geraten, etwa in der Straßenbahn oder im Strandbad. Wenn uns jemand zu nahe kommt, empfinden wir diesen Zustand rasch als unangenehm, peinlich oder sogar gefährlich. Wir werden versuchen auszuweichen, Platz zu bekommen, und wenn dies nicht möglich ist, ziehen wir unwillkürlich die eigene Energie zurück und „verdichten" sie. Von solchen Phänomenen soll hier die Rede sein.

Wenn wir uns sicher und wohl fühlen, dann dehnen wir unsere Energie aus. Wenn wir uns aber nicht wohl fühlen oder wenn wir einer Situation nicht gewachsen sind, dann ziehen wir die Energie zurück. *Chronisches* Einziehen der Energie erscheint jedoch als Vorstufe der muskulären Panzerung. Darum hat das Erkennen und, wo nötig, Modifizieren des Energieflusses eine entscheidende Präventiv-Funktion.

Die energetischen Bewegungen selbst – zusammenziehen und wieder ausdehnen – lassen sich durch die Wahrnehmung zunächst nicht erkennen. Sehr wohl spüren werden wir dagegen die Gefühle, welche die Energie verursacht, die in einer Bewegungsrichtung steckenbleibt. Wenn wir lernen, die Energie in einer als unangenehm empfundenen Situation auszudehnen, so werden wir uns öfter – mehr oder weniger – wohl fühlen, und jedenfalls dazu beitragen, daß sich eine muskuläre Panzerung nicht weiter verfestigt.

Emotionen brauchen die Energie gleichsam als „Fahrzeug". Können wir die eigene Energie – selbst unvollkommen – lenken, so helfen wir uns selbst und meistens auch den anderen.

Die Lenkung der Energie bezeichnet aus meiner Sicht eine besondere Form von *Kommunikation,* die vor der Sprache wirksam wird und die deshalb *Grundlage* jeder Kommunikationsschulung sein sollte.

Auf der Körperebene erzeugt ein gewohnheitsmäßiges Zusammenziehen von Energie Kälte: kalte Füße, kalte Hände, eine allgemeine motorische Unbeweglichkeit. Im emotionalen Bereich machen sich Angst, Hilflosigkeit und vor allem Wut und ein Gefühl von Isolierung breit. Das mentale Grundmuster ist: „Niemand braucht mich, niemand liebt mich."

Ist der energetische Prozeß an diesem Punkt angelangt, sinkt er in die Körperlichkeit ab und chronische Krankheiten sind die Folge.

4.8.1.2 Verdünnen oder Verdichten der Energie

Das Verdünnnen und Verdichten der Energie ist meist mit dem Ausdehnen und Zusammenziehen verbunden, Verdünnen bedeutet zugleich Ausdehnen und Zusammenziehen heißt Verdichten. Wenn sich das Energiefeld ausdehnt, zugleich verdünnt, erhöhen sich Sensibilität und Wahrnehmung. Dieser Vorgang stärkt die Einfühlungskraft (Empathie), ruft aber – das kennen Therapeuten nur zu gut – auch hin und wieder ein Gefühl hervor, nicht mehr ganz sich selbst zu sein. Intensive Gefühle von anderen Menschen können dann ins eigene Energiefeld einfließen. Chronische Energieverdünner haben Abgrenzungsprobleme, sie können nicht „nein" sagen und wissen vielfach selbst nicht, was sie eigentlich fühlen.

Sein Energiefeld zusammenzuziehen, dicht zu packen, ist in unserer modernen Welt leider ein durchaus adäquates Energieverhalten. Doch wird man sich in einem solchen Energiefeld gefangen fühlen – verlassen und deprimiert. Man fühlt sich wie unter einer Glasglocke, man ist dabei und doch von allem getrennt.

Es gibt auch Menschen, die ihre Energie ausdehnen und dabei doch die Energiedichte halten können. Es sind Menschen, die erfolgreich andere motivieren, führen und unter Umständen auch manipulieren können, Menschen, die nicht nur über „rhetorische Begabung" verfügen, sondern eine energetische Ausstrahlung haben.

Halten wir abschließend noch einmal fest: Die eigenen Energien können wir verdünnen und ausdehnen, verdichten und zusammenziehen oder verdichten und ausdehnen. Diese drei Muster bleiben, wenn man die energetische Wahrnehmung nicht schult – unbewußt. Trainingsziel der Energetischen Therapie ist es, das Muster nicht nur wahrzunehmen, sondern auch in jeder Situation energetisch *handlungsfähig* zu werden, also zu lernen, die eigene Energie *je nach Situation* zu verdichten, zusammenzuziehen, oder zu verdünnnen und auszudehnen, stets aus einer Position der „Mitte" heraus.

4.8.2 Befunde

Prioritäten bei der Befundaufnahme: Augenschein, Kommunikation in der Therapie, Anamnese
Kommentar: Der intuitive Blick ertastet das körperliche Umfeld eines Menschen. Die Beurteilung kommt ganz aus dem eigenen Unbewußten, ohne Schema, ohne Regeln. Wir lassen diesen intuitiven „Augenschein" wirken, beurteilen ihn nicht.

In der Kommunikation, wie sie während der Therapie zustande kommt, lauschen wir weiter, mit Geduld, ohne Absicht, versuchen, einen Ton herauszuhören aus diesem Feld, oder ein Bild, eine Empfindung und lassen alles auf uns wirken.

Aus der Anamnese erfahren wir schließlich, ob ein Mensch „nein" sagen kann, ober er sich abgrenzen kann, oder ob er sich zuweilen wie der sprichwörtliche „Elefant im Porzellanladen" fühlt usw.

4.8.3 Therapie

Energetische Kommunikation
Wenn wir (bzw. der Patient) bisher vorwiegend an und in uns selbst geübt haben, so gehen wir nun einen wesentlichen Schritt weiter. Wir versuchen, in energetischen Kontakt zu unserer näheren und ferneren Umwelt, zu anderen Menschen, zur Natur, Pflanzen, Tieren, Klima zu gelangen.

Das Training der Energetischen Kommunikation umfaßt drei große Bereiche:
- das Zentrieren der Energie
- das Ausdehnen und Verdünnen der Energie
- das Zusammenziehen und Verdichten der Energie

4.8.3.1 Vorübungen: Zentrieren

- Handinnenflächen reiben
- Kreuz und Lendenwirbelsäule klopfen
- Nabel mit der Handinnenfläche umkreisen: Frauen gegen den Uhrzeiger-, Männer im Uhrzeigersinn.
- Beide Hände auf das Tantien (JM 6, „Zinnoberfeld", Elixierfeld der drei Körperregionen) legen: Frauen die linke auf die rechte, Männer die rechte auf die linke.

Die Energie wird nun an diesem Punkt gesammelt.

4.8.3.2 Hauptübungen

Übung 1
Ausgangsstellung
Sitz auf dem Hocker, die Füße haben guten Bodenkontakt.
Bewegung
Becken-Kreuz-Bewegung, zuerst stärkere, dann immer feinere Bewegung.
Atmung
Die Bewegung nun mit der Atmung verbinden. Becken vor – einatmen, Becken zurück – ausatmen.

Während der Übung achten wir auf die Reaktion im Bauch, im Becken und im Kreuz, dann auf die Wirbelsäule, besonders auf die Nackenregion und den Kopf.

Übung 2
Ausgangsstellung
Sitz auf dem Hocker.
Bewegung
Keine körperliche, sondern eine energetische Bewegung – Ausdehnen und Zusammenziehen der Energie. – Wir versuchen, unsere Energie auszudehnen, bis wir unsere energetische Grenze spüren. Wir versuchen, die Energie sogar noch etwas über die Grenze hinaus auszudehnen, ziehen uns dann wieder zurück und kehren mit der Energie zum Tantien zurück.
Atmung
Ruhig, ohne Anstrengung. Falls die Ausdehnung Mühe bereitet, versuchen wir beim Einatmen die Energie auszudehnen und beim Ausatmen uns zurückzuziehen.
Hinweis
Wenn wir das Ausdehnen und Zusammenziehen geübt haben, richten wir die Wahrnehmung auf die Dichte des Energiefelds: Wo ist es dicht, wo dünn? Wenn wir während der Übung feststellen, daß wir uns verkrampft haben oder schlechter atmen, haben wir offenbar zu sehr den Willen eingesetzt.

Übung 3: Partnerübung
Ausgangsstellung
Beide Übenden sitzen einander auf dem Hocker gegenüber. Die Distanz wird so gewählt, daß sich beide wohl fühlen.
Bewegung
Wir schließen die Augen, zentrieren die Energie im Bauch. Dann öffnen beide die Lider und schauen sich in die Augen. Jeder achtet nun auf den Fluß der eigenen Energie.

Übungshinweise
- Wir achten zunächst nur auf das, was mit unserer Energie geschieht.
- Wir achten darauf, ob sich unsere Energie verdünnt oder verdichtet und welche Gefühle dabei entstehen.
- Nun treffen sich die Energien beider Übenden in der Mitte. So lernen wir, die Energie bewußt auszusenden.
- Der eine Partner läßt sich durch die Energie des anderen umarmen.

Zuletzt wird die Energie wieder im Tantien zentriert.

Übung 4: Einzelübung, Partnerübung oder Übung im Alltag
Ausgangsstellung
Je nach Situation Rückenlage, Sitz oder Stand
Bewegung
Zentrieren im Tantien – die Energie hochsteigen lassen zur oberen funktionalen Zone (JM 17). Dann wird die Energie in einen großen Raum ausgesandt und zugleich so dicht wie möglich gehalten.
Das ist der „Herzensraum“, wo wir unsere Argumente, unsere Wünsche und auch unsere Hilfe besser anbringen können, ohne die anderen Leute zu verletzen. Zugleich ist es der Raum, wo Therapien wirksam werden können.

4.8.3.3 Indikationen

Das Üben der Energetischen Kommunikation zeigt dann volle Wirkung, wenn sich die energetische Situation bereits harmonisiert und stabilisiert hat, wenn also ein innerer Kern „geschaffen“ bzw. erkannt wurde und wenn der Energiefluß aus dem Zentrum in die Peripherie verfeinert werden konnte.

Geübt werden kann dann aber überall, der Alltag – jede Kommunikationssituation mit sich und anderen – ist zu unserem Übungsfeld geworden.

4.8.3.4 Üben mit verbundenen Augen – eine Geschichte

Wolfgang Fasser, damals Lehrer an der Physiotherapieschule am Universitätsspital Zürich, lud einst eine Gruppe von Therapeuten und Therapeutinnen zu einem Workshop der besonderen Art ein.

Uns wurden die Augen verbunden. Zögernd bewegten wir uns in dem Gymastiksaal, wo der Workshop stattfand, und stießen immer wieder gegen andere Teilnehmer. Mir war es richtig peinlich, ich versuchte also, mich zu konzentrieren und möglichst zu einer Wand zu gelangen, wo ich Schutz zu finden hoffte. Tatsächlich gelang es mir auch, eine Wand zu erreichen. Nachdem ich dort aber länger allein geblieben war, versuchte ich, wieder etwas wagemutiger geworden, Richtung Raummitte zu gelangen. Seltsamerweise stieß ich auf meinem Weg nun aber mit niemanden mehr zusammen. Mit der Zeit fühlte ich mich einsam und frustriert, ich hörte die anderen, bewegte mich auf sie zu, aber traf niemanden an. Offenbar hatte mein Energiefeld bewirkt, daß ich in einer Menge von etwa vierzig Leuten isoliert blieb.

5 Erstellen eines Energieprofils

5.1 Ein Beispiel aus der Praxis

Die folgende Krankengeschichte zeigt exemplarisch, wie aus einer konventionellen physiotherapeutischen Behandlung mittels Energetischer Therapie eine „Langzeitbegleitung für Gesunde“ wurde.

Eine 1944 geborene Frau, von Beruf Verkäuferin, wurde mir 1989 zur Therapie zugewiesen. Diagnose: Zervikalsyndrom und Migräne. Das Migräneproblem bestand nach Angabe der Patientin seit ihrer Pubertät. Die Anfälle traten zweimal monatlich auf und dauerten jeweils mehrere Tage. Um trotz Migräne arbeitsfähig zu bleiben, griff die Frau zu starken Medikamenten. Dennoch mußte sie häufig der Arbeit fernbleiben.

Die Tests ergaben fünf Hauptbefunde:

- Massive Rotations- und Seitflexionseinschränkung der Halswirbelsäule nach rechts und links.
- Starke Verkürzung des M. trapezius und des M. levator scapulae und des M. sternocleidomastoideus.
- Triggerpunkte im M. trapezius und vor allem im M. sternocleidomastoideus;
- paradoxe Atmung.
- Der Schmerz stieg stets vom Nacken hoch, beidseitig, und setzte sich dann in den Schläfen fest. Jede Migräne war zu Beginn begleitet von häufigem Gähnen, Globusgefühl im Hals, Aufstoßen und Appetitlosigkeit.

Im Sinne einer ersten therapeutischen Maßnahme mußte diese Patientin die Möglichkeit bekommen, sich mehr zu entspannen und einmal richtig einzutauchen in die eigene Hilflosigkeit und in das Gefühl des Nicht-mehr-Weiterkönnens *(Resetting, Regression).*

Die zweite Phase bestand in der Behandlung der Weichteile und Triggerpunkte und im Einsatz manueller Techniken zur Verbesserung der Beweglichkeit der Halswirbelsäule. Als Hausaufgabe mußte die Patientin mit segmentaler Entspannungstechnik die paradoxe Atmung beheben, und diese Technik leitete dann über zur Biosignalkontrolle nach Sovak (siehe Anhang, Seite 242). Die Resultate wurden in jeder Sitzung überprüft – und bereits nach kurzer Zeit zeigten sich positive Ansätze. Nach den ersten zwölf Behandlungen war eine wesentliche Reduktion der Migräneanfälle erreicht *(Integrationsphase),* eine Lösung des Problems war freilich noch nicht in Sicht.

1990 nahmen wir eine zweite Serie physiotherapeutischer Behandlungen auf. Die mobilisierenden Maßnahmen, die Dehnungen und die Triggerpunkt-Behandlungen wurden fortgesetzt. Die Atmung hatte sich inzwischen stabilisiert und durch die Biosignalkontrolle konnten einige Migräneanfälle abgewendet werden. Neben konventioneller physiotherapeutischer Betrachtungsweise ließ ich in dieser zweiten Phase auch erstmals energetische Gesichtspunkte in die Behandlung einfließen. Aufgrund meiner Befunde war die Patientin Vagotonikerin und die vertikale Energieverteilung war bei ihr stark nach oben verschoben, im Sinne eines massiven Hypertonus.

Mittels Akupunkturpunkt-Behandlungen und energetischer Übungen versuchte ich, die Vagotonie und die energetische Unausgeglichenheit zu mildern. Standübungen (Grounding) und konstitutionelle Reaktivierungsübungen sollten einen besseren Fluß der Energie ermöglichen.

Nach dieser zweiten Serie von zwölf Behandlungen verschwanden die Migräneanfälle tatsächlich für mehr als ein halbes Jahr. Nach dem nächsten Anfall meldete sich die

Patientin sogleich wieder. 1991 führten wir noch einmal sieben Behandlungen durch, um den Zustand weiter zu verbessern. Dabei wurde die Migräne erstmals direkt im energetischen Sinne angegangen. Aufgrund der Symptomatik und des Pulsbefundes war deutlich, daß die Patientin, energetisch gesehen, unter einer *atonischen Milzmigräne* litt. Auf dieser Grundlage arbeitete ich jetzt mit den entsprechenden Energiepunkten, um so die Milzenergie zu stärken.

Die Patientin mußte sich außerdem einer Wahrnehmungsschule unterziehen: Sie bekam den Auftrag, auch im Alltag darauf zu achten, wann Spannung in der Muskulatur entstand, bei welchen Situationen sich ihre Schultern leicht nach oben bewegten, wann sie etwas den Kontakt mit dem Boden verlor oder wann ihre Atmung flacher oder sogar paradox wurde.

Aus diesen selbst gewonnenen, zusätzlichen Informationen konnte die Patientin schließlich erkennen, daß sie sich in vielen Lebenssituationen energetisch zurückzog, zum Beispiel aus *Sorge,* sich im Beruf und in der Beziehung nicht behaupten zu können. Diese Anspannung führte immer wieder zu Erschöpfungszuständen, die sich im Sinne einer Selbstregulation als Migräne äußerten. – In den weiteren Behandlungen wurde der Zentrierung der Energie und der technischen Meisterung des Energieflusses „oben – unten" größte Aufmerksamkeit geschenkt.

1992 wurden weitere sechs Behandlungen durchgeführt. Einerseits war es von neuem notwendig, konventionelle Physiotherapie anzuwenden, andererseits ergaben sich auch wieder ähnliche energetische Probleme. Immerhin konnte die Patientin nun über mehrere Monate praktisch beschwerdefrei leben.

Im Herbst 1992 trat erneut eine Verschlechterung des Zustands der Patientin ein, offenbar ausgelöst durch eine gefährliche Erkrankung ihres Partners. Ihr Milzpuls zeigte eine erhebliche Schwäche, sie selbst war allgemein erschöpft.

Dieser Problematik konnte nun nur mit Energetischer Körperarbeit begegnet werden. Über Akupunkturpunkte versuchte ich sie allgemein zu tonisieren. Auf der energetisch-mentalen Ebene arbeiteten wir direkt an der Emotion (siehe „Arbeit mit den Emotionen", Seite 200), der *Sorge* – im konkreten Falle der Sorge um ihren Mann. In anderthalbstündigen Sitzungen wurde die muskuläre Panzerung im Inneren und Äußeren angegangen. Dadurch konnte sich der Energiefluß der Patientin weiter verfeinern. Die Symptome schwanden wieder (dem Partner der Patientin ging es übrigens auch wieder besser).

Für das laufende Jahr bin ich mit der Patientin übereingekommen, daß sie alle zwei Monate eine Sitzung belegen kann, im Sinne einer Langzeitbegleitung. In diesen Sitzungen werden kurz Befunde erhoben, anschließend wird weiter an den energetischen Tiefenstrukturen gearbeitet *(Revitalisierung).*

Testfragebogen

Name: Frau A. B.

Alter: 49 Jahre alt

Testfragen zum Yin/Yang-Gleichgewicht

Yin	**Yang**
⊗ eher passiv, müde	o aktiv, lebhaft
⊗ eher schüchtern, scheu	o ungezwungen
o unsportlich	o sportlich
o sanft, ruhig	⊗ nervös, aufbrausend
⊗ eher unentschlossen	o entschlußfreudig
o schläft viel	⊗ schläft wenig
o tiefer Schlaf	⊗ leichter Schlaf
⊗ benötigt viel Wärme	o sucht Frische (Schatten)
o Nachtmensch	⊗ Tagmensch
⊗ ist eher Pessimist	o ist Optimist
o liebt dunkle Farben	o liebt lebhafte Farben
o ist eher fest	⊗ ist eher mager
⊗ eher bleicher Teint	o gesundfarbiger Teint
o Haut feucht	o Haut trocken
o schwacher Haarwuchs am Körper	o starker Haarwuchs am Körper
o viel Kopfhaar	o neigt zu einer Glatze
o viel Speichel	⊗ wenig Speichel
o öfteres Wasserlösen	⊗ seltenes Wasserlösen
o Urin hell	⊗ Urin dunkel
o schwitzt viel	o schwitzt wenig
o liebt Süßes	o liebt Salziges
⊗ ermüdet schnell	o ist ausdauernd
o hat eher schlaffe Muskeln	⊗ neigt zu Muskelkrämpfen
o fröstelnd	o nicht fröstelnd
o Periode lang und stark	o Periode kurz und schwach
Total 7	Total 9

Zutreffendes ankreuzen

Benennung

Achten Sie darauf, ob bei der Arbeit, beim Sport, bei Atem-Sitzungen oder bei Körpertherapien immer wieder gleiche oder ähnliche Schmerzen oder Störungen auftreten.

Benennen Sie diese Störungen: Nackenschmerzen, Migräne

Achten Sie darauf, ob bei Ruhe, im Schlaf, in einer tiefen Entspannung oder bei Meditationsitzungen immer gleiche oder ähnliche Schmerzen oder Störungen auftreten.

Benennen Sie diese Störungen: Nackenschmerzen, hin und wieder auch Migräne

Lokalisation

Einzeichnen im Lokalisation-Blatt

- Einzeichnen von allen Hautnarben mit einen Strich: **–**
- Einzeichnen von Krankheiten oder Unfällen der Vergangenheit, die starke Schmerzen oder Behinderungen verursacht haben, jetzt aber stumm sind: **+ S** (S =Stumm)
- Einzeichnen von Schmerzen und/oder Behinderungen durch Ursachen, die vor mehr als 6 Monaten entstanden sind und heute noch spürbar sind: **+ A** (A=Alt)
- Einzeichnen von Schmerzen und/oder Behinderungen durch Ursachen, die innerhalb von 6 Monaten entstanden sind und heute noch bestehen: **+ N** (N=Neu)

Lokalisationsblatt

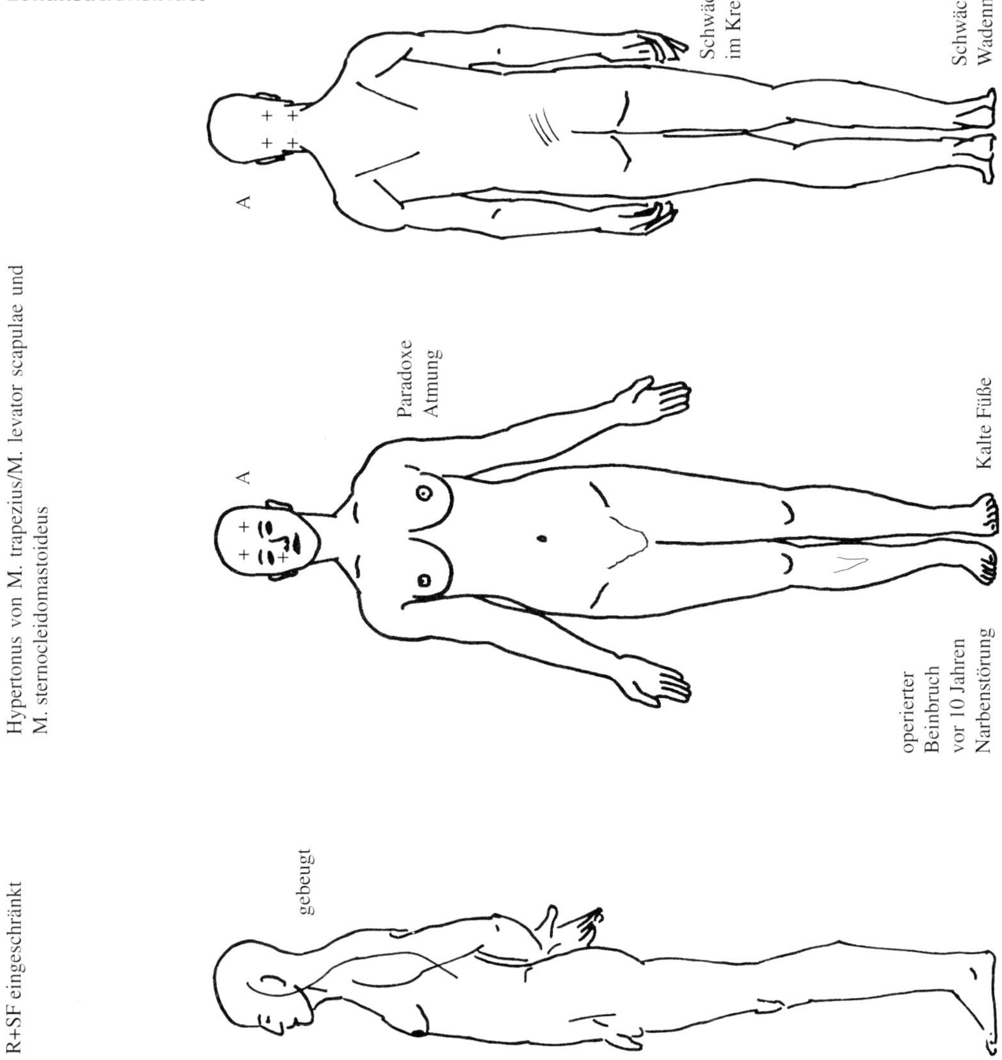

Energieprofil

Befunde der Testblätter	**Yin**	**Yang**	**ausg.**	**ja**
Konstitution[1]	☐	☒	☐	
Schmerz[2]	☒	☐		
Schmerzpatient[2]				☒
Störung in den Energieflüssen[3]		oben-unten		☒
		rechts-links		☐
		vorne-hinten		☐

Augenschein[4]

Erschöpfte, gebeugte Frau

Tastbefund[5]

Siehe Lokalisation, Seite 225

Atembild

Paradoxe Atmung

Atmung und Puls (Energie in der Zeit)

4

	Pulsbefund[6]	Messung		Muskeltest	Funktionale Zonen[7]		
	rechts	rechts	links	Alarmpunkte	untere	mittlere	obere
1. Di	++	62	63				
Lu	(+) ^	70	50	x			x
2. Ma	+	19	20				
MP	–	28	–	x		x	
3. 3E	+	28	21				
P	+++	30	72				
	links						
1. Dü	+	11	18				
He	++ ⎍	28	68				
2. Gb	+	11	17				
Le	++	23	28				
3. Bl	(+)	20	18				
Ni	+++ ⎍	8	38	x	x		

Klassifikation der Pulsbefunde	**Yin**	**Yang**	**ausg.**	**ja**
Konstitution	☒	☐	☐	
Yin/Yang Blockierung				☐

Organe in den Wandlungsphasen[8]

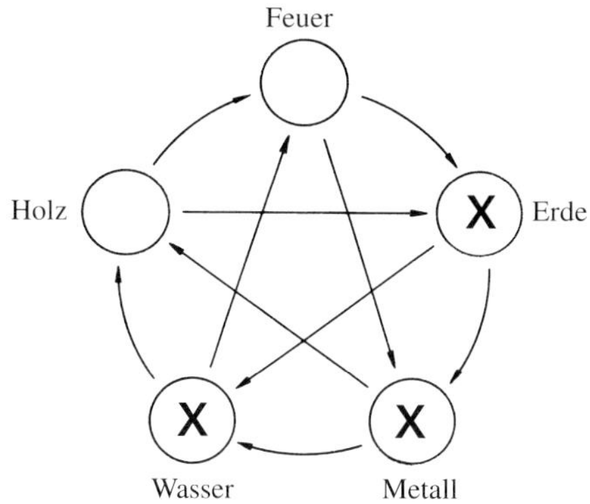

Anamnese: Erzählen[9]

Siehe Seite 228, 9.

Anamnese: Befragen[10]

Siehe Seite 228, 10.

Wiederholung der Befunde[11]

Siehe Seite 228, 11.

Kommentar zur Befundaufnahme

1. Konstitution: Die Differenz Yin – Yang ist an diesem Beispiel nicht sehr deutlich ausgefallen.

2. Schmerz: Störungen und Schmerzen in Ruhe, in der Nacht und solche, die länger als 6 Monate dauern, weisen auf einen chronischen Yin-Zustand hin bzw. auf einen chronischen Schmerzpatienten (CSP).

3. Störungen in den Energieflüssen: Das Lokalisationsblatt weist auf eine Energieflußstörung oben – unten hin.

4. Augenschein: Erster Entwurf eines „Körperbildes“

Es zeigt sich für mich eine erschöpfte, gebeugte Frau, die krampfhaft versucht, sich aufrecht zu halten. Der Kopf wird stark nach vorn gestreckt und der Blick ist unsicher, mißtrauisch.

5. Tastbefund, inkl. Funktionsbefunde werden im Lokalisationsblatt eingetragen (Beispiele im Text).

6. Pulsbefund: Die Pulsbefunde geben Aufschluß über Fülle – Leere und Yin – Yang, d.h. über die Qualität der Energien.

Dieses unausgeglichene Pulsbild deutet bereits auf eine endokrine Insuffizienz hin.

7. Die Beurteilung der Störungen in den drei funktionalen Zonen ergibt sich aus der Übereinstimmung aus Meß- und Muskeltest.

8. Organe in den Wandlungsphasen: Die Prioritäten werden aufgrund von Pulsbefund, Messungen, Muskeltest und Anamnese gesetzt.

9. Anamnese – Das Erzählen: Einige Sätze aus dieser Geschichte: „Diese Migräneanfälle bringen mich noch um", „Die Kunden in meinem Laden sind nett, einige aber können auch sehr eklig sein", „Gottlob habe ich meine Medikamente, dann lege ich mich für einen Tag ins Bett, dann geht es wieder" und „In meiner Beziehung gebe ich mir große Mühe, habe hin und wieder das Gefühl, alles falsch zu machen".

10. Anamnese – Das Befragen: Hier steht die Befragung um das generelle Yin-Yang- Gleichgewicht im Vordergrund.

Das Testblatt zeigt eine Yang-Tendenz, die Pulse aber zeigen eine große Yin-Tendenz (eine Situation, die des öfteren vorkommt).

Warum? Meine Interpretation ist, daß das biologische System auf Yin eingestellt ist, aber das äußere Verhalten einer starken Kompensation unterliegt, geprägt wahrscheinlich durch Elternhaus, Schule, aktuelle Situation. Darum ist die Befragung nach einer Autoritätsproblematik nicht unwichtig. Auf jeden Fall führt diese energetische Situation mit der Zeit zu einer allgemeinen Erschöpfung und zu verminderten Organleistungen.

Die lokale Yin-Yang-Störung im Bereich des Nackens ist offensichtlich und muß durch eine saubere Funktionsprüfung verifiziert werden. Die Verbesserung der Beweglichkeit ist ein erster wichtiger Schritt auch zur Langzeitbehandlung.

Dann werden noch gezielte Fragen zu den „Organseelen" MP, Ni, Lu und He gestellt.

Eine Zusammenfassung:

Befragen in Richtung – sich um etwas sorgen – wer ist das Zentrum? – der Platz in der Welt? – Angstgefühle im Alltag? – Angst bei Migräneanfällen? etc.

11. Wiederholen der Befunde nach 4 bis 6 Monaten:

Einzelne Befunde – sicher nicht mehr alle – sollten wiederholt werden, um zu sehen, wie sich das Energiebild entwickelt und wie die energetische Begleitung angepaßt werden muß.

Erster Energetischer Begleitplan

Die erhobenen Befunde werden zu den 8 Energie-Manifestationen in Bezug gebracht:

1. In der Konstitution

Kompensatorisches Yang abbauen und das Yin der Person näher bringen, um dann Richtung Ausgeglichenheit zu arbeiten.

2. In den drei funktionalen Zonen

Wir müssen alle drei Zonen im Auge behalten: Zuerst sollte die mittlere (Zwerchfell) durchgängig gemacht werden. Dazu braucht es auch mehr Energie durch die Atmung (Lu unausgeglichen).

Dann könnte der Weg vorbereitet sein für die untere funktionale Zone. Zentrieren und nochmals zentrieren ist die Devise. Erst nach längerer Zeit kann man auf ganz einfache Weise mit der Emotion Angst arbeiten. Im Laufe dieses Prozesses kann man annehmen, daß sich auch die oberen Zone etwas weitet und öffnet.

Gezieltes Öffnen über die drei wichtigsten Akupunkturpunkte ist selbstverständlich, entsprechende Hausaufgaben ebenfalls.

3. Im Atem

Zuerst muß die Fehlatmung, die paradoxe Atmung behoben werden. Es ist der wichtigste therapeutische Akt überhaupt! Die paradoxe Atmung ist nämlich die Hauptschuldige an dem Zervikalsyndrom und der Migräne. Durch den dauernden Einsatz der Atemhilfsmuskulatur erhöht sich die Verkrampfung und Verkürzung im Halsbereich dauernd.

Ist die Umkonditionierung (keine leichte Aufgabe) geglückt, wird auch der Atemrhythmus besser und das Atemvolumen größer. Ist der Atem ruhiger, gleichmäßiger und tiefer geworden, wird sich auch die Unruhe etwas besänftigt haben und der Schlaf kann tiefer werden. Das sind Zeichen, daß mehr Qi-Energie ins biologische System fließt. Dies ist auch der Moment, in dem die von mir übernommene Biosignalkontrolle nach Sovak (siehe Anhang, Seite 242) zu funktionieren beginnt.

Das Ziel dieser Methode ist, die Vorphase der Migräne, „die Aura" zu erkennen und durch die sofortige Mehrdurchblutung von Händen (und Füßen) mittels mentaler Fähigkeit es nicht zur Hauptphase kommen zu lassen.

4. In den Energieflüssen

Wir haben es hier vor allem mit einer Energiestörung oben – unten zu tun (das verrät uns schon das Lokalisationsblatt).

Der Funktions- und Tastbefund gibt uns Aufschluß über eine massive muskuläre Panzerung im Schultergürtel und Nackenbereich.

Das Körperbild zeigt, daß die Beine, vor allem die Waden, wenig Kraft und Halt haben. Zu diesem Bild passen auch die ewig kalten Füße und eine Schwäche im Kreuzbereich bei längerem Stehen (die Patientin ist Verkäuferin).

Der Narbentest auf der rechten Beinseite ergibt eine deutliche Narbenstörung, also eine diskrete rechts-links-Störung.

Das Körperbild zeigt ein Gebeugtsein nach vorne – denken wir an das Schreckmuster – wie wenn eine große Last auf den Schultern liegen würde (was durch die eigene Panzerung tatsächlich auch eine ist!). Wir haben es somit mit einer Störung hinten–vorne zu tun. Angesagt ist eine Kräftigung hinten (Wirbelsäule) und ein Aufdehnen vorne. Das ermöglicht wiederum der Atmung, sich zu entwikkeln.

Der erste Schritt zur Deblockierung des allgemeinen muskulären Panzers sind SET-Übungen, damit verbunden die Biosignalkontrolle für die Migräne. Dann müssen gezielte Weichteiltechniken und die Narbenentstörung eingesetzt werden. Später wird auch die Wirbelsäule mit einer manuellen Technik von ihren Gelenksblockierungen (obere HWS) befreit. So kann sich die Patientin besser aufrichten, was ihrer Atmung und ihrem Selbstwertgefühl zugute kommt. Im Zuge dieser Arbeit können und müssen auch hilfreiche Akupunkturpunkte eingesetzt werden.

5. In der lokalen Yin-Yang-Situation

Die lokale Yin-Yang-Situation ist geprägt durch den Hypertonus, die Bewegungseinschränkung und den Yin-Schmerz (Ausnahme: akuter Migräneanfall = Yang-Schmerz).

Es ist eine struktive Yin-Situation, die durch einen Selbstheilungsversuch duch Yang- Symptomatik kurzfristig unterbrochen wird.

Wärme, Weichteiltechniken, Triggerpunktbehandlungen und der Einsatz von Schlüsselpunkten sind die Behandlungen der Wahl.

6. In den Organen

Die wichtigste Behandlung ist die endokrine Insuffizienz. Der Leere der Milz wird durch das Tonisieren mit der Moxatherapie über die Akupunkturpunkte entgegengewirkt. Zugleich wird der Zustimmungspunkt der Emotion „Sorge" mit Massage bzw. Daumendruck und Atmung kombiniert behandelt.

Ob man direkt mit der Fülle der Nierenenergie schon arbeiten soll, ist immerhin eine Frage wert. Ich persönlich würde es lieber sehen, wenn durch die begonnenen Maßnahmen mehr Kraft, mehr Raum, mehr Luft – die Nierenenergie besänftigt und der Blasenpuls etwas stärker wird. Dadurch wiederum weicht der Druck auf die Herzenergie.

Was sicher bei vielen chronischen Leiden und auch bei älteren Leuten wichtig ist, ist die Aktivierung der Lungenenergie über die Alarmpunkte.

7. In den Wandlungsphasen

Durch entsprechende tiefgreifende Übungen im Kontext der Wandlungsphasen wird die langfristige Präventionsbehandlung geprägt. Mehr Stabilität, mehr Kraft, mehr Atem, weniger Sorgen, weniger Angst, besser aufgerichtet sein, mehr Selbstvertrauen sind die Faktoren, die aus der Auseinandersetzung mit dem eigenen Selbst entstehen können.

Diese Langzeitbehandlung ist die Essenz der Energetischen Therapie.

8. Im körperlichen Umfeld

Mit der intensiven Beschäftigung bzw. dem Üben mit den bedürftigen Wandlungsphasen (Erde, Seite 200/Wasser, Seite 202/Metall, Seite 210) wird sich auch das körperliche Umfeld ändern.

Es wird sich ausdehnen, ohne daß es allzu dünn wird (was im Moment noch der Fall ist) und es wird sich auch wieder zurückziehen können, ohne allzu dicht zu werden.

In diesem Fall haben wir es mit beiden Phänomenen zu tun: Im Kontakt mit Vorgesetzten, Partnern und auch Therapeuten wurde die Energie im körperlichen Umfeld dünn. War die Patientin aber allein, kamen immer ähnliche Sorgen und Gedanken (z.B.: wird mein Mann wieder gesund werden?) und die Energie hat sich wieder laufend verdichtet, die Panzerung wieder gefestigt. Entsprechende steife Gelenke und Atemnot in den schlaflosen Phasen waren deutliche Zeichen dafür.

Das Wunschziel ist, daß durch das eigene elastischere körperliche Umfeld sich das „Schwingungsfeld" der Menschen, mit denen man in Beziehung steht, auch elastischer, freundlicher und toleranter wird.

Tab. 5: Behandlungsprioritäten in der Zeit für dieses Beispiel.

sofort • In den Organen (endokrine Insuffizienz) • Im Atem • In der Konstitution • In der lokalen Yin-Yang-Situation
mittelfristig • In den Energieflüssen • In den drei funktionalen Zonen
langfristig • In den Organen • In den Wandlungsphasen • Im körperlichen Umfeld • Im Atem: verbundene Atmung

6 Der Qi-Effekt

Als „Qi-Effekte“ bezeichne ich qualitative oder quantitative Veränderungen im Leib, wie sie infolge besseren Fließens oder einer Zunahme des Qi bei der energetischen Behandlung, beim Qi-Training oder nach Übungen auftreten. „Qi-Effekte“ zeigen im Grunde einfach an, daß die Energetische Therapie wirkt.

Die einfachsten dieser Effekte sind im Lauf der Therapie oder während einer Entspannungsübung meist recht deutlich und rasch zu beobachten und zu beurteilen. Bei einer lokalen Yin-Yang-Behandlung etwa zeigt sich der Qi-Effekt oft in der Verminderung einer Schwellung oder Überwärmung, an einer raschen Verbesserung der Beweglichkeit oder an der Reduktion eines Schmerzes. Aber selbst wenn keines dieser Phänomene auftritt oder sich sogar das Gegenteil einstellt, können wir die Wirksamkeit leicht und sicher beurteilen.

Die Ergebnisse der Regulation bzw. Deblockierung von Energieflüssen im Laufe einer Behandlung sind etwa am Muskeltonus, an der Veränderung einer gestörten Funktion oder eines Schmerzphänomens deutlich zu erkennen. Auch die Atmung oder die Konstitutionslage verändern sich nach einer gewissen Zeitspanne spürbar.

Bei der Beurteilung der vegetativen Entspannungslage stehen uns einige einfache Parameter zur Verfügung:

• Erweiterung der peripheren Gefäße: Eine Erweiterung der Gefäße in den Körperextremitäten verbessert in erster Linie die Durchblutung. Allgemein gilt Vasodilatation aber zudem als verläßliches Zeichen für Entspannung.

Nach M. Sovak kann bei Migränepatienten ein Training, willentlich Vasodilatation in den Händen zu erzeugen, zu einem Rückgang der Migräne führen. Aufgrund solcher Erkenntnisse empfehlen wir den Patienten Visualisierungsübungen mit Wärme als tägliche Übung. Die Technik ist einfach: Konkrete, durch Fango oder etwa Inforarot applizierte Wärme wird zuerst bewußt gemacht und dann im Sinne eines „Wärmestromes“ in die kranke Stelle oder Extremität weitergeleitet.

Unsere Wärmeanwendungen können bei verschiedenen Krankheitstypen den Anfang eines solchen Wärmetrainings bilden und zugleich die degenerativen Prozesse stoppen. Wir können mit diesem Training auch die Botschaft verbinden, daß ein Mensch nicht nur aktiv sein muß, sondern auch passiv, weich und warm „wie ein Säugling“ sein darf.

• Verlangsamung und Gleichmäßigerwerden der Atmung: Bei den meisten Entspannungstechniken verändert sich der Atemrhythmus in charakteristischer Weise. Die Frequenz der Ein- und Ausatmung nimmt ab, Brustatmung geht wie von selbst in Bauchatmung über. Außerdem werden die Pausen zwischen Aus- und Einatmung länger. Die Beruhigung des Atemrhythmus ist ein klares Anzeichen dafür, daß die Erregung eines Menschen abklingt. Unser Atem spiegelt wider, wie gut wir öffnen und schließen, geben und nehmen, festhalten und loslassen können. Wer seinen Atem frei und rund fließen lassen kann, kann auch „Mitte“ erleben.

In dieser Atmung ist weder Spannung noch Spannungslosigkeit.

• Senkung des Gasaustausches: Eng mit der veränderten Atemtätigkeit verbunden ist eine Reduktion des Sauerstoffverbrauchs und der Kohlendioxid-Ausatmung. Verminderter Sauerstoffbedarf ist ein indirektes Maß für eine allgemeine Senkung der Stoffwechselprozesse. Taoistische Meister können den Grundumsatz sehr stark absinken lassen und sich in einen winterschlafähnlichen Zustand versetzen. Auch Menschen, die darin noch wenig Übung haben, sind mit bestimmten Entspannungstechniken bald in der Lage, den Sauerstoffverbrauch in zwanzig Minuten um die Hälfte zu senken.

• Verlangsamung der Herzfrequenz: Je weniger Energie vom Organismus mobilisiert werden muß, desto stärker sinken Herzfrequenz und Herzleistung. Vermindert sich bei einem Entspannungsverfahren die Herzfrequenz nicht, so ist dies ein sicheres Zeichen dafür, daß das Niveau körperlicher Aktivität noch recht hoch ist.

Nach Hittmair können wir allein schon aus dem Verhältnis von Puls und Atmung etwas über den Sympathikotoniker im Streß (10:1) und den Vagotoniker (2:1) erfahren. Nach etwa 30 tiefen Kniebeugen, also nach entsprechender Muskelleistung und vegetativer Entspannung, sollten sich Kreislauf und Atmung aber bei beiden Konstitutionstypen beim optimalen Verhältnis von vier Pulsschlägen pro Atemzug einpendeln.

• Zunahme des Hautwiderstands: Der Hautwiderstand gehört zu den beliebtesten physiologischen Maßeinheiten der Psychologen. Die physiologischen Grundlagen des Phänomens sind komplex. Man nimmt an, daß die spontanen Schwankungen des elektrischen Hautwiderstands in einem Zusammenhang mit der neurovegetativen Erregungsbereitschaft stehen. Geringer Hautwiderstand wird zu einem guten Teil von durch Angst hervorgerufener Transpiration verursacht.

Steigt der Hautwiderstand, so sinkt die vegetative Labilität. Offenbar gibt es am Körper auch eine Reihe von Punkten, die einen geringeren Hautwiderstand aufweisen als ihre Umgebung. Wenn die Annahme stimmt, daß ein hoher Hautwiderstand bessere vegetative Stabilität bedeutet, so würde das umgekehrt heißen, daß da, wo der Widerstand geringer ist, ein leichteres „Eindringen" in das vegetative System möglich wäre.

• Blutdrucksenkung: Entspannungstechniken können bei Menschen, die zu normalem oder leicht erhöhtem Blutdruck neigen, auch zur Senkung des Blutdrucks beitragen. Verschiedene Studien haben indessen gezeigt, daß dieser Effekt abnimmt oder völlig verschwindet, wenn die Entspannung oder Meditation nicht fortgeführt wird.

6.1 Besondere Qi-Effekte in der Energetischen Therapie

Die plötzliche Erhöhung und Veränderung des Qi's im Laufe einer energetischen Behandlung hat nun aber auch eine Reihe von besonderen Effekten, die sich nicht in das beschriebene einfache Raster fügen und die nicht meßbar sind. Solche Phänomene – körperliche und emotionale Sensationen, Schmerzen, Licht-Phänomene, Entgrenzungserscheinungen usw. –, können bereits in der ersten, der Reinigungs-Phase auftreten, wenn es sich darum handelt, den Widerstand in den Energiebahnen zu vermindern, das „Geröll im Flußbett" durch die vermehrte Kraft des Qi zu bewegen, damit ein vermehrter Fluß subtiler Energie überhaupt möglich wird. Gerade in dieser Phase gilt es, ihnen viel Aufmerksamkeit zu schenken und mit besonderer Vorsicht zu begegnen. Die Entgrenzungsgefühle, die bei der Reinigung auftreten, fordern zum Beispiel stabilen Halt, „Mitte". Deshalb muß parallel immer die Zentrierung der Energie im Tantien erfolgen, denn ohne feste Verankerung im Bauch ist die Reinigung der Energiebahnen nicht möglich.

Im Laufe einer Therapie werden wir lernen, mit den Füßen fest auf dem Boden der Realität zu stehen und zugleich die Fähigkeit entwickeln, Kontakt mit dem „Himmel" aufzunehmen, uns in außerordentliche Bewußtseinzustände hineinzubegeben. Die Trainingsaufgabe besteht in dieser Phase darin, daß wir klar zu unterscheiden lernen, ob wir uns im Alltagsbewußtsein bewegen oder in einem außerordentlichen Bewußtseinszustand. Auch dieses Training muß genau überwacht und dauernd angepaßt werden, ganz wie das Training von Leistungssportlern. Geschieht dies nicht in verantwortungsvoller Weise, so sind gesundheitliche Gefahren nicht auszuschließen. Erst im Laufe des Trainings werden die Phänomene des Qi-Effekts abnehmen, mit der Zeit verschwinden sie sogar fast vollständig. Es ist jetzt zwar mehr Qi im Körper, die Energie ist subtiler geworden, aber das „Geröll im Flußbett" (der Widerstand) ist abgetragen und löst keine Phänomene mehr aus.

Was sind das nun für Phänomene, die im Lauf energetischer Arbeit auftreten können? Die folgende Darstellung erhebt nicht Anspruch auf Vollständigkeit, sie stützt sich hauptsächlich auf eigene Erfahrungen und die Erfahrungen anderer.

Die Qi-Effekte bei „Anfängern"

Die ersten Sonderphänomene, die bei der Energiearbeit auftauchen können – übrigens auch bei konventioneller Physiotherapie, bei Atem- oder Yoga-Übungen, nach dem Geschlechtsverkehr oder im Leistungssport (vor allem bei Ausdauersportlern) – sind etwa lokale Schmerzen, Schmerzen, die wandern, intermittierende Schmerzen (abwechselnd stechend und stumpf), Kältegefühle in den Füßen, ein Zusammenziehen der Kapillaren (Vasokonstriktion), Hitzegefühle im Körper (Vasodilatation), besonders im Oberkörper, leichtes Schwitzen, Gähnen, leicht trockener Mund, Juckreiz usw.

Diese Reaktionen ähneln dem, was unsere westliche Medizin als beginnende Hyperventilation bezeichnet. In der östlichen Literatur werden diese Phänomene anders gewertet, sie werden als Zeichen einer „Reinigung", einer „Öffnung" der Energieflüsse und als „Aufladen" der Meridiane gedeutet.

Meine persönliche Erfahrung ist die, daß sich in einer Atem- oder Meditationssitzung, ja sogar wenn man ruhig in der Sauna sitzt, ein Schütteln in verschiedenen Muskelgruppen bemerkbar machen kann. Nach einer gewissen Zeit stellt sich dann eine unheimliche Kälte ein, die von den Füßen emporkriecht und sich ausbreitet. In dieser Phase tauchen zuweilen auch diffuse Ängste auf und der Körper zieht sich spürbar zusammen, bis in die äußersten Kapillargefäße.

Ist diese Phase überstanden, so verbreitet sich allmählich eine wohlige Wärme oder sogar Hitze über den ganzen Körper. Sie steigt meist aus dem Becken empor in den Brustraum und breitet sich abwärts bis in die Füße aus. Zuletzt ist die Wärme bis in die Finger- und Zehenspitzen deutlich zu fühlen.

Schütteln, Kälte, Zusammenziehen, Wärme und Weiter-Werden, all dies geschieht in rhythmischen Wellen.

Solche und ähnliche Reaktionen treten nun auch bei Energetischer Therapie häufig auf.

Wenn man aber die Tatsache, daß die Energie nach unten und innen zieht, auszuhalten lernt (wofür es kundiger Begleitung bedarf), so kommt es allmählich zu einer überraschenden Umkehrung, zu einer Wandlung. Die Kraft, die Wärme steigt von unten empor und bewegt sich Richtung Peripherie. Wir erfahren so die „Öffnung" in den Energieflüssen, erfahren zugleich ganz praktisch, wie körperliche Symptome sich rasch verändern können, wenn es gelingt „dran und drin" zu bleiben.

Die geschilderten Phänomene treten nur bei therapeutischen Sitzungen auf und verschwinden anschließend wieder. Spontane Spätreaktionen sind in dieser Form sehr selten oder überhaupt nicht zu erwarten, außer, wenn jemand sie in tiefer Entspannung oder zum Beispiel in der Sauna zuläßt oder sie bewußt wieder sucht.

Nach diesen ersten Reaktionen gilt es einen ersten Zwischenhalt einzulegen: Wir machen uns bewußt, daß wir uns zuerst um „Mitte" bemühen, daß wir die Energie zentrieren müssen: „Mitte ist im Bauch", die Verankerung sollte durch Übungen über längere Zeit verbessert werden. Empfehlenswert ist es, zugleich die Kondition der Praktizierenden in bezug auf Ausdauer und Kraft zu verbessern (Gartenarbeit, Bergwandern, Schwimmen, Waldläufe, mehr Verbindung zur Natur). Woran erkennt man, wann die Mitte sich im Bauch stabilisiert hat? Es ist nur zu *spüren.* Man fühlt sich irgendwie stabiler, es ist, als wäre der Schwerpunkt des Körpers etwas nach unten gerutscht. Auch im Alltag kann man es gelassener nehmen, man spürt mehr Raum im Bauch. Das Gefühl, daß im Magenbereich die Atmung blockiert wäre, verflüchtigt sich. Das Zwerchfell wird freier.

Zuweilen kommt es auch zu Vibrationen tief im Bauch, ein Schütteln, hervorgerufen durch die beiden M. iliopsoas, diese Vibrationen dehnen sich auf den ganzen Körper aus. Geschwindigkeit und Dauer solcher Vorgänge sind individuell sehr unterschiedlich. Nun ist der Zeitpunkt gekommen, da der „Innere Kanal“ und der „Große Kreislauf“ intensiv geübt werden sollten, um eine richtige Verteilung der Energie zu bewirken.

Eine nächste Phase wird durch motorische Phänomene ausgelöst: Es entstehen unwillkürlich bestimmte Körperbewegungen, gewisse Körperstellungen werden spontan eingenommen. Eindrücklich ist das Knacken von Gelenken – ein Ton wie bei einer chiropraktischen Manipulation –, vor allem an der Wirbelsäule. Ich habe schon mehrmals erlebt, daß sich nach einer solchen „Verschiebung“ eine Skoliose ausglich, leider hielt der Effekt nur eine gewisse Zeit an.

Nach den motorischen „Entladungen“ stellt sich ein entspanntes Gefühl ein und ein Gefühl von „Verbundenheit“ und „Ganzheit“. Gleiches gilt nach unwillkürlichem Weinen, Lachen, Schreien, Pfeifen, wie es während einer Sitzung oft vorkommt, oder wenn sich sogenannte „Urlaute“ Bahn brechen.

Und wieder ist ein Zwischenhalt notwendig. Im Kapitel zur Konstitution habe ich auf die beiden Grundmuster hingewiesen, denen jede menschliche Reaktion auf Streß folgt: Angriff oder Flucht bzw. Resignation und Totstellreflex. In dieser Phase der Entwicklung ist die aktive Seite, also Angriff oder Flucht (was vom Standpunkt der Aktivität dasselbe ist) zu unterstützen. Wir versuchen, möglichst aus dem Sog der Erstarrung herauszukommen und die unwillkürlichen Bewegungen noch zu verstärken. Erst zu einem viel späteren Zeitpunkt können wir es auch wagen, uns in die Passivität hineinzubegeben. Dieses Verstärken von motorischen „Entladungen“ reduziert den Muskelpanzer beträchtlich und verhindert ein Abgleiten in die Hyperventilation.

Lachen oder Schreien u.ä. sind im übrigen wohl nur Phänomene der Energiebewegung, sie sollten nicht im Sinne von „etwas Herausschreien“ interpretiert werden. Ich versuche, solche Phänomene – weil sie auch Angst auslösen – durch Widerstandsübungen in größere motorische Bewegungen, etwa der Beine, umzuleiten. Wenn dabei spontan eine bestimmte Körperstellung entsteht, so gebe ich Anweisung, einige Zeit drin zu bleiben und zugleich darauf zu achten, ob sich eine neue Bewegung ankündigt. Wenn sich keine zeigt, so provoziere ich eine. Ungewöhnliche Atemmuster unterbreche ich sogleich und weise den Patienten an, auf einen guten Atemrhythmus im Bauch zu achten. Auch Akupunkturpunkte für die Atmung können jetzt zur Unterstützung behandelt werden.

Ein ungewöhnliches Atemmuster darf sich nicht im ganzen vitalen System einnisten. Alte Atemfehlformen müssen zuerst gründlich behandelt werden, bevor mit dem Atem gearbeitet wird. Wenn die Behandlung nicht zum Erfolg führt, ist weitere Energetische Körpertherapie kontraindiziert.

Die nächste Phase, sehr eng mit der eben beschriebenen verbunden, ist eine eigentliche „Reinigungsphase“. Mit „Reinigung“ ist nicht nur das Entschlacken des Stoffwechsels, sondern auch und vor allem die energetische Reinigung der Meridiane gemeint. Die Phänomene können während einer energetischen Sitzung oder auch mit Verzögerung auftreten. Vergrößert sich der Qi-Effekt, so tauchen auch gastrointestinale Symptome auf: zeitweilige Verstopfung, manchmal Durchfall. Die allgemeine Energieakkumulation hat nun auch die unwillkürliche Muskulatur erfaßt und bewirkt eine veränderte Peristaltik. Bei ausgesprochenen Vagotonikern sind diese Reaktionen dramatischer.

Im Zuge der Entwicklung können auch länger andauernde Schmerzen auftauchen oder Schmerzgefühle, die kommen und gehen. Solche Schmerzempfindungen treten im Magen, Bauch, häufig auch im Kopf (Spannungskopfschmerzen), im Augenbereich, an der Wirbelsäule und anderen Köperstellen auf. Spannungskopfschmerzen und Migräne werden wieder aktiviert, als Zeichen von noch blokkierten Energien.

Während einer verbundenen Atmung, aber auch, wenn die Methode des „Stillatmens" geübt wird, oder bei einer gewöhnlichen Massage können erstaunlich starke Emotionsbewegungen auftreten, Gefühle der Ekstase, des tiefen Friedens, des Glücks, der Liebe und Freude ebenso wie intensive Angst, Verwirrung und Trauer. Solch schwankende Emotionen zeigen sich oft auch bei der Integrationsarbeit der Fünf Wandlungsphasen. Können wir das plötzliche Umschlagen der Gefühle – von einer Minute zur anderen – aushalten, akzeptieren, erkennen als nicht persönliches Leiden, sondern als universelles Phänomen, wie es bei einem Mehr an Energie natürlich auftritt, so entsteht ein Gefühl der Zuversicht und Gelassenheit.

In taoistischen oder buddhistischen Meditationsanleitungen heißt es, man solle eben, so gut es gehe, weder in Angst noch in Panik verfallen, wenn solche Gefühle erscheinen. Wenn die Qi-Lenkung in Ruhe ausgeführt werde, so verschwänden auch die unangenehmen Symptome nach einiger Zeit.

Problematischer sind die angenehmen, die exklusiven Phänomene, besteht da doch Gefahr, daß man sie – verständlicherweise – perpetuieren und behalten möchte. Durch diese Anhaftung wird aber der Weg gestoppt.

Persönlich fiel es mir schwer, all diese verschiedenen köperlichen Symptome über mich ergehen zu lassen und es war mit vielen Krankheitsängsten verbunden. Einzelne Schmerzschübe dauerten nur augenblickelang, andere waren mit dauerhafteren Bewegungseinschränkungen verbunden. Meine Gelassenheit wurde aber immer größer, als die lästigen Störenfriede jedesmal wieder verschwanden.

In dieser „Reinigungsphase" des Stoffwechsels und vor allem bei den auftauchenden Emotionen sollte man sich für die Integration viel Zeit lassen und alle Phänomene gemeinsam besprechen. Vielleicht drängen sich auch Modifikationen der Hausübungen auf, manchmal empfiehlt es sich gar, eine Weile überhaupt keine Übungen und Therapien durchzuführen. Möglich ist auch, die Frequenz der Sitzungen zu verändern.

Selbst bei solch vorsichtigem Fortschreiten kann es geschehen, daß der Praktizierende ins „Schleudern" gerät. In diesem Falle sind sämtliche Körperübungen und Meditationen abzusetzen. Dann ist gewöhnliche körperliche Betätigung angesagt, Arbeit im Garten zum Beispiel, und handfeste Nahrungsaufnahme, ein Rindsfilet, dunkles Bier, süße Desserts.

Die Qi-Effekte der Fortgeschrittenen

Die im folgenden Abschnitt beschriebenen Phänomene können in seltenen Fällen auch in frühen Phasen der Energiearbeit auftreten, sie sind dann meist Zeichen dafür, daß sich die Energie schon verfeinert hat und daß schon mehr Ruhe und Gelassenheit entstanden ist.

Im Laufe einer Erweckung der Qi-Kräfte kann es zum Beispiel zu mannigfaltigen Licht-Erscheinungen kommen. Die erste Lichterscheinung hatte ich vor langer Zeit während einer Atemsitzung. Ich wunderte mich, daß mein Therapeut an der Decke eine blaue Lampe angezündet hatte. Nach der Sitzung suchte ich die Lampe, fand sie aber nicht. Nach weiteren Sitzungen wurde mir klar, daß das blaue Licht im „dritten Auge“ auftrat. Man nennt es auch die „blaue Perle“, die man als Matrix des Universums ansieht (Swami Muktananda). Ein weiteres Lichterlebnis hatte ich mit Mantak Chia, beim Tao Yoga. Stundenlang hatten wir den „Inneren Kanal“ geübt. Als ich mich dann spätabends müde ins Bett legen wollte, leuchtete plötzlich ein gleißend helles Licht – wie Flutlicht auf dem Fußballplatz – in meinem Kopf auf, zugleich begann der ganze Körper zu vibrieren. Ich stand wieder auf, legte mich wieder hin, das Phänomen blieb hartnäckig. Erst ein Valium und ein doppelter Cognac brachten es zum Verschwinden.

Ähnliche Erscheinungen – Töne, Gerüche, Trancezuständen oder überaschende Denkprozesse – treten in späteren Phasen der Energiearbeit oft auf.

Abschließend möchte ich nun noch zwei Erfahrungen, die im Zusammenhang mit den Qi-Effekten stehen, beschreiben, weil sie sehr viel mit der Entwicklung der Lebensenergie zu tun haben. Die eine nennen wir die „Erfahrung des großen bzw. kleinen Körpers“, bei der anderen handelt es sich um die sogenannten Kundalini-Phänomene, die aus hinduistisch-buddhistischen Lehren bekannt sind.

Strömt intensives Qi in den Körper ein und sind die Kanäle geöffnet, so hat man zuweilen die Empfindung, als hätte der Körper sich über seine normale Grenze hinaus ausgedehnt. Diese kinästhetische Sensation wird begleitet von Gefühlen der Kraft, der Unerschütterlichkeit, kurz des intensiven Da-Seins. Wenn sich hingegen das Qi im Tantien stark konzentriert, bekommt der Übende das Gefühl, als wäre er kleiner geworden, das ist die Erfahrung des „kleinen Körpers“. Entsprechende Öffnung für die konzentrierte Energie im Bauch ist dann angezeigt, um die Energie besser in Richtung Peripherie zu verteilen und zu nutzen.

Mit dem Schamanen Michael Harner trommelten wir vor Jahren zu zehnt eine ganze Woche lang in einem abgeschlossenen Keller. Nach dem siebten Tag ging ich in der Pause wie immer etwas spazieren. Bei der Rückkehr fühlte ich mich mit einem Schlag sehr alt und sehr klein. Drei Menschen kamen mir entgegen, ich ging vorbei, blieb dann aber stehen und prüfte, ob sie sich vielleicht nach mir umschauten. Alle drei hatten sich tatsächlich nach mir umgedreht, ich hatte mir also nichts eingebildet.

Gewisse körperliche Veränderungen, die bei Fortgeschrittenen als Qi-Effekte auftauchen, ähneln den Phänomenen der Kundalini aus hinduistisch-buddhistischen Lehren. Was verstehen wir unter Kundalini-Effekt? „Kundalini“ ist ein Sanskritwort und bedeutet wörtlich „Schlangen“, oder „Schlangenkraft“, weil diese spirituelle Kraft „schlafend aufgerollt in jedem Menschen am unteren Ende der Wirbelsäule“ (Lexikon der östlichen Weisheiten) ruht. Wenn sie wachgerufen werde, drükke sie sich bei ihrem Aufstieg durch die verschiedenen Energiezentren (Chakras) in Form von spirituellen Erkenntnissen und mystischen Visionen aus. Nach den Schilderungen von Menschen, die das Aufsteigen der Kundalini erfahren haben, könne dies „auf fünf verschiedene Weisen“ geschehen: „wie das Kriechen einer Ameise; wie das freudige Schwimmen eines Fisches im Ozean göttlicher Ekstase; wie ein Affe, der mit einem großen Sprung den Scheitel des Übenden erreicht; wie ein Vogel, der von einem Zweig zum nächsten hüpft; und wie eine Schlange, die sich im Zickzack aufwärts bis zum Scheitel bewegt“.

Indische Yogatexte sprächen nur gelegentlich über die Nadi (die Bahnen der Lebenskraft Prana), schreibt Hans-Ulrich Rieker, häufig jedoch über die Kundalini-Kraft. In den chinesischen Texten (der Taoisten) verhalte es sich gerade umgekehrt. Deshalb seien bei uns die Meridiane durch die chinesische Akupunktur recht gut bekannt geworden, zumindest der Begriff der Kundalini-Kraft aus indischen Quellen auch, aber daß zwischen beiden eine Verbindung bestehe, und welche gar, das werde den Geheimlehren der Inder und der Chinesen zugerechnet. Dabei scheint diese Verbindung nun doch auf der Hand zu liegen.

Die Essenz der beiden Phänomene ist wohl dieselbe.

Eine persönliche Kundalini-Erfahrung

Schon mehr als fünfzehn Jahre lang hatte ich zum Teil intensiv, zum Teil unregelmäßig Entspannungs- und Atemtechniken geübt und schon von Kundalini gehört, aber noch nie eine solche Erfahrung gemacht.

Eines Abends beim Einschlafen hatte ich den Eindruck, daß sich auf meiner linken Körperseite etwas rührte. Es war spürbar und sichtbar, wie ein Vorhang, der sich leicht im Wind rührte. Es schien, als bewege sich mein Körper mit diesem Vorhang zusammen ganz leicht mit. Ich wußte nicht, ob ich schon schlief und träumte oder ob ich dies alles mit meinen halbwachen Sinnen empfand. Ich spürte die Bewegung und sah zugleich den Vorhang. Es war eigentlich ganz angenehm, andererseits etwas sonderbar.

Aber dann änderte sich die Situation schlagartig. Vom Kreuz her fühlte ich eine Kugel die Wirbelsäule hochschießen und wurde gewahr, daß der Schuß mein Schädeldach wegriß. Ein nie gekanntes Angstgefühl begleitete den Vorgang, mir wurde klar, daß ich sterben würde. Die Halsmuskeln verkrampften sich, ich konnte fast nicht mehr atmen und gewaltige Kräfte ließen meinen Körper erbeben. Es war kein Schmerz, sondern eine mächtige, schmerzhafte, tief erschütternde Angst, die mich packte.

Meine Frau hielt mich dann etwa zwei Stunden in den Armen, bis das Beben und die Angstgefühle allmählich nachließen.

Es folgten weitere Kundalini- Erfahrungen in den nächsten Jahren. Einige waren von sanfter, feiner und schöner Qualität, andere grob, abrupt und dramatisch. Sie konnten aber nicht mehr die erste überwältigende Konfrontation mit der existentiellen Angst auslösen.

Abschließende Bemerkung

Im Alltag bewegen wir uns meist auf sehr tiefem Energieniveau; nicht daß unser Energieverbrauch niedrig wäre, aber wir verwenden recht viel Kraft darauf, unseren Muskelpanzer, unsere mentalen Widerstände und unsere Gedankenmuster aufrechtzuerhalten. Wenn sich nun unser Qi im Laufe einer energetischen Behandlung erhöht, so brauchen Körper, Seele und Geist längere Zeit, um sich an den Energieschub zu gewöhnen. Wir sind auf solch unvermittelt einströmende neue Energie nicht vorbereitet, nicht einmal darauf, daß sich vorhandene (aber gehemmte) Energie plötzlich in Bewegung setzt. Es ist wichtig, daß Therapeuten wie auch Patienten über die beschriebenen Qi-Phänomene gut Bescheid wissen, bevor sie auftreten, daß im Laufe einer Therapie beide Seiten auch ausführlich miteinander über jene Erscheinungen reden, wenn sie sich zeigen. Zwar ist Energetische Körpertherapie keine Gesprächstherapie, aber die Qi-Effekte müssen mit Sorgfalt besprochen und in einen Rahmen gestellt werden.

Es liegt auf der Hand, daß Therapeuten die Qi-Phänomene – genauso wie die Symptome einer Energieblockierung – am eigenen Leib erfahren haben müssen, bevor sie mit Patienten energetisch zu arbeiten beginnen. Ohne die Selbsterfahrung, ohne Kenntnisse über die Energiebewegungen ist Energetische Körpertherapie nicht ungefährlich. Selbst technische Manipulationen am „Energiekörper" wie Akupunkturbehandlungen, Atemübungen, Yogatechniken usw., setzen ein Minimum an erlebtem Wissen über die Energiebewegungen voraus.

IV. Teil

Anhang

Das Körpermaß Cun: Die Körpermessung

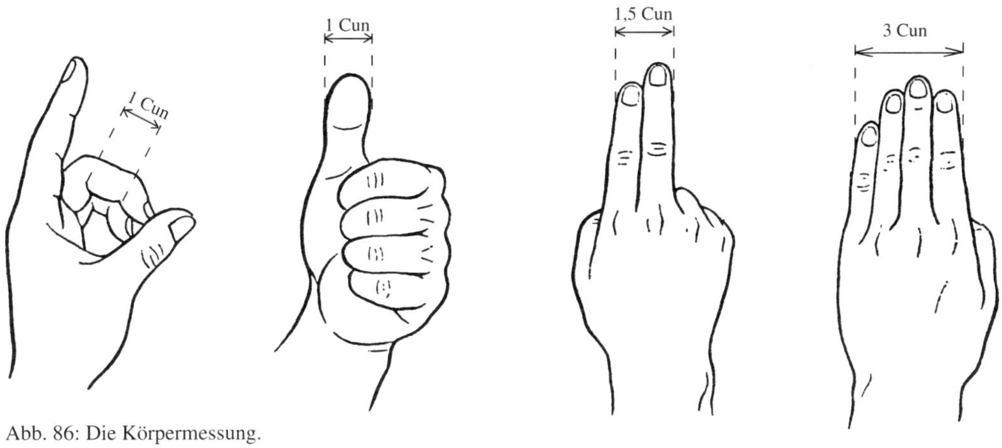

Abb. 86: Die Körpermessung.

Dringlichkeitspunkte

Wer in einem medizinischen Beruf tätig ist, sollte eigentlich mit den sogenannten Dringlichkeitspunkten vertraut sein. Bei der energetischen Arbeit kann es stets geschehen, daß Energie sich zu schnell oder im Übermaß bewegt und dadurch ein Gefühl von drohender Ohnmacht, Energieleere oder -fülle auftritt. In solchen Fällen werden die Dringlichkeitspunkte eingesetzt. Auch bei Schwindel, Energieleere im Kopf u.ä. können sie nützliche Dienste leisten.

Di 4: Auf dem Handrücken, in einem Grübchen vor der Spitze des von Ossa metacarpea I und II gebildeten Winkels.

TM 26: Im oberen Drittel der Nasolabialrinne.

Ni 1: In der Mitte der Fußsohle, an der Spitze des Winkels, der durch die Vereinigung der Muskulatur der großen Zehe und jener der übrigen Zehen gebildet wird.

He 9: 0,1 Cun radial vom inneren Nagelwinkel des kleinen Fingers (dieser Punkt unterstützt den Kreislauf).

Ist eine Narbe ein Störfeld?

Um diese Frage zu beantworten, unternehme ich einen sehr einfachen Narbentest, den ich bei Willy Penzel gelernt habe.

Ich massiere in die zu testende Narbe eine Magnesiumsalbe ein und fahre dann in einem gewissen Abstand mit einem japanischen Massagestäbchen rund um die Narbe herum.

Wenn nun durch diese Massage ein „komisches“ Gefühl entsteht, wenn es kitzelt, wenn es einen friert oder wenn es schmerzt etc., kann man annehmen, daß diese Narbe noch ein Störfeld ist.

Die Narbe zu entstören, ist relativ einfach. Man muß sie sanft mit der Narbensalbe einmassieren und dann 15 Minuten mit Blaulicht bestrahlen. 2 bis 3 Behandlungen genügen in den meisten Fällen.

Ist ein Glaubenssatz ein Störfeld?

Sowohl Narben als auch negative Glaubenssätze (als mentale Narben) können lebenslange Störenfriede der Menschen sein.

Der Arzt Dietrich Klinghardt verwendet den Akupunkturpunkt Dü 3 als „Umpolungspunkt"gegen energetisch schwächende Glaubenssätze. Seit ich diese Methode anwende, konnte ich in vielen Fällen Blockierungen besser beseitigen helfen. Dies besonders bei der Frage der Konstitution.

Die Methode ist einfach: Wählen Sie einen neuen, positiven, Ihnen entsprechenden Glaubenssatz. Sprechen Sie ihn 5mal laut und einmal leise vor. Während dieser Zeit beklopfen Sie den Punkt Dü 3 der linken Hand mit dem Mittelfinger der rechten Hand.

Mit dem Muskeltest (siehe Seite 114) können Sie Ihre Bemühungen kontrollieren.

Biosignalkontrolle nach Sovak

M. Sovak schreibt in „Kopfschmerz – Diagnose, Pathophysiologie, Pharmakotherapie,Biosignalkontrolle" (Verlag für Medizin Dr. Ewald Fischer): „Es ist heutzutage allgemein bekannt, daß bei Migränepatienten das Training, willentlich die Vasodilatation in den Händen zu erzeugen, oft zu einem Rückgang des Auftretens und der Intensität ihrer Migräneanfälle führt."

Ich kann diese These nur bestätigen, die Methode funktioniert erstaunlich gut. Ich verwende eine SET- Übung als Vorbereitung und lasse den Patienten seine Aufmerksamkeit auf seine Hände (später Füße) legen.

Er kann dann feststellen, daß sich sein Gefühl in den Händen verändert: Sie können größer werden, sie fangen an zu kribbeln und sie werden vor allem wärmer. Dieser Veränderungseffekt wird einkonditioniert und *vor* einem Anfall im Sinne einer Autosuggestion ins System hineingegeben.

Wer sich genauer über die Methode der Biosignalkontrolle nach Sovak informieren möchte, dem empfehle ich sehr sein kleines, oben erwähntes Buch.

Akupunkturpunkte-Lokalisation und -Index

Hier finden Sie die Lokalisationsbeschreibung der einzelnen Akupunkturpunkte. Sie finden den gesuchten Punkt beim entsprechenden Meridian.

Es gibt Ihnen zugleich Aufschluß über die Anwendungsmöglichkeiten dieses Punktes und verweist auf die einzelnen Kapitel bzw. Seiten.

Die Reihenfolge der Meridiane	Abkürzung
Lungen	Lu
Dickdarm	Di
Magen	Ma
Milz, Pankreas	MP
Herz	He
Dünndarm	Dü
Blasen	Bl
Nieren	Ni
Perikard	Pe
Dreifach-Erwärmer	3E
Gallenblase	Gb
Leber	Le
Tou Mo	TM
Jenn Mo	JM

Der Lungen-Meridian

Lu 1: „Zentralpalast"
1,6 Cun unter der Clavicula, lateral von der 2. Rippe

Der Tastbefund, die Alarmpunkte der Lunge **110**
Die großen Energieflüsse, oben – unten, die Himmelsfenster **167**
In den Organen, die Alarmpunkte der Lunge **194**
Die Fünf Wandlungsphasen, Metall **212**

Lu 7: „Engpaß"
2 Cun proximal von der Handgelenksfalte, in der Verlängerung der Radialisrinne. Beim Ineinanderkreuzen der Hände findet sich der Punkt am Ende des Zeigefingers.

Lokale Yin-Yang-Situationen, Schlüsselpunkt **190**

Lu 9: „Tiefer Abgrund"
Auf der volaren Seite des Handgelenks, in der distalen Beugefalte über der Arteria radialis

Pulsbefunde, Pulsstelle **98**

Der Dickdarm-Meridian

Di 4: „Talgrund"
Auf dem Handrücken, in einem Grübchen vor der Spitze des von den Ossa metacarpea I und II gebildeten Winkels.
Um den Punkt zu finden, läßt man die Finger spreizen. Oder wenn Daumen und Zeigefinger dicht zusammengebracht werden, entsteht ein Muskelwulst. Auf der höchsten Stelle ist der Punkt.

Die Konstitution, Akupunkturpunkte **124**
Anhang: Dringlichkeitspunkte **241**

Di 11: „Teich am Ellbogen"
Am äußeren Ende der Beugefalte des Ellbogens bei gebeugtem Unterarm.

Die großen Energieflüsse, oben – unten, Akupunkturpunkte **165**

Di 18: „Seitlicher stützender Vorsprung"
Auf dem M. sternocleidomastoideus, in der Höhe des oberen Randes des Kehlkopfknorpels, 3 Cun lateral von diesem

Die großen Energieflüsse, oben – unten, die Himmelsfenster **167**

Di 20: „Empfang der Düfte"
Lateral von der unteren Spitze des Nasenflügels

Die großen Energieflüsse, rechts – links, Übungen **183**

Der Magen-Meridian

Die großen Energieflüsse, oben – unten, Akupunkturpunkte **164**
Die Fünf Wandlungsphasen, Erde **202**
Die Fünf Wandlungsphasen, Holz **207**

Ma 40: „Überfluß" oder „Reiche der Fülle"
8 Cun oberhalb des Malleolus externus, 2 Querfinger lateral vom Vorderrand der Tibia, zwischen Tibia und Fibula am Rand des M. peroneus gelegen

Die Fünf Wandlungsphasen, Erde **202**

Ma 42: „Ansturm des Yang"
Auf der höchsten Stelle des Fußrükkens, da wo man den Puls der Arteria dorsalis pedis fühlt

Pulsbefunde, Pulsstelle **98**

Ma 44: „Innere Wohnung"
Zwischen den Grundgelenken der 2. und der 3. Zehe

Die Fünf Wandlungsphasen, Erde **202**

Der Milz-Pankreas-Meridian

MP 4: „Abzweigende Verbindung" oder „Großvater und Enkel"
Am medialen Fußrand, in einem Grübchen 1 Cun proximal vom Metatarsophalangealgelenk der großen Zehe

Die drei funktionalen Zonen, „der Innere Kanal" **141**
Lokale Yin-Yang-Situationen, Schlüsselpunkt **189**

MP 6: „Vereinigung der 3 Yin-Meridiane"
3 Cun über dem Malleolus internus, in einem Grübchen am dorsalen Rand der medialen Tibiafläche

Die großen Energieflüsse, oben – unten, Akupunkturpunkte **164**
Die großen Energieflüsse, rechts – links, Weichteiltechniken **181**
Die Fünf Wandlungsphasen, Erde **202**

MP 7: „Aussickerndes Tal"
3 Cun proximal von MP 6

Die großen Energieflüsse, oben – unten, Akupunkturpunkte **164**

MP 21: „Großer Verwalter"
Im 6. Interkostalraum auf der mittleren Axillarlinie

Die großen Energieflüsse, oben – unten, Akupunkturpunkte **164, 165**

Der Herz-Meridian

He 1: „Höchste Quelle"
In der Tiefe der Axilla

Die großen Energieflüsse, oben – unten, Akupunkturpunkte **165**

He 7: „Tor des Verstandes" oder „Tor des Shen". Das Herz speichert das Shen, d.h. das Selbst, den Lebensgeist
In der Beugefalte des Handgelenkes, in einem Grübchen am medialen Rand des Os pisiforme, über der Arteria ulnaris

Die Fünf Wandlungsphasen, Feuer **208**

He 9: „Kleiner Ansturm"
0,1 Cun radial vom inneren Nagelwinkel des kleinen Fingers

Anhang: Dringlichkeitspunkte **241**

Der Dünndarm-Meridian

Dü 3: „Hinteres kleines Tal“
Am Ulnarrand des Handrückens, proximal vom Metacarpophalangealgelenk des 5. Fingers, in einem Grübchen am Übergang der „weißen“ zur pigmentierten Haut

Lokale Yin-Yang-Situationen, Schlüsselpunkt **190**
Anhang: „Umpolungspunkt“ **242**

Dü 10: „Beweglichkeit des Oberarmes“
Auf der Dorsalseite der Schulter, in Verlängerung der kranialen Achselfalte, zwischen Akromion und Humeroscapulargelenk, wo eine Mulde zu tasten ist.

Lokale Yin-Yang-Situationen, Durchgangspunkt **189**

Der Blasen-Meridian

Bl 10: „Himmelssäule“
Im Nacken, in einem Grübchen unterhalb der Protuberantia occipitalis, 0,7 Cun lateral von der Medianlinie, in Höhe von TM 15

Er gehört zu den Punkten, die das Nei King als besonders wichtig bezeichnet, da er die gesamte Energie beherrscht.
Auf jeden Fall ist dieser Punkt die Ausgangsbasis für die Spezialpunkte an der Halswirbelsäule für Augen, Ohren, Zähne, Nase, Rachen, Schilddrüse und Nebenschilddrüse.

Die großen Energieflüsse, oben – unten, die Himmelsfenster **167**

Bl 11: „Großer Webstuhl“, „Rheumapunkt“ der Halswirbelsäule und des Schultergürtels
1,5 Cun lateral vom unteren Rand des Dornfortsatzes des 1. Brustwirbels

Die Organe, die endokrine Insuffizienz **193**

Bl 13: „Zustimmungspunkt der Lunge“
1,5 Cun lateral vom unteren Ende des Dornfortsatzes des 3. Brustwirbels

Der Tastbefund, die Zustimmungspunkte **111**
Die Organe, die Zustimmungspunkte **195**
Die Fünf Wandlungsphasen, Metall **212**

Bl 14: „Zustimmungspunkt des Perikards“
1,5 Cun lateral vom unteren Ende des Dornfortsatzes des 4. Brustwirbels

Der Tastbefund, die Zustimmungspunkte **111**
Die großen Energieflüsse, oben – unten, die Barrieren, die obere Zone **167**
Die Organe, die Zustimmungspunkte **195**

Bl 15: „Zustimmungspunkt des Herzens“
1,5 Cun lateral vom unteren Ende des Dornfortsatzes des 5. Brustwirbels

Der Tastbefund, die Zustimmungspunkte **111**
Die großen Energieflüsse, oben – unten, die Barrieren, die obere Zone **167**
Die Organe, die Zustimmungspunkte **195**
Die Fünf Wandlungsphasen, Feuer **210**

Bl 17: „Zustimmungspunkt des Zwerchfells“
1,5 Cun lateral vom unteren Ende des Dornfortsatzes des 7. Brustwirbels

Die drei funktionalen Zonen, „der Innere Kanal“ **141**

Die großen Energieflüsse, oben- unten, die Barrieren **166**
Die Fünf Wandlungsphasen, Feuer **210**

Bl 18: „Zustimmungspunkt der Leber“
1,5 Cun lateral vom unteren Ende des Dornfortsatzes des 9. Brustwirbels

Der Tastbefund, die Zustimmungspunkte **111**
Die Organe, die Zustimmungspunkte **195**
Die Fünf Wandlungsphasen, Holz **207**

Bl 19: „Zustimmungspunkt der Gallenblase“
1,5 Cun lateral vom unteren Ende des Dornfortsatzes des 10. Brustwirbels

Der Tastbefund, die Zustimmungspunkte **111**
Die Organe, die Zustimmungspunkte **195**
Die Fünf Wandlungsphasen, Holz **207**

Bl 20: „Zustimmungspunkt der Milz“
1,5 Cun lateral vom unteren Ende des Dornfortsatzes des 11. Brustwirbels

Der Tastbefund, die Zustimmungspunkte **111**
Die Organe, die Zustimmungspunkte **195**
Die Fünf Wandlungsphasen, Erde **202**

Bl 21: „Zustimmungspunkt des Magens“
1,5 Cun lateral vom unteren Ende des Dornfortsatzes des 12. Brustwirbels

Der Tastbefund, die Zustimmungspunkte **111**
Die Organe, die Zustimmungspunkte **195**
Die Fünf Wandlungsphasen, Erde **202**

Bl 22: „Zustimmungspunkt des 3-fachen Erwärmers“
1,5 Cun lateral vom unteren Ende des Dornfortsatzes des 1. Lendenwirbels

Der Tastbefund, die Zustimmungspunkte **111**
Die Organe, die Zustimmungspunkte **195**
Die Fünf Wandlungsphasen, Feuer **210**

Bl 23: „Zustimmungspunkt der Niere“
1,5 Cun lateral vom unteren Ende des Dornfortsatzes des 2. Lendenwirbels

Der Tastbefund, die Zustimmungspunkte **111**
Die Organe, die endokrine Insuffizienz **193**
Die Organe, die Zustimmungspunkte **195**
Die Fünf Wandlungsphasen, Wasser **205**

Bl 24: „Zustimmungspunkt des Meeres der Energie“
1,5 Cun lateral vom unteren Ende des Dornfortsatzes des 3. Lendenwirbels

Der Atem, Voraussetzungen schaffen **149**

Bl 25: „Zustimmungspunkt des Dickddarms“
1,5 Cun lateral vom unteren Ende des Dornfortsatzes des 4. Lendenwirbels

Der Tastbefund, die Zustimmungspunkte **111**
Die Organe, die Zustimmungspunkte **195**
Die Fünf Wandlungsphasen, Metall **212**

Bl 27: „Zustimmungspunkt des Dünndarms“
1,5 Cun lateral der hinteren Medianlinie, auf der Höhe des 1. Sakralloches in der Vertiefung zwischen dem

medialen Rand der Spina posterior superior und dem Os sacrum

Der Tastbefund, die Zustimmungspunkte **111**
Die Organe, die Zustimmungspunkte **195**
Die Fünf Wandlungsphasen, Feuer **210**

Bl 28: „Zustimmungspunkt der Blase"
1,5 Cun lateral der hinteren Medianlinie, auf der Höhe des 2. Sakralloches

Der Tastbefund, die Zustimmungspunkte **111**
Die Organe, die Zustimmungspunkte **195**
Die Fünf Wandlungsphasen, Wasser **205**

Bl 30: „Zustimmungspunkt des Schließmuskels. Der Punkt ist ebenfalls ein wichtiger Punkt für die Gynäkologie (Leukorrhoe, Fluor albus).
1,5 Cun lateral der hinteren Medianlinie auf Höhe des 4. Sakralloches

Die drei funktionalen Zonen, „der Innere Kanal" **141**
Die großen Energieflüsse, oben – unten, die Baumübung **173**

Bl 40: [54] „Vollkommener Ausgleich"
In der Mitte der Kniekehle

Die großen Energieflüsse, oben – unten, Akupunkturpunkte **165**

Bl 42: [37] „Tor der Lebenskraft" oder „Sitz der Körper-Seele"
3 Cun lateral vom unteren Ende des Dornfortsatzes des 3. Brustwirbels

Die Organe, die Zustimmungspunkte der Emotionen **196, 197**
Die Fünf Wandlungsphasen, Metall **211**

Bl 44: [39] „Palast der Lebenskraft" oder „Halle des Shen"
Die Lebenskraft entspricht der Herzenergie.
3 Cun lateral vom unteren Ende des Dornfortsatzes des 5. Brustwirbels

Die Organe, die Zustimmungspunkte der Emotionen **196, 197**
Die Fünf Wandlungsphasen, Feuer **208**

Bl 47: [42] „Tor der Seele"
Dieser Punkt hat einen Zusammenhang mit der Leberenergie.
3 Cun lateral vom unteren Ende des Dornfortsatzes des 9. Brustwirbels

Die Organe, die Zustimmungspunkte der Emotionen **196, 197**
Die Fünf Wandlungsphasen, Holz **206**

Bl 49: [44] „Sitz der Gedanken" oder „Sitz der Vorstellungen"
Dieser Punkt hat einen Zusammenhang mit der Milzenergie.
3 Cun lateral vom unteren Ende des Dornfortsatzes des 11. Brustwirbels

Die Organe, die Zustimmungspunkte der Emotionen **196, 197**
Die Fünf Wandlungsphasen, Erde **200**

Bl 52: [47] „Sitz des Willens"
Dieser Punkt hat einen Zusammenhang mit der Nierenenergie.
3 Cun lateral vom unteren Ende des Dornfortsatzes des 2. Lendenwirbels

Die Organe, die Zustimmungspunkte der Emotionen **196, 198**
Die Fünf Wandlungsphasen, Wasser **203**

Bl 58: „Das Yang entflieht"
7 Cun oberhalb des Malleolus externus, auf der Vertikalen durch Bl 60

Die großen Energieflüsse, oben – unten, Akupunkturpunkte **165**
Die Fünf Wandlungsphasen, Holz **206**

Bl 62: „Meridian der Nierenstunde" oder „ Ausstrecken des Meridiangefäßes"
In einem Grübchen, 0,5 Cun distal vom Malleolus externus, am Übergang von der „roten" zur „weißen" Haut. Gegenüber des Ni 6

Die Konstitution, Akupunkturpunkte **124**
Lokale Yin-Yang-Situationen, Schlüsselpunkt **188**

Der Nieren-Meridian

Ni 1: „Sprudelnde Quelle"
In der Mitte der Fußsohle, an der Spitze des Winkels der durch die Vereinigung der Muskulatur der großen Zehe und der übrigen Zehen gebildet wird.

Die drei funktionalen Zonen, „die Feuerübung", „der Innere Kanal" **139**
Der Atem, zur Vorbereitung des Übenden, verbundene Atmung: Visualisation von Akupunkturpunkten **152, 159**
Die großen Energieflüsse, oben – unten, die Baumübung **173**
Die großen Energieflüsse, rechts – links, Weichteiltechniken **181**
Die Fünf Wandlungsphasen, Wasser **204**
Anhang, Dringlichkeitspunkte **241**

Ni 3: „Höchstes kleines Tal"
0,5 Cun hinter dem Malleolus internus, in einem Grübchen oberhalb des Fersenbeins; man kann dort den Puls der A. tibialis posterior fühlen

Pulsbefunde, Pulsstelle **98**
Die großen Energieflüsse, oben – unten, die Energie in die Beine ziehen **170**
Die großen Energieflüsse, rechts – links, Weichteiltechniken **181**
Die Fünf Wandlungsphasen, Wasser **204**

Ni 4: „Großes Fersenbein" oder „große Glocke"
0,5 Cun distal von Ni 3, unter und hinter dem Malleolus internus, zwischen der Sehne des M. flexor digitorum longus und des M. flexor hallucis longus

Die großen Energieflüsse, rechts – links, Weichteiltechniken **181**
Die Fünf Wandlungsphasen, Wasser **204**

Ni 6: „Leuchtendes Meer"
0,4 Cun unterhalb des Unterrandes des Malleolus internus

Lokale Yin-Yang-Situationen, Schlüsselpunkt **188**

Ni 8: „Seinen Gefährten kreuzen"
Auf der Margo tibialis tibiae, 2 Cun proximal vom Malleolus internus

Lokale Yin-Yang-Situationen, Durchgangspunkt **188**

Ni 10: „Yin-Tal"
Am medialen Ende der Kniegelenksfalte zwischen den beiden Sehnen des M. semimembranosus und des M. semitendinosus

Die großen Energieflüsse, oben – unten, die Energie in die Beine ziehen **170**

Ni 11: „Waagrechter Knochen"
0,5 Cun lateral von der ventralen Medianlinie, am oberen Schambeinrand

Der Atem, Voraussetzungen schaffen **149**
Die großen Energieflüsse, oben – unten, Akupunkturpunkte **165**
Lokale Yin-Yang-Situationen, Durchgangspunkt (Ni 11-Ni 21) **189**
Die Fünf Wandlungsphasen, Holz **206**

Ni 13: „Energiepunkt" oder „Atempunkt"
0,5 Cun lateral von der ventralen Medianlinie, in der Höhe von JM 4, 2 Cun proximal von Ni 11

Der Atem, Voraussetzungen schaffen **149**
Die Fünf Wandlungsphasen, Wasser **204**

Ni 27: „Zustimmungspunkt des Palastes" oder „Zustimmungspunkt der Speicherorgane"
Am Unterrand der Clavicula, 2 Cun lateral von der Medianlinie
Die großen Energieflüsse, oben – unten, Akupunkturpunkte **165**
Die Fünf Wandlungsphasen, Wasser **204**
Die Fünf Wandlungsphasen, Holz **206**

Der Perikard-Meridian

Pe 3: „See am Ellbogen"
In der Mitte der Beugefalte des Ellbogens, in einem ulnar der Sehne des M. biceps gelegenen Grübchens

Die großen Energieflüsse, oben – unten, Akupunkturpunkte **165**

Pe 6: „Innere Schranke"
Auf der Volarseite des Unterarmes, 2 Cun von der Mitte der Beugefalte des Handgelenks entfernt

Lokale Yin-Yang-Situationen, Schlüsselpunkt **189**

Pe 8: „Palast der Mühsal"
In der Mitte der Handfläche. Beim Faustschluß liegt der Punkt zwischen den Spitzen von Ring- und Mittelfinger.

Der Atem, verbundene Atmung und Visualisation von Akupunkturpunkten **160**
Die großen Energieflüsse, oben – unten, Akupunkturpunkte **165**

Der Dreifach-Erwärmer

3E 5: „Äußere Schranke"
Auf der Dorsalseite des Unterarmes, zwischen Radius und Ulna, 2 Cun proximal der dorsalen Handgelenksfalte

Lokale Yin-Yang-Situationen, Schlüsselpunkt **188**

3E 16: „Himmelsfenster"
An der Halsaußenseite, am dorsalen Rand des M. sternocleidomastoideus in Höhe des Kieferwinkels

Die großen Energieflüsse, oben – unten, die Himmelsfenster **167**

Der Gallenblasen-Meridian

Gb 14: „Helles Yang"
1 Cun oberhalb der Mitte der Augenbrauen., bei geradeaus gerichtetem Blick genau über der Pupille

Die großen Energieflüsse, rechts – links, Akupunkturpunkte **181**

Gb 20: „Teich des Windes"
Hinter dem Ohr, in einem Grübchen im Bereich des Haaransatzes, zwi-

schen M. sternocleidomastoideus und M. trapezius am hinteren Rand des Processus mastoideus

Lokale Yin-Yang-Situationen, Durchgangspunkt **189**

Gb 21: „Brunnen der Schulter"
Am Schultergürtel: Läßt man den Arm bis zur Horizontalen heben, den Ellbogen beugen und die Hand auf den M. trapezius legen, so befindet sich der Punkt in einem Grübchen unter der Fingerkuppe des Mittelfingers

Die großen Energieflüsse, oben – unten, die Atem-Druck-Arbeit auf GB 21 **169, 170**
Die großen Energieflüsse, vorn – hinten, das ventrale Öffnen **175**

Gb 24: „Sonne und Mond" (bezieht sich auf die Verbindung von Gallenblase [Yang] und Leber [Yin])
Im 7. Interkostalraum, auf der Mamillarlinie, 1 Rippe senkrecht unter dem Punkt Le 14

Der Tastbefund, die Alarmpunkte **110**
Die Organe, die Alarmpunkte **194**
Die Fünf Wandlungsphasen, Holz **207**

Gb 25: „Tor der Hauptstadt"
Am freien Ende der 12. Rippe

Der Tastbefund, die Alarmpunkte der Niere **110**
Die Organe, die Alarmpunkte der Niere **194**
Die Fünf Wandlungsphasen, Wasser **205**

Gb 26: „Gürtelgefäß"
8,5 Cun lateral von der ventralen Medianlinie, in Nabelhöhe auf der Crista iliaca

Die großen Energieflüsse, oben – unten, das Gürtelgefäß **167**

Gb 27: „Fünf Scharniere"
An der Außenfläche des Darmbeins, dicht unter der Crista iliaca

Lokale Yin-Yang-Situationen, Durchgangspunkt **189**

Gb 28: „Weg des Gürtelgefäßes"
Vor und unter der Spina iliaca superior anterior; 0,5 Cun unterhalb von Gb 27

Die großen Energieflüsse, oben – unten, das Gürtelgefäß **167**
Lokale Yin-Yang-Situationen, Durchgangspunkt **189**

Gb 34: „Quelle des Yang-Hügels"
In der Vertiefung vor und unterhalb des Fibulaköpfchens

Die 3 funktionalen Zonen, Segmentale Entspannungstechnik (SET) **133**

Gb 39: „Hängende Glocke"
3 Cun proximal vom Malleolus externus

Die Konstitution, Akupunkturpunkte **124**
Lokale Yin-Yang-Situationen, Durchgangspunkt **188**
Die Fünf Wandlungsphasen, Holz **207**

Gb 41: „Neigt zu Tränen"
Zwischen Ossa metatarsalia IV und V. 1,5 Cun proximal vom Winkel zwischen der 4. und 5. Zehe

Lokale Yin-Yang-Situationen, Schlüsselpunkt **189**

Der Leber-Meridian

Der Tou Mo-Meridian (Gouverneursgefäß)

Der Jenn Mo-Meridian (Ren Mai oder Konzeptionsgefäß)

Index der Weichteiltechniken

Index der Übungen

Index Arbeit mit dem Atem

Hinweis zur Ausbildung in Energetischer Körperarbeit

Die Schule für Energetische Körperarbeit bietet eine 2jährige berufsbegleitende Ausbildung in Energetischer Körperarbeit an.

Die Ausbildung gliedert sich in 4 Blöcke, 1 Block pro Halbjahr. Der 1. Block gilt als Einführungs- und Probeblock. Im Anschluß an den 4. Block folgt die Diplomprüfung, die diese Ausbildung abschließt.

Voraussetzungen
Abgeschlossene Ausbildung in einem medizinischen, therapeutischen oder pflegerischen Beruf

Kontaktadresse für weitere Informationen und die Informationsbroschüre
Schule für Energetische Körperarbeit
Sekretariat
Marietta Schneider
Scherrerstr. 3
8400 Winterthur/Schweiz
Tel./Fax: 052/233 42 78

Literatur

Ackerknecht, Erwin H.: Therapie. Von den Primitiven bis zum 20. Jahrhundert. Stuttgart 1970.

Albery, N.: Wie neugeboren. Das Rebirthing-Buch. Der grüne Zweig 107.

Bakker, Cornelius und *Bakker-Rabdau Marianne*: No Trepassing: Explorations in Human Territoriality. Zitiert in: *Boadella David*, Befreite Lebensenergie. Einführung in die Biosynthese. Kösel, München, S. 157.

Bammé, Arno et al.: Maschinen-Menschen. Mensch-Maschinen. Grundrisse einer sozialen Beziehung. Reinbek bei Hamburg 1983.

Bänziger, Erika und *Baule, Gisela*: Kochen mit den fünf Elementen. Midena Verlag, 1996.

Bässler, Ulrich: Irrtum und Erkenntnis. Fehlerquellen im Erkenntnisprozeß von Biologie und Medizin. Berlin 1991.

Bateson, Gregory: Geist und Natur. Eine notwendige Einheit. Suhrkamp Verlag, Frankfurt am Main 1984.

Bateson, Gregory: Ökologie des Geistes. Anthropologische, psychologische, biologische und epistemologische Perspektiven. Suhrkamp, Frankfurt am Main 1981.

Bauer, Wolfgang: China und die Hoffnung auf Glück. Paradiese, Utopien, Idealvorstellungen in der Geistesgeschichte Chinas. München 1989.

Baviera, Bruno: Die Komplexität physiotherapeutischer Grundlagen. Eine Motivation zur Fort- und Weiterbildung. In: Der Physiotherapeut, Nummer 10/1991.

Bergmann, Ursula und *Schell, Jutta*: Möglichkeiten und Grenzen wissenschaftlichen Arbeitens in der Krankengymnastik. In: Krankengymnast 42 (1990) Hefte 1 bis 5.

Berke, Joseph: „Anti-psychiatry etc.“. Zitiert in: *Boadella David*, Befreite Lebensenergie. Einführung in die Biosynthese. Kösel, München, S. 159.

Boadella, David: Befreite Lebensenergie. Einführung in die Biosynthese. Kösel, München 1991.

Borsarello, J.: Aide-mémoire du praticien-acupuncteur. Maisonneuve, Paris 1974.

Boyesen, Gerda und *Mona-Lisa*: Biodynamik des Lebens. Die Gerda-Boyesen-Methode. Grundlage der biodynamischen Psychologie. Synthesis, Essen 1987.

Bülow-Hansen, Aadel: Zitat in: *Gerda* und *Mona Lisa Boyesen*. Biodynamik des Lebens, S. 13, Synthesis 1987.

Capra, Fritjof: Der kosmische Reigen (Das Tao der Physik). Physik und östliche Mystik – ein zeitgemäßes Weltbild. Scherz Verlag, Bern/München/Wien 1977.

Capra, Fritjof: Wendezeit. Scherz Verlag, Bern/München/Wien 1987.

Capra, Fritjof: Das Neue Denken. Scherz Verlag, Bern/München/Wien 1987.

Capra, Fritjof und *Steindl-Rast, David*: Wendezeit im Christentum. dtv, München 1991.

Capra, Fritjof: Lebensnetz. Scherz Verlag, Bern/München/Wien 1996.

Cramer, Friedrich: Chaos und Ordnung. Die komplexe Struktur des Lebendigen. Insel Verlag, Frankfurt am Main 1983.

Cramer, Friedrich: Der Zeitbaum. Grundlegung einer allgemeinen Zeittheorie. Insel Verlag, Frankfurt am Main 1993.

Cyriax, James: Textbook of orthopaedic medicine (siehe *Winkel Dos* und *Fisher Sally*: Schematisches Handbuch der Untersuchung und Behandlung von Weichteilerkrankungen des Bewegungsapparates) 1980.

De la Fuye, R. und *Schmidt, H.*: Die moderne Akupunktur. Hippokrates Verlag, Stuttgart 1952.

Dennison, Paul E. (Zur Kinesiologie): Befreite Bahnen. Verlag für Angewandte Kinesiologie, Freiburg im Breisgau 1984.

Diamone, John: Der Körper lügt nicht. Verlag für Angewandte Kinesiologie, Freiburg 1983.

Dvorak, Jiri und Vaclav: Manuelle Medizin, Diagnostik. Thieme Verlag, Stuttgart/New York 1983.

Eder, Manfred: Herdgeschehen – Komplexgeschehen. Karl F. Haug Verlag, Heidelberg 1977.

Einstein, Albert und *Infeld, Leopold*: Die Evolution der Physik. Von Newton bis zur Quantentheorie. Rowohlt Verlag, Reinbek bei Hamburg 1956.

Eliade, Mircea: Schamanismus und archaische Ekstasetechnik. Raschen Verlag, Zürich/Stuttgart 1956.

Freud, Sigmund: Gesammelte Werke. Fischer, Frankfurt am Main.

Fisch, G.: Die traditionellen Grundlagen der chinesischen Medizin. In: Physiologische Akupunktur, Nr. 7, 1977.

Gassmann, Christoph: Interview mit *Christian Scharfetter*: Leiborientierte Therapie bei „schizophrenen Menschen". Physiotherapie-Bulletin, SPV Sektion ZH, Nr. 24, 1990.

Gildenberg, L. und *De Vaul, Richard A.*: The chronic pain patient. Evaluation and management. Aus Physiotherapie-Bulletin, SPV, Sektion ZH, Nr. 22, 1989, *Angela Tidswell*: Chronischer Schmerz.

Gleditsch, Jochen M.: Reflexzonen und Somatotopien. Biologisch-medizinische Verlagsgesellschaft, Schorndorf 1983.

Gottschalch, Wilfried: Aufrechter Gang und Entfremdung. Pamphlet über Autonomie. Wagenbachs Taschenbücher, Berlin 1984.

Granet, Marcel: Das chinesische Denken. Inhalt-Form-Charakter. Suhrkamp Verlag, Frankfurt am Main 1989.

Grawe, K.: Schema-Theorie und Interaktionelle Psychotherapie. Forschungsbericht Universität Bern 1986.

Grof, Stanislav: Geburt, Tod und Transzendenz. München 1985.

Harada, D.S.: aus dem Lexikon der östlichen Weisheits-Lehren. Otto Wilhelm Barth Verlag, 1986, S. 131.

Harner, Michael in: *Bernie Siegel, R.C.* (Hrsg.): Was ist heilen? S. 127. Kösel, 1992.

Hebener, Gerhard: Homo – unsere Ab- und Zukunft. Büchergilde Gutenberg, Frankfurt am Main/Wien/Zürich 1968.

Heidelberger, Michael und *Thiessen, Sigrun*: Natur und Erfahrung. Von der mittelalterlichen zur neuzeitlichen Naturwissenschaft. Reinbek bei Hamburg 1981.

Hempen, Carl-Hermann: Die Medizin der Chinesen. Erfahrungen mit fernöstlicher Heilkunst. Goldmann Verlag, München 1989.

Henderson, Julie: Die Erweckung des Inneren Geliebten. Ansata, Interlaken 1989.

Huangdi Neijing Suwen: Das Grundbuch chinesischen Heilwissens. Freiburg/Basel/Wien 1993.

Huneke, F.: Das Sekunden-Phänomen in der Neuraltherapie. Karl F. Haug Verlag. Heidelberg 1992.

I Ging: Das Buch der Wandlungen. Hrsg. von Richard Wilhelm. München 1973.

Jantsch, Erich: Die Selbstorganisation des Universums. Vom Urknall zum menschlichen Geist. Hanser Verlag, München 1986.

Jasper, Karl: Allgemeine Psychopathologie. Springer Verlag Berlin/Heidelberg/New York 1973.

Jiu, Zhen: Akupunktur und Moxibustion. Pflaum Verlag, München 1975.

Jung, C.G.: Die Archetypen und das kollektive Unbewußte. Walther Verlag, 1976.

Keel, Peter: Chronifizierung von lumbalen Rückenschmerzen. In: Schweizerische Ärztezeitung 71 (1990) 8.

Keller, Evelyn Fox: Liebe, Macht und Erkenntnis. Männliche oder weibliche Wissenschaft? München 1979.

Klapp, Rudolph: Das Klappsche Kriechverfahren. Thieme Verlag, Stuttgart.

Klinghardt, Dietrich: Lehrbuch der Psycho-Kinesiologie. Bauer Verlag, 1996.

Laotse: Tao te king. Das Buch vom Sinn und Leben. Übers. und mit einem Kommentar von *Richard Wilhelm*. München 1991.

Lawson-Wood, Denis und *Joyce*: Akupunktur und chinesische Massage. Aurum Verlag, Freiburg 1973.

Louis, Victor: Stress – Was tun? Helvetia-Schriftenreihe Nr. 2, S. 14.

Lowen, Alexander: Depression. Kösel, München 1979.

Lowen, Alexander: Angst vor dem Leben. München 1981.

Lowen, Alexander: Körperausdruck und Persönlichkeit. München 1981.

Lüthi, Paul: Der Mensch ist kein Zufall. Umrisse einer modernen Anthropologie. Frankfurt am Main 1984.

Maitland, G.D.: Vertebral manipulation and peripheral manipulation. Butterworths, London/Boston 1977.

Mantak, Chia: Tao Yoge. Ansata 1985.

Maturana, H.R. und *Varela F.J.*: Der Baum der Erkenntnis. Bern 1987.

Meek, George W.: Heiler und der Heil-Prozeß. F. Hirthammer Verlag, München 1980.

Merchant, Carolyn: Der Tod der Natur. Ökologie, Frauen und neuzeitliche Naturwissenschaft. München 1987.

Moss, Richard: Krankheit – Tor zur Wandlung. Ansata, Interlaken 1985.

Motoyama, Hiroshi: Physiologische Messungen und neue Instrumentierung. In: *Meek, George W. S.*: Heiler und der Heil-Prozeß. Hirthammer Verlag, München 1980.

Mumford, Lewis: Mythos der Maschine. Kultur, Technik und Macht. Fischer Taschenbuch, Frankfurt am Main, S. 566.

Murphy, Michael: Der Quanten-Mensch. Integral Verlag, Wessobrunn 1994.

Needham, Joseph: Wissenschaft und Zivilisation in China. Bearb. von Calin A. Ronan. Band I. Frankfurt am Main 1988.

Ots, Thomas: Medizin und Heilung in China. Annäherungen an die traditionelle chinesische Medizin. Berlin 1990.

Palos, Stephan: Chinesische Heilkunst. Düsseldorf 1990.

Palos, Stephan: Atem und Meditation. Scherz Verlag, Bern 1974.

Parow, Julius: Funktionelle Atmungstherapie. Thieme Verlag, Stuttgart 1963.

Pietschmann, Herbert: Das Ende des naturwissenschaftlichen Zeitalters. Frankfurt am Main und Berlin 1983.

Pischinger, Alfred.: Das System der Grundregulation. Karl F. Haug Verlag, Heidelberg 1985.

Porkert, Manfred: Die chinesische Medizin. Düsseldorf 1992.

Prigogine, Ilya und *Stengers, Isabelle*: Dialog mit der Natur: Neue Wege naturwissenschaftlichen Denkens. München 1986.

Reich, Wilhelm: Die Entdeckung des Orgons: Die Funktion des Orgasmus. Frankfurt am Main.

Reich, Wilhelm: Charakteranalyse. Frankfurt am Main 1973.

Reich, Wilhelm: Die Funktion des Orgasmus 1969 und die Charakteranalyse. Fischer Taschenbuch, Frankfurt am Main 1975.

Reich, Wilhelm: Aether, Gott und Teufel. Nexus Verlag, Frankfurt am Main 1983.

Rein, H. und *Schneider, M.*: Physiologie des Menschen. Springer Verlag, 1956.

Rieker, Hans-Ulrich bei *Lu K' uan Yü*: Geheimnisse der chinesischen Meditation. Esotera Taschenbuch, Bauer Verlag, 1984

Rohracher, H. und *Inanaga, K.*: Die Mikrovibration. Aus: *Bischof, Marco*: Biophotonen. Zweitausendeins, Frankfurt am Main 1995.

Schaefer, Hans: Sozialmedizin. Thieme Verlag, Stuttgart 1972.

Scharfetter, Christian und *Dittrich, Adolf*: Ethnopsychotherapie, Forum der Psychiatrie. F. Enke Verlag, Stuttgart 1987.

Schmidt, Heribert: Akupunktur. Hippokrates Verlag, Stuttgart 1972.

Schmidt, Wolfgang G.A.: Der Klassiker des Gelben Kaisers zur Inneren Medizin.

Schmidt, Wolfgang G.A.: Die Heilkunst der Chinesen. Ihre Kultur und ihre Anwendung. Freiburg 1992.

Schroeder, Burkhard: Atem-Ekstase, Rebirthing. Synthesis Verlag, 1994.

Selzer, Richard: Mortal lesions. Simon und Schuster. 1976.

Soo, Chee: Taoistisches Heilen. Gesundheit und Wohlbefinden durch traditionelle chinesische Heilkunst. München 1992.

Stiefvater, Erich W. und *Ilse, R.*: Chinesische Atemlehre und Gymnastik. Karl F. Haug Verlag, Heidelberg 1962.

Suzuki: Über Zen-Buddhismus. In: *Fromm, Suzuki, Richard de Martino*: Zen-Buddhismus und Psychoanalyse. Suhrkamp Verlag, Frankfurt am Main, 1971.

Tarthang, Tulku: Wege zum Gleichgewicht. Sphynx, Basel 1989.

Travell, J.G. and *Simons, D.*: Myofascial pain and dysfunction, the triggerpoint manual. Williams and Wilkins, Baltimore/London 1983.

Unschuld, Paul U.: Medizin in China. Eine Ideengeschichte. München 1980.

Van Nghi, Nguyen: Pathogenese und Pathologie der Energetik in der chinesischen Medizin. Band 2, Behandlung durch Akupunktur und Massage, 1975, S. 158.

Vester, Frederic: Phänomen Streß. Deutsche Verlags-Anstalt, Stuttgart 1976.

Voll, R.: Topographische Lage der Meßpunkte der Elekroakupunktur. ML Verlag, Uelzen 1968.

Von Rosen, Jürgen: Die Reaktionsstarre – Untersuchungen mit vegetativer Funktionsdiagnostik. sanum-Post, 1994.

Weintraub, Arnold: Der psychorheumatische Schmerz und die Ohnmacht der Physiotherapeuten. Physiotherapie-Bulletin, SPV Sektion ZH, Nr. 23, 1989.

Wilber, Ken, Engler Jack und *Brown Daniel*: Psychologie der Befreiung. Scherz Verlag, Bern 1988.

Wilhelm, Helmut: Sinn des I Ging. Düsseldorf/Köln 1982.

Wilhelm, Richard und *C.G. Jung*: Geheimnis der goldenen Blüte. Das Buch von Bewußtsein und Leben. München 1986.

Zimmermann, Georg: Aspekte des Herzens in der chinesischen Medizin. Aus einem unveröffentlichten Werk.

Das Tao der Medizin

Wissen- und Erfahrungsgut der Chinesen in unsere westliche Medizin zu integrieren, ist gefragt wie nie zuvor. Dieses Buch überwindet die Distanz zwischen der östlichen und westlichen medizinischen Welt. *Das Tao der Medizin* stellt einen Markstein der Akupunktur- und Akupressurliteratur dar. Beschränken sich bisher die Beschreibungen der Punkteindikationen auf zu behandelnde Krankheiten und Beschwerden, so nimmt hier erstmals die Beschreibung der Punktewirkungen zur Förderung und Erhaltung der Gesundheit, der Vitalität und Sexualität, des seelischen Gleichgewichtes und geistiger Fähigkeiten breiten Raum ein.

Dr. med. Achim Eckert
Das Tao der Medizin
Grundlagen der Akupunktur und Akupressur.
1996. 351 Seiten, 80 Abbildungen,
davon 66 farbig, gebunden.
DM 248.-/öS 1810,-/sFr 220,50
ISBN 3-7760-1528-4

- **Markstein der Akupunktur- und Akupressurliteratur**
- **Exakte Beschreibung der 361 Akupunkturpunkte und vieler Extrapunkte**
- **Rasche Orientierung durch sorgfältig gestaltete Zeichnungen der Meridiane und Punkte**

Karl F. Haug Verlag / Hüthig GmbH
Im Weiher 10, D-69121 Heidelberg
Tel. 0 62 21 / 4 89-5 55, Fax 0 62 21 / 4 89-4 10
Internet http://www.huethig.de, E-Mail: hvs_buch@huethig.de

HAUG
Hüthig